金融普及教育丛书

From Microfinance to
Inclusive Banking
Why local banking works

从小微金融到普惠银行

地方性银行是如何做到的？

Reinhard H. Schmidt
Hans Dieter Seibel
Paul Thomes

[德]莱因哈德·H.施密特　汉斯·迪特·塞贝尔　保罗·托马斯　著

朱太辉　刘南希　赵伟欣　译

东北财经大学出版社　大连
Dongbei University of Finance & Economics Press

辽宁省版权局著作权合同登记号：图字06-2018-68号

图书在版编目（CIP）数据

从小微金融到普惠银行：地方性银行是如何做到的？ / （德）莱因哈德·H. 施密特等著；朱太辉等译 . —大连：东北财经大学出版社，2022.10

（金融普及教育丛书）

ISBN 978-7-5654-4604-7

Ⅰ. 从… Ⅱ.①莱… ②朱… Ⅲ.金融-研究 Ⅳ.F830

中国版本图书馆CIP数据核字〔2022〕第132279号

东北财经大学出版社出版发行

　　大连市黑石礁尖山街217号　邮政编码　116025
　　网　　址：http：//www．dufep．cn
　　读者信箱：dufep @ dufe．edu．cn
大连天骄彩色印刷有限公司印刷

幅面尺寸：185mm×260mm　字数：349千字　印张：18
2022年10月第1版　　　　2022年10月第1次印刷
责任编辑：李　季　刘东威　　责任校对：张晓鹏　吉　扬
封面设计：原　皓　　　　　　版式设计：原　皓
定价：66.00元

教学支持　售后服务　　联系电话：（0411）84710309
版权所有　侵权必究　　举报电话：（0411）84710523
如有印装质量问题，请联系营销部：（0411）84710711

"金融普及教育丛书"编委会
（以姓氏拼音排序）

主　编：焦瑾璞

编　委：陈福中　　霍睿戎　　纪　敏　　焦瑾璞　　李建军

　　　　李靖野　　李青川　　刘喜元　　石　岚　　宋芳秀

　　　　苏　凇　　孙国友　　谭　震　　王　冰　　王　东

　　　　王靖国　　王　萍　　吴先红　　肖经建　　邢天才

　　　　杨燕青　　尹志超　　张良勇　　张男星　　张韶辉

　　　　张　伟　　张学文　　赵桂萍　　赵锡军

译者序

德国地方性银行的普惠金融之路

地方性的小型银行是普惠金融服务的主力银行吗？在普惠金融的发展道路上，如何有效防范金融机构的"使命飘移"？

2008年全球金融危机期间，为什么德国银行体系比欧洲其他国家更快、更好地应对了危机冲击？德国的银行体系由私人所有银行、公共储蓄银行和成员合作银行三大支柱组成，为什么地方性的储蓄银行和合作银行的经营绩效比大型私人银行更好、更稳定？

在数字化时代，银行体系的竞争更加激烈，中国的大中型银行在金融科技的加持下快速下沉服务，科技实力薄弱的地方性小银行未来是否还有生存空间？中国未来地方性小银行是否仍需要坚守"区域经营"的底线？

这些都是普惠金融服务和金融改革发展领域的重大问题。《从小微金融到普惠银行》通过对德国储蓄银行和合作银行长达200年的纵向历史分析，以及世界各国小微金融服务模式的横向案例比较，在小微金融和普惠金融服务、地方性银行发展治理等方面得出了很多朴素但却很有见地的结论，也对上述问题直接或间接进行了解答。

一、探索地方性银行经营发展的成功密钥

德国储蓄银行和合作银行的发展始终围绕"社会导向的地方性商业银行"展开，始终坚守"地域原则"和"双重目标"，聚焦于小微企业和社会大众金融服务，长期保持稳健发展；而在欧洲和其他国家，这两类银行要么进行了转制、要么被合并，改良后幸存下来的银行也丧失了早期的竞争优势，放弃了区域经营原则和普惠金融使

命。差异背后的原因是什么，德国的地方性储蓄银行和合作银行为什么发展得这么好？

德国储蓄银行和合作银行具有内在的一致性。在德国，储蓄银行起初是政府当局自上而下推出的，而合作银行起初是社会基层自下而上推出的，但两者持续成功的背后拥有六大共性因素：一是始终坚守经济社会双重目标——实现财务可持续＋促进社会发展，同时兼顾确实很难，但也确实是可以实现的；二是制定了有利于经济社会目标导向的公司治理制度；三是不断完善基础金融服务，成为面向公众的全能银行；四是发展得到了社会和政府的支持，也得到了相应的法律框架保障；五是建立了为地方性金融机构提供保障的中央协调机构和成员协同网络；六是始终坚守为小企业发展和社会公众提供金融服务的定位，并在坚守中不断发展和保持稳定。在此基础上，《从小微金融到普惠银行》总结提出了地方性银行稳健、高效地发展普惠金融服务十二大核心要素：普惠的、负责任的、可持续盈利的、聚焦当地的、有韧性的、基于价值的、可靠的、对客户公平的、透明的、以客户和社区为导向的、具有一致性的制度设计以及加入相关机构协作网络。

坚持普惠金融为人民服务的发展定位。在许多国家，储蓄银行和合作银行是政府主导的国家机构，它们引导普通民众的存款进入政府官僚机构，而不是将其用于向当地的企业和居民发放贷款，促进当地的投资和发展，其结果是这类机构对当地企业和居民的吸引力越来越小。而在德国，储蓄银行和合作银行一开始就明确并始终坚持作为为当地储户、中小企业和投资者服务的地方性银行——"是由人民发起的、为人民服务的机构"，而不是像英法等其他欧洲国家那些"由政府发起的、为政府服务的机构"。

始终坚持地方性银行"区域经营原则"。这两类机构持续成功的另一个先决条件是，它们专注于在机构成立地区经营发展：了解自己的客户、避免简单追求规模增长、经营利润留在本地和支持当地经济社会发展。并且，德国的法律法规正式引入了地方性银行经营遵行重点地方区域规则，即所谓的"地域原则"，一方面防止地方性银行与不熟悉的外地客户进行业务往来，这些客户对它们而言风险太大；另一方面也是为了限制同类机构内部的过度竞争，为各地的地方性银行发展提供一定程度的保护。

储蓄对地方性银行发展普惠金融至关重要。本书通过对历史的跟踪研究提出："仅提供信贷"或"仅提供存款"的机构更有可能倒闭，无论是作为一项业务还是从机构发展的角度来看，存款和贷款需要兼而有之。这背后是出于多方面的考虑：对客户特别是那些财力有限的客户而言，存款和贷款都是应对不确定冲击的重要方式；对银行而言，存款是金融机构的低成本资金来源，且相对于外部资金更加稳定可靠；对业务发展而言，贷款和存款业务之间存在较强的协同效应；对于风险防控而言，存款会通过邻居和同辈施压来增强借款人的还款意愿，降低风险发生的概率。正因如此，一些实证研究提出，在统计意义上区分小微金融机构成功与否的唯一因素是它们是否以及在多大程度上调动了当地存款。

二、解释普惠金融发展背后的重大争议

揭示德国储蓄银行和合作银行成功背后的核心要素，《从小微金融到普惠银行》通过历史分析和案例比较，也为普惠金融发展中的一些重大问题提供了新的解释。

1.关于普惠金融的"使命飘移"问题

学术、行业和政策专家对于金融机构开展普惠金融服务是否存在"使命漂移"（mission drift）一直存在争议，即商业性金融机构迫于盈利压力和可持续性发展而改变服务宗旨和经营策略，转而以营利为导向，偏离服务中小企业、社会大众的普惠使命。

然而，德国的储蓄银行和合作银行200年来一直在践行广义的普惠金融服务，服务对象涵盖了社会自下而上的所有阶层，也为初创、微型、小型、中型企业全力提供金融服务，两者几乎占据了德国银行业的半壁江山，并有效应对了两次世界大战和一系列经济金融危机冲击，展现出了极好的韧性。这背后的关键是，普惠金融需要跳出金融开展金融服务。

一方面，德国的储蓄银行和合作银行一直没有以追求利润最大化为目标，而是向储蓄客户支付标准的、正向的市场利率，并按公平透明的条款和条件发放贷款，实现了"低利率－低收益－低风险"的正向循环，并最终保障了两类机构的可持续发展。这背后的重要原因是，在小微金融和普惠金融服务中，与借款人支付能力相匹配的适度利率有助于提高小微企业的盈利能力和将银行的信贷风险保持在较低水平，而高利率往往会引发企业破产，反过来也会对贷款机构产生负面冲击。

另一方面，德国的储蓄银行和合作银行非常注重社会普惠，重点关注穷人金融服务，但也不排斥非穷人。这种非歧视性金融服务让地方性银行成为驱动创新、发展经济、改善就业的重要动力，反过来也为地方性银行的持续发展提供了有利的宏观经济环境。相对稳定的政治环境，始终是地方性银行持续保持活力的坚实基础。

2.关于地方性银行的"制度设计"

储蓄银行和合作银行在产权上采取的是公有制和会员制，很多专家学者认为，这种产权制度不太可能是金融机构造福普通民众、改善小微金融、促进经济社会全面发展的可选模式。这种怀疑并非空穴来风，背后的原因主要是公共银行难以防范权力当局出于政治目的和个人目的的各种"行政干预"，而会员制的合作银行又面临着一人一票规则下的机构组织控制问题。

根据新制度经济学理论，任何制度都可以通过契约、激励和约束来描述，一个机构的持续成功，需要这些要素相辅相成，且要与机构运行的环境相一致。德国储蓄银行和合作银行的持久成功，不仅仅是它们坚守了"地域原则"和"双重目标"，背后还因为它们以各自的方式根据良好制度要素进行了良好调整，形成了适合自己的制度框架和治理体系。

一方面，德国为地方性银行的发展创造了适宜的法律框架，允许机构及其管理人员以他们认为合适的方式开展银行业务，同时让地方政府和官员无法为了个人财务和政治目的而干预这些机构的经营。另一方面，德国建立了多层面的监管体系，两类银行除了接受监管当局的规制和监管之外，储蓄银行还受到自身协会的管控和监督，而合作银行还受到成员、各自协会及审计联合会的管控。这一精心设计的法律、监管和自律系统极大地限制了欺诈、腐败和行政干预的发生，同时也给银行管理层施加了压力，让他们按照要求履行职责。

此外，在各家机构之上建立了"超地方性机构"——协会和中央清算银行，打造地方性银行网络，建立了机构互保和存款保险计划，让储蓄银行和合作银行在一些业务上可以发挥规模经济效应，并更好地管理风险。

3.关于银行体系的多样性生态

由于发达国家普遍实施纯粹由私人股东市场化运营金融机构，因此有很多论点认为，以私人持股公司形式存在的银行，或者由私人股东和公共股东混合持股的银行，比储蓄银行和合作银行"更好"。加上数字化转型加快推进，未来的银行体系应该由大型的、股东所有的、纯粹以利润为导向的上市银行主导。

然而，储蓄银行和合作银行在德国银行体系三大支柱中占据了两席，在银行业中的规模占比达到了一半左右，通过自身200年的发展实践对上述观点进行了反驳。除此之外，《从小微金融到普惠银行》还从生物多样性的视角给出了解释。

"大多数专家强烈主张保护所有物种，包括那些目前对生态系统的作用并不明显的物种。他们的主要论点是，我们今天不知道，事实上也不知道，哪种植物或动物有一天可能在治愈某些目前未知的疾病方面发挥关键作用。一旦一个物种灭绝，它就无法在未来发挥这种可能有益的作用——不论它的贡献有多大。"

类似的论点也适用于开展小微金融和普惠金融服务的银行体系：尽管私人持股形式存在的银行，或者由私人股东和公共股东混合持股的银行，目前在某种意义上似乎比公共银行和合作银行表现得更好，但不能排除的可能性是，由于我们当下未知的某些原因，现在对储蓄银行和合作银行持怀疑态度的个人在未来也可能会改变看法，从而更愿意拥有类似公共储蓄银行、某种形式的合作银行，或是混合了不同组织类型的银行机构。

在一个国家银行体系内，不同组织类型银行的相互转换是系统开放性和多样性的重要保障，如果储蓄银行（以公共银行的形式）或合作银行不再存在，并且关于如何组织和管理这类银行的专业知识也"灭绝"，便永远失去了多样性和开放性的保障。此外，只由私人股东拥有银行组成的"机构单一文化"存在极大的组织模式僵化风险，难以满足经济社会多样性的需求，更难以在经济目标和社会目标上实现良性平衡，而这两者都是普惠金融发展的关键所在。"最好不要放弃储蓄银行和合作银行模式，因为它们通常是实现普惠金融的合适模式，尽管这些法律和制度形式也存在一些弱点，特别是在治理方面。我们不应忽视这样一个事实，即它们也具有相当大的优势。"

以史为鉴，面向未来。当前中国正在研究制定新的普惠金融发展规划，深化推进农商行省联社改革，积极改进中小银行的公司治理和风险管控，《从小微金融到普惠银行》虽是德国历史和国际案例的研究，但其中的诸多观点具有普适性，对中国金融体系的改革发展不乏重要启示。

非常感谢东北财经大学出版社刘东威老师的翻译邀请，受工作调整影响，翻译完稿时间一拖再拖，实在是羞愧难当，感谢刘老师的理解包容。本书是由德文翻译成为英文，然后再由我们转译成中文，翻译过程面临不小压力，也难免有晦涩和不当之处，敬请广大专家学者批评指正。

朱太辉

2022 年 8 月 22 日

序

目前，世界上有一半的人口不得不生活和工作在非正规经济体系中。在经济学家看来，发展中国家中的贫困家庭是消费平稳型的，同时企业家是资本消耗型和个体经营型的。因此，他们需要更加多样的金融服务来管理常见的不规律收入和大额支出，积累运营资本，扩大资产规模和缓释风险。由于没有更好的其他选择，他们经常利用非正规的金融机制，如民间放债人（money-lenders）、当铺（pawnbrokers）和呈会（rotating savings clubs），而这些方式都不可靠且代价很大。

与此同时，有越来越多的证据表明，完善的金融服务有助于改善家庭的福利和激发小企业的活力。也有宏观经济层面的证据表明，如果一个经济体拥有的金融中介体系更加完善，则通常其经济增长速度更快，且收入不平等程度也会降低。

在这样的背景下，全球的政策制定者都将正式的普惠金融（financial inclusion）作为对社会和经济发展至关重要的软性基础设施。二十国集团（G20）已经将普惠金融作为其发展议程的一个重点，有50多个国家已经作出了明确的普惠金融承诺。最近，世界银行呼吁普及基本的交易服务，并将其作为实现2020年经济发展目标的基石。

新兴市场国家正在发展并进一步完善其金融体系，可以从那些已经高度工业化国家的金融中介体系正规化发展中吸取经验教训。德国的普惠金融就是一个例子。在德国，新型的地方性、社区性金融机构早在18世纪末就开始向客户提供服务，其中的原因与近来小微金融机构（microfinance institutions）以及其他非传统的金融服务提供者在发展中国家出现的原因相同：因为它们的商业银行起初几乎都是在服务政府、大企业和富有贵族的需求，而将绝大多数的工薪阶层排除在服务范围之外。

德国的Sparkassen（类似于储蓄贷款机构）以及后来的Genossenschaftsbanken（合作社）为农民、工匠、低收入工人、家庭雇员、贸易商、崭露头角的企业家以及其他人提供了安全可靠的存储和借贷服务。早在公共养老金制度尚未建立的情况下，它们就引入了长期储蓄来帮助老年人。在整个19世纪，它们与工业革命相伴而行，并在1837年现代德国统一之前，通过三次地区战争建立了信任、积累了资本。它们制定法律，引入监管，到第一次世界大战爆发前的1913年，每一个德国家庭都拥有一个储蓄和交易账户。

这本书的作者在总结这段发展历史的经验教训时，强调了分散的普惠性金融体系（社区机构）的重要性，因为它们植根社区、了解客户、促进了当地的经济发展。这本书的作者指出，这一金融体系在历史上取得了经济上的成功，并直至最近都保持着相对稳定。今天，大约70%的德国零售存款都留存在这些地方性的社区机构，未来这些机构在小城镇和小城市仍将是经济社会的核心。

自德国的Sparkassen和Genossenschaftsbanken兴起以来，世界已然发生了很大变化。新的机构和技术带来了新的服务方式，可以更快、更便宜地让人们获取金融服务。但是，理解和服务好客户需求、在社区中获得信任，以及帮助人们实现改善生活和做出经济贡献这个更大的目标，都是基本要求，仍然保持不变。

阅读这些德国故事素材并得出自己的见解，对解决在不同时间、不同环境下发展普惠金融面临的挑战，都将有所助益。

蒂尔曼·埃尔贝克（Tilman Ehrbeck）
扶贫咨询组织前CEO
现为奥米迪亚网络（Omidyar Network）合伙人
2015年7月于华盛顿

前言

　　小微金融（microfinance）是一个多样性的、难以消除的社会金融现象（socio-financial phenomenon）。它难以被界定、理解、执行和实施。特别是在过去的十年里，它获得了大范围的热切关注，从过度宣传到理性认识，从"小额信贷"（microcredit）到"小微金融"——后者是由本书的作者之一汉斯·迪特·塞贝尔（Hans Dieter Seibel）在1991年创造的。另一个里程碑是1995年小额信贷活动的第一个智库——"扶贫咨询组织"（CGAP）成立了，后来成为小微金融智库。这个话题进入公开讨论和科学探讨的国际舞台，则是得益于2006年的诺贝尔和平奖授予了格莱珉银行及其创始人穆罕默德·尤努斯（Muhammad Yunus）。

　　事实上，一种方法越有希望，当失望到来时反思就会越深刻，对现有制度的评价就会变得越困难。如果极端一点说的话，至今知情人士仍在否定小微金融方式的适用性；其他人则认为，旨在提供普惠金融服务的组织只能作为非营利企业，通过持续的补贴，才能顺利地运营下去。一段时间以来，这些评价一直在促使小微金融机构考虑采用新的方法推动业务模式多样化，并且优化它们的业务模式。尽管如此，总的来说，小微金融模式和项目的设计还是没有得到系统全面的认识。

　　这项关于小微金融的研究是跨学科研究团队的代表性成果。该研究回顾过去的经验，对它们进行描述和分析，并在此基础上提出了对小微金融的全新解释，扩大了扶贫咨询组织（CGAP）分级法（graduation approach）的解释范围。通过这样做，可以从过去和现在的选择中吸取经验教训，并尝试对成功和失败的特征做出界定。对于这一主题，本书的作者们采用了多种方式进行研究。汉斯·迪特·塞贝尔是科隆大学社会学的一名退休教授，莱因哈德·H.施密特（Reinhard H. Schmidt）是法兰克福大学国际银行学的一名退休教授，他们已经在这一领域研究了多年，既是实践者，也是理论家，著作等身。为了扩大观察范围并增加长期视角，来自亚琛工业大学的教授和银行史专家保罗·托马斯（Paul Thomes），对欧洲工业化时期的案例进行了比较分析。在当时，储蓄银行和信用合作社开始在变革管理中发挥重要作用，特别是在德国，这些机构的出现是一种按照德国自己的方式进行的小微金融革命。尽管一些人已经在尝试复制历史上的欧洲榜样，并且这些历史案例研究经常在小微金融研究文献中被引用，但历史案例研究不应该在当今被作为模板全盘照搬应用。当前的时代已然不同，文化和人们也发生了变化。然而，小微金融的最新发展趋势，特别是关于其可持续性的讨论，似乎都在证实，所有过去和现在使用过的不同解决方法和模型都非常值得借鉴。

本书的作者深信，通过综合分析有可能会加深读者对小微金融的一般认识，并且推动相关各方增进相互之间的了解，而这种相互了解在过去通常由于文化和其他方面的差异而受到阻碍。从重要性、目的和效果来看，金融参与者可以与参与能源供应和交通基础设施的人相比拟。鉴于目前的全球性挑战，最终的目标应当是建立普惠性和回馈性的社会（reflective societies），在平等的伙伴关系中共同应对挑战。优化的小微金融概念——考虑到它们在文化上具有更好的适应性，应该有助于实现这一雄心勃勃的目标。

本书的构思、架构和写作都是大家共同完成的。然而，三位作者还是根据各自的兴趣领域进行了分工。第一部分做了一个总体介绍，阐明了概念，并分析了当前小微金融发展的经济背景，是由莱因哈德·H.施密特负责的。第二部分写的是19世纪储蓄银行和合作银行的发展历史，主要是由三位作者中的历史学家保罗·托马斯完成的。第三部分实质上是致力于普惠式、开发式发展的大型小微金融服务机构和项目的案例研究合辑，主要是由汉斯·迪特·塞贝尔完成的，莱因哈德·H.施密特做了补充分析。最后一部分，即第四部分，是总结和展望，是由大家共同完成的。尽管存在任务分工，但三位作者对所有的章节都进行了大量的讨论，以便在内容上保持一致，并且在风格上也保持一定程度的一致性。

本书的基础性工作得到了德国经济合作与发展部、德国储蓄银行金融集团（German Savings Banks Finance Group）下属的两家机构——储蓄银行国际合作基金会（Savings Banks Foundation for International Cooperation）和储蓄银行金融集团学术发起方——的慷慨资助。对这两个组织给予我们的信任以及财务支持，我们表示衷心的感谢。

Ilonka Rühle博士是在储蓄银行国际合作基金会工作的负责人。她持续不断地支持和鼓励我们，并对书稿内容做出了非常有价值的贡献。我们感谢她为本书成稿所做的一切，并且正如我们所希望的那样，本书的写作取得了成功。我们对Rühle博士的感谢远不止她所做的工作。

由于我们的母语并不是英语，因此我们需要一些帮助来改善书稿原稿的语言表述和文法质量。非常幸运的是，我们在这方面得到了格雷斯·塔什（Grace Tasch）女士和乔治·麦凯尼（George McElheny）先生的帮助。他们长期专注于小微金融，具有非常好的翻译和编辑能力，成了我们理想的合作伙伴。对于他们的出色工作，我们深表感谢。

莱因哈德·H.施密特 汉斯·迪特·塞贝尔 保罗·托马斯
2016年3月于波恩

词语简称表

ACPC	菲律宾农业信贷政策委员会
ADB	亚洲开发银行
ADEMI	微型企业发展协会
AFI	普惠金融联盟
AG	股份公司
APMAS	安得拉邦马希拉阿比夫拉季奇学会
avg.	平均
BAAC	泰国农业和农业合作社银行
BaFin	德国联邦金融监管局
BMZ	德国联邦经济合作和发展部
BoG	加纳银行
BoL	老挝人民银行
BPD	彭班班南达拉银行
BPR	印度尼西亚人民信贷银行
BRI	印度尼西亚人民银行
CAMELS	骆驼评级体系（资本充足率、资产质量、管理质量、盈利、流动性、对市场风险的敏感性）
CAR	资本充足率
CARD	农业与农村发展中心
CCF	中央合作基金
CEO	首席执行官
CGAP	扶贫咨询组织
CMAC	市政储蓄信贷银行
DFID	英国国际发展部

DGRV	德国合作和雷菲森联盟
DM	德国马克
DSGV	德国储蓄银行协会
DTMFI	小额储贷机构
DTVF	储蓄型乡村基金
DZ Bank	德国中央合作银行
EACB	欧洲合作银行协会
EBRD	欧洲复兴开发银行
EDC	电子数据采集
eG	注册的合作企业
eGmbH	注册的有限责任合作企业
eGmuH	注册的全责合作企业
EU	欧盟
EUR	欧元
FAO	联合国粮食与农业组织
FAS	金融可得性调查
FINCA	国际社区援助基金会
FMO	荷兰开发金融公司
FS	金融服务
G20	二十国集团
G8	八国集团
GASCA	大阿克拉苏苏收款人协会
GCSCA	加纳国联营苏苏收款人协会
GDP	国内生产总值
GIZ	德国国际合作署
GPFI	全球普惠金融合作伙伴组织
GTZ	德国技术合作署
HIID	哈佛国际发展研究所
ICBA	美国独立社区银行家协会
IDB	美洲开发银行
IDR	印度尼西亚卢比
IFC	国际金融公司
IFI	国际金融机构
IFPRI	国际粮食政策研究所
IKP	The Indira Kranthi Patham 减贫计划
ILO	国际劳工组织

IMF	国际货币基金组织
IPC	国际项目咨询公司
IPO	首次公开发行（股票）
JLG	共同责任团体
KfW	德国复兴信贷银行
KGaA	合伙股份有限公司
km²	平方千米
KWG	德国银行法
LAK	老挝基普
LDR	贷存比
LPD	莱姆巴加尔帕克雷迪安德萨
LWU	老挝妇女联盟
MACS	互助合作社
MCID	小额信贷创新部
MENA	中东与北非
MF	小微金融
MFA	小微金融协会
MFI	小微金融机构
MIS	管理信息系统
MIV	小额信贷投资工具
MIX	小额信贷信息交换系统
mn	百万
MRI	互助机构
MSEs	小微企业
MSMEs	微型、小型和中型企业
NABARD	印度农业和农村发展国家银行
NBFI	非银行金融机构
NDTMFI	非储蓄类小额储贷机构
NDTVF	非储蓄乡村基金
NERI	国民经济研究所
NGO	非政府组织
NPL	不良贷款
NRLM	国家农村民生任务
OECD	经济合作与发展组织
OJK	印度尼西亚金融服务管理局
ORP	业务重组计划

PACS	初级农业信贷社
PCF	人民信贷基金
PCH	ProCredit控股公司
PISCES	小额资本企业投资计划
PLPDK	彭比纳
PPP	公私合营模式
PR	公共关系
PSBC	中国邮政储蓄银行
RBI	印度储备银行
RCT	随机对照试验
ROA	资产收益率
ROE	资本收益率
ROI	投资收益率
ROSCA	呈会①
RWTH	亚琛工业大学
SAVIX	储蓄小组信息交换
SBFIC	储蓄银行国际合作基金会
SBV	越南国家银行
SCI	国际服务公司
SCU	储蓄信贷联盟
SDC	瑞士发展合作署
SERP	消除农村贫困学会
SG	储蓄组织
SHG	自助团体
SHPI	自助促进机构
SKS	SKS小微金融有限公司
SMEs	中小企业
SWOT	优势、劣势、机会和威胁
TSB	信托储蓄银行
UGX	乌干达先令
UN	联合国
UNCDF	联合国资本发展基金

---

① 译者注：呈会也叫标会、合会，是协会内部成员的一种共同储蓄活动，也是成员之间的一种轮番提供信贷的活动。按此，这是一种成员之间的民间借贷，是成员之间的资金互助，同时涉及了储蓄服务和信贷服务。

UNDP	联合国开发计划署
US	美国
USAID	美国国际开发署
USD	美元
VAPCF	越南人民信贷基金协会
VF	乡村基金
VND	越南盾
VO	乡村组织
VSLA	乡村储蓄信贷协会
WGZ	联邦德国合作中央银行
WOCCU	世界信用合作社理事会
WSBI	世界储蓄银行研究所

目　录

第一部分　引言：对小微金融的反思

第1章　小微金融—银行—储蓄与合作银行 / 3

1.1　小微金融：从低调起步到过度宣传和理性认识 / 3

1.2　银行作为小微金融服务的供给者 / 6

1.3　储蓄银行与合作银行的相关性 / 7

1.4　结论和发现 / 8

第2章　基本定义 / 10

2.1　为什么精确的定义很有必要但很难提供 / 10

2.2　需要定义的术语 / 11

第3章　更加广义的社会和发展导向性银行业 / 16

3.1　新型金融机构是如何出现并存活的 / 16

3.2　国家以及其他"第三方"的作用 / 17

3.3　金融机构建设的艺术 / 19

3.4　社会性、普惠性金融机构的目标 / 23

第4章　历史重要吗？ / 26

第5章　我们的主要命题 / 29

第二部分　德国储蓄银行和信用合作社———一个普惠金融的蓝本？

第1章　目标——为什么从历史视角？为什么是信用合作社和储蓄银行？
为什么是德国？ / 33

第2章 储蓄和借款——社会经济学的历史方法 / 37

　　2.1 满足需求——至关重要的挑战 / 37

　　2.2 储蓄和贷款——一项日常活动 / 40

　　2.3 变革之风——典当行、寡妇和孤儿基金以及储蓄贷款
　　　　协会作为创新的普惠性变革管理工具 / 41

　　2.4 储蓄是变革和增长的基础性条件 / 43

第3章 "打破常规"——19世纪基于储蓄的小微金融发展趋势
　　　国际比较 / 45

第4章 德国储蓄银行模式的出现——与生俱来的普惠性 / 49

　　4.1 分歧和趋同——早期储蓄银行比较 / 51

　　4.2 早期工业化和收入增长之后的扩散 / 54

　　4.3 1838年《普鲁士储蓄银行条例》——未来发展的法律
　　　　模板 / 58

　　4.4 迫切需要深刻变革——迈向经济腾飞 / 61

　　4.5 1900年前后的储蓄业务——全周期激励 / 63

　　4.6 信贷业务——兼具波动性和吸引力的小微金融 / 73

　　4.7 借方和贷方——准备金和非营利性拨款 / 82

　　4.8 管理和组织成功的因素——监督、技能提升和网络 / 83

第5章 案例研究——亚琛工业促进协会：一个整体的地方性普惠
　　　方式 / 85

　　5.1 "金钱和智慧"——融合保险、储蓄和教育的综合
　　　　福利概念 / 86

　　5.2 亚琛协会的储蓄银行——一项成功的实验 / 89

　　5.3 结束——第一次世界大战的灾难性后果 / 95

　　5.4 评估——以整体概念为榜样？/ 96

第6章 "开箱即用"——对19世纪基于信用的小微金融趋势的
　　　国际比较 / 100

第7章 德国信用合作社的出现——传统与创新相结合 / 103

　　7.1 自由主义方法——舒尔茨·德里奇和他的"人民银行" / 104

　　7.2 基督教的慈善方法——雷菲森及其与农村高利贷的
　　　　斗争 / 109

　　7.3 原则争议——职位竞争和过程优化 / 112

　　7.4 威廉·哈斯和其他变革推动者——汤中的盐？/ 115

　　7.5 案例研究——Hachenburg信用合作社 / 117

7.6 人民银行和雷菲森合作社——一个非凡的成功故事 / 120

第8章 储蓄银行、信用合作社和商业银行——互补与竞争 / 124

第9章 总结和展望——是否可以从历史中吸取教训？ / 128

　　9.1 组织发现 / 128

　　9.2 实践发现 / 129

　　9.3 连接过去和未来 / 131

　　9.4 概述——德国地方性银行的构成要素，从小微金融到
　　　　普惠银行 / 134

第三部分　小微金融的全球发展与现状

第1章 概述：机构、概念和方法 / 139

第2章 小微金融机构的范围 / 142

　　2.1 小微金融机构的类型 / 142

　　2.2 非正规小微金融 / 144

　　2.3 以社区为基础的小微金融或乡村"银行" / 150

　　2.4 合作小微金融：政府有何作用？ / 161

　　2.5 小微金融银行 / 172

第3章 融资渠道的数据来源 / 201

　　3.1 各机构的自我报告 / 201

　　3.2 金融机构网络的全球报告 / 205

　　3.3 全球数据集 / 210

　　3.4 市场饱和度 / 214

第4章 小微金融的国际援助与合作领域 / 217

　　4.1 开发金融的早期模式和小微金融的出现 / 217

　　4.2 转向现代小微金融 / 223

　　4.3 创立有效且可持续的小微金融机构战略 / 226

　　4.4 商业性小微金融及其挑战 / 235

　　4.5 为什么小微金融正在丧失影响力 / 239

第四部分　地方金融机构：向储蓄银行和合作银行取经，制定现在的发展政策

第1章 总结历史概况 / 245

第2章　历史调查对开发项目设计的一般意义／248

第3章　历史调查与开发项目设计的直接关联／252

第4章　比较评论总结和银行结构多样性呼吁／257

第5章　总结：基于200年普惠金融和地方性银行历史，为国家和
　　　　国际决策者提供建议／260

第一部分　引言：对小微金融的反思

第1章 小微金融—银行—储蓄与合作银行

1.1 小微金融：从低调起步到过度宣传和理性认识

今天所谓的小微金融是从20世纪70年代和80年代开始的制度发展创新的结果。现代小微金融一开始在孟加拉国是朝着更加社会化方向发展的，在印度尼西亚是朝着更加商业化的方向发展的，在拉丁美洲是朝着更加政治化的方向发展的，都怀有远大的抱负和崇高的目的，在越来越多持有旧的开发金融（development finance）观念专家的关注下快速发展。这时的小微金融发展关注的是国有开发银行，并自20世纪50年代以来一直受到国内和国际的援助，但最后还是没有成功，在政治上没有达到预期目标，在经济上效率低下。

然而，将"小微金融"称为一种新兴现象实际上并不准确，因为它只反映了西方观察者的片面观点，而且这些观察者对当地银行业的发展历史并不是非常了解。事实上，现在广为人知的小微金融已经在世界各地存在的时间即使没有几个世纪，也有几十年了，而且一直是德国18世纪以来和欧洲很多其他国家19世纪以来储蓄银行和合作银行的核心业务。我们之所以要强调认为小微金融是一种新兴现象这种观点的片面性，是因为本项研究的主要目标之一就是让我们的读者意识到，储蓄银行与合作银行在过去大约200年里的小微金融服务供给中发挥了重要作用。然而，有两件事情确实是新的：第一，政策制定者和发展专家对小微金融的兴趣，以及对支持发展中国家积极发展小微金融的政策兴趣；第二，对"小微金融"这个术语的使用。对于这两个新现象，本研究稍后将会进行详细讨论。考虑到向贫穷群体提供金融服务的传统方式与最近半个世纪出现的并在现在被称为小微金融的方式之间存在差异，为避免混淆，我们在后者的前面加上了"现代"这个修饰词。

早期的现代小微金融不仅雄心勃勃，而且带着极大的创新性；很多新理念、新简介和新概念被创造出来，并在实践中不断试验。贫穷群体是有信誉的，他们可以获得贷款、明智地使用贷款并在随后偿还贷款的理念，对使用了几十年的旧开发金融战略的倡导者和实践者、传统的银行家而言，是全新的和难以置信的。但一些倡导者特别是拥有个人智慧和非凡魅力的穆罕默德·尤努斯，很多重要的和令人信服的学术研究特别是俄亥俄州立大学一个研究中心的研究，有利的宏观政治环境特别是大多数国家取消了利率管制，这些因素相结合，让"开发金融"（后来被称为小微金融）的新形式获得了发展机会。

尽管有很好的发展意图和热心的价值理念，但早期的小微金融发展得不是很好。大部分早期的小微贷款供给者经营规模有限，并且成本极高，严重限制了它们原本可以实现的服务范围和影响。

到20世纪90年代末以及在新千年早期的几年里，小微金融发展日益成熟。截至

2007年，小微金融的增长一部分是繁荣发展，一部分是源于炒作。2005年，联合国发起了"国际小额信贷年"（International Year of Microcredit），小微金融的发展达到顶峰；2006年，小额信贷的领军人物——孟加拉国的穆罕默德·尤努斯以及尤努斯创立的穷人银行——格莱珉银行，由于创造和实施了为穷人提供信贷的新方式而被授予诺贝尔和平奖。这使得尤努斯和他的银行声名远扬，他关于小额信贷能够消除地球上所有极度贫困的雄心壮志得到了极大的尊重（Yunus，2006/2007）。

在20世纪90年代和21世纪初，贷款技术得到了极大的发展。这些技术对发展专家和银行家而言都是新生事物，但确实可以用于服务贫穷客户和收回以贷款形式借出去的资金，并且可以降低向贫穷客户及其小型经营活动发放贷款的成本。此外，很多以前在政府和国外捐赠资助下才发放小额信贷的机构也开始接受客户存款，并提供支付转移服务。换言之，它们从小额信贷机构转变成提供储蓄、贷款便利和其他金融服务的真正小微金融机构（MFIs）。得益于这些方面的发展，小微金融极大地扩大了服务范围，提高了服务的精细化程度，并开始产生真正值得探讨的影响。图1展示了小微金融认识循环模式。

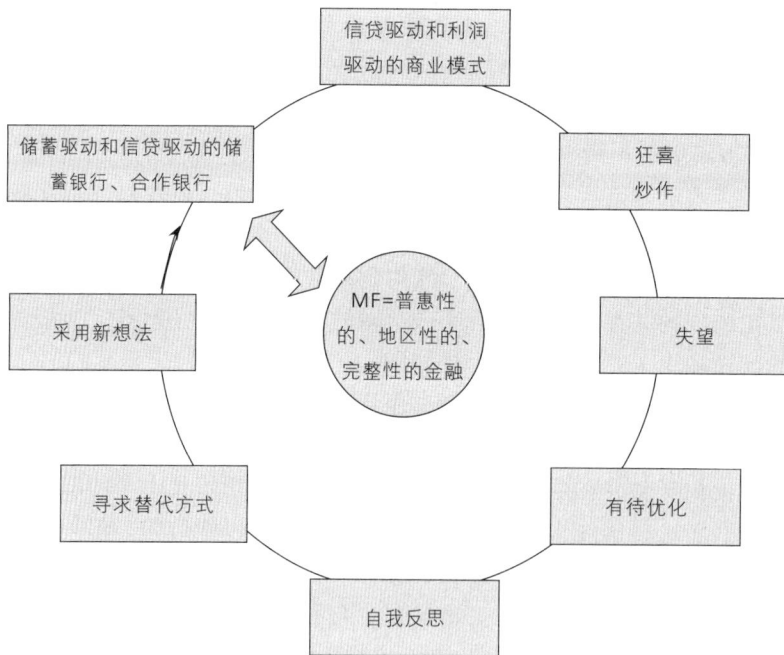

图1　小微金融认识循环："旧"功能模式—"新"功能模式

这些年来，出现了一个管理小微金融机构的新概念，被称为商业模式（commercial approach）。它早期仅仅是指通过引入适当的操作流程显著降低发放小额贷款的成本，并且通过收取合理的利息，既覆盖小额贷款发放机构的全部成本，也让小额信贷客户承受得起。

对商业化模式早期的倡导者而言，小微金融拥有明确的双重目标：产生强大的社会和发展影响力，同时建立能盈利和可持续发展的小微金融机构，使其可以扩大服务范围并产生更大的发展影响。这是一个宏大的愿景，但它应该是现实的。截至20世纪90年代中期，一些小微金融机构确实实现了支持它们持续运营的财务可持续性，这无论如何都是一个极大的成功。①毫不奇怪，这些高效的、可持续发展的小微金融机构的成功引起了政策制定者、投资者和普通大众的兴趣，并且吸引了更多的资金投向小微金融。早期的成果促成了持续的成功。这种正反馈循环在金融危机爆发的2007年达到了高峰，促使人们普遍坚信，如果做得好，小微金融既具有社会价值，又有利可图。

尽管小微金融的商业模式早在世纪之交就取得了成功，但在这之后也出现了负面影响。一些新成立的银行和小微金融机构似乎只看到了等式一边的盈利潜力，而忘记了等式另一边的（社会）发展。在聚焦和服务贫穷客户方面，它们确实在模仿拥有（社会）发展影响和财务可持续性双重目标的真正小微金融机构所做的。但这些新参与者只有一个目标：服务它们自己的财务利益。②

有两家小微金融机构是过度强调自身商业定位的显著例子，它们通过上市向机构投资者和公众发行股票。其中一家是墨西哥的小微金融机构Compartamos，2007年它的首次公开发行股票（IPO）非常成功。但这次IPO引发了小微金融专家的强烈批评，因为其IPO的高股价很可能是由高利率带来的高利润。正如穆罕默德·尤努斯所指出的那样，像Compartamos这样的机构经营的是高利贷，而不是履行他认为的小微金融机构的最高使命，即将高利贷驱逐出市场并避免向贫穷人群收取极高利率。③

另一家机构是印度的小额贷款机构SKS，它在2010年公开上市。与其他一些私营的小微金融机构一样，SKS以前所未有但显然不可持续的速度扩张。该机构服务的很多贫穷家庭最终的借款远远高出了他们能够偿还的规模。该小额信贷机构通过使用强硬手段来强制借款人偿还贷款。在该机构催收人施加的压力下，很多借款人自杀身亡。这些悲剧事件引起了全世界的关注，也引发了对小微金融经济价值和道德价值的重新审视。

可能是这两个案例引起了有关方面的警惕，小微金融专家开始对小微金融的实际情况进行全面和严格的调查④，并发现了更多的隐忧。小额贷款被用于资助消费而不

---

① 早在20世纪80年代中期，印度尼西亚人民银行就在其小微银行中采用这一模式，从而成为采用这一模式的第一家机构。

② 参阅 *Business Week*（2007）。

③ 2007年12月份的网络版 *Business Week* 引用了尤努斯的话，"小微金融的建立是为了与放高利贷者（moneylender）做斗争，而不是成为放高利贷者"。

④ 请参阅2012年一本非常有影响力的书，题为 "Due Diligence: An Impertinent Inquiry into Microfinance of Roodman"。该书详细地探讨了这些问题，并且对这些问题给出了非常稳妥的解决方案。

是创收活动、客户多头借款以及过度负债更加常见，这种片面的和过度商业化的发展超出了大家之前的认知。此外，对于尤努斯在全球推崇的小微金融帮助客户摆脱贫穷的能力，很多学术研究提出了质疑。①一些批评者认为，绝大多数小微金融机构资助的代表性支出活动并不会促进相关国家的经济发展，而是让它们陷入欠发达状态。②一部公开出版的著作对那些管理层和员工见利忘义以及无能的小微金融机构进行了大量批评，而且这些批评得到了很多支持者认可。③尽管作者没有明确说，但该书留给人的深刻印象是：组织缺陷是小微金融领域的一个普遍性问题。

所有这些都对小微金融之前的良好声誉造成了巨大损害，至少使得小微金融看起来不大像之前那样有前途了。这些事态的发展是否仅仅是对之前过度炒作和过度吹捧的清醒认识，是否会像现在大家认为的那样，导致小微金融或小额信贷的终结，仍有待观察。然而，尽管炒作已经结束，一些批评也是合理的，但绝大多数观察者仍然坚信小微金融是一个积极现象。

1.2 银行作为小微金融服务的供给者

到20世纪90年代后期，小微金融已经从意图很好但规模很小、业余的发展援助活动发展成了各个国家金融部门的组成部分，这种转型需要为参与机构找到合适的发展模式。它们怎样才能最好地为那些没有得到金融机构服务的人们提供金融服务？建立适合提供小额贷款和其他金融服务的良好金融机构，是这些年的一大挑战。认识到这一挑战的重要性催生了所谓的机构建立模式（institution-building approach），它与商业模式是一对孪生概念。它们看起来非常相似，以至于很多观察者很难看出差别。因为为了实施商业模式，你需要一个架构和管理都匹配的小微金融机构，而任何稳健的小微金融机构都需要通过商业上稳健的模式来运营。

一旦金融自由化在一个国家实施，那么之前非营利机构或者非政府组织（NGOs）设立的小微金融机构就要被吸收和转变成正式的持牌银行，而新的小微金融机构一开始就要作为银行来设立。④将小微金融机构转变为接受正规银行监管的持牌银行有很多原因。其中，最重要的一个原因是，只有持牌、受规制和监管的银行才能开展存储自愿且提取自由的存款业务，从而可以为客户提供重要服务，并且同时筹集资金来发放小额贷款。⑤

在这场大萧条以来最严重的银行业危机爆发几年后，人们可能想知道，转向纯粹

---

① 参阅 Roodman 和 Murdoch（2009）以及 Roodman（2012）。
② 参阅 Bateman（2010、2011和2013）以及更早的 Dichter 和 Harper（2007）。
③ 参阅 Sinclair（2012）以及该作者的其他相关出版作品。
④ 参阅第三部分第4章关于解决这一机构设立问题的不同方法。
⑤ 在一些国家，对可以吸收存款的小微金融机构制定了一些特别的规则和条例，这些规则和条例相对于那些不能吸收存款的小微金融机构的规定和规制要更加严格。

按照股东利润最大化的目标来运营的公司和正规银行是否真的令人信服。银行在危机中是否已经丧失了它们之前的影响力和信誉？小微金融融入更大范围的金融市场[①]，对这类传统上并不希望承受过多压力和盈利的金融活动来说，是不是太危险了？考虑到对冲基金和私募股权投资公司在 Compartamos 和 SKS 的 IPO 中存在的较大问题，这两家机构的 IPO 是否表明小微金融机构不应该暴露在资本市场的压力下？[②]这些问题必须得到非常审慎的回答。强大的资本市场压力确实可能会导致人们片面地关注盈利，弱化对社会和发展问题的关注。但是，如果小微金融机构渴望发挥影响并服务好客户，它们必须在发展的同时保持稳定。为此，它们需要募集存款，因为强大的存款业务可以减轻它们对世界银行等国际金融机构、区域性开发银行和其他投资者的资金依赖。应该从此次金融危机中吸取的一个教训是，上市银行和私营银行的资源是有限的，在危机时期，这些机构和投资者的支持不如通过稳定的存款获取资金那样可靠，而这要以成为持牌银行作为先决条件。此外，在此之前的 1997/1998 年亚洲金融危机也给了我们一个重要教训，即适度的规制和有效的监管对任何金融机构都至关重要，如果小微金融机构能够成为正规银行或者其他持牌的吸收存款类金融机构，也会很好地受益。

在 20 世纪 90 年代或者再早之前成立的新小微金融机构或者服务小企业的银行有两个共同的特征：首先，它们都是以目标群体为导向的。也就是说，它们把业务活动集中在小型企业客户和相对贫穷的人们身上，这些客户之前大都没有从现有银行那里获取过金融服务。其次，它们追求对社会和发展有重大影响且同时像一个稳定和盈利的企业那样经营的双重目标。换言之，它们必须以营利为导向，但又不能追求利润最大化。盈利不应该是它们的唯一目标。亟待解决的问题是，什么样的法律和制度形式、什么样的法律体系以及什么样的所有权结构适合那些担负社会和发展使命的银行，以及哪一种法律体系和所有权结构有利于提供小微金融服务？

1.3　储蓄银行与合作银行的相关性

显然，有几种包含不同所有者和治理结构的制度模式，可供小微金融机构和小企业金融机构考虑和选择。在这些一直追求双重目标的金融机构，以及那些早前建立、目标与过去 40 年小微金融机构的目标非常接近的金融机构中，有两类机构特别值得注意：储蓄银行与合作银行。J.D. Von Pischke（2009）是小微金融和商业模式的早期倡导者，他撰写过一篇高水平的调查文章，文中写道：

小微金融在过去 20 年里取得了稳定和快速的发展。它的前身包括德国和欧洲其

---

① Wagner 和 Winkler（2013）的实证研究表明，这种融合在过去的几年里发展太快了。

② 印度尼西亚的法律制定者在 1988 年就预见了这一问题，当时印度尼西亚通过了一项关于农村银行的法律，禁止那些受中央银行监管的地方性小微金融服务银行（印度尼西亚人民信贷银行，BPR）接受国外投资。

他地方的合作银行和社区银行。今天，这些机构以及它们在世界各地的继承者仍在继续为家庭和小企业提供大量信贷和其他金融服务。这些令人鼓舞的实践已经反映在小微金融的目标当中，包括利用信贷和储蓄为穷人和其他收入不高的人群创造更加美好的生活，以及成为活动人士和社会企业家的某种领导风格。

有趣的是，Von Pischke 不仅指出了德国储蓄银行与合作银行作为"双底线"机构，同时担负着财务使命以及社会和发展使命，而且指出了这些机构具体的领导和治理特征。因此，我们在本研究中分析储蓄银行与合作银行的法律和制度形式是否适合小微金融实体，似乎非常合适。当然，这个问题不能简单地以"是"或者"否"来回答，我们要讨论哪些特征值得纳入小微金融机构的设计中去。为此，我们试图系统地确定是否存在可供小微金融机构设计者和管理者吸取的教训，如果有，可以从19世纪期间德国和欧洲其他地区的储蓄银行与合作银行发展历史中吸取什么教训。它们的发展历史将在第二部分详细描述，而本研究的结论章节将会详细分析从中吸取的经验教训。正如我们将在第三部分分析小微金融发展现状时指出的那样，德国模式已经大量应用到了很多发展中国家。

要分析储蓄银行与合作银行在19世纪的德国作为模式或至少是灵感出现的作用，或者至少作为一种灵感来源，首先需要弄清楚什么是储蓄银行与合作银行。正如我们将要在第三部分详细阐释的那样，明确定义是一个挑战，对界定储蓄银行来说更是如此。在此可以说的是，德国的储蓄银行与合作银行都是正规的金融机构，它们拥有四方面的主要特征：

（1）它们都是扎根地方的金融机构，拥有高度的地方自治。

（2）它们都是"普惠性"金融机构，迎合了很大一部分人群的需求，包括那些难以或者至少过去难以从那些久负盛名的、私人拥有的和以营利为导向的银行获取服务的人。

（3）它们追求双重目标，包括作为商业企业的盈利性目标，同时促进它们的客户以及所服务地区的福利改善和商业发展。

（4）它们与类似机构的关系亲密，这使得它们可以通过一种特殊的方式，将规模优势和分散经营的优势结合起来。

1.4 结论和发现

如果不考虑所有的定义问题，我们可以对引言部分做出如下概括，并得出如下研究结论：

（1）作为发展和开发政策领域非常有前途的事物，现代小微金融在最近的40年里不断演进。

（2）现代小微金融在40年前以一种低调的方式起步，最初的发展雄心是扶贫。然而，早期的小微金融机构并没有取得应有的经营规模和效率，从而没有得到广泛的推广并产生显著的影响。

（3）随着"商业模式"的出现，这种情况开始发生变化。作为商业模式的一部分，很多小微金融机构转为持牌和受监管的银行，或者一开始就是作为银行设立的。对这类机构服务的客户而言，这种转变产生了积极影响。

（4）然而，正规银行的制度模式也存在缺陷，当小微金融银行是一家私人拥有的公司时，其所有者主要关注或者唯一关注的是银行作为一家商业企业产生的利润。

（5）因此，对广义上的储蓄银行以及合作银行的发展潜力或者这类银行的某些特征和某些方面进行调查非常必要，这些可以作为发展中国家设计和管理小微金融机构的参考模式或者灵感来源，在国外和国际合作框架下给它们提供支持。这也是本项研究的目的。

本项研究的结构设计安排如下：第二部分的主题是分析德国储蓄银行与合作银行在"泛19世纪"的发展历史。"泛19世纪"起始于18世纪末第一家储蓄银行的建立，直至1914年第一次世界大战爆发。

第三部分专注分析现代小微金融及其潜力和挑战。这部分首先对不同组织类型的小微金融机构进行了简要分类。然后，我们开展了一系列详细的案例研究，包括非正规融资安排、地方性的储蓄型机构（local savings-led institutions）、金融合作机构以及聚焦服务贫穷人群、小型企业和微型企业的银行的案例。此后，我们对小微金融、普惠金融的相关数据来源以及这些数据中的主要信息进行了批判性分析，最后一小部分分析了国际援助和合作领域的小微金融。

第四部分做了一个简要总结，并概述了一系列关于如何最好支持小微金融发展的政策考量。当然，这些结论是基于第二部分的历史分析得出的，也考虑了第三部分案例分析得出的教训。这些结论揭示了激励我们开展此项研究的首要问题：储蓄银行和合作性金融机构是不是向世界欠发达地区的广大人群提供金融服务的合适组织模式，如果是，它们如何以及在何种情况下能够得到国际合作项目的支持？

第2章 基本定义

2.1 为什么精确的定义很有必要但很难提供

对任何严肃的研究来说，尽可能地澄清研究中使用的关键术语都非常重要。到目前为止，我们还只是让读者凭自己的想象和直觉来理解本项研究中的关键术语，假定他们对储蓄银行、合作性金融机构或者合作银行以及小微金融机构这些术语的含义有所了解，并且绝大部分读者对这些术语的理解都是相同的。在引言中，使用模糊的、未定义的术语是可以的，但在一些地方必须给出精确的定义，而我们现在已经到了这个节点。

一般来说，定义就是使用语言的规则。在社会科学中，定义具有双重作用。它明确了术语具体指向的目标，同时包含了术语所指现象的描述元素。一个既定的定义可能较好地发挥了一个作用，而在另一个作用上表现不佳。摆脱这种困境的一个办法是，明确区分狭义定义和广义定义，并尽可能明确地表述一个术语描述的内容应该是什么，以及它关注一个现象的哪一方面。就本项研究而言，因为这些术语涉及不同类型的现象，一个可取的办法是对现象的类型进行描述。例如，人们在谈论一个典型的合作性机构时，指的是在一些方面与原有的合作性机构有所不同的其他金融机构，但仍属于广义的合作性金融机构类别。

对本研究中的术语进行精准定义的困难之处在于其常用场景在不断变化。这有两方面的原因。第一个原因是术语所指的现象随时间变化。下面用"小微金融机构"和"储蓄银行"来说明这一点。我们现在称作小微金融机构（MFI）的组织与30年前极为不同。举两个例子：今天的小微金融机构国际社区援助基金会（FINCA）是大型国际集团，与微型企业发展协会（ADEMI）这种地方性小机构完全不同，ADEMI是1983年在美国国际开发署（USAID）的大力支持下，在多米尼加共和国成立的小微金融机构。那么是应该用"小微金融机构"仅仅指代与1983年ADEMI类似的组织，还是应该将其含义拓展至与2010年FINCA的组织或者与今天的ADEMI类似的银行业机构呢？同时，如今在德国被称作储蓄银行的机构是应该用"储蓄银行"的狭义定义来指代，还是应该采用"储蓄银行"的广义定义？

第二个原因是不同读者和语言使用者的地方视角和文化背景存在差异。当今印度的合作社不同于19世纪法国的合作社，因此同一个术语可能会引起印度和法国读者截然不同的想象。

狭义定义具有更加精确和描述更加具象的优点。其缺点是常常无法捕捉到演讲者或作者希望涉及的广义现象。例如，在某些情况下，演讲者可能想对广义上的储蓄银行发表看法。这需要对"储蓄银行"一词进行相应的广义定义。但是这样的定义又可能显得太宽泛、太不具体，以至于无法说清楚到底包含或不包含哪些内容。

术语所指代现象的变化以及术语所反映的语境非常重要。这就是为什么我们在某些情形下采用超出本节定义的原因。考虑到以上因素，我们现在展示本研究中某些重要术语的工作定义，并对它们所指代的现象以及所反映的语境进行简要的描述性补充。

2.2　需要定义的术语

（1）*小微金融（microfinance）*。通常，术语"小微金融"表示向收入和财富有限的人群以及规模和复杂程度有限的企业提供金融服务。小微金融的客户或受益者的另一个特征是，如果没有小微金融，他们很难从现有银行获得金融服务。

小微金融包含以下内容：向某些客户群体提供的小规模贷款，即小额贷款；小规模存款的储蓄设施，即小额储蓄；汇款服务；小额保险。以怎样的规模界定小额贷款、小额储蓄和小额保险，取决于时间和空间条件。

从狭义上讲，可以将小微金融定义为向小微企业提供的金融服务或者为小微企业融资，从而在概念中排除了消费信贷。尽管消费信贷因为被过度使用且被客户用于"不必要的"消费开支[①]而饱受诟病，但也不应直接将其排除在外，并贬低其价值。消费信贷主要承担了平滑收入的功能，并且使得平滑收入成为具有社会和经济价值的金融功能[②]。

在寻找定义的过程中，David Roodman（2012：75、76）曾经指出，"定义小微金融的边界异常困难"，并且进一步指出"小微金融在很大程度上将富有国家的捐助者和投资者与贫穷国家的客户联系起来"，他还补充说"最著名的小微金融形式是向一小部分人提供贷款，通常是妇女"。这是直观的和合理的，但是太过于狭隘，因为它没有涵盖储蓄等小微金融的其他组成部分，并且这一定义不是该术语最初的含义。大约40年前，"小微金融"这一概念作为一种发展性援助被"发明"出来时，采用狭义定义在很大程度上是合适的，因为那时以及之后的20年里，小微金融的重点几乎都集中在小型和微型贷款上。回顾过去，我们现在应该称其为"小额信贷"。

"小微金融"这个术语在1990年被首次提出，1991年被首次公开使用[③]，用于强调小微金融不仅仅等同于小额信贷。该术语的广泛使用表明当时正在发生的范式转变。这种转变包含两个维度：一是从"仅提供信贷"到联结储蓄者和借款人的金融中

[①]　尽管将消费开支标记为"不必要的"可能有问题，但的确存在令人惊讶的案例。Zeitinger（2008）举了一个乌克兰银行的例子。该银行在电视广告中展示了两位客户，一名男子倚靠在保时捷车旁，一名女子身着优雅的皮草外套，并且声称这两位客户是通过小额贷款实现了以上愿望。

[②]　IFPRI（国际粮食政策研究所）的许多出版物都强调了小微金融在收入平滑和稳定中所起的作用。详见Zeller（1991）以及Meyer & Zeller（2002）。

[③]　参见Seibel（1991）和Seibel（1996a、2006）。Voge于1984年发表的论文"储蓄动员：乡村金融被遗忘的那一半"促成了这个新术语的诞生。

介；二是从大多依赖捐助和政府基金的不可持续的小额信贷提供者（如授信非政府组织和开发银行）到自力更生的机构，这些机构很大程度上通过调动地方和私人资源向当地客户提供贷款。

从更广泛的意义上来讲，"小微金融"这个术语不仅仅指通过 MFI 为收入和财富有限的人群提供金融服务，也指当地居民自身以自助团体（SHG）或非正规金融形式组织开展的一些金融活动[①]。

（2）*普惠金融（inclusive finance）*。这个术语近年来被引入作为小微金融的替代。据我们所知，"普惠金融"一词在2004年被扶贫咨询组织（CGAP）首次使用，并在此后被广泛接受。CGAP指出："'普惠金融系统'一词是指小微金融与正规金融系统的整合，以确保大量贫困人群获得永久性金融服务。"CGAP和国际金融公司（IFC）的联合出版物提供了一个更精确的定义："金融普惠性是指所有达到工作年龄的成年人都有渠道从正规机构获得信贷、储蓄、支付和保险服务。"（Ardic 等，2012：3）。

同样，术语的改变标志着政策的改变，在这个案例中表现为舍弃CGAP和大部分捐助组织之前对非正规普惠金融服务机构的狭义定义，这些机构大部分以NGOs的形式存在，与传统金融系统割裂开来。在2003年年度报告开篇，CGAP就表达了其对小微金融应如何随着术语变化而发展的看法："如果将隔离小微金融与广义的金融系统、金融市场和金融发展的墙（现实的或想象的）推倒，'小微金融'一词就不再必要了。"然而，这并不意味着现在所谓的"普惠金融"活动所追求的社会和发展使命的消亡。CGAP的下一个五年战略（2014年至2018年）的标题为"推进普惠金融以改善穷人生活"。

找到一个理想、明确的术语似乎是不可能的。这也适用于对普惠金融的理解：其最初的重点是一个狭义的目标群体，如妇女和贫困人群，不包括其他市场领域，如男性和非贫困人群。我们将狭义概念称为歧视性普惠金融（discriminatory inclusive finance）。相比较而言，非歧视性普惠金融是指所有人都能无差别地获得融资，包括贫困人群以及无法从正规渠道获得银行融资的企业。

对我们的研究目标而言，这种术语变化是受欢迎的，因为长期以来"非歧视性普惠金融"是储蓄银行和合作银行愿意提供的服务。然而，在我们看来，"小微金融"一词已经包含这些内容。因此，后文在不引起歧义的情况下，我们将这两个术语等同使用。

（3）*金融机构（financial institutions）*。金融机构是为经济中其他部门提供金融服务的组织。最重要和最典型的金融机构是*银行*，指那些提供存款、贷款、支付、汇款

---

① 金融，"小微金融"一词的主要组成部分，是指在不同时间点为分配稀缺资源（金钱、劳动力、粮食、牲畜）所进行的操作和决策。金融包含储蓄积累和递延投资、贷款以及偿还贷款的递延储蓄、风险管理以及支付操作等方面。许多金融操作都是货币交易，尽管这不属于定义的一部分。

服务并且受到中央银行监管的机构。其他金融机构包括保险公司、租赁公司、投资和养老基金等。它们属于*非银行金融机构*，不受银行系统监管，但是受其他监管约束。*授信非政府组织（credit-granting NGOs）*，也属于非银行金融机构或完全不受监管的机构，在小微金融中发挥着重要作用。在大部分国家，储蓄银行和合作银行都属于上述定义的银行，但在某些国家被定义为非银行金融机构。

（4）*小微金融机构（microfinance institutions）*。这个术语指专门提供小微金融服务的金融机构。一些MFIs是独立机构；一些是大型金融机构的一部分，如子公司或部门；一些则属于国际MFIs集团。一些MFIs是持牌金融机构，如银行，而另一些则不是。因此，对某些MFIs来说，其产品和服务范围受到很多限制，如仅限于贷款，它们属于仅提供信贷的机构；而另一些则属于"全能银行"①，面向小企业、企业主以及其他渠道受限的借款人提供服务。

虽然很容易刻画出典型的MFI，MFI致力于为那些不受本国绝大多数私人银行欢迎的客户提供服务，但很难将MFIs和其他机构完全划清界限。金融机构在多大程度上专门提供小微金融服务才有资格成为MFI呢？一家"真正的"MFI的贷款总额中小额贷款比例需要达到多少呢，小额贷款的规模需要多大呢？对本研究而言，对MFIs进行准确界定有一定的意义，因为尚不清楚是否可以将现在的合作银行和储蓄银行归为MFIs。但是只要在19世纪这些机构被视为MFIs，那么这个问题或许也无关紧要。

（5）*小微银行（microbanks）*等类似的术语，指的是那些持牌和受监管的MFIs。为了遵循普惠金融精神，许多之前只为穷人和小微企业服务的银行现在也开始服务于中小型企业，有的甚至拿掉了自身小微银行的名号。一些银行开始称成员机构为"街道银行"（neighborhood banks）。②

（6）*储蓄银行（savings banks）*。定义储蓄银行确实是一个挑战，因为如今被称为储蓄银行（或类似名称）的金融机构在各国之间甚至在一国内部，在特征上都具有很大差异。③但之前的情况并非如此。仅在30年前，大部分西欧国家的储蓄银行也具有以下特征，使它们与其他金融机构区别开来：

• 它们是由某个州（state）、市（city）、县（county）、区（region）设立的并受监控的公共机构。

• 它们的作用是支持当地经济发展并铸就社会凝聚力。

• 它们的盈利导向有限，具有双重目标，既要成为财务上成功的银行，也致力于

---

① "全能银行"一词在这里用来强调与仅提供贷款或仅提供存款和支付服务的金融机构的区别。在一般金融文献中，全能银行是指同时提供商业银行服务和资本市场相关服务的银行。显然，这个更广义的概念与小微金融的语义是不相关的。

② 即ProCredit银行，我们将在第三部分详细讨论。

③ 如果看一看世界储蓄银行协会（代表为大众服务的储蓄银行组织）的成员名单，这种多样性或异质性就显而易见。

为改善社会福利做出贡献。

•在大多数情况下，它们具有法律独立性，扎根于本地，但也加入类似机构的国家网络中。

•由于历史和其他原因，它们强调为客户提供储蓄服务和为自己动员存款的重要性。

在过去20年里，欧洲大部分国家的储蓄银行系统发生了重大变化。一些储蓄银行被私有化，一些并入了国有银行，还有一些甚至完全消失了。一些储蓄银行不再是国家网络的一部分，甚至不再肩负双重使命，而是完全致力于促进公共福利。[①]尽管如此，我们以上所描述的只是欧洲储蓄银行的雏形。有趣的是，德国储蓄银行系统是欧洲唯一一个至今仍保留上述特征的银行系统，并且经营得相当成功，成了德国银行系统的重要组成部分。以上两个特点使得研究德国储蓄银行如何在19世纪产生并发展起来显得尤为有趣，我们将在下一章讨论这个问题。

一直以来，一些金融机构自称为储蓄银行，如邮政储蓄银行，但仅仅表现出部分"典型的"储蓄银行特征。例如，前英国储蓄银行[②]和日本邮政储蓄银行就是如此。与英国的储蓄银行类似，日本邮政储蓄银行是一家大型中央机构，几乎不发放贷款，而是将筹集的资金通过政府债券输送到国库，或者贷给其他银行，这些银行再利用这些资金发放贷款。

在许多发展中国家，被称为储蓄银行或邮政储蓄银行的机构并不符合过去在欧洲大陆上存在的去中心化和本土化机构的模式，而是参照英国（和日本）模式，是由政府控制的中央机构和事实上的政府债券"小面额零售商"。

因此，除了储蓄银行对一般公众开放、特别注重储蓄和吸收存款的特点外，我们不可能提供一个共同特征，既能很好地描述储蓄银行，又能将其与其他银行区分开来。当我们在下文中使用"储蓄银行"一词时，倾向于指几年前欧洲大陆的典型储蓄银行。在不合适的地方，我们会使用另一个术语：基于储蓄（savings-based）或储蓄导向（savings-led）的机构，因为它最接近大多数读者在读到"储蓄银行"这一术语时的想法。

与小微金融领域的普遍看法相反，最受欢迎的小微金融形式是基于储蓄的机构，从世界各地数以百万计的非正规机构和大量的金融合作机构，到拥有2 500万个活期存款账户和550万个贷款账户（2012年）的印度尼西亚人民银行（BRI）小微银行，乃至拥有4.78亿储户（2014年）、2008年以来贷款业务迅速扩张的中国邮政储蓄银行（PSBC），以及大量其他储蓄主导的机构，大的小的、非营利性的和营利性的都有。从广义上讲，它们都是储蓄银行。

---

① 关于储蓄银行过去20年在不同欧洲国家的发展情况比较，参见 Bulbul 等（2013）。

② 该机构被称为信托储蓄银行（TSB），于1995年被出售给劳埃德银行集团。

（7）*合作金融机构*（*cooperative financial institutions*）。这些机构的法律形式为银行或特殊金融机构，在英语国家通常被称为信用合作社（credit unions），其共同特征是至少在一定程度上同时具有所有者和客户的身份。这种所谓的"身份原则"意味着，在合作社的法律和制度形式中，客户是所有者；反之，只有或者主要是所有者才可以成为该机构的客户。合作理念的拥护者通常认为，由于这种"身份原则"，每个所有者——通常称为成员——在成员或所有者的定期会议上只有一票，无论持有的股份数量如何。在大多数国家，一人一票规则都会作为重要内容写入与合作社有关的法律、法规中。因此，定义合作银行或互惠银行的特征是其所有权和治理结构。我们稍后将更详细地讨论这种结构的含义。[①]

几乎无一例外，合作金融机构在很大程度上是非中心化的，在当地扎根。与典型的储蓄银行一样，它们中的大多数都是复杂或简单的相关机构网络的一部分。这种网络结构使它们能够从某些银行业务的规模经济中获益。与储蓄银行相比，大多数的欧洲合作银行系统基本上保留了其传统结构，尽管它们最近也进行了一定程度的改造。

在发展中国家，合作金融机构十分普遍。其表现形式包括成千上万的非正规合作社以及如今已被归类为非银行金融机构的准正规合作社，或是完全正规的合作银行。发展中国家的现代合作社是由西方传教士、咨询机构和发展援助组织引进的，非洲主要是这种情况；或者至少受到了西方国家模式的启发，如印度，我们将在第三部分展开详细讨论。

由于本项研究的重点是储蓄银行和合作银行，我们将在第二部分通过图表展示这两类金融机构的异同（见表13）。

（8）*社会导向银行*（*socially-oriented banks*）、*社会银行*（*social banks*）或*另类银行*（*alternative banks*）。我们用这类概括性术语来表示具有以下特征的金融机构：它们致力于服务小微企业、小微企业主以及那些不受现有私人银行欢迎的客户，并且不仅以营利为目的。这类金融机构包括储蓄银行、合作银行、大部分发展金融机构（development finance institutions）以及一些以促进经济发展和公共福利为特殊使命的其他公共银行。真正的私人银行通常不属于这一类型，因为它们大都是纯粹的营利性机构，或仅为名人或富人提供服务。然而，此条规则也有例外。一些银行就其所有权和治理结构而言是私人的，但同时也为发展性或社会性使命服务。这种混合模式在发达经济体中不多见，但在小微金融领域很常见。

（9）*小微金融供应商*（*microfinance providers*）。这是一个更广义的术语，除上述机构之外，也包括为广大人群提供金融服务的非专业NGOs以及非专业的政府机构。

---

① 见3.3节。

第3章　更加广义的社会和发展导向性银行业

我们这项基于历史的、跨学科的研究的总体目的是考察德国储蓄银行和合作银行，但也在一定程度上考察其他欧洲国家工业化进程中的储蓄银行和合作银行，以及当今发展中国家中与储蓄银行和合作银行相类似的组织，这可以让我们为当前设计、管理、监管和支持 MFIs 的相关问题提供更好的解决方案。本章将侧重于探讨接下来各章节反复出现的支配性问题，从而建立起我们将要提出和检验的命题清单。

3.1　新型金融机构是如何出现并存活的

新型金融机构是如何出现并长期存在的，对本研究所关注的三类机构——储蓄银行、合作银行和其他类型 MFIs 而言，是很重要的问题。毕竟，储蓄银行已经存在约200年，合作金融机构已经存在超过150年，其他类型 MFIs 已经存在约40年。这需要一个解释。

新型金融机构的出现通常源于两方面因素，或受到它们的共同影响。第一个因素是需要新的机构来解决特定问题，这些问题通常是新问题。第二个因素是当时政治、思想、知识发展，使得针对这类需求或机会设计并推出一类机构已经可行了。

这就是当时欧洲的情形。从18世纪末开始，欧洲西北部地区的传统农业经济开始向工业化转型。这个过程伴随着严重的社会经济问题和城市中心迁移，经历了多个阶段，耗时约100年。储蓄银行和信用合作社的出现是为了减轻这些根本性变化所带来的负面影响。

像下一章即将详细阐述的那样，第一批德国储蓄银行诞生于1800年前后，这个时代由封建制度、法国大革命以及它们在德国的政治影响所塑造。法国发生的事件使得有政治头脑的人们意识到，很多社会和政治问题需要通过各种手段来解决，包括为"更下层阶级"创立金融机构。

德国合作银行业始于1850年前后。在当时，严重的社会经济问题和发展机遇并存。19世纪40年代末期，德国处于大饥荒最后阶段，这影响着德国大部分乡村地区，同时参与小额贸易或从事技术行业的城市人口增长受到工业化进程的影响。这与1848年短暂爆发的资产阶级革命浪潮相伴。因此，从政治和思想上来看，创立合作性金融机构是对当时尖锐社会问题的及时反应。

在许多发展中国家，现代小微金融刚开始发展时的情形是相似的。向城市中心迁移、社会经济转型以及全球化特征带来了大量失业、贫困问题，解决这些问题需要采取措施，而小微金融被认为是消除贫困以及为第三世界国家贫民创造就业的一种手段。

出于各种原因，当时的政治环境对小微金融的诞生是有利的。最重要的是，世界某些地区殖民统治的结束以及越南战争的结束，使得良心不安的西方国家迫切需要赢得民心，需要为贫民设计并提供形式直接的、明显可见的发展援助。在过去几十年里，在发展援助中占据主要地位的大规模发展基金在政治上已不再被接受，因为实践经验表明，一旦它实实在在地促进了发展，通常也会导致二元发展问题。[①]

1973 年，美国国防部前部长、后来的世界银行行长罗伯特·麦克纳马拉（Robert McNamara）在内罗毕发表著名演讲，推动了发展政策的改变。他在讲话中宣告了"涓流效应的结束"，并呼吁采取与贫困直接相关的援助战略。以小额信贷为主要形式的早期小微金融完全符合这一概念。仅仅几年后，拉丁美洲大部分地区和世界其他地区的金融管制放松，以及里根–撒切尔时代的自由市场观念，为小微金融发展提供了支持，小微金融在当时是关注贫困和企业的开发性金融的新概念，同时很大程度上绕开了东道国政府。[②]

当然，发生在特定时期的特定组织创新是为了应对严重社会问题、特定政治局势和强大的思潮趋势，不足以让人理解为何一些新型组织形式会在之后许多年仍然繁荣。为此，有必要说明它们作为组织生存下去的价值，即它们以某种方式为其客户提供特定服务，使得现有资金、人力和其他必要资源继续为客户所用；说明这些机构不会被竞争吞噬；以及它们有能力化解危机，并适应不断变化的环境。生存能力也将是后面章节的关注点。

3.2 国家以及其他"第三方"的作用

在我们对社会导向型银行的讨论中，反复出现的第二个话题是政府、州和其他"第三方"的作用。"第三方"一词指的是不属于 MFIs 或银行目标服务人群的实体或个人。从任何意义上而言，它们在专注贫困的普惠金融机构的诞生和发展中，都起到了重要作用。如果认为服务相对贫困人群的金融机构仅仅是市场发展压力下产生的，是自发的市场发展的体现，就太天真了。

对储蓄银行而言，这是不言而喻的，因为在大部分情况下储蓄银行是公共机构。它们几乎都是由公共部门的实体创立的，在某种程度上是公共所有的，同时在某些情况下是在公共法制下运行的，如德国储蓄银行。尽管具体细节视情况而定，储蓄银行总是与州或市政府保持密切联系。

如果不考虑呈会（ROSCA）和其他形式的非正规金融，第三方对成员所有的金融机构——金融合作社也很重要。在德国和其他欧洲国家，早期的金融合作社是由心系社会的、善良的公民创立的，用来支持和造福那些贫困的和受教育程度较低的人们，即现在所谓的目标人群。此后大部分金融合作社的治理结构和商业模式特征依然

---

① 这条一般性规则也有例外，比较著名的是韩国。对早期发展援助形式的严厉批评详见 Easterly（2001）。
② 详见 Schmidt（2010）。

保留着第三方的积极作用。

几乎在所有发展中国家，合作金融都是由各自的政府、慈善家、受过高等教育和相对富有的公民或者传教士、发展援助组织及其工作人员，或其他国家的合作机构引入的。

最后，几乎所有我们目前看到的MFIs，都是第三方活动和倡议的结果。发达国家的现代小微金融主要来自发展援助的创意，得到了外国资金、技术和专家的支持。事实上，是国际或外国捐助机构及其咨询顾问将"小微金融"这一概念引入部分东道国的。尽管某些地区已经存在MFIs，但其发展成为高效组织所需要的大部分支持仍然来自国外。

第三方介入也是推动现代地方性知名MFIs产生和发展的重要原因。一个著名的例子是孟加拉国的乡村银行——Grameen Bank（格莱珉银行）。尽管穆罕默德·尤努斯是孟加拉国人，但就社会背景和教育程度而言，他是孟加拉国乡村银行的创始人和前经济学教授，显然不属于该国的贫困阶层。类似地，帮助印度尼西亚人民银行（BRI）从乡村机构转型成为商业小微银行的银行家、公共管理者和外国顾问，也不属于BRI系统的目标人群。拉丁美洲最早的MFIs之一——哥伦比亚的Fundación Carvajal，是由该国最富有的实业家家族创立的。从某种意义上说，所有MFIs的创立者都与19世纪在德国创立储蓄银行和合作银行的银行家、富有的农场主、政府工作者、牧师、医生等具有类似的角色和想法。

第三方不仅对MFIs的创立很重要，对MFIs的成长和发展也起到了重要作用。它们的作用在某种程度上不仅包括提供长期的资金和经验支持，更重要的是监督机构运转并维护其完整性。同样，国家和政府也很重要，它们必须提供MFIs所需的法律和金融基础设施：其运行所需的合理法律框架；保证其合规运转的规制和监管；需要时可以触达的金融安全网。提供这些基础设施显然是国家、政府和议会的职能。

第三方的参与也会产生负面影响，且实践表明这种情况经常发生。依靠外国或其他捐助者的支持往往会削弱当地人民自主发展和承担责任的动力。例如，在许多情况下，大量的外国资金使得激励机制失去应有的谨慎，即原本应该仅向那些有能力并愿意偿还的人提供贷款，或努力调动地方储蓄。[①]在某些情况下，如非洲和亚洲的合作社系统，大量外国资金进入破坏了当地合作金融系统的士气和凝聚力，因为外国资金通常受更高等级组织（如合作社协会）的管控，削弱了地方合作社及其成员的作用。[②]此外，充足的外部资金可能阻碍MFIs从单纯的信贷分销商发展成为真正的金融中介，而这是它们应该努力发展的方向。许多开发银行费心动员储蓄的漫长而悲伤的

---

① 在Adams、Graham和Von Pischke的论文集《1984年以来廉价信贷破坏乡村发展》（Undermining Rural Development with Cheap Credit from 1984）中，对这些负面影响有着经典的描述。

② 有关说明参见古诺在2001年关于布基纳法索合作金融系统的研究。

历史也很好地说明了这种危险。有趣的是，在 19 世纪的欧洲，并没有大量国家资金用于储蓄银行和合作银行。

持续的国家支持尤其可能出现问题。一个很好的例子是印度合作社的发展，在 20 世纪前几十年里它们是自筹资金的，我们将在第三部分的案例研究中进行介绍。当州政府开始向合作社大规模提供资金时，它们破坏了当时充满活力的、良好的系统。谨慎的一般理由是，政府很少在不期望任何形式影响和权力回报的情况下提供支持，它们很可能出于政治目的对当地金融体系滥用职权，如影响贷款的获取人，实施贷款豁免计划，以及在重要职位任命政治盟友。在这种情况下，最先伸出的"援助之手"很容易变成"掠夺之手"。

3.3　金融机构建设的艺术

对于旨在服务下沉市场的金融机构而言，下一个关于机构设计的重要命题是：好的 MFIs 具有什么样的设计特点？

随着时间的流逝，各种具有不同特征的机构模式被"发明"出来。然而，那些不适合功能实现的模式迟早会再次消失。从某种意义上讲，机构模式消失是"适者生存"的过程，是基于广义上的竞争，通常反映的是成本和收益、效率和利润方面的残酷事实，以及获得持续支持、政治保护的能力等。正如 MFIs 从 NGOs 转变为公司那样，当机构模式不再被新成立的组织采用时，或者不再被现有组织变更法律属性和机构形式采用时，这些机构形式可能就失去影响力了。[①]

学者们依照新制度经济学中研究机构的方法[②]，解释了现有机构的可观察特征，这一解释是通过证明这些特征能使一个机构履行其职能，并说明了它们在何种情况下以何种方式可以做到这一点，进一步假定这些已经存在一段时间的机构是根据其功能明确设计的，尽管这个假定可能是错误的。[③]

那么，是什么促使特定模式的 MFI 成功存活下来了呢？答案取决于很多因素。其中之一是这个机构需要执行的首要职能。如上所述，创建 MFIs 的目标或使命是为客户创造利益，即为客户而非其创立者创造利益。对 MFIs 的制度经济学分析[④]基于这样一个见解，即与任何其他组织一样[⑤]，MFIs 容纳了不同领域的人群：借款人和存款

[①]　这些变化在 Nair 和 Von Pischke（2007）的研究中进行了描述和评估。

[②]　关于新制度经济学方法的概述，参见 Furubotn 和 Richter（2005）。

[③]　Alchian（1950）讨论了达尔文"自然选择"的概念在制度研究中的应用，并认为可以援引（反事实）假设对机构形式进行分析，这些假设是明确设计出来的，目的是考虑其"生存价值"。

[④]　以下论点最早在 Schmidt 和 Tschach（2002）的研究中提出，他们参考 Fama 和 Jensen（1983）的研究对"小微金融（机构）作为激励网络"进行了分析。

[⑤]　在此我们采用"机构"和"组织"这类词汇的日常意思。在相关学术文献中，这两类术语的含义是不相同的。North（1991）等人对术语进行了一个划分，"组织"是复杂的组织形式（或口语意义上的机构），如企业、政府或 MFIs，而"机构"更多指代规则、奖励机制之类的。

人、贷款提供人、雇员、管理者、监事会或类似机构成员。所有这些利益相关者都需要做出决策，这些决策共同构成了成功或失败的决定性因素。

由于在MFI中实现完美控制是不可能的，因此所有利益相关者在决定如何扮演其角色方面有一定的自由度，理解这一点是很重要的。

为了使机构获得持久的成功，客户必须愿意并一直保持客户身份，即如果他们想获得贷款，必须愿意且有能力偿还贷款；雇员必须认真、勤勉地履行职责；管理者必须有能力并愿意进行领导和努力工作；储户和其他借款人必须愿意将他们的资金委托给该机构；监管机构成员必须愿意认真执行监管职能；最后，股东或其他处于类似位置的人必须愿意接受该机构已有的风险和报酬结构。如果每个人都按他/她期望的去做，那么任何机构大概率都能蓬勃发展，无论凭借怎样的机构设计。但是假设每个人都出于责任感和正义感或单纯愿意完美履职，则是不现实的。

标准经济学理论假设大部分人都为自身利益行事，因此他们是不诚实的、不公正的、不合作的，如果一件事符合他们的目的，他们将据此行事。存款人和出借人是善变的，可能会随意地在不方便的时候要求取款，或是在一开始拒绝借款。一旦借款人收到贷款，他们很可能拒绝按时还款甚至拒绝还款。一旦他们在MFI谋得一份工作，普通员工、管理层甚至董事会成员可能会投入比预期更少的时间和精力；信贷员可能会把贷款发放给不可靠的朋友，而非那些真正应该获得贷款的人。最后，所有者或那些做决策的人可能倾向于放弃难以服务的客户群，而转向为其他客户提供服务，并从机构中获取尽可能多的利润或其他私人利益。同样，这个行为的结果很容易预测：这种机构一定会失败。

比较好与坏两种极端情况，可以发现一件事：当其他人很好地履行各自的职责时，似乎每个人都这样做才更有吸引力；如果其他所有人都以不合作的方式行事，那么每个人都可能会这样做。因此，组织中普遍存在的行为模式是相互依赖的。

然而，这并不是全部。组织并不是附属于群众行为选择的被动牺牲者，相反，组织有广泛的选择范围，来影响那些与它们共事和它们所依赖的人的行为。组织可以制定并实施规则，定义决策权、提供奖励和实施制裁，提供鼓励合作行为的信息，以及向那些属于组织或与组织密切相关的人们灌输一种责任感和公平感。

这些影响甚至塑造行为的方法的总和是机构制度架构的本质。尽管也有例外[①]，但可以假设在大多数情况下，借款人的短视利益会使不合作行为对所有人都更具吸引力。因此，对于与鼓励合作的长期激励机制不兼容的短期激励机制，组织可以并应该将其替换掉。

---

① 例外是部分人的行为动机来自利他主义——公正感、道德价值观或宗教信仰，因此这种人并不是很罕见。最近，经济学家开始思考这些行为模式，而传统经济学理论对此却大为忽略。有关概述参见 Fehr 和 Gächter（2000）。

在 MFIs 的案例中，很容易证明这种替换：可以通过一定的明确承诺来扼制借款人不偿还贷款的短期动机，即承诺按时偿还全部贷款的借款人能够在未来以更好的条件获得新的贷款；但是，为了保证这种激励机制正常运行，必须以适当的方式设计贷款技术。如果信贷员可以保住工作，甚至有晋升的机会，他们可能倾向于改善利用短期措施向不可靠的伙伴提供贷款的状况，从而表现得更好；为了发挥这种激励作用，必须以适当的方式设计人力资源政策。长期聘用和良好的晋升前景可以阻碍经理人逃避职务的短期动机。如果一个成功的、受人敬仰的机构可以提高董事会成员的社会地位，那么原本懒惰的董事会成员可能会认真对待自己的角色。最后，可以培养一种预期，即机构的长期股权更有吸引力，用以抵消所有者从机构中尽可能多地获取短期利润的动机。

这不仅仅是一份案例列表；它是对激励体系或机构设计的简化描述，其要素相互关联并且相互补充：如果贷款政策确实能够激励借款人按期偿还贷款，并且带来较低的贷款违约率，那么信贷员的工作就更具吸引力，他们将更加有远见并且愿意合作。如果低层级员工表现良好并符合预期，经理的就业和晋升机会更好，那么他们自愿合作和表现良好的动力也会增强。如果贷款运作良好且员工和管理绩效良好，作为奖励，董事会成员也将大概率认真对待自己的角色，即做什么工作是员工和管理层所期待的。最后，如果机构内各个层面的事情进展顺利，那么所有者不拿出大量资金且可从中受益的前景也会更加乐观。

激励效果是相互关联的，无论是在适当调整激励机制的积极情况下，还是在消极情况下，功能失调的激励机制在某种层面上会引发恶性循环，使整个体系崩溃和瓦解。正如人们常见的那样，所有积极的长期激励措施都基于一个共同的前提：该机构在经济上的生存拥有良好的前景。如果不满足这一条件，短期激励措施将继续占据上风，并且该机构将确实难以存活。因此，预期在某种程度上是自我实现的：积极的预期带来积极的结果，反之亦然。

成功的金融机构建设最重要的是理解激励机制如何运作，组织中使用的不同激励机制如何相互关联，以及它们如何依赖组织的长期发展前景以及战略。这是适用于所有组织的一般性建议。[①] 但是这对 MFIs 而言显得尤为重要，有两个专门针对小微金融的原因：一方面，小微企业以及贫困人群、个体户的信用难以评估，因此其信贷员的绩效也很难评估；另一方面，典型的 MFI 应该追求双重目标，即成功开展业务和使客户受益。具有多个目标可以为管理和监督委员会提供自由裁量的空间。因此，它们的表现也难以监控和评估。每当难以进行直接监控和绩效评估时，适当的激励措施就显得尤为重要。

---

① 对这种相关关系进行解释的常见相关文献包括 Milgrom 和 Roberts（1992），Brickley、Smith 和 Zimmerman（1996/2008），对人力资源管理的特殊案例见 Baron 和 Kreps（1999）。

正如我们稍后将讨论的那样，此处提出的考虑也直接关系到合适的MFIs所有权和治理结构是由什么构成的。由于我们稍后将对此进行更多讨论，因此在此仅需简短、概括性地说明。

机构设计中最重要的问题是谁有权做出高层决策，以及如何定义和界定此权力。由于最高决策权在许多情况下与拥有者的角色紧密相关，因此如何分配和界定最高决策权与谁应该是MFI的所有者这一问题密切相关。

MFI的最高决策权，以及所有者的角色，应以机构可以实现其双重目标的方式进行分配。因此，应将决策权和所有权角色分配给即使在环境变化的情况下也能忠于机构使命的人员或实体，他们表现出了真正的能力和责任感，清楚哪些事情是必须做的，以加强和保护其组织。在理想情况下，所有者应将自己视为机构及其客户的受托人，并据此开展活动。

但是，这样的完美所有者很难找到。因此，某些机构模式——如基金会和协会等非营利组织的法律形式——在其设计中并未包含所有者的角色。在一定程度上，包括德国在内的某些国家的储蓄银行也是如此，那里的大多数储蓄银行都受公法制度管辖，而所有者的作用则不存在。没有所有者会很危险，因为这会带来以下风险：没有人真正对组织及其稳定性和发展负责，或在必要时发挥作用。

大多数合作社所有者的权力非常有限，这也很危险，因为它会使机构的经理人处于强势地位，他们很可能会滥用这种权力。合作社成员所有权的限制源于合作社所有权和治理结构的两个特定特征：(i) 在大多数情况下，不允许所有者成员以自由决定的价格（某种程度上反映其经济价值）将其股份出售给他人；相反，他们只能让公司回购股票来换取自身投资的现金（加上累积的利润）。(ii) 在大多数合作社中，所有者会员不论拥有多少股份，在大会上只有一票表决权。综上所述，这两个特征产生了积极和消极的结果。积极的结果是，所有者成员对合作社管理层施加压力的动机或可能性很小（在那种情况下，他们可能会以牺牲经济上和社会上较弱的成员为代价来增加利润），因此部分成员被剥削的可能性是有限的，这与作为自助组织的合作社也为弱者服务的机构逻辑相一致。禁止以经济价值出售股票和累积投票权的负面结果是，面对经营不利、没有付出足够努力甚至滥用职权牟取私利的经理人，所有者成员可对其采取的激励和制裁措施会受到限制。所有者们看到经理人不能正确履行职能时，却没有经济动机采取行动来弥补这一缺陷，因为在持续经营的假设前提下，他们很难从更好的管理中受益。同时，由于没有成员拥有超过一票的投票权，因此很难将不称职或自私的管理层赶出去，或者甚至很难发起恶意收购等类似的行动。①

---

① 此处提出的论点在 Ayadi 等（2010：33 et seq.）的研究中有更详尽的解释。但是显然，它也适用于（欧洲）公共储蓄银行，参见 Ayadi 等（2009，pp.14-30）的研究，因为从经济上来讲，（欧洲）储蓄银行没有真正的所有者，而只有受托人。Schmidt and Zeitinger（1996）关于采用基金会和协会等法律形式的小微金融NGOs的研究中有类似论点。

最后，对机构而言，拥有一个具有强大权力的真实所有者对机构是有益的，因为真正的所有者往往会打理他们的资产并关心机构的成本、收入和利润，但是潜在风险使这些所有者可能不在乎MFI目标客户的利益。

　　在MFIs的设计中，上述三个危险哪个最大因而必须赋予最高权重，这个问题没有统一的答案。在任何给定的情况下，答案取决于特定情况，即必须明确或评估机构的所有权制度，并且由于所有权制度作为机构治理体系的一部分，也要评估其与其他要素的相互作用方式。

　　从纯粹的思想或政治角度来看，这种不可知论的结果（agnostic result）可能令人失望。但是，我们的目的是要理解储蓄银行和合作银行作为MFIs的机构模式所具有的潜力和劣势，这也包含了积极的、令人鼓舞的信息。其原因是：很显然——将在后文更详细地说明——如果一种机构模式根本没有强大而负责任的所有者，或者它们的所有者基本上没有权力，那将是一种缺陷。这种缺陷使得以储蓄银行和合作银行作为MFIs的机构模式，是一种糟糕的选择。但是，如果没有其他更好的所有制机制，并且所有制的优劣在很大程度上取决于整个治理体系，那么储蓄银行和合作银行仍然可以作为小微金融的良好机构模式。本研究的最后一章将讨论这种情况是否会发生，以及在什么条件下发生。

3.4　社会性、普惠性金融机构的目标

　　包括MFIs在内的社会导向型或发展导向型金融机构有多个目标，这会产生以下问题：如何协调或权衡不同的目标，其社会和发展目标的实质是什么？[①]

　　目标可以在一般意义上、战略上或更具操作的层面上进行界定，并且可以针对短期或长期分别界定。即使不考虑时间维度，社会导向型的普惠性金融机构也具有两个战略目标：一是社会和发展目标，即为他人创造价值；二是面向业务或组织的目标，即为组织本身以及为组织提供资源的人员创造价值。从长远来看，社会和发展目标起着或至少应该起主导作用。经营成功只是实现为他人创造价值这一总体目标的必要前提。从短期来看，这两个目标的相对重要性是相反的。业务目标起着主导作用并决定了决策和行动，而社会和发展目标则提供方向，作为对决策和行动的约束。上文已经简要说明小微金融向商业化模式转变的积极结果，商业目标的重要性已经被理解到位。在最初的几年中，当MFIs及其领导者和支持者不关心成本控制、成本覆盖范围或财务可持续性时，很少有人意识到实现业务目标对一个MFI的稳定性和正常运作是多么重要。[②]

---

　　① 尽管它们经常密切相关，但社会和发展目标可能是不同的。社会目标主要包括帮助穷人和有需要的人，而发展目标可能涉及创造就业机会、促进当地经济增长或改善基础设施。

　　② 正如我们在上一节中所解释的那样，一个优秀MFI的激励机制基于该机构作为企业很成功。

社会和发展目标的内容到底是什么？所有参与这项讨论的人都一致认为，以社会和发展为导向的银行业应追求两件事：改善在经济和社会上处于不利地位的人们的生活，并为那些有经济困难但还难以接触金融服务的人提供服务。这曾经是早期创建储蓄和合作银行的愿望，也是如今小微金融领域努力的目标。除此之外，分歧就产生了。

分歧之一在于所谓目标人群（MFIs应该为其创造收益的客户）的定义问题。有人认为，最终目标人群只是"穷人"。这常常与小微金融的战略目标相联系，即通过向穷人提供贷款来帮助他们摆脱贫困。这个对小微金融目标人群和活动的定义相当窄；它意味着只专注于"穷人"，并且这是一个侧重于贷款的定义。

其他人则认为，小微金融的目标人群应该定义得更为广泛，至少应在某种程度上有所不同。就为创收项目提供资金的贷款而言，它应主要针对非常小（或微型）、小型以及不那么小型的企业。因此，应该获得贷款的是小村庄的面包店所有者——按当地标准衡量他们并不是穷人，但在许多发展中国家他们没有渠道获取传统银行贷款——而非在面包店兼职销售的真正的穷人。至于包括存款、支付和紧急贷款在内的其他服务，MFIs应该简单地做到"普惠"，这种做法过去在欧洲已经证明了其价值：它们应向广大人群提供产品和服务，而不能将那些可能无法获得其他银行服务或者不被其他银行认真对待的低收入家庭排除在外。

在著名的MFIs的例子中，格莱珉银行代表对目标人群的狭义定义，而BRI的微型银行部门网络则遵循了更广泛的、非针对性的定义。

为什么人们认为好的小微金融能够让目标人群特别是社会上较贫穷的阶层受益？基于合理的假设，社会和发展目标中的迫切内容或战术性内容是什么？长期以来，人们认为获得贷款对小微金融的服务人群（包括真正的穷人）有所帮助是理所应当的。其中隐含的假设是穷人有能力很好地使用这部分贷款。尽管实证证据参差不齐，但这一点可能是正确的。[①]然而不要忘记，贷款也有其负面效应：这意味着需要偿还债务，这正是开放金融领域的伟大前辈之一戴尔·亚当斯（Dale Adams）反复指出的，他对"向穷人放贷"的普遍性狂热持批评态度。特别是对穷人而言，借钱然后不明智地花钱会造成灾难性的后果，这在印度和其他地方最近发生的事件中已得到充分证明；相反，其他金融服务尤其是接触储蓄机构的机会，对穷人福利的提高似乎是毋庸置疑的，并且在实证中得到了很好的证明。

如果我们对贷款让真正贫穷的人受益存有疑问，那么就会产生一个问题，即从贫穷的人的角度来看，具体在哪些方面受益。如果将贷款转给拥有小乡村面包店的妇女

---

① 证明真正贫穷的小微金融客户从小额贷款中受益的直接证据是稀缺且不可靠的；参见 Roodman（2012a）对该讨论精彩的总结。大多数MFIs手册中提供的基于案例的间接证据也是不可靠的，因为个别案例不具有代表性，反映了样本偏差。

而不是销售员，她可以拓展和稳定业务，为客户生产更好的面包，并提供更多、更稳定的就业机会。这些对借款人有积极的直接影响，虽然她是西方标准而非当地标准衡量下的穷人，但是同时她也对客户和雇员（任何标准下的贫困人群）产生积极的间接影响。其中还有一种更为间接但同等重要的经济影响：中小企业稳定可靠地获得信贷及其他金融服务是经济增长与发展的主要决定性因素，这往往也通过创造就业和增加收入的方式让这个国家更贫困地区的人民获益。

小微金融或普惠金融可以影响一国金融体系的质量[1]，而且正如许多计量经济学研究[2]所证实的那样，金融部门质量是经济和社会发展及稳定的主要决定因素。这与目前在大多数国家MFIs仅占金融部门总资产5%的事实并不矛盾。从德国储蓄银行和信用合作社的历史可以看出，小微金融领域正在发展，而发展需要时间，如今德国储蓄银行和信用合作社的市场份额合计超过零售业务的50%。使金融部门变得更好的是这样一些金融机构，它们本身稳定发展并且能为该国大部分人口提供服务，它们考虑到借款人的债务能力从而做出负责任的贷款决定，并且公平对待和尊重来自所有社会阶层的客户。

我们要对本节做一个总结，表达我们对贷款给真正的穷人带来的直接收益存疑，即我们对小微金融宣传中经常使用的缓解贫困的目标表示怀疑。小微金融很有可能对帮助穷人摆脱赤贫——或至少阻止他们陷入赤贫之中——产生积极影响，但这些影响都是间接的，只有在较长的时间后才会显现出来，并且取决于多种因素。金融可获得性只是其中之一，经济增长可能是其中更重要的原因。与其说是缓解贫困，小微金融或者说广义的面向社会和发展的金融的主要目标更应该是改善融资渠道的可得性，增强小企业成长及其创造就业的能力，并提升金融部门的质量。

通过确保融资渠道的可得性和公平对待客户，一个更发达的金融业能帮助小公司成长并创造更多的就业机会和收入，提高小企业主发展其业务的意愿。这是因为，在缺乏可靠融资渠道的情况下，许多具有扩张潜力的小公司的所有者会拒绝这样做（拓展业务），因为他们担心业务增长带来的信贷需求增长无法得到满足，业务增长战略将以失败告终。

---

① 现代关于小微金融的早期争论中，Von Pischke（1991）以及Jackelen和Rhyne（1991）将一种"金融系统方法"传导至小微金融领域。他们认为，小微金融首先应致力于提高发展中国家金融部门的效率和开放性。显然，这与制度建设方法（Krahnen和Schmidt，1994）和商业性方法（Otero和Rhyne，2004）不发生冲突，而是在概念上进行了补充。

② 有关这些研究的全面概述参阅Levine（2005）。

第4章 历史重要吗？

小微金融专家和历史学家一次又一次地将德国金融合作社称为现代小微金融的先导。J. D. Von Pischke（1991）[①]的《金融前沿》一书提供了特别好的案例。Roodman（2012）在其近期关于小微金融的最重要的著作中，尽管对此给出了一些特别提醒，但也指出了这种历史联系。正如我们将在第三部分所展示的那样，全球小微金融的最新发展确实在大量借鉴德国模式，但大都只是取得了有限的成功。

然而，我们对历史范例的系统性、批判性分析是缺失的。本书试图弥补这一缺失，我们认真地将当前和历史的观点以批判性、系统性和跨学科的方式联系起来，希望借此消除相关文献和相应论述中的不足。我们这种方法背后的信念是，在"历史实验室"（history lab）中收集和处理数据、事实和经验可以帮助我们获得更深刻的见解，并揭示现实的基本特征，同时使我们变得更加睿智。历史很重要——因为我们可以从中学到东西。

但是，当我们说人们可以从历史中，尤其是从19世纪德国储蓄银行和合作银行的历史中学习时，我们并非认为应该将建立和发展普惠金融机构的"德国方式"作为严格遵循的蓝图，仅仅是因为它曾在很长一段时间内取得成功罢了。如果确实要尝试，那么精确复制这个假想蓝图一定会导致失败；即使对这个蓝图能够奏效抱有期望，也是一种用200年前不同背景下的解决方案来应对现代挑战的新殖民主义方式。

我们的方法仍有望激发新的思想和观点，从而有望产生新的、目标导向的定义和小微金融的新实践，从而证明小微金融本身可以长期可持续地运营，而无须持续进行外部注资。

实际上，有充分的理由将基于历史的方法纳入分析中。尽管存在种种差异，但今天的发展中国家与早期的工业化欧洲国家之间确实存在对应关系，这将在第二部分和第三部分中详细介绍。此外，回顾性方法通常有助于更好地了解时事，因为它将当前的经验置于更广泛的发展过程中。通过这种方式，可以更容易地识别出模式和结构之间的相互关系和差异，如路径查找、路径依赖和锁定、转型过程或传统，以及非连续性和破坏性的情形。由此所获得的知识增益可以用作评估和改进当前方法的附加工具。换句话说，主要目的是将历史视为当前与过去关于未来的对话，旨在产生更多的认识和了解。

这项工作的理论基础是历史解释学方法（historical-hermeneutic approach）。这种方法的核心是理解个体、行为和发展本身以及彼此之间的相关关系。该方法明确地将

---

① Von Pischke 甚至向他的英语读者提供了有关发音困难的德国名字 Raiffeisen 的说明："……*rai*音同 *rise*，*feis*音同 pies，*sen*音同 send"。

一般社会经济和社会技术环境结合起来考虑，用以识别、理解和评估相互关系。因此，该方法结合了微观和宏观的观点。回到我们研究的主题，这完全符合小微金融的概念，其目的是可持续地、有效地将结构性变化过程组织起来。另外，我们使用了制度经济学、变革管理学和公私合营模式（PPP）研究等经济学概念。鉴于目前全球范围内的社会经济挑战，这种方法可能为一般性转型研究提供了一种创造性方法论，这种方法也变得越来越重要。[①]

历史调查要尤其关注德国各个州的结构变化以及发展过程，这些变化当时在很大程度上是独立的。可以这么说，跳出传统设定可以帮助我们找到解释。就时间角度而言，我们的观测期从18世纪末一直延伸到1914年第一次世界大战爆发。在18世纪下半叶，工业化进程开始瓦解已经发展数个世纪的古老的农业社会经济结构。当时，欧洲的西北部形成了一个新兴市场，用现代术语来讲，这催生了20世纪初的高度工业化社会。伴随着现代化进程，储蓄银行和合作社作为金融机构发展起来，专门用以应对现代化的需求。

因此，本书的历史调查首次探讨了小微金融视角下储蓄银行和合作金融机构在工业化过程中的作用。它旨在探究德国的储蓄银行和合作银行模式对持续优化小微金融的讨论是否能带来启发——甚至对西方世界的启发。[②]历史的观点可能有助于我们理解人员和机构如何在其所处的环境中应对某些挑战和改变进程，并评估这些行为和反应是否明智。这种理解可以作为当今决策的模板。

关于德国储蓄银行和信用合作社的历史，已有大量出版物，给本书的研究带来了帮助。但这些参考资料很少提及现代小微金融，从而限制了其在理解当今小微金融所面临挑战方面的价值。然而，这些出版物揭示了肩负社会使命的"普惠性"新兴金融机构系统是如何发展和与时俱进的，这些机构利用了自身发展和不断变化的经济政治环境这两个因素，以及这两个因素互动的方式。因此，可以从以下方面汲取宝贵经验：以社会为导向的金融机构如何出现，如何解决向尚未获得金融服务的客户提供金融服务的固有问题，以及它们如何随时间发展演变并最终成为德国金融业的重要组成部分。因此，即使19世纪的德国储蓄银行和合作社不能作为在21世纪建立强有效的、高普惠的金融机构的全球性蓝图，历史案例研究仍具有很强的指导意义。图2展示了小微金融作为变革管理工具的历史发展情况。

---

① 参阅 https：//www-ifw-kiel.de/forschung/p1fb1/globale-muster-des-strukturwandels。

② 例如，参见德语文章"联合利华为欧洲的贫困做准备"（Unilever prepares itself for poverty in Europe）；http：//www.t-online.dewww.t-online.de，27 August 2012，9：49。

快照 1：历史角度的可行性评估

18/19世纪的欧洲　　　　　　　　　　　20世纪的发展中国家

核心挑战

有限或无法触达金融／被大型社会团体排除在外

共同面临的一般挑战

快速增长的人口

农村人口外流——城镇化

农耕社会向工业/服务社会转型

崩塌的社会制度

贫困

基础设施

对个人而言：贫穷、缺乏金融服务、不安全感

=>许多相似点

Kurt Lewin（1890—1947），*Frontiers in Group Dynamics*（1947），http：//www.kurt-lewin.com

Joseph Schumpeten(1883—1950)，*Theorie der Innovation/The Theory of Economic Dvelopment*（1912/1934）

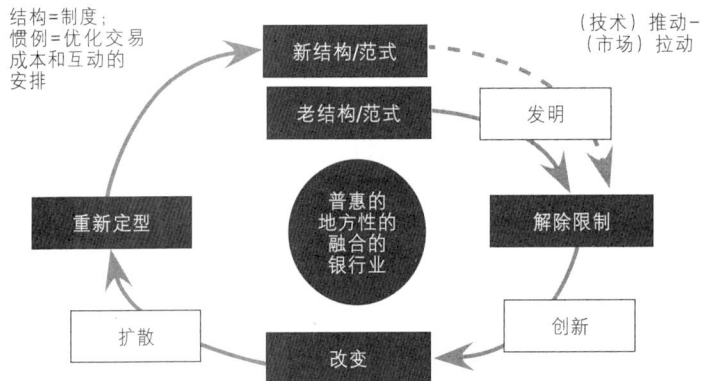

图 2　小微金融作为变革管理工具的历史发展情况

第5章 我们的主要命题

如上所述，不论是过去还是最近，西方一些有影响力的专家一直在表达对小微金融及其发展方向的看法，都认为回顾历史特别是19世纪德国的普惠银行发展史，在某种意义上是有帮助的。回顾历史可以让我们更好地理解在"市场的小微端"推进金融发展所具有的潜力和面临的挑战，正如 J.D. Von Pischke（1991）所说的那样，"将正规金融的边界外移"，这样更多的人可以从获得优质且负担得起的金融服务中受益。不幸的是，Von Pischke 没有参考德国合作社金融发展在早些年第一批合作金融机构建立之后的情况，这是他留给历史学家的任务。我们坚定地认为，在此后的那些年，德国合作社银行发展成熟并成为为数百万人服务的稳健金融机构的历史同样重要，因为这部分历史包含了关于普惠性金融机构如何获得并维持生存价值的经验教训。

就有关小微金融和银行业历史的文献而言，德国和其他欧洲国家早期的储蓄银行以及这些银行体系发展演进的英文资料很难找到。但是，德国历史学家对储蓄银行进行了广泛的研究。[①]他们的研究发现表明，储蓄银行的历史对当今小微金融同样具有启发意义。与金融合作社的情况一样，这些分析也从以下方面提供了宝贵的经验：面向贫困（poverty-oriented）的金融机构是如何出现的，如何解决向迄今尚未获得金融服务的客户提供金融服务面临的固有问题，以及它们如何随时间发展演变并最终成为德国金融业的重要组成部分。正如一些作者所观察的那样，与合作性银行类似，储蓄银行的历史可能也很有启发意义。

但是，无论小微金融文献中频繁提及的德国早期普惠银行是否反映了足够广泛的观点，它们显然都怀有一种信念。我们将分享这一信念，并将其重述作为我们的第一个命题：

普惠性的地方性银行历史，特别是德国储蓄银行和合作银行的历史，可能会为如何创建、改造和支持金融机构提供启发性经验，这些金融机构致力于让享受有限金融服务方式的人群获益，让类似的机构网络或系统获益。

"历史实验室"的经验教训是双向的：一方面，历史经验说明可以做什么来为客户创造价值，哪些因素有助于社会导向型金融机构的成功，以及哪些因素对其作为机构生存是有用的。另一方面，历史也说明了这些机构所面临的主要风险是什么，这些风险的要点与通常意义上"正规"机构模式的银行（即股东所有、大型且高度中心化的机构）面临的风险并不相同。

我们第一个命题的推论是，无论储蓄银行或合作银行是不是当今发展中国家和转

---

① 这些资料将在下一章中被广泛引用。

型国家发展普惠银行的良好可复制模式，它们的历史教训都是有价值的。

除了第一个主要命题外，我们还将在本研究中探究其他三个命题。第一个命题是，储蓄对任何个人、家庭或国家都非常重要。这表明，当今的MFIs——以及支持并在某种程度上影响MFIs的"第三方"——应高度重视为客户提供储蓄工具，这与储蓄银行的传统非常吻合。在西方国家，"提倡节俭"（inspire thriftiness）是储蓄银行所发挥社会作用的重要组成部分。储蓄银行的历史以及它们与不提供存款或储蓄设施的其他金融机构之间的历史对比表明，储蓄曾经是"开放金融遗忘的一半"（Vogel，1984），并且可能是更重要的一半。

第二个命题是，金融机构的设计对其经济意义上的生存，以及为所有者以外的其他主体持续提供利益的能力至关重要。这是指上面提到的两个问题：组织对使命的忠诚度，以及组织在各个层级的激励设计。

最后，组织设计的另一方面——我们的第三个命题——与金融机构网络或联盟的设计和作用有关。我们认为这些网络至关重要。在考察19世纪和20世纪德国储蓄银行和合作银行时，很容易认识到它们的重要性。我们有充分的理由认为，德国合作社和储蓄银行各自巧妙的网络设计是其在过去取得成功、多年得以生存以及当前市场地位仍然强大的主要原因之一。在小微金融领域，网络现在已经变得非常重要，我们对德国储蓄和合作银行的历史回顾表明，其重要性在未来几年中可能会进一步提高。

第二部分　德国储蓄银行和信用合作社——一个普惠金融的蓝本？

第1章 目标——为什么从历史视角？为什么是信用合作社和储蓄银行？为什么是德国？

本书运用批判和跨学科方法，从当前视角和历史视角严肃地审视相关文献，希望有助于消除已有文献和相关论述中的缺陷。这样做的意图是利用"历史实验室"收集的经验和数据，并在批判性分析和系统性分析的帮助下获得能够帮助发展中国家和发达经济体的有益见解。需要特别注意的是，通过这种方法获得的研究结论在运用时需与当前条件相适应，而且这也不意味着历史方法是应对当前挑战的唯一方法[①]。

这种连接过去、现在和未来的交互式跨学科方法，有助于激发新的观点、找出新的论据，进而有助于构建一个新的、目标导向的小微金融概念和实践，并证明小微金融——不论其采取的是营利模式还是非营利模式，都能长期可持续地运营下去。

寻找现代小微金融机构（MFIs）的历史先例，我们并不是首创，下文将予以详细介绍。事实上，将历史的方法纳入分析中很有必要。

我们今天看到的相互联系可以与欧洲工业化进程的发展做类比[②]。回顾性分析通常能够帮助我们更好地理解当下，因为它将当前经验植根于历史背景，并将其置于历史的发展进程之中。通过这种方式，可以识别诸如路径发现与转化过程等模式与结构之间的相互关系，间断性、破坏性情景以及导致的变革。由此获得的知识，能够作为评估和优化的辅助工具。

因此，本章的目的在于系统识别小微金融在工业化背景下的各种关系，描述和理解这些关系，并批判性地阐释对当前的适用性。换句话说，我们的目的是将历史视为当前与未来的对话。

本书的理论基础是完整的历史—诠释学、论证性和解释性方法，第4章会进行详细讨论[③]。关键结论会基于SWOT（优势/劣势/机会/威胁）分析法在每章的结尾予以总结。

历史研究关注德国各州的结构变化过程，同时又不忽视欧洲的发展进程。观察的时间段从18世纪末一直持续到1914年第一次世界大战爆发。18世纪下半叶，工业化进程开始瓦解传统农耕文明的社会和经济结构，当时欧洲西北部形成了一个新兴市

---

① http://ineteconomics.org/video/30-ways-be-economist/barry-eichengreen-why-economics-needshistory.

② 详情请参阅后文的历史分析。

③ 参见 https://www.ifw-kiel.de/forschung/p1fb1/globale-muster-des-strukturwandels。研究重点需要进行相应扩展。

场，并在20世纪初成为一个高度工业化的社会。

为应对这种变化，储蓄银行和信用合作社紧跟上述现代化进程，也作为金融机构得以发展。储蓄银行和信用合作社广泛发展，逐渐演变成全能银行并成为金融体系的一部分。尽管如此，储蓄银行和信用合作社仍然坚定地遵守它们最初的商业模式。本部分分析在工业化进程中储蓄银行和信用合作社在小微金融方面发挥的作用。通过这些历史案例研究，可以系统调查储蓄银行和信用合作社在多大程度上能够成为当前小微金融模式的蓝本。具体而言，将分析储蓄银行和信用合作社的经营模式和发展进程，并确定其成功和失败的标准，可能有助于完善发展中国家和发达经济体现有的小微金融观念。图3是一个矩阵图，说明了STEPLE方法。

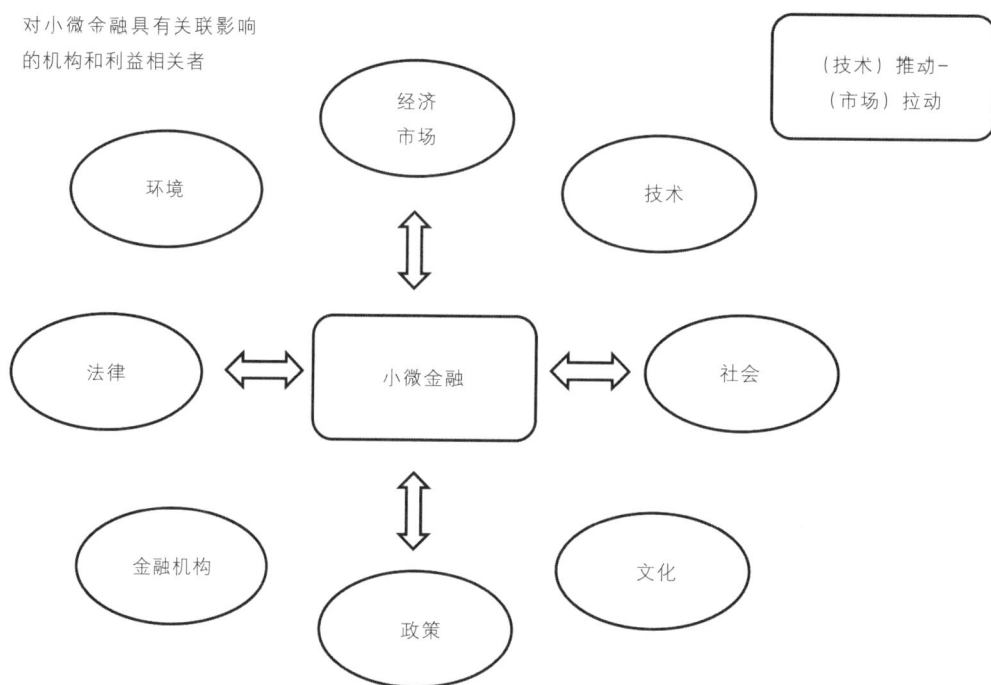

对小微金融具有关联影响的机构和利益相关者

环境

经济市场

技术

（技术）推动-（市场）拉动

法律

小微金融

社会

金融机构

政策

文化

图3 完整的机构矩阵——STEPLE方法

在发达经济体看来，有一个现象值得关注：伴随工业化进程形成的、以稳定和充分的工作条件为定义的全职工作关系，当前在发达经济体中正在受到侵蚀。全球化和数字化为兼职工作提供了条件，导致许多低收入和小型企业的工人不再享有充分的社会保障。可以夸张地说，西方社会的后现代发展已经回到了前现代结构。因此，在西方社会，贫穷的风险也在上升，因为历史已经表明，贫穷只有通过持续、充分的就业和收入才能克服。图4展示了Rostow的增长阶段和改变理论。

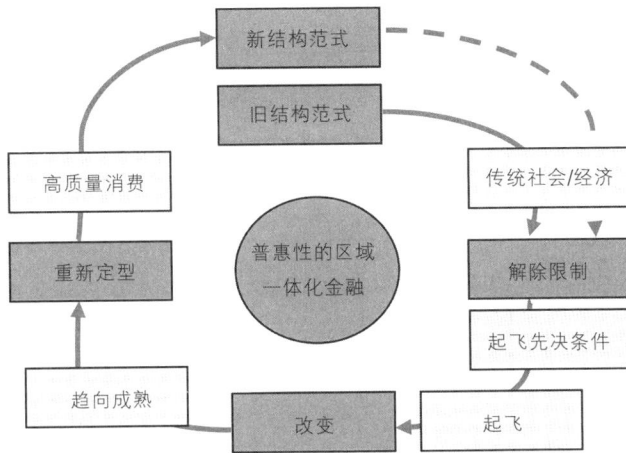

图4　Rostow（1960）的增长阶段和变革（Rostow/Lewin）

此外，还有另一个挑战。在 21 世纪初，西方社会正在走向生命科学时代——社会正在老龄化。而且，还有一个根本改变需要处理——老年人服务正被赋予新的含义。与此同时，全球金融危机再次将区域金融机构和小微金融的银行业务模式推向全球前沿。正是在这里，历史分析和当前分析正在形成闭环。我们将看到，即使在发达社会，小微金融理念也能积极影响现代社会进程。关注的焦点在于解决上述问题，需要像众筹那样的新机构或新模式，还是有储蓄银行或信用合作社就够了？图5展示了1800—2050年的经济发展趋势。

社会经济超级周期

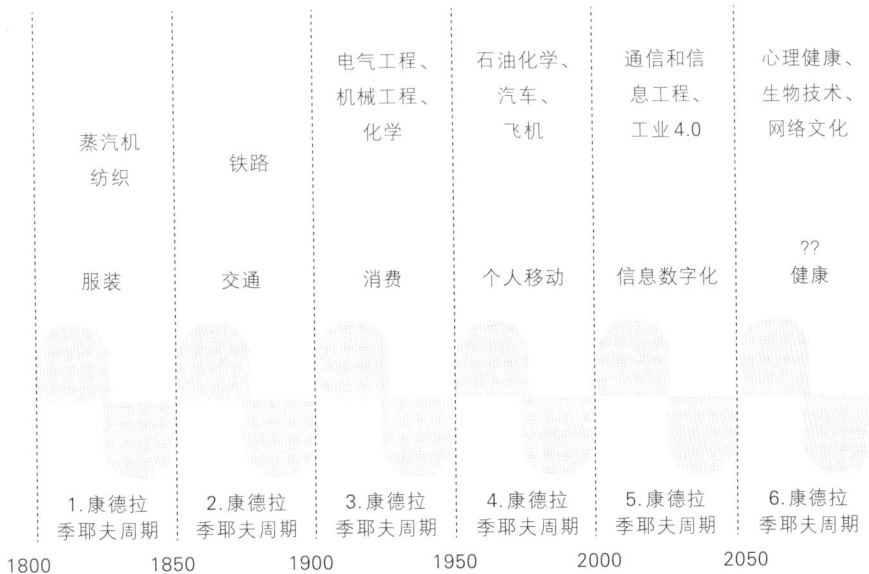

| | | 电气工程、机械工程、化学 | 石油化学、汽车、飞机 | 通信和信息工程、工业 4.0 | 心理健康、生物技术、网络文化 |

| 蒸汽机纺织 | 铁路 | | | | ?? |

| 服装 | 交通 | 消费 | 个人移动 | 信息数字化 | 健康 |

| 1.康德拉季耶夫周期 | 2.康德拉季耶夫周期 | 3.康德拉季耶夫周期 | 4.康德拉季耶夫周期 | 5.康德拉季耶夫周期 | 6.康德拉季耶夫周期 |

| 1800 | 1850 | 1900 | 1950 | 2000 | 2050 |

图5　经济发展趋势

引发的思考

下面的观点值得思考：

·贫穷与高度不确定有关。

·财务不稳定的家庭需要获得具有透明条款和条件的储蓄和信贷机会。

·仅仅提供信贷对贫穷家庭的作用是有限的，贷款无法把相对贫穷的人从贫穷中解救出来。

·政治通过必要的参与、监管、制定激励和补偿制度（聪明的补偿是针对机构建设而非补偿利率），在建立金融基础设施方面发挥着关键作用。

·严格的国家干预绝不是理想模式。

·市场机制的效用需要受到制度约束。

·社会目标和金融目标需要协调。

·穷人的收入比工薪阶层的收入波动更大。然而，西方社会的"常规工作状态"正在消失（Collins等，2010；Hardach，2006）。

·穷人的收入能力高度依赖他们的身体健康，而由于缺乏充足的营养、社会保障和医疗救助，穷人的身体又非常羸弱。

·结构性的不确定性要求在相对有利的时点储蓄，并按照规则严格执行，但这说起来容易，做起来难。

·不受控制的货币贬值与零利率或负利率政策结合，使得储蓄强化/赋能模式（savings-based enhancement/enablement model）无效。

·个人养老和生命健康保险只能作为补充，并不能代替社会经济安全网（socio-economic safety net）。

·发展的目标是：自决意义上的自由、接受教育、促进性别平等和多样化、财政激励、机构和模式竞争、企业家精神。

第2章 储蓄和借款——社会经济学的历史方法

2.1 满足需求——至关重要的挑战

人类有史以来，就一直在努力满足自身的需求并应对风险。几个世纪以来，来自各种文明的人们借助所有适合他们的工具和方法进行借贷和储蓄。长久以来，为实现这一目标，需要传统和规则意义上的金融机构存在，不论这些金融机构是非正式的、半正式的还是正式的。今天的小微金融机构为满足人们的需求，覆盖了那些最小额的交易和转移支付。我们现在所说的"信用"，也是过去日常生活中不可分割的一部分，而且渗透到了社会的各个阶层，甚至比现在还重要。[①]

因此，我们有理由认为，小微金融模式是普遍的、永恒的，并且能够反映不同的社会文化、社会经济和社会技术环境。这方面有许多历史案例，夯实了本书采取的历史比较方法的合理性。更何况，并没有绝对的最佳实践。然而，人们的生活环境越不确定，他们的储蓄和信用文化就越不正规——但应当特别指出的是，一般而言，非正规金融总是涉及非常复杂的安排。

在欧洲前工业化时代，导致不确定性最具威胁性的因素首先是季节性和结构性的饥饿，其次是疾病。[②]这两个因素都日常可见，而且密切相关。在那个时代，虽然大多数欧洲人都被雇用种植粮食，但他们只能勉强维持生计。中世纪或现代化早期的资料在谈论饥荒时，那并不仅意味着人们饥肠辘辘，而且意味着人们真的饿死了。这种始终存在的威胁促进了社会安全机制的发展。社会安全机制以社交网络为基础，通常是家庭、社区，或者是包含各种个人依赖关系甚至是失去个人自由的封建制度。这样看来，发展中国家和新兴市场的情况有许多相似之处。工业革命之前的农业革命，为克服这些困境开辟了道路。这场革命可以被看作一段跨越几代人的进程。为什么这么说？因为利益相关者的立场各不相同，新技术的传播需要法律和传统规范做出改变。例如，尽管经历了多次大饥荒，但农业创新产品马铃薯，直到几个世纪以后才成为欧洲人的主食。这些农业创新是18世纪、19世纪工业革命的重要先决条件，因为工人们得以从农业部门中解放出来并且能够吃饱。

众所周知，英国之所以成为工业化的先驱，是因为拥有一系列有利的环境：社会秩序相对现代化而非采取封建主义，国家施行君主立宪制度，高效的交通基础设施

[①] 参见 Braudel，1967/79，vol. 1；Collins 等，2010；Seibel，1978、1980、1984、2003、2010b；Sahlins，1974。

[②] 参见 Bass，1991；Braudel，1967/79，vol.1；Abel，1978、1986；Klein，1973、1982；Wehler，2005，vol.1；Persson，2010。以卡路里计算，每单位面积的马铃薯收获量是谷物收获量的4倍，而且马铃薯能够在贫瘠的土地上生长。但是，马铃薯单一化栽培是造成19世纪40年代末爱尔兰大饥荒的原因。

（部分归因于岛屿国家主要依靠海上运输），充足的森林和煤炭资源作为能源，以及不断增长的人口。人口增长提供了廉价劳动力，而"圈地运动"将公共农场和牧场转变为私人所有，将农民赶出他们的土地，又进一步促使廉价劳动力增多。最后一个重要的原因是英国当时拥有大量的海外殖民地，利用这些殖民地进口廉价的粮食和原材料，然后通过出口获得的贸易顺差明显加快了资本积累。

蒸汽机在英国发明，并且在18世纪后半叶从英国传播开来，绝非偶然。蒸汽机的创新发电理念预示着机器的大规模生产。真正革命性的思想和演进的行为，结合了亚当·斯密的市场经济学，注重个人、劳动及劳动分工的核心作用。这样，启蒙运动以其关于世界和人类的新观点，捣毁了基于屈从关系和缺乏个人自由的看似不可改变的社会传统（Braudel，1979）。

无数资产阶级圈子和社会的出现揭示了启蒙运动的程度。他们不仅在整个欧洲和大西洋彼此密切沟通，还出版了大量的文献，包括成为当代知识的百科全书。

1848年，欧洲储蓄银行系统的第一个编年史作者马尔丘斯（Malchus）将这份编年史的意图描述为"一次人性化的个人慈善的尝试"（a philanthropic attempt of humanistic individuals）。[①]采用整体性方法，在现有的社会秩序和工作伦理下开展工作，慈善家的目标是支持人们的进步，但也希望个人自己努力改善自身的状况。普遍的贫穷是激励慈善家努力最大的动力。与这种思维变化同步的是，以国家需求为导向的重商主义理念失去了吸引力和接受度（Beaudoin，2007；Geremek，1994）。图6是罗斯托（Rostow）划分的工业化阶段。

在欧洲大陆，上述变化是一种"追赶"过程，因此在时间上更加紧凑，在性质上更具革命性。在19世纪之交，许多因素汇聚在一起，且法国大革命加快了这些因素的汇聚速度。自1789年开始，法国大革命给欧洲大陆带来了根本性冲击，并以"自由、平等、博爱"的口号唤醒了许多受害者，这对权力精英来说是可耻的。法国大革命的口号引发了极为紧张的关系，并使之前难以想象的冲动释放出来——消灭封建统治和废除商人行会就是证明。这些变化意味着人身自由，包括自由选择职业、生产方式、组织以及居住地。这些自由反过来又促进了土地所有权和资本的流动，成为进步不可或缺的先决条件。

同时，土地革命通过引入集约化管理体系，与矿物肥料的使用和新型农产品一起，为工业革命奠定了营养基础。托马斯·罗伯特·马尔萨斯（Thomas Robert Malthus）预言的悲观人口陷阱，是基于人口会呈指数级数增长而农作物产量仍然呈线性增长的论点，因此未能实现[②]。

---

① Malchus，1838/1994；引用参见 Trende，1957，21。

② Broadberry和O'Rourke，2010；Federico，2005；Wehler，2005，vol.1。

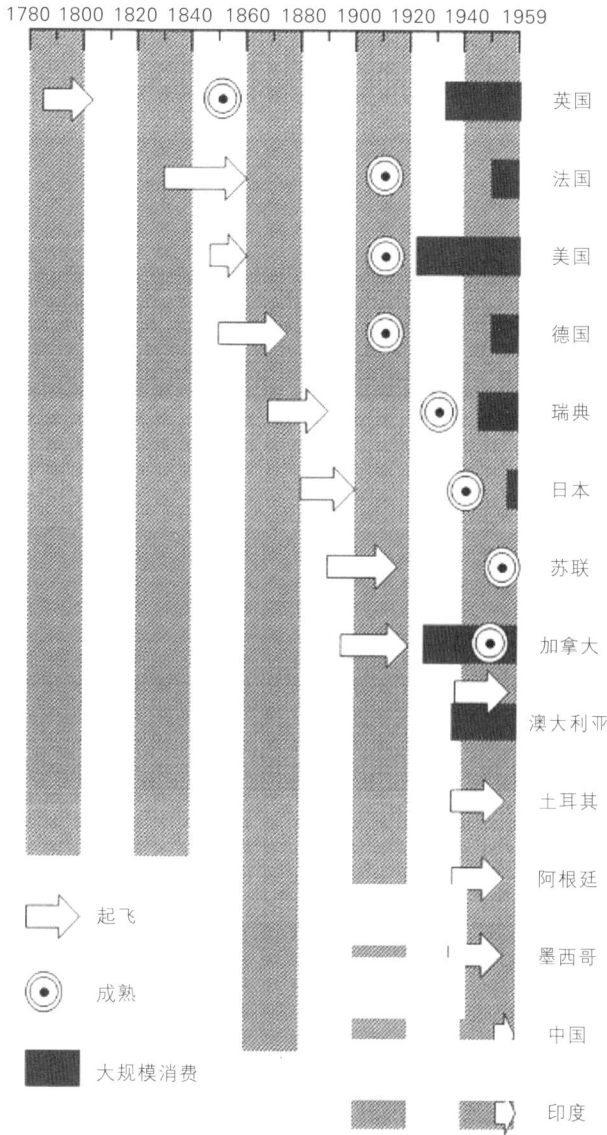

图6 罗斯托（1960）的工业化阶段变迁

因此，从农业社会向工业社会转变的道路是开放的。在困难的转型阶段出现结构性的大范围贫困（贫困化），根源在于新兴的工商业生产尚未能够提供必要的工作岗位，而与此同时传统的社会安全网又摇摇欲坠，接近崩溃。总而言之，鉴于人类的平均寿命有限，正在进行中的复杂社会进程让同一时代的人很难意识到，未来将确定无误地出现物质进步。

这些情况在19世纪30年代和40年代仍然极为常见，当时在德国各州[1]，因关税同盟（Zollverein）（1834）和铁路的出现（1835）而形成了更大的市场，为经济增长创造了重要的先决条件。而1848年的法国大革命仍然被视为对当时经济内在问题的反应。在1848年大革命发生之前，1846/1847年的饥荒是最后一场由土地引发的经济危机，也是推动储蓄银行体系发展和第一个金融合作社成立的决定性因素[2]。

直到19世纪后半叶，现代化进程面临的压力才开始得到缓解。工业化进程加快，繁荣逐渐扩展至更加广泛的人群，社会结构和生活的经济基础焕然一新。然而，值得注意的是，这些进程经历了60多年的时间，并且跨越了三代人——对相关人员来说，这种时间跨度无法忍受。这与今天的评论者——大约200年后——在观察发展中国家和新兴经济体所经历的痛苦过程时产生的感觉完全一样，特别是考虑到当今世界相对于之前的时代具有更大的经济发展可能性。

2.2 储蓄和贷款——一项日常活动

随着社会文化框架和条件的改变，金融交易也发生了变化。正如我们已经指出的那样，信贷是日常生活不可分割的一部分，并渗透到社会各个阶层，而且未来可能更甚于今。长期信贷经常用于结婚和继承等情景，而短期信贷则往往用于满足紧急的重要需求，或者用于弥补与失业、疾病以及个人或牲畜死亡等相关的临时性资金短缺。此外，信贷还用于资助种子或动物等方面的商业投入。人们为了满足这些需求，一般会非正式和没有规律地进行一些储蓄；然而，一旦他们获得贷款，偿还债务需要进行更有条理的储蓄。用现代术语来说，信贷需要高效、动态的现金流管理[3]。

在一个文盲普遍存在的社会中，信用交易通常是口头进行的，并通过握手进行盖章或记录于账目棍（tally stick）上。《拿破仑法典》（Napoleonic Code）曾提到，账目棍是典型的债务证明文件；英格兰银行1823年才开始使用所谓的账目棍。直到1834年，账目棍才被弃用（Chatfield，1996）。

家庭或乡村社区的成员充当金融中介。此外，基金会、修道院、孤儿院、地主和流动商人（后者通常被称为犹太人或高利贷者）都参与了储蓄和贷款业务，因此构成了一个极其分散的市场。为了反击高利贷和帮助借款人，天主教会在15世纪后半叶于意大利建立了 *Monti di Pietà*（官办当铺）。这些机构按照典当行的模式运作，但只是"前现代"信贷机构的冰山一角。西雅那银行（*Banca Monte dei Paschi di Siena*）于1472年在锡耶纳（意大利中部城市）作为 *Monti di Pietà* 建立（Klein，1982；Trende，1957），目前被列为世界上最古老的银行——它是信贷机构可持续性的显著证明，尽

---

① 从1871年起才建立一个联邦国家。
② 请参阅本书后续章节。
③ Braudel，1979，vol.1；Deneweth等，2014；Collins等，2010。

管这家银行在2012/2013年发生了金融丑闻。

从15世纪开始，各类金融中介在欧洲变得越来越重要。一方面，人口增长促进了金融中介的发展，尽管14世纪的黑死病肆虐了中欧部分地区，17世纪的30年战争对德国各州造成了严重破坏，导致人口总量平均下降了40%。另一方面，从16世纪开始，伦理观念随着经济现实的变化而改变，源于亚里士多德并根植于教会法的利息收取禁令逐渐从欧洲法典中消失。在那之前，禁止收取利息让各种金融交易负担沉重，价格也随之上涨。[①]

关于所开展的业务交易类型，我们今天了解的欧洲所有金融工具都是在近代早期形成的。这些金融工具甚至包括投机性工具，如农作物收割前出售农作物（"还在茎上时"）；即使是普通消费者也使用这些工具来优化收获周期——尽管由于信息不对称，通常没有取得预期的成功。担保贷款、抵押贷款和现金贷款（如以"登记"债务的形式而在以后付款）也是众所周知的。最后但并非不重要的是，那个时代甚至出现了一个新的无现金社会的愿景，如托马斯·莫尔爵士（Thomas More）在16世纪初所阐述的愿景。

即便如此，商品和服务的交换仍然主宰了日常生活。这种以货易货交易既不妨碍信贷和储蓄交易，也不需要获得抵押品，但造成了相对较高的成本。货币经济的扩张从16世纪开始加速并非巧合。除了硬币的便利之外，欧洲银矿的发现和新世界（New World）稀有金属的进口，也是商品和服务通过货币交易的规模而日益增加的主要决定因素。这些发展使硬币日益普及到世界各地，从而为储蓄和信贷创造了新的框架条件，包括由于硬币贬值而造成的汇兑损失[②]以及新的选择。

以上几个要点足以使我们对欧洲过渡到当今时代的历程有一个基本了解。做一个类比，当时的结构和过程确实与发展中国家和新兴经济体的现状相似。基本的现金流管理发生在更广泛的群众中，而从非正式银行向正式银行的转变，与当时一样，与个人的收入增长密切相关。

2.3 变革之风——典当行、寡妇和孤儿基金以及储蓄贷款协会作为创新的普惠性变革管理工具

从18世纪中叶开始，随着社会文化的变迁，欧洲的金融体系涌现出各种信贷和储蓄形式。正如今天一样，商业交易基于某种形式的抵押和相互信任。典当行是早期正式制度的一种普遍形式，其客户包括低收入者，从这个意义上讲，这些制度可被视为目前小微金融机构模式的先驱。在18世纪中叶，典当行在中欧各大城市随处可见。

[①] Ashauer, 1991, 25ff., Braudel, 1979, vol.1；Wilson, 2009, chapter 3.关于高利贷的更多内容，参见下文。

[②] Hollow, 2012；Klein, 1982；Roodman, 2012, 36ff.；Vilar, 1976/2011.

此外，许多个人和组织也从事慈善贷款，一个著名的例子是爱尔兰作家乔纳森·斯威夫特（Jonathan Swift），18世纪20年代他在都柏林向"勤劳的商人"出借5~10英镑贷款，由两名担保人签字，最初是无息的，像是一个"慈善贷款系统"①。

18世纪在德国各州，也同样经历了 *Monti di Pietà* 式典当行的全盛时期。*Monti di Pietà* 旨在为与高利贷者进行的交易以及实施私人信贷交易等不安全的法律行为提供一种替代方案。旧的典当行在30年战争期间消失了，之后这种商业模式以典当经纪机构的形式经历了一次复兴，最初由一个法国商人于1692年在柏林经营。典当行主要向小商贩和商人提供抵押贷款，为他们的业务提供可靠的资金支持——这也是现代小微金融机构的主要目标。最初设定的适度利率为年息6%。1738年黑塞伯爵（Earl of Hesse）创立的 Hanau Lehn-Banco，非常推崇重商主义传统，一个目标是以廉价的方式帮助商人和制造商以及穷人，另一个目标是确保富裕顾客安全地投资他们的财富并赚取利息（最低投资额为100弗罗林；1828年后改为10弗罗林；利率为年息4%）。该机构至今仍以哈瑙储蓄银行（Sparkass Hanau）的名义存在。此外，1786年在多特蒙德成立的皇家储蓄和贷款银行（Gräflich-Lippische Leihekasse zu Detmold）也开始向"穷人、农民和制造商"开放。②

这些机构的资金来自业主的捐赠或富有公民的存款。由于最低存款额高，社会对储蓄重要性的关注并没有在这里发挥直接作用。从这个角度看，这些金融机构与私人银行家、基金会或孤儿基金争夺储蓄业务。一般来说，这些做法也适用于19世纪。随着时间的推移，一些信贷银行整合了小规模的储蓄业务，或者与储蓄银行合作，获得了其办理信贷业务所需的资金。③

从小微金融的角度看，有几点值得注意。1787年颁布的《普鲁士典当和贷款条例》以及随后在1801年颁布的拿破仑法令（Napoleonic decrees）等国家法令，旨在提高标准化程度，提高贷款透明度。在更广泛的商业背景下，社会经济方面的普惠或变革旨在通过不排斥富人的方式，来促进创业和消除贫困。同样值得关注的是，在200多年前，甚至在小规模储蓄交易成为一个关注焦点之前，透明的信贷获取方式旨在从根源上消除"高利贷恶魔"（Ashauer，1991，47ff.；Wysocki，1980）。

孤儿基金会同样起源于18世纪中期。它们主要关心信托基金应计利息的安全投资，这是一笔数额相当大的资金。它们直接借出资金，偶尔也会与典当行和储蓄银行合作，发展成为储蓄银行或与储蓄银行合并。在德国，这些机构中最古老的一个是成立于1749年的塞勒姆修道院孤儿基金会（Ordentliche Waisenkasse des Klosters Salem），

---

① 要了解更多信息，请参阅讨论国际背景的章节。

② 具体可以参阅 Ashauer（1991，39ff.）、Braunschweig（1765）和 Detmold（1786）的案例；关于黑塞伯爵的情况，可以参阅 Wysocki（1980）、Strube（1973）。

③ Führer（1992）；关于孤儿基金，请参阅后续章节；关于合作社的案例，请参阅 Thomes，2008、2010。

1838年发展成为市政储蓄和贷款银行。因此，它被认为是类似典型储蓄银行的最古老的德国信贷机构（Trende，1957）。

2.4 储蓄是变革和增长的基础性条件

那时能够接受小额生息存款的正规机构缺失，因此，储蓄银行作为金融创新的产物，是受到了克服这一缺陷的商业改革需求的激励。很明显，这些银行迎合了下层阶级的需求。在这方面，有人可能会问：贫困和储蓄不是内在相互排斥的吗？事实上，这最终取决于这些术语的定义，我们应该注意不要将现代欧洲人对这些术语的理解投射到其他文化上。[①]1850年，德国作家特奥多尔·冯塔纳（Theodor Fontane）评论道："英国人，即使是普通人，也很讲究，当他说到'吃土豆'时，就表示要挨饿；然而，在萨克森州的厄尔盖格山脉，'吃土豆'意味着富有，令人羡慕。"（Fontane，1963；Trende，1957）这句话也说明了欧洲现代化进程的滞后性。储蓄银行随着时代的变化而发展，同时也在影响这种变化的发展。事实上，它认为"穷人"至少可以定期积累储蓄。

据我们所知，这种商业模式最初是由雨果·德莱斯特（Hugues Delestre）于17世纪在法国实施的，随后在意大利和英国也讨论过，最著名的是丹尼尔·笛福（Daniel Defoe），他于19世纪初率先在英格兰实施。[②]

储蓄银行的创新和特色是它们首次按受了相当于劳动者一天工资的小额计息存款。这意味着他们向穷人们提供了公平享用制度化金融体系服务的渠道。那些没有多少钱的人，在那之前不得不把钱藏在床垫下面，现在他们可以选择赚取利息，把钱安全地存起来。

由于流动性的改善，个人财务和整体经济都因储蓄银行获益。简而言之，更多的资金流入了该系统，这在以硬币为基础的货币体系中尤为重要。这反过来又使每个人都受益，特别是对那些企业总部设在当地的人而言。

这些观点再次强调了储蓄和增长之间的关系。储蓄一直是触发和推动创新发展以及变革的基础性先决条件，正如获得信贷一样。

除了少数例外，德国储蓄银行从一开始就将储蓄业务与贷款业务结合起来。这一事实在本质上使德国储蓄银行区别于主要从事国家信贷（state credit）业务的英国和法国模式，从而使后者不适合作为综合性小微金融的典型样板。德国巴伐利亚州和符腾堡州也暂时采用了国家信贷业务的办法，这可能是这些州经济结构中工业化迟缓的原因之一，尽管信用合作社从19世纪60年代开始就在推动私人信贷发展。如果这些

---

① 要了解更多信息，详见国际评论；Geremek，1994；Murken，1995；Trende，1957、19ff.；Wysocki，1980，114ff.；Wysocki和Wehrmann，1986. Wissenschaftsförderung，1996。

② 要了解更多信息，请参阅下文。

观点成立，它们还会首次为小微金融机构对区域经济的影响提供历史证据。[①]

　　将实际利率为正的小额资金储蓄制度化，似乎与大部分人口的收入总体上稳定增长密切相关。因此，储蓄银行的成功是预先设定好的，同时它们的存在也推动了经济增长。此外，事实也证明，储蓄银行还扩大了获得透明信贷机会的范围（Hardach，2003、2006）。

---

① Mura，1996；Centralverein，1864；另见下一章。

第3章 "打破常规"——19世纪基于储蓄的小微金融发展趋势国际比较

前面已论述思想之间的国际交流及其对储蓄机构系统的影响。许多学者将英国储蓄银行作为欧洲储蓄银行运动的原型。对德国来说也是如此，1815年维也纳会议之后，人们普遍认为在德国经营的储蓄银行总部都设在英国——这也表明了法国革命时期普遍存在的混乱。本章添加了德国视角的分析。[①]

法国无疑也发挥了显著作用，在商业时代初期，雨果·德莱斯特（Hugues Delestre）在1611年发表了一份关于社会经济整体改革计划的提案。其中一个方面是以类似 *Monti di Pietà*（官办当铺）的方式，宣扬综合性的、通用性的金融机构的理念，以增加整体财富，并将弱势群体纳入其中。这一改革计划具有鲜明的普惠性理念，它明确地将尚未获得金融服务的人群囊括进正规金融服务中，同时也邀请富有群体参与进来。虽然这个理念在当时并未引起关注，但这一模式非常重要，因为它包含了小微金融的所有基本思想。此外，这种模式从18世纪末开始在德国的储蓄和贷款银行实施。换言之，雨果·德莱斯特的蓝图为德国储蓄银行运动奠定了基础。[②]

这种模式的主要特点包括：

• 每个人都可以存款。

• 作为社会组成部分和对贫困工薪阶层的激励，劳动者、农场工人、女佣和其他家庭佣工的存款利率为5.88%，而其他人的存款利率为3.33%。

• 信贷业务基于典当业务。

另一种值得关注的方式可以追溯至1791年，当时法国的米拉波伯爵（Count Mirabeau）一次又一次地将储蓄银行话题引入政治领域。但是，在18世纪并没有实施具体项目——可能是由于法国大革命的爆发。[③]

瑞士也有过类似的发展，瑞士第一家储蓄银行于1787年在伯尔尼成立，随后1792年在巴塞尔也成立了类似的机构，可能都基于德国的模式。巴塞尔的机构有一个有趣的特点，该市20位最富有的市民充当了该机构的担保人，这凸显了该机构的普惠性。19世纪20年代，德国储蓄银行也遵循同样的商业原则，即一家机构同时经营储蓄和信贷业务。此外，一些瑞士机构也影响了德国，如1812年在纳沙泰尔（Neuchatel）成立的机构，影响了德国南部部分地区储蓄银行的建立。因此，我们可

---

① 有关欧洲小微金融起源的详细概述，请参阅 Malchus（1838）；有关现代欧洲小微金融的讨论视角，请参阅 Mura（1996）；有关英国小微金融起源的详细概述，请参阅 Roodman（2012），53。

② Wysocki（1984）论述了该计划。

③ Ashauer（1991，31 ff.）；Klein（2003，50 ff.），Malchus（1838）；Mura（1996）。

以称其为相互传播。①

关于英国储蓄银行的兴起，David Roodman（2012）从现代小微金融的角度对其发展进行了简要概述。因此，我们在此仅做简要讨论，并强调一些具体方面。

英格兰、苏格兰和爱尔兰的储蓄银行——所谓的教区或公积金银行——的发展落后于瑞士。这对第一个工业化国家来说可能有点令人惊讶，特别是考虑到英国的社会问题比欧洲大陆更为明显。即便如此，英国仍有许多与小微金融密切相关的根源。②

早在17世纪，英格兰就在提倡"友好社团"（Friendly Societies）或互助慈善协会。正如一些学者所说，它们催生了英国的储蓄银行体系。早在1697年，丹尼尔·笛福（Daniel Defoe）就在他著名的论文 "An Essay on Projects" 中播下了储蓄银行的种子。他建议所有人，无论年轻人还是有能力的人，都应该储蓄，以便在紧急情况下和年老时帮助自己，或者帮助他人。简而言之，这篇文章为穷人提供了一种自助工具。乔纳森·斯威夫特则是另一位早期赞助商，他从18世纪20年代开始在都柏林设立慈善贷款系统。18世纪90年代，博学大师和社会改革家杰里米·边沁（Jeremy Bentham）结合他之前对友好社会模式以及其他思想的认识，重新解释了储蓄银行的理念。③几年后，托马斯·罗伯特·马尔萨斯将边沁的计划作为减缓人口增长的一种手段。他抱怨缺少能够为穷人提供小规模有息储蓄并方便他们随时支取的机构，他认为这是储蓄的基本先决条件。大约从这个时期开始，就有各种类型的储蓄和贷款机构成立的记录。

在爱尔兰，据报道，由乔纳森·斯威夫特发起的"贷款基金"模式在1850年前后覆盖了20%的家庭。这种模式一方面取得了巨大的成功，但另一方面，又在爱尔兰马铃薯饥荒期间失败了。从细节上看，爱尔兰模式与现代小微金融实践有许多相似的特征：（缓解）社会压力、按周支付、贷款利率高、贷款期限短、对违约借款人严厉处罚。④

友好社团和其他类型的福利俱乐部采用了整体性发展方案，包括向普通民众提供储蓄、保险、贷款、教育和其他服务。1798年，富有的慈善家和女权主义者普丽西拉·韦克菲尔德（Priscilla Wakefield）积极发挥她的领导作用，率先将托特纳姆的"妇女儿童福利协会"与一个名为"福利俱乐部"的储蓄部门整合成了储蓄机构。虽然这个储蓄机构最初是吸收儿童储蓄的，但在1801年，它扩大了业务范围，也从成人那里吸收存款。该"节俭银行"随后声名远扬，为超过1英镑的储蓄存款支付5%

---

① 欲了解更多信息，请参阅 Malchus，1838，251-303。
② Roodman，2012，36 ff.，42-45，48 ff.；Horne，1947；爱尔兰储蓄银行遵循英国的道路，因此这里不再单独讨论。
③ Trende，1957，75ff.；Scratchley，1860；Roodman，45ff.
④ Roodman，l.c.l.；借用了斯威夫特的方法。

的利息——在当时是相当可观的一笔钱。在19世纪初，大约有9 000个友好社团，共有70万名成员，这代表着一股巨大的潜力，但由于社团规模小，组织结构脆弱，个别社团总是面临破产的威胁。[1]

另一位储蓄银行的先驱是苏格兰牧师亨利·邓肯（Henry Duncan）。从1810年开始，他通过自己的奉献和努力，推动了储蓄运动。邓肯成立了苏格兰第一家储蓄银行，称为"储蓄和友好协会"，并很快成为整个英国所有类似机构的典范。它没有信贷业务，但与总部位于爱丁堡的旨在促进区域亚麻业发展的英国亚麻公司银行开展了合作。就储蓄银行的监管而言，1807年，英国议会否决了一项建立全国性储蓄和保险机构的提案。根据亚当·斯密的自由主义经济思想，这项裁决并非针对储蓄银行本身，而是反对国家干预。与德国不同的是，英国只有为数不多的几位有影响力的演员通过纯粹的私人行动来推动变革，如普丽西拉·韦克菲尔德。总体而言，英国金融版图中的"银行"是由贵族作为独立受托人组织成立的，受慈善动机、家长式管理的指引，但最终是为了实现维持上层阶级现状的自私意愿，因为法国大革命引发了上层阶级对自己地位不保的恐惧。法国也走上了与德国不同的发展道路，慈善是主要动机，没有任何小规模的贷款业务（Mura，1996）。

1815年，随着英国第一家信托储蓄银行的巴斯公积金制度（Provident Institution of Bath）的建立，英国发生了一次文化大变革。1816年，英国实际上有78家为辛勤劳作者服务的储蓄银行。出于实际原因，这些银行将当地储蓄投资了政府债券。从现代术语来讲，这标志着地区金融资源枯竭的开始。为了规范这些活动，英格兰在1817年颁布了一项储蓄银行法——《保护和鼓励储蓄机构或储蓄银行法案》。该法在1835年扩大适用于苏格兰储蓄银行。它将典型的英国非营利受托人计划编入法律中，赋予受托人在当地的中央财政角色，而不是对其机构进行任何系统性的监管。

这项法律促进了储蓄机构的建立。1820年，苏格兰和英格兰大约有500家信托储蓄银行。然而，受托人制度的赤字迅速上升，促使监管进一步加强，如规定严格的存款上限。造成赤字的原因之一是，由于存款的利率很高，富人"滥用"银行。此外，报道称这些储蓄银行普遍管理不善。因此，尽管有希望的基层行动已经出现，但家长式作风的演员和政府干预一直在破坏该体系的运行，全面阻止了这些积极尝试发挥其全部潜力。因此，这项金融运动在19世纪中期没有在苏格兰和英格兰迅速蔓延不足为奇（相比之下，在德国，19世纪40年代后期的普遍危机促进了储蓄银行理念的加速传播和贷款合作社的出现）。到1861年，由于这一理念的局限性，大约只有650家信托储蓄银行（Gosden，1996）。

1861年，英国邮政储蓄银行也成立了——也是一家由政府直接控制的国家机构，其优势显而易见。其有近3 000个邮局提供银行服务，存款利率为每年2.5%，远低于

---

① Trende, 1957, l.c.; Malchus, 1838, 333ff.; Gosden, 1996, 152f.

市场利率；然而，在1888年，为了消除竞争，英国政府颁布法令，将信托储蓄银行的利率降低到同一水平。为此，一些信托储蓄银行设立了"特别投资部门"，投资市政债券并支付4%的利息。然而，信托储蓄银行的衰落已无法遏制。到1900年前后，邮政储蓄银行的客户数量是信托储蓄银行的5倍。直到1904年，信托储蓄银行才在资产配置上获得了更多的自由。

从现代小微金融的角度来看，建立信托储蓄银行和邮政储蓄银行系统是一个好想法，以区域为重点，接受小额储蓄存款，关注部分区域，与利益相关者建立密切的个人联系等。所有这些都具有非营利元素。但是，该制度也存在固有缺陷。严格的监管导致发展停滞，从而抑制了创造性潜力的发挥，并使该系统与金融市场隔离开来。小储户的资金被用来以低利率为政府需求融资。信托储蓄银行和邮政储蓄银行没有直接的本地信贷业务，造成了当地资金的流失。同样的情况也发生在法国，信托储蓄银行也作为公共当局的主要资本筹集者，排挤社会团体，与邮政储蓄银行一起实行双重结构运作（Moster和Vogler，1996；Klein，2003）。

据推测，这可能是英国在19世纪末失去工业领导地位以及法国工业化延迟的原因之一。集中存款计划满足了中央政府和大型企业的需求，但忽视了对初创企业和中小微企业的服务，导致它们的增长相对落后。因此，地方经济缺少为创新和增长提供融资的手段。正如Roodman所观察到的那样，这导致"未被充分利用的机会"，德国的案例则从反面证明了这一点（Roodman，2012）。

总之，追究到底是谁发明了储蓄银行并不是本章的目的——这个问题很难回答，对我们来说也并不重要；相反，本章旨在表明，在工业化进程中，对储蓄和贷款机构有迫切的需求，并且出现了各种理念，其中一些理念强调信贷，而另一些理念侧重储蓄。尽管如此，上述所有计划都是由上层阶级或政府发起和管理的。现代的储蓄和信贷综合银行计划的确起源于法国，但这些计划并没有被采纳和付诸实践。英格兰的作用可能被高估了，尽管英格兰很早就出现了这类业务模式，且英格兰的吸储能力比欧洲大陆更强，但最终，英国的方式未能创造公平和区域普惠性。与下一章将要介绍的德国模型相比，这一点尤为明显。

第4章 德国储蓄银行模式的出现——与生俱来的普惠性

德国模式从一开始就明确地将储蓄和信贷结合在一起。在第一次世界大战爆发前，这一概念使储蓄银行发展成为以区域为重点的准全能银行，为社会、经济和技术变革提供资金。时至今日，储蓄银行仍然是德国独特的全能银行体系的三大支柱之一。

据我们所知，德国第一批储蓄银行成立于1778年的汉堡、1786年的奥尔登堡、1796年的基尔、1801年的哥廷根（第一家市政性机构）和阿尔托纳，以及1808年的达姆施塔特，这些储蓄银行并不是从典当行或孤儿基金演化而来的。基尔和哥廷根的机构是明确表示经营储蓄和贷款业务的银行。这一发现驳斥了信贷业务是随着时间的推移才出现的普遍观点，相反，这一观点是虚构的。[①]

随着这些银行的成立，小微金融的理念得以付诸实施。上述6家银行的使命和愿景，都是通过赋能或赋予权力来"减轻贫困"，以实现社会经济融合的。我们现在要去评估这些银行是否实现了上述目标。

1786年在奥尔登堡成立的"Ersparungs-Casse"（储蓄银行），其章程明确规定了储蓄业务的目标。根据该章程，"下层阶级……有机会享有安全、有息、无风险的存款，他们通过勤勉努力获得这些微薄利润以满足未来的需求"（Wysocki，1980）。因此，这家银行提供了较少数额的有保障的有息存款，且支付的利息超出了既有金融中介机构支付的利息范围。

相比之下，1796年在基尔成立的储蓄和贷款银行接受任何客户的存款，这些客户"希望把他们的部分工资和其他以诚实方式赚取的钱财保存起来"。因此，基尔银行显然是在与现有机构竞争，它使富人的储蓄能够转移给有需要的穷人，而不是基于慈善事业，它是在可持续运营的商业模式框架下发放贷款。信贷业务被视为该理念的一个组成部分。以下规约明确表达了该理念："储蓄银行，作为减轻贫困的第二个同等重要的援助机构，通过无抵押担保贷款或预付款帮助工人阶级开展贸易或进行艺术创作，使他们能够购买材料、工具或进行其他支出。但是，这些贷款必须是短期、易于管理并且能够及时足额归还的。"（Wysocki，1980）

快照2：德国储蓄银行的类型

德国储蓄银行有两种主要类型：公共储蓄银行和私人储蓄银行。

公共储蓄银行包括：

[①] Salem，成立于1749年，于1838年成为公共储蓄银行；关于这些话题的讨论，请参阅以下研究：Ashauer，1991，51-64；Böer，1998；Ott，2006；Trende，1957，29ff.；Klein，1982，300ff.；Wysocki，1980；Roodman，2012，48；Trende，1957，8f.；Ashauer，1991，41-49，74f.，90f.。

市政储蓄银行（Stadtsparkassen），这是公共储蓄银行运动的开始（Göttingen，1801）。它们主要在城市经营，并服务于城市客户。

区域储蓄银行（Kreissparkassen），在1846/1848年危机之后，为覆盖农村地区的金融服务，州政府大力推动该类银行发展。它们主要在县域经营，并服务于农村客户。

公共储蓄银行在当地的业务范围一般与它们所服务的行政区域有关。

私人储蓄银行由私人机构和组织经营。其中包括汉堡储蓄银行，它是现在德国最大的储蓄银行。

由于进行了合并，德国储蓄银行的数量从1910年全盛时期的3 072家下降到2014年的421家，其中416家是公共储蓄银行，5家是私人储蓄银行（参见9.3节）。

1871年，德国通过君主立宪制成为联邦国家，由25个州组成。其中普鲁士是最大的地区，占人口总量和经济实力的50%以上；其次是巴伐利亚，占人口总量的10%左右。德国各州都有自己的储蓄银行法，普鲁士的1838年法律延用到了1945年（参见4.3节），是其他州法律的范本。

德国储蓄银行直到1934年才被纳入银行监管范围。

原则上，这为商人提供了一种现金信贷计划，使短期贷款能够灵活地发放，官僚作风最少，也不需要担保。该章程的规定是开创性的，即借款者必须展示其努力的潜力或贷款对其业务延续的影响。在准许的贷款用途中，明确列出允许赎回的在当铺抵押的材料或工具，以不危及生产。另一个特点是，信贷和储蓄的名义利率相等；利率期限不会按照客户储蓄的偏好来设定，以便为银行的运营成本提供资金。此外，赞助者会提供500银币（Taler）[①]的启动资金，还可能通过股票期权或某些款项提供支持，用来弥补可能的损失，并且至少可以使用一年。由自愿的专家对银行进行管理和审计。但是，会计主管是领薪水的职位，因为他们必须每天与客户见面，并为客户提供服务。拥有这家银行的实体是一个类似于英国友好协会的机构。

快照3：1796年基尔储蓄和贷款银行的基本情况

赞助者：成立于1792年名为"穷人自愿之友社团"的私人协会

目标：减贫

基尔储蓄和贷款银行的章程

储蓄业务：

存款：最低存款额5 Schillings（石勒苏益格公爵领地的货币）

最高存款：100马克；在特殊情况下，或经投资咨询后，可以存更多

利率：存款总额达50 Schillings后支付利息，利率每年约为4%

[①] Taler由银币铸造，15—19世纪在德国北部州广泛使用。Taler是"Dollar"的词根。500 Taler相当于一个劳动者1 500~2 000的日工资。1 Taler=24 Groschen，1821年后，1 Taler=30 Silbergroschen。

利息期限：按季支付，加上8天的等待期（以便于计算）

通知时间：本季度结束前4周

储蓄目标：预防性和针对特定目的的储蓄

储蓄动因：为年老、家庭用品、嫁妆、装备、工人制服进行储蓄，以度过失业期，如冬季的季节性失业

贷款业务：

借款人：在基尔市进行贸易或者展业的公民

先决条件：（经营）业绩审计，评估拟投资项目的创新潜力，以及可能危及企业的可持续性和盈利能力的最坏情况

优点：在流动资金短缺的情况下提供资金，为购买材料和工具提供资金，并将抵押给当铺作为贷款担保的生产工具赎回

信用额度：没有例外情况时，一般为5~100马克

信贷利率：4%

营业时间：星期三上午11点—12点，需要预约

管理：由文员、教授、律师、商人组成的自愿工作人员；一名带薪会计主管；两名审计员负责年度审计

资金来源：利息收入以及500银币（Taler）的捐赠

支持：

• 以银币计价的存款形式入股，存款是10的整数倍

• 认购相应的股份，以便在某一特定时期或每年可能发生的损失可以被覆盖

（Wysocki，1980）

总而言之，这些储蓄和贷款银行代表了雨果·德莱斯特的综合性小微金融理念，这使一些现代小微金融方式显得简陋和初级。这些银行包含了机构实现可持续运营目标所需的所有要素。

银行章程甚至向客户提供了可能的储蓄策略和存款安全程度的信息。考虑到客户缺乏经验，提供这些信息有利于提高客户对新服务的接受程度。对历史学家而言，这些资料提供了当时人们思考和开展交易的大量信息。例如，资料中既有单个一次性存款的选择，也有长达30年的持续定期储蓄的选择。每个人都可以自己决定，年轻时的节俭在老年时是否值得——也就是说，"一个人如何运用自己的资源，为他的老年获得一份可观的收入"。

银行章程还指出将储蓄用作养老金的计划：从30岁开始，每周存1 Schilling，到60岁以后，就会获得10年期的每周8 Schilling的生活补贴。这个概念与目前的养老金策略惊人的相似。

4.1 分歧和趋同——早期储蓄银行比较

对1808年之前成立的6家"主要储蓄银行"进行系统比较可以发现，它们之间存

在一定程度的差异，但以基尔银行作为参考标准，这些差异并不大①。值得注意的是，这些战略与现代小微金融机构采用的方法有一定程度的趋同。

这些现代储蓄银行"前身"的商业模式具有以下特征：

使命和愿景：

为鼓励储蓄倾向，积累储蓄，提高广大人民群众的金融福利，提供制度化支持。

赞助者：

这些机构中的其中三个是协会，在今天被称为非政府组织（NGOs）；

这些机构中的另外三个是公共资助机构，包括：奥尔登堡公国、哥廷根市政当局和达姆施塔特市政当局。

管理：

自愿和专业相结合；由审计师定期监督。

目标群体：

由社会性、年龄和地理标准所界定；贫困的"未被银行服务"（non-banked）的群体，如"不分性别的低收入勤奋者"，或者是"所有人，包括低收入者"。

基尔储蓄银行向所有人开放。哥廷根银行章程明确只对该市公民开放。在达姆施塔特银行章程中，特别提到了儿童，强调信托基金或赠品用于投资而非消费。

最低存款额：

接受小金额存款，但没有利息；存款高于劳动者日薪金额开始计息②。

快照4：储蓄目标

为应急、疾病或年老时的预防性储蓄；

为结婚、嫁妆、家庭用品、教育、再培训或做生意等特定目的的储蓄。

这些机构的业务聚焦于接受存款，从而促进储蓄。为了确保收入能够支付利息，其中两家银行将信贷服务整合到业务中。除了短期商业贷款外，银行还为市政当局提供资金，购买政府债券，并发放抵押担保贷款。可能出于安全考虑，银行章程明确排除了"穷人"作为借款人的可能性。此外，达姆施塔特银行与当时的一家典当行合作，以增加信贷业务。

计息存款的最低额大约相当于一天的工资或略高于一天的工资。这确实不是"非常小的数额"。相反，储户不得不更早开始他们的个人储蓄过程：储蓄银行支持这些有潜力的客户，让他们无息地将小额储蓄"存放"在银行中，直到达到存款计息所需的最低额度。同样，存款也有最高限额，但并未贯穿整个系统。许多银行章程明确给出了例外情况，目的是确保创新企业具备必要的灵活性。

从业务特征可以推断出，储蓄和贷款银行的出现是因为已有的信贷机构没有向某

---

① Wysocki，1980，24；关于现状，请参阅197-216。

② 有关收入的信息，请参阅Hardach，2006。

些群体提供金融服务。这一假设得到了以下事实的验证：在许多情况下，传统银行家参与储蓄和贷款银行的管理大多是出于自愿。因此，从一开始，这些机构就依赖专家能力，包括依赖审计师的专业能力进行常规管控。这些因素曾经是而且一直是成功的基本标准，现代的小微金融机构也是如此。

早期储蓄银行的广泛多样性主要归因于当时不同的政治结构。批判这种异质性，既没有对创始人的创造力给予应有的认可，也忽视了创新本来就应先广泛汲取经验，然后才能沿着合适的道路蓬勃发展。法国和英格兰的例子表明，德国缺乏监管绝对可以被视为一个积极因素。在法国、英格兰及其他地方，早期限制性的法律阻碍了机构的发展并导致了不利的结果，最明显的就是区域资本外流和对穷人的金融剥削。[①]

储蓄银行在德国的兴起可以被认为是运气，因为它引发了不同方法之间的竞争。此外，虽然1789年欧洲大陆的混乱状况带来了巨大的痛苦，但这一时期也刺激了许多新的发展，并带来了新的希望。毫无疑问，时代的不安全感增加了创新的意愿。例如，在法国大革命时期，在"自由、平等、博爱"的口号推动下，这既促进了思想自由，也促进了实践自由探索。

总之，在德国，我们看到了可以灵活变化的商业模式，它允许将处于社会边缘的个人纳入金融市场，以实现社会经济大融合——这恰恰是现代小微金融机构的目标。考虑到那个时代的挑战，早期这一理念的诞生是一个非常引人关注但又自然而然的结果。

然而，对早期储蓄银行的政治评估却不太乐观。尽管意图是要实现趋同和普惠，但维持上层阶级的现状——无论是在维护意义还是在改革意义上，（实际上）都占据了主导地位。这些上层阶级支持银行成立并非巧合。当时的商业模式没有给新纳入的目标群体参与银行组织和管理的机会。

德国早期储蓄机构的SWOT分析

优势：

计息的小额储蓄

透明的业务条件

普惠性方式

审计和监督

劣势：

有限的灵活性

机会：

减贫

赋权

---

① 参见4.2节和7.6节。

机构建设

区域组织

没有关注利润最大化的激励机制

威胁：

保守的社会方式

与政府当局关系密切

4.2 早期工业化和收入增长之后的扩散

法国在拿破仑战争中战败后，1815年的维也纳会议在政治上重组了欧洲大陆。革命前的许多情况又出现了反复。即便如此，这并没有阻止储蓄银行的发展，因为这个理念有助于维持这个体系的运作。此外，人口的迅速增长和就业机会的缺乏导致大规模贫困。此时，小微金融的理念比以往任何时候都更加被需要（Wehler，2005；Ashauer，1991）。

然而，既有的储蓄银行起初并没有引起人们的兴趣。这进一步证明了革命需要时间。1815年之后成立的第一批德国银行中，有符腾堡州储蓄银行和柏林市政储蓄银行，均成立于1818年。柏林市政储蓄银行是普鲁士的第一个市政储蓄银行。当时的人也把英国和瑞士视为榜样。这可能是因为英国是第一个通过储蓄银行法的国家（Trende，1957）。

柏林市政储蓄银行揭示了储蓄银行在早期发展阶段的特征。最初的储蓄通常来自"储备金"（nest egg），这意味着在资金存入这家银行之前需要一个更长的储蓄过程。或者，存入银行的资金是源于赠与或遗产带来的一次性资产增长，因为第一年的平均年度存款至少是劳动者年收入的一半。

快照5：普鲁士第一家市政储蓄银行——柏林市政储蓄银行（1818年）[1]

动机：储蓄是灵丹妙药

根据作家阿道夫·斯特克弗斯（Adolf Steckfuss）在1818年前后评论柏林的情况，"柏林的下层阶级中存在着一种可怕的、令人窒息的贫困，而城市管理者为减少这种情况所做的一切努力被证明越来越徒劳无功。城市可提供帮助的手段是有限的"。

无论储户所处的社会阶层如何，建立储蓄银行的动机如下："为了让城市居民有机会进行安全有息的储蓄，从而帮助他们在结婚、营业、年老或紧急情况下有可供使用的资金，市政委员会特此决定在市政府的保证下并经市政府及其主管授权，开设一家储蓄银行。"

以下是柏林市政储蓄银行成立的时间表及其储蓄和贷款业务的主要内容（见图7）。

---

[1]　Trende 1957，83 ff.；www.berliner-sparkasse.de/module/ihre_sparkasse/geschichte-seit-1818.

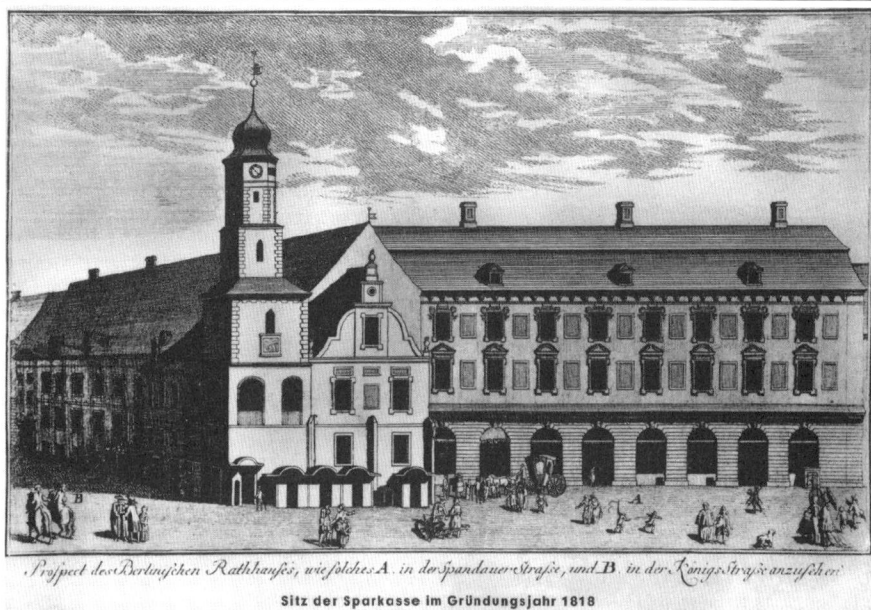

図7 1818年柏林市政厅，柏林市政储蓄银行的营业地点

成立时间表：

1817年7月31日：市政委员会在"前期准备和寻求专家意见"之后通过决议，成立"为城市的贫困阶层服务的储蓄银行"。普鲁士州政府不反对柏林市的计划，并允许该市继续负责管理银行。

1818年4月26日：通过储蓄银行章程。

1818年6月15日：上午9点开业，营业地点：柏林市政厅。

储蓄业务（1818年6月6日公告中所述）：

§1.这家储蓄银行位于市政厅，不得被移出，特此授权接受12 Groschen[①]至50 Taler的现金。

§2.这家银行对1 Taler及以上的存款金额都会支付利息，利率为四又六分之一个百分点。格罗申（Groschen，德国的10便镍币）存款除外，这家银行不会对其支付利息。

最高存款限额：50 Taler。这笔金额相当于一个日常劳动者一年的收入，因此代表了一笔财富。最高存款限额在1827年被取消。

信贷业务：

从现代小微金融的角度看，贷款业务并不是这家银行最想做的业务，因为市政

---

① Taler 货币的细分。当时 1 Taler=24 Sibergroschen. 现在 1 Taler大约相当于35欧元。

当局把储蓄用于满足自己的目的。

验收：

在 1818 年的最后一个交易日，共有 551 个注册账户，总储蓄存款额为 13 982 Taler，平均每个账户 25 Taler，一个比较适度的起步。

客户接受该模式也花了很长时间。对一个拥有 20 万人口的首都城市来说，第一年开设 500 个账户并不算多。但这难道不是创新扩散曲线的正常模式吗？此外，公共储蓄银行与政府当局的密切联系可能抑制了创新的扩散。在最坏的情境下，储户不愿意将他们的储蓄委托给税收征缴员。早在 19 世纪 80 年代早期，德国合作社运动的倡导者之一雷菲森（Raiffeisen）就指出了与政府当局密切联系的坏处，并提到了对储蓄存款相关税收增长的担忧。[1]

但最新的情况是，当对存款第一次支付利息后，人们通过口口相传或银行报告了解到该银行模式的好处时，客户对该银行模式最初的不情愿消失了。从客户的角度看，激励因素是储蓄安全且支付利息。超过 4% 的名义利率也确保了通货膨胀会被抵消。从经济的角度看，积极的结果是，之前囤积的资本进入金融领域流通，帮助建造工作场所并推动其加速增长。

因此，在接下来的几年中，出现了一波新的储蓄银行创立潮。1825 年在德国各州，有 110 个这样的机构，大部分以"储蓄银行"的名义开展业务。其中，29 家储蓄银行的总部设在普鲁士，26 家位于石勒苏益格 - 荷尔斯泰因州和劳恩堡公国，23 家位于巴伐利亚州，其余的分布在德国其他州。虽然扩散过程有所加快，但仍处于起步阶段。到 1836 年，共有 281 家储蓄银行注册，新银行如雨后春笋般不断涌现（Ashauer，1991；Wysocki，1980）。

这里有一个重要的问题：就小微金融而言，1808 年之后发生了什么变化？这与"最初的储蓄银行"（primary savings banks）存在很多关联。最明显的变化是这些银行的主要所有者是市政当局或市政公司，它们的主要目标是减轻所在地区的贫困。之后还有更多的私人储蓄银行，如在萨克森州的银行和亚琛促进勤奋协会的银行，拥有高度创新和可持续的模式，将在第 5 章介绍（Centralverein，1863；Thomes，2010）。

和以前一样，储蓄银行的目标群体主要是但不完全是下层阶级。存款限额可灵活地上调和下调；有时这些限额会与社会标准相结合。原则上，原定的目标保持不变。同样值得注意的是，正如柏林市政储蓄银行在其 1818 年开业公告中所指出的，储蓄是专业投资或开展新业务的先决条件。3%~4% 的存款年利率反映了市场状况，从而为储户提供了相当大的激励。这一点可以从更大规模的存款增长中看出，这必须被视为一种积极的普惠性发展。[2]

---

[1]　详见 7.2 节。

[2]　Trende，1957.

储蓄业务的成功基本上会自动带来系统性的信贷业务。诚然，储蓄银行所采取的各种策略并未达到所有小微金融的标准。一个负面的例子是柏林市政储蓄银行——它将资金完全投资于柏林市政债券。与此同时，巴伐利亚储蓄银行购买了巴伐利亚州的债券，符腾堡州的情况也是如此。如上所述，将社会上最贫穷成员的储蓄用于投资，或者以便宜的价格援助银行服务领域以外的公共项目，会造成令人不愿意看到的区域资本外流（Ashauer，1991）。

大多数机构都是在典型的抵押贷款、本票、担保贷款的基础上建立自己的信贷业务。因此，它们覆盖了许多小微金融的目标。名义利率每年在5%的水平上徘徊，贷款条件透明，到期日灵活。因此，正如普鲁士内政部长1828年所说的那样，与典当行合作，储蓄银行为根除"卑鄙的高利贷者"做出了重要贡献。[1]

这里特别值得注意的是适度的利率范围，这是商业模式成功的重要先决条件，也是使机构能够产生经济影响的部分原因。相比之下，高利率、期限短、到期日不灵活是当时小微金融业务模式失败的根本原因。

重要的一点是，促进储蓄和信贷是同等重要的目标，两者相互补充。此外，当时的法律当局也给予年轻机构很大的发展空间。毫无疑问，这有积极的影响，因为它促进了"最佳实践"的发展。与以前一样，所有储蓄银行的共同点是小额储蓄存款是有息的，这是小微金融的特征。此外，小微金融的另一个显著特征是，许多银行从一开始就开展了小额贷款业务。

建立储蓄银行的动机基本上是一致的，而那些规则的例外情况只是为了确认规则。此外，储蓄银行的创始人都属于政治上和经济上占主导地位的阶级。和以前一样，他们的动机是在维持现状的前提下解决社会变革问题。与此同时，这些机构的成功将有利于上层阶级的利益，它们通过传播信息、推动建立更多机构、提供财政支持以及最终建立适当的法律框架，为上层阶级提供越来越多的支持。政治上已经发现储蓄银行是拯救系统的灵丹妙药。这是实现小微金融目标的良好先决条件吗？

在19世纪20年代和30年代，德国39个君主州和4个自由帝国城市处于由政治、社会和经济不确定性引发的动荡状态。随着城市吸引贫困农民进城，人口持续增长，城市化进程加快，贫困现象蔓延。然而，城市无法跟上发展的步伐：对贸易、工艺品和服务的需求不足，无法满足日益增长的就业需求。"贫困"（pauperism）成为政治话语中的关键词。然而，政治家和企业家仍在继续推动工业化进程，这最终有助于改善生活条件。[2]

内在的信念加上另一场革命的威胁加速了德国变革的步伐。1828年德国签订了第一个州际关税条约，1834年著名的"关税同盟"达到高潮：德国共同市场是迈向政治统一的第一步。一年后的1835年，第一条铁路铺设完成，不久之后经济开始起

---

① Trende，1957，104 f.；有关高利贷的更多细节，请参阅信用合作社的相关章节。

② 参见第2.1节和第2.2节以及Ashauer，1991，65ff。

飞。在这些发展的背后，有相当多的抵押活动，储蓄银行在变革中发挥的作用越来越大。同时，国家也在努力巩固这些结构变化，以实现规模经济。

4.3 1838年《普鲁士储蓄银行条例》——未来发展的法律模板

如前所述，为了规范储蓄银行而制定的法律必须从小微金融的角度进行评估。在巴伐利亚州，从1816年起，储蓄银行——连同保险公司和典当行——都属于为穷人服务的法律框架下运作的机构（Koch，2012）。然而，1823年公共债务注销基金的建立，带来了决定性的变化。该基金必须每年支付5%的利息，这使得市政当局免于投资的任务，并且确实使新的储蓄银行加快建立。当政府将利率降低到3.5%——就像在英国一样，降低资本成本并阻止富人参与此类储蓄计划时——储蓄银行购买了政府债券，而这与小微金融的目标完全不相符。1843年的《巴伐利亚储蓄银行法》通过确立的以下主要特点，实现了一定程度的灵活性：

- 目标客户局限于下层阶级（收入微薄的人）。
- 将最低存款减少到30克朗（半个弗罗林），即两天到三天的日工资。
- 最高存款限额为400弗罗林。
- 储蓄银行可以与典当行、互助合作社合作。

从现代小微金融的角度看，这项立法的积极特征是降低了最低存款额（尽管它仍然超过了一天的工资），并建立了与当地信贷机构合作的可能。然而，该法律仍然迫使储蓄银行进入社会生态（social niche），并限制其业务范围。事实上，由于公共债务注销基金并不总是具有足够的流动性来偿还债务，因此强制减少储蓄银行的大额存款导致许多机构出现了流动性问题，对德国乃至整个世界都是至关重要的。1846—1848年的经济和政治危机，见证了部分债务注销基金和储蓄银行停止赔付的情况。这些情况对巴伐利亚州储蓄银行的发展是一个严重的挫折（Trende，1957）。与此同时，它们也为国家势力范围之外新金融合作社的运营铺平了道路。

在当时，普鲁士是德国最大的州，它在许多方面都采取了更为宽松的方式。从19世纪30年代开始，公共储蓄银行只受特定立法的间接约束。最早的立法是关于存款的法律地位，以及存折的处理方式。

关于适当法律框架的辩论加速了1838年第一部普鲁士储蓄银行法的诞生。这一法案之所以重要，主要有两个原因：第一，由于经过了一个基本的和有争议的意见形成过程，该法律的效力持续了近一个世纪。第二，它以各种方式为德国其他州树立了榜样。这两点都体现了这项法律的创新性。与非常详细的巴伐利亚法律相反，普鲁士法律仅仅建立了基于典型实践的框架规则。它为储蓄银行的成立、组织和运营提供了指导，但没有规定细节。此外，审计工作必须以有见地的方式进行，要考虑储蓄银行业务的具体性质。最高许可证颁发机构是普鲁士大行政区政府，这意味着银行服务整个区域的需求，这是德国市政托管下储蓄银行业务模式长期成功的主要原因①。

储蓄业务的目的主要但不完全是满足低收入储户的需求，因此富裕的储蓄者无论如何都不能被排除，这也证明了存款利率的吸引力。然而，1830年，柏林引入了储蓄者"认证"，以证明他们属于低收入阶层，将富裕的储蓄者排除在外。

> 快照6：1838年《普鲁士储蓄银行条例》中与小微金融有关的内容
>
> 最低存款额应尽可能低。
>
> "促进储蓄银行的主要目标，是使较贫穷的阶层能够最广泛地使用储蓄，机构的最低存款额应尽可能低……单笔存款的最高额以及每位存款人的存款总额由社区自行决定……"
>
> 存款上限保持灵活。前提条件是市政当局要注意流动性管理，以确保该机构能够随时偿还债务。这是客户接受的决定性因素。

关于信贷业务组织的规定也同样灵活。原则上，每项"完全安全型"的投资都有可能做。这使得投资很容易与多样化且不断变化的需求相匹配。明确说明的投资有抵押贷款、国家政府债券、抵押债券、典当贷款、金边证券和承兑票据。由于储蓄银行的贷款策略受私利和社会动机的双重影响，这种灵活性为小微金融机构的活动留下了足够的空间，储蓄银行随后也利用了这种灵活性。

19世纪40年代，受国家担保的铁路股份也被纳入储蓄银行的投资范围，以便为运输部门提供资金。这种互补作用是显而易见的，特别是在煤炭和钢铁工业、建筑和土木工程以及机械和设备工程中。市政贷款产生了类似的效果。例如，在19世纪40年代，杜塞尔多夫市政储蓄银行向该市出借了约90%的资产，这些资金不仅用于资助基础设施建设，如莱茵河岸的开发和港口建设，还用于促进文化项目。一旦政府债券被纳入并开始在储蓄银行的资产中占据越来越大的份额，则意味着下层阶级也在资助现代公共基础设施建设方面发挥了重要作用。从一开始，私人的贷款和抵押业务（从雇员到中型企业主）同样是银行使命的一部分，尽管需要付出更多的努力（Haas，1976；Pohl，2001）。投资工具本来就是很受欢迎的产品，它降低了风险，减少了管理工作以及处理这些风险所需的专家。

针对大家对金融性和经济性利率的疑问，《普鲁士储蓄银行条例》规定如下：贷款和存款的利率应涵盖所有成本，并允许建立适当的储备基金。此外，允许银行将盈余利润用于慈善基金。在实践中，名义利率最高为5%，这些利率不仅使储备基金得以形成，而且使盈余的慈善基金得以分配，进一步激发了人们对商业模式和发展的兴趣（Wysocki，1980）。

成功的另一个关键标准是对银行的监管。法律把监督的职能分配给市监察机关。此外，它通常要求大行政区和地区政府保持警惕，特别是每年都要提交文件报告。年度业绩披露同样是强制性的。还有可能安排特别审计。这一系列措施显著增强了客

---

① Hahn, 1920, 5-13; Mura, 1987, 107f.; Thomes, 1985a; Trende, 1957, 103-113.

户信心——这是成功的先决条件。储蓄银行自愿接受法定监管制度，以排除任何竞争劣势。个别的法律裁决往往有助于简化银行交易程序，而不是降低其灵活性。

快照7：19世纪40年代后期小微金融相关的结构要求

核心目标：吸收有息小额储蓄存款并发放贷款

发起人：上层阶级和市政当局，目的是使现有社会体系永久化

组织：主要是市政性的，受公共法律制约，没有分支机构

人员：双重结构，包括经理，通常是受薪人员或市政职员，也负责管理市财政；固定或可变收入

董事会由自愿参与的专家（银行家、企业家、政治家、政府官员）组成

灵活性：涉及营业时间、最低和最高存款限额、利率和信贷业务，灵活性是使机构最能符合区域需要和习俗的重要因素

SWOT分析

优势：

有息小额储蓄存款

个人信贷机会

专业管理

透明

明确定义的条款和条件

储蓄存款安全

定期审计和监督

劣势：

尚未形成网络

集中在城市

营业时间短

没有迷你储蓄存款

要有正式流程

政府影响

机会：

收入增加

随着熟悉程度的提高，客户和创始人的接受度越来越高

建立分支机构网络

威胁：

新进入者的竞争

传统金融机构的创新

国家对投资政策的影响

4.4 迫切需要深刻变革——迈向经济腾飞

1838年的《普鲁士储蓄银行条例》最初只是缓慢地影响银行创建的增长速度：1839年和1840年，只新成立了10家机构。然而，19世纪40年代后期，银行创建的增长速度开始上升。虽然1839年只有85家银行在运营，但到了1847年，大约有200家银行在运营，总存款额达1 570万Taler（约5亿欧元）。到1849年年末，又有36家储蓄银行成立，存款总额超过10万Taler。位于亚琛[①]、柏林和吕本瑙的储蓄银行持有的存款都超过了100万Taler。这3家机构维持着一个全面运营的分支机构网络，这是它们成功的一个关键因素。截至1849年年末，在德国各州共有700家储蓄银行，不包括分支机构或代理机构。储蓄银行遍布每个城市。[②]

储蓄银行的发展扩散过程受到各种因素的推动，包括危机驱动的社会经济现代化进程、政治提案以及当地人的信用状况。许多研究都表明，机构的地理分布、组织、业务范围和实践，通常都反映了区域习惯、需求和立法的具体情况。此外，储蓄银行在19世纪中期并未面临任何激烈的竞争。

> **快照8：德国储蓄银行的发展扩散过程**
>
> 1825年，德国有110家储蓄银行；1836年，德国有281家储蓄银行；1853年，德国有912家储蓄银行（Trende，1957）。

表1显示了1849年普鲁士十大储蓄银行。

表1　　　　　　　　　　　　　1849年普鲁士十大储蓄银行

城市/地区	存款额（Taler）	账户数（个）
亚琛	1 935 840	11 498
柏林	1 416 560	30 292
吕本瑙	1 366 369	19 416
布雷斯劳	912 472	14 473
马格德堡	680 512	12 945
埃尔伯费尔德	487 726	7 060
格尔利茨	477 971	10 338
左斯特	369 704	2 655
什切青	369 255	9 350
施特拉尔松德	298 046	8 165
总计	**8 314 455**	**126 192**

注：存款额和账户数之间的比率反映了不同的储蓄模式和实践（Ashauer，1991；Trende，1957）。

---

① 关于这家储蓄银行的详细情况，请参阅Thomes，2010。
② 关于区域的概念，请参阅Ashauer，1991，79。

乍一看，储蓄银行的扩散数量令人印象深刻。当时的政治家们认为储蓄银行是"现代最伟大的经济发现"并非毫无理由。①然而，对数据进行更精确的分析后发现，储蓄银行扩散的影响仍然很小。从统计的角度来看，1850年普鲁士的人均资产只有1Taler。此外，存款数额波动很大，主要目标群体仍然需要更具针对性的举措。

快照9：1850年亚琛储蓄银行协会②

储蓄银行拥有超过13 000名存款客户，即该地区每35名居民就有一个储蓄账户。存款总额达到220万Taler，即660万马克③，远远超过了所有其他储蓄银行。优惠储蓄账户（与社会标准相关）的平均余额为220马克，而标准储蓄账户的平均余额为829马克。1850年，亚琛储蓄银行的资产中，约有43%为抵押贷款，23%为证券，14%为汇票，约6%为担保贷款和银行存款——贷款在当时还不是储蓄银行的典型性业务。表2显示了19世纪上半叶城市低收入家庭的储蓄能力。

表2 　　　　　　　　　　19世纪上半叶城市低收入家庭的储蓄能力

	收入（马克，年）	生活成本（马克，年）	储蓄额（马克，年）
吕本瑞	340	313	27
法兰克福	450	450	0
不来梅	377	374	3
汉堡	389	418	−29

资料来源：Wilhelm Otto Ludwig Frhr. v. Reden：Vergleichende Zusammenstellung der Preise der notwendigsten Lebensbedürfnisse der handarbeitenden Volksklassen in Hamburg，Bremen，Lübeck und Frankfurt a. M. in：v. Reden（Editor）：Zeitschrift des Vereins für deutsche Statistik，vol. 1，Berlin，1847，p. 1041，1046；quoted by Böer 1998，24。

事实上，储蓄银行的支持者高估了目标群体在早期阶段的储蓄能力和意愿。民众的收入仍然太低，而且在不同时期收入也会不同，无法持续进行储蓄。但是，储蓄银行确实提供了具有财务吸引力的避风港，同时也提供了捐赠或遗产形式的小额资产业务。

传说中的1844年西里西亚·韦弗起义（Silesian Weaver's Revolt）并不是第一个针对不稳定状况做出反应的例子。起义是一项激烈的行动，旨在提请公众注意棉花产业中存在的虐待情况，而且这种情况在全国各地普遍存在。这次起义的直接后果是成立了"工人阶级福利中央联盟"。教育和金融专家、个人和官僚组成的联盟再一次致

---

① Convention of the Bavarian Kingdom，1843；Ashauer，1991，116.
② Centralverein，1863；Kähler，1910，1912；Aachener Verein，1909；请参阅有关亚琛协会的整体和普惠性的特别章节。
③ 1871年成立的新德国帝国，货币兑换如下：1Mark=100Pfennige=0.33Taler=0.58Florin。

力于让无产阶级分享经济增长带来的利润。为此，人们期望当地协会推动建立储蓄银行、养老基金、医疗保险和支持基金。正如许多出版物所述，它们与类似组织的区别在于科学的分析方法（Centralverein，1863；Reulecke，1998）。值得注意的是，这些以改革为导向的圈子与新兴工人协会之间没有任何联系，这再次说明储蓄银行与客户之间存在固有的社会鸿沟。应该指出的是，赫尔曼·舒尔茨-德利奇（Hermann Schulze-Delitzsch）是创立"工人阶级福利中央联盟"的积极分子之一，也是德国信用合作社的设计者之一，下面将对此进行详细论述。

与此同时，由于收入和农业生产不稳定，整个欧洲正走向一场新的危机。主要的精英阶层继续坚守和捍卫传统结构。企业家们从这种情况中获利，因为这些问题因素既没有妨碍普及生产工厂制度，也没有妨碍支付低工资。此外，市场对产业增长的收益和成本分配不均，也有利于企业家和精英。表3显示了1905年选定的德国各州的储蓄银行密度。

表3 1905年选定的德国各州的储蓄银行密度

州	机构数量	每个机构服务的居民人数	每个机构服务的区域面积（km²）
巴登	156	12 889	96.6
巴伐利亚	983	6 535	77.2
汉堡	89	9 830	4.7
黑森	48	25 191	160.2
普鲁士	4 964	7 518	70.3
萨克森	421	10 709	35.6
符腾堡州	1 922	1 197	10.1
德意志国	9 127	6 644	59.2

资料来源：Pohl等，2005，30。

欧洲1846—1847年农业危机带来了重大的苦难和死亡，这一关键事件再次引发了政治革命。在各种利益的驱使下，政治革命旨在一劳永逸地推翻旧秩序。从这个角度看，马克思和恩格斯1848年发表的《共产党宣言》反映了当时的时代精神。而统治阶级一如既往地试图通过分配粮食和采取就业措施来挽救旧体制，同时通过积累工人的个人财富来产生"忠诚的佣人"和"可靠的工人"。从新兴经济体的现代经验来看，这一系列反应非常熟悉。然而，历史已经表明，在一个抵制改革的体系中，提升小微金融服务的可得性，最终会加快社会和政治改革进程，因为发展小微金融的本意就在于此。除金融机构外，收入、生活条件都需要改善（Wehler，2005，vol.2）。

4.5 1900年前后的储蓄业务——全周期激励

到1913年，德国约6 000万人口中的2 100万人——或者从统计上讲，平均每个德国家庭——都拥有储蓄存折。①因此，毫不夸张地说，储蓄银行和社会经济普惠理念在各地的全面传播是现代小微金融的主要目标之一（见图8）。尽管这一进程花了大约一个世纪，但在今天的社会技术条件下肯定会加速传播。接下来我们从现代视角分析这一进程中的细节。

以千计

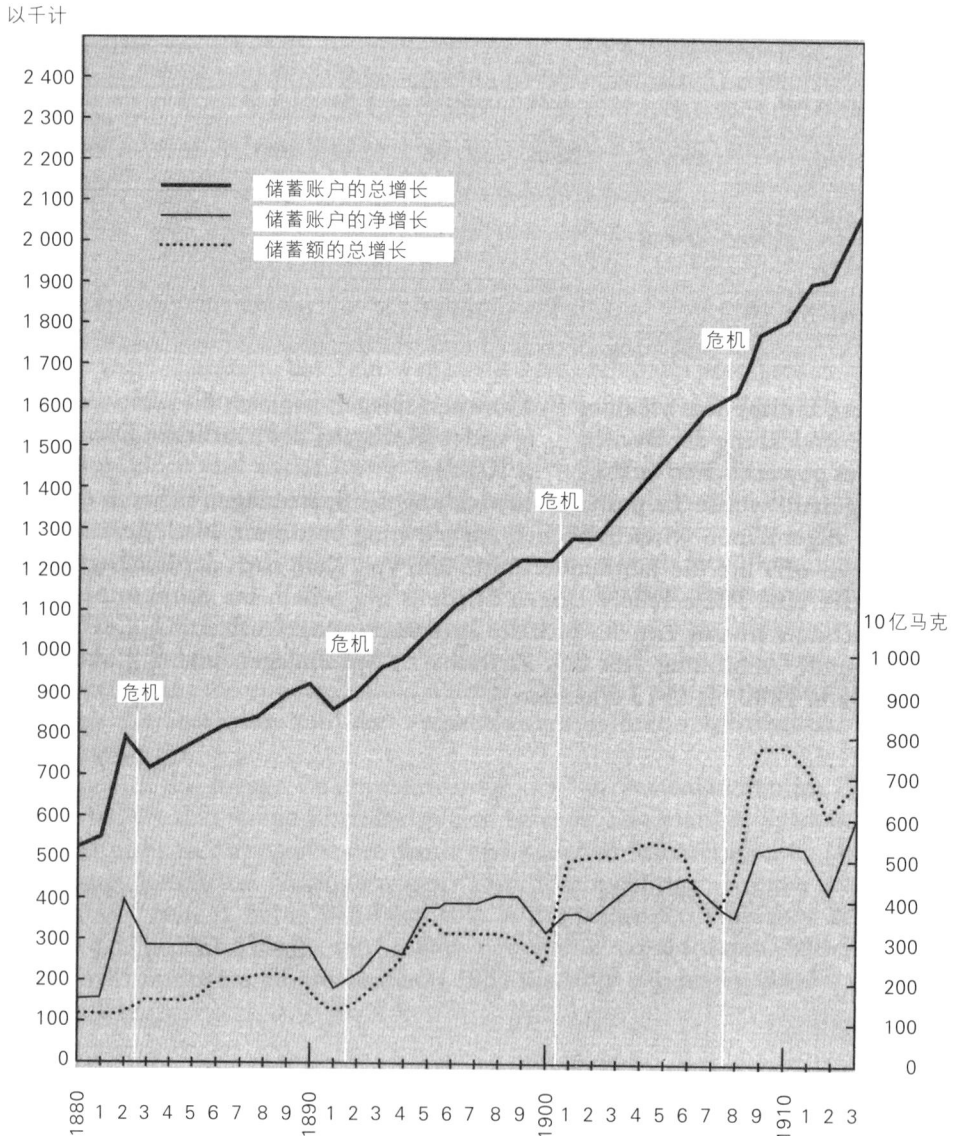

图8　1880—1913年普鲁士的储蓄账户和储蓄额（Ashauer，1991，130）

---

① Trende，1957，291ff.；Ashauer，1991，101ff.；Deutsche Bundesbank，1976.

在储蓄银行的地理可得性方面，德国1913年的统计数据显示，有3 133家储蓄银行在约1万个地点经营着6 000多家分行。这意味着每6 000个居民就有一个分行。此外，还有成千上万个支持机构，包括学校、青年社团、工厂、保险公司和老年储蓄银行。这些机构经常使用"家庭储蓄银行"、存钱箱（money boxes）、自动储蓄机、储蓄邮票以及上门取钱等工具（途径），提升了常规储蓄的便利性。这些工具或多或少地遍布于德国各州。[①]换言之，德国有各种各样的储蓄机会。在20世纪初，德国的每个人——不管是婴儿、学生、工人、家庭主妇还是退休人员——都有机会在城镇的各个角落——售货亭、商店、火车站、学校、教堂、市政厅或其他政府大楼、工作场所或酒吧——进行储蓄。

快照10：手机银行的前身？储蓄机：最早安装在意大利帕多瓦市

大约在1895年，意大利一家银行在8个地点安装了储蓄机。你所要做的就是插入一枚10美分的硬币，转动曲柄并收到一张凭证。一旦收集了5张凭证，就可以开立一个储蓄账户。

一位当代记者评论道："你不能让存钱变得更容易了。这台机器运转得非常精确，不接受坏硬币。这个想法可能会找到模仿者。"

（Trende，1957）

1908年德国一所学校的储蓄机器

资料来源：Die Sparkasse. Volkswirtschaftliche Zeitschrift，626，1908，p.139。

---

① 详细信息请参阅下文。

即使附近没有储蓄场所或者个人不想费力去储蓄，储蓄银行也可以上门收取资金，就像1826年法兰克福储蓄银行所做的一样。事实上，从19世纪中期开始，尽管（或因为）收入一直在持续增加，甚至19世纪80年代以来社会保障通过立法变得越来越安全，最低的储蓄存款额比以往任何时候都更受关注。与此同时，最低生息存款金额也在下调。

另一个促进储蓄银行可得性和成功的因素，是19世纪80年代引入的"可转移的储蓄存款"（transferability of savings deposits），这项服务反映了工业化社会在地理上迁移的需求。例如，1884年年初，杜塞尔多夫州的59家储蓄银行——被公认为全国银行业的先驱，也是高度工业化的鲁尔区的一部分——在它们的章程中设立了这项服务。到1913年，这项服务成为标准，它是绑定客户和提高客户忠诚度越来越重要的工具。[①]

在储蓄银行的时间可得性方面，从1900年开始，大多数储蓄银行每个工作日都提供开放时间。在此之前，储蓄银行甚至在星期日教堂服务之后和晚上也开门营业，现在储蓄银行在星期日和节假日都关闭。储蓄银行的开放时间也适用于代理商或分支机构，但代理商或分支机构通常与商店或酒吧联系，并与它们的开放时间一致。此外，1913年还出现了许多类型的分支机构，1908年罗伊施（Reusch）将它们区分为两种主要类型：[②]

• 独立分支机构，发行它们自己的储蓄存折，并在分行提供存款和取款设施。

• 附属分支机构，由主行管理储蓄账户，但在分支机构设有存款和取款设施。

此外，有许多分支机构兼具两类分支机构的特征。

快照11：复杂但安全：1888—1889年萨尔布吕肯地区储蓄银行的代理业务

允许代理人接受个人存款的最大额度是600马克。存放在各个分支机构的款项通过邮寄方式转移到银行总部；如果这些存款金额达到600马克，则立即转入银行。存款金额都在银行总部的存款记录中登记，储户会收到一张临时收据。

代理人的佣金是存款的0.5%。

代理人不允许开展取款服务。

代理人处理贷款申请，并将其提交给董事会决策。[③]

快照12：德国储蓄银行上门收取存款

1826年，法兰克福理工学院的储蓄部门推出了"上门"收取存款服务。1832年，在卡尔斯鲁厄成立的私人储蓄协会也提供了这项服务。1912年，位于威斯巴登

---

① Haas, 1976；Thomes, 2007；Trende, 1957, 412ff.
② 关于职业化机构和代理机构，请参阅Trende, 1957, 366 ff., 556 ff.；Reusch, 1935。
③ 1888年代理人的工作守则；Thomes, 1985a。

的 Nassau 州立银行向雇员宣传它的上门服务——免费上门收取存款并支付存款利息。该服务需要缴纳 0.50 马克的会员费，连续 9 个月每月最低存款 1 马克。会员的雇主及其家庭成员，尤其是"儿童"，也可以参加。Nassau 州立银行还建议雇主鼓励其雇员加入并支付雇员的会员费。

1948 年货币改革后，德国各地的储蓄银行重新恢复了储蓄存款的上门服务，从而赢得了许多新客户。

正如上述例子所表明的那样，人们根本无法离开储蓄；在现代化时代，尽管在某种程度上储蓄比以前更没有必要了，但节俭和储蓄作为一种美德和使命被社会认同。潜在的激励仍在促使人们定期储蓄，哪怕是最小数额的储蓄。在许多情况下，长期小额储蓄是必要的，如第一次圣餐、坚信礼、教育、获得工匠大师身份、婚姻、疾病、年老、死亡或任何其他事件都需要一次性支出，而这些一次性支出最好由较早预留的资金支付。这种长期储蓄大大减少了对紧急贷款的需求，而这种紧急贷款目前在发展中国家已经非常普遍。

和以前一样，储蓄银行的发起人和代理人通常都是当地的杰出公民，如政治家、教师、部长、企业家等，还有公司。应该记住的是，许多机构，如普鲁士矿业管理局、铁路公司或其他公司等都有自己的储蓄银行，但不幸的是，没有一般性的统计数据。这些公司的储蓄银行还与公共储蓄银行以多种不同的方式进行合作。[①]

目前参与的发起人本质上仍然得到了慈善性的、国家支持的道德信念以及减少社会不公平尝试的共同推动，而其目的在于维持政治现状。回顾过去，这一点已经显而易见，尤其是自 19 世纪 70 年代以来，社会民主党日益强大，并作为工人阶级的代表在议会中赢得了席位；储蓄仍然是确保政治稳定和普惠的工具。然而，从 19 世纪 80 年代开始，随着国家引入强制性社会保险，储蓄出现了某种范式的转变。从那时起，储蓄成为国家保险网络（帮助人们抵御疾病、残疾和年老的基本风险）的有力补充手段。从这个角度看，经过改造的传统保守主义做法，结合国家的支持措施和全面繁荣发展，巩固了"德国节俭"的基础，这在今天仍然可以看到。毕竟，如今德国约 8 200 万人的货币资产总额高达约 5.3 万亿欧元（截至 2015 年）。

快照 13："唤醒工人阶级的节俭精神"：莱茵兰－威斯特伐利亚
火药工厂管理介绍（1884 年）

"关于改善工人阶级命运的人道主义努力——这是现代的一个紧迫问题，主要的优先事项是唤醒工人阶级的节俭精神。今天，一个技术娴熟、勤劳、全职的就业工人赚取的工资，足够他在经济状况好的时候为将来的困难时期留出一些钱，前提是他的要求不能超出他的社会地位。因此，为了实现这一点，工人需要在日常生活花费之前，先留出一小部分工资将其存入储蓄基金中。在这里，人们应该给工人一些

[①] Centralverein, 1863, 343; Thomes, 1984; Trende, 1957, 383ff.

好的建议，因为他们通常缺乏经验。在经济和道德两方面，成功的效果都是很明显的。首先，通过节俭，工人将免于浪费，特别是免于无节制的消费。之后，他拥有的储蓄基金可以在困难时期使用，以补充因工资损失而减少的收入。如果他能免于灾难，他将拥有购买力，这本身可以提高他的生活水平。因此，他会意识到自己的财富是靠自己工作得来的，他会感觉到自己的工作是有利可图的，是有价值的。通过这种方式，他会更加专注于他的工作，不易受到鼓动者思想的煽动。例如，他会发现'被剥夺权利的人'的口号在他自己的案例中就遭到了反驳。"

（Saul 等，1982）

与此同时，随着业务流程变得越来越顺畅，并且越来越多地得到技术支持，储蓄的条款和条件也得到了显著改善。首先，在绝对和相对条件下降低了最低存款额。19世纪 80 年代，最低存款通常是 1 马克。按每年 300 个工作日计算，根据德国 1913 年近 1 100 马克的年平均工资，1 马克都不到每日工资的 1/3（1871 年约为 500 马克）。其次，旨在排除富裕储户和防止流动性管理问题的最高存款限额逐渐消失。从小微金融的角度来看，这些发展肯定是积极的，因为它们具有普惠性的社会经济效应。

快照 14：各类储蓄模式

1889 年在德国流通的储蓄邮票总价值为 34.5 万马克，通常每枚面值 10 芬尼（Pfennig）。慕尼黑储蓄银行在 100 多家商店和自动储蓄机上销售储蓄邮票，1910 年出售了近 70 万枚。

"每个孩子的储蓄必须从摇篮开始。如果孩子不能这样做，他的家人就必须为他存钱。一旦他进入学校，他在储蓄方面的独立性就应该开始了。但是，孩子不应该被外界强迫去储蓄；相反，他必须有一种内在的储蓄动力，这将通过模仿家庭中其他孩子而得到激发。"（Friedrich Hoffmann，1865）[①]

在德累斯顿，有"斯托伦税"（Stollen tax）储蓄计划：1893 年，据说有 20 000~30 000 马克存放在面包师那里，用于购买被称为"德累斯顿-斯托伦"（Dresdner Stollen）的传统圣诞蛋糕。

仅在萨克森州的厄尔士山脉西部，就有 300 个储蓄协会和 25 000~30 000 名会员，据说是在 19 世纪 90 年代初开始运营的。

在 1886 年 6 月 1 日颁布的法令中，杜塞尔多夫区政府指示社区建立养老金储蓄银行，"并强调只有通过建立这样的机构才能实现储蓄银行的实际目标，即服务下层阶级的储蓄需求"。当时，已经有 13 家养老金储蓄银行，从普通储蓄银行的盈余中获得了近 50 000 马克的补贴作为激励，这些盈余专门用于公共利益。养老金储蓄银行一般只为 55 岁之后的人提供存款服务。

---

① 欲了解更多详细案例，请参阅 Trende，1957，347，403f.，407。

快照 15：1871—1913 年工业、贸易和运输中的名义工资、生活费用和实际工资①

"工资波动的真正影响只有在'名义'工资和变化计入生活成本时（即实际工资）才会得到重视。例如，如果一个工人的名义工资在一定时期内上涨，但生活成本上涨得更多，那么他或她的'实际工资'就会下降。表4显示了这些因素之间的相互关系。1873年之后出现了一段经济相对停滞的时期，我们可以看到它在1875—1880年期间的影响：虽然生活成本指数在这5年中有所下降，这表明这一段是价格通缩时期，但名义工资的下降幅度更大。因此，德国工人的实际年均工资从578马克降至524马克，而实际年均工资指数（1895年数字为100）在同一个5年期间从87降至79。该指数在19世纪80年代后半期的'短暂繁荣'期迅速上升，在19世纪90年代早期的'短暂萧条'期缓慢上升。尽管增长幅度很小，但除了1875—1880年的5年，年均工资指数从未出现负增长。因此，历史学家修正了之前几年里关于'大萧条'的评估。"

"1873—1896年这段时期前后都是繁荣时期，当时许多德国人认为这是段异常艰难的时期。需要注意的是，1895—1913年期间，名义和实际年平均工资均大幅上涨。然而，这些统计数据掩盖了该国不同经济部门和地区工人的收入潜力的重要差异，还掩盖了随时存在的灾难危险，如果主要养家糊口的人失业、受伤、生病或死亡，就会导致收入损失。"（1871—1913年工业、贸易和运输业员工的平均年工资见表4）

表4　　　　　　　　　　工业、贸易和运输业员工的平均年工资*

年份	名义年平均工资		生活费用指数**1895年=100	实际年平均工资	
	马克	1895年=100		按1895年价格计算	1895年=100
1871	493	74	105.8	466	70
1875	651	98	112.7	578	87
1880	545	82	104.0	524	79
1885	581	87	98.6	589	89
1890	650	98	102.2	636	96
1895	665	100	100.0	665	100
1900	784	118	106.4	737	111
1905	849	128	112.4	755	114
1910	971	147	124.2	789	119
1913	1 083	163	129.8	834	125

*表中未包括：农场工人、家庭手工业和家政服务业的雇员、公务员、年收入高到足以免除雇主缴纳1884年《意外保险法》（及其补充条款）规定的强制性意外保险基金的工人和受薪雇员。在大多数行业中，到1913年为止，收入上限是3 000马克。有关1886年之前对雇员（薪酬）的限制，请参阅Hohorst等，pp.107-108.

**在计算生活成本时，Desai相对于其他学者在范围上做了更广泛的假设，包括服装、燃料和照明。

---

① http://germanhistorydocs.ghi-dc.org；source：Desai，1968，112，117，125.

快照 16：1900 年前后工业地区的工资——财富的扩散

1901 年，玻璃行业的熟练工人每年可以获得（的收入）1 500~2 500 马克，而助手则可以获得 800~1 350 马克；一个瓶子制造商和他的助手可以分别获得 1 000~1 500 马克和 600~900 马克。

1913 年，一名矿工可以获得（的收入）大约 1 400 马克（1870 年则是 720 马克）；每日工资从 2.50 马克增加至 4.45 马克。

在劳动力需求不断增长的同时，为了增加家庭收入，从事工业和服务业工作的妇女人数也大幅增加。此外，妇女在自己的花园里种植粮食，儿童也贡献了家庭收入。工人阶级妇女在积累财富方面发挥了重要作用。尽管如此，当时还没有针对女性的储蓄机构（Banken，2003，98 ff.）。表 5 显示了 1820—1910 年期间德国储蓄银行的平均利率。

表5　　　　　　　　　　1820—1910年期间德国储蓄银行的平均利率

1820	1841	1875	1901	1910
3.9%	3.2%	3.7%	3.4%	3.5%

资料来源：Mura，1995 II，25。

储蓄利率，特别是在开始时，往往并不直接取决于市场需求，而是取决于实践中的考虑。因此，在 Taler 货币区，最初广泛应用 3.33% 的年利率，使得客户和银行员工无须使用技术辅助工具就能轻松计算出应计利息——这是一种高效且对用户友好的方法。1 Taler 等于 30 席尔伯格罗森（Silbergroschen）和 360 芬尼（Pfennig），从 1821 年起 1 Taler 的年度应计利息为 1 席尔伯格罗森，月利息为 1 芬尼。到 1871 年，在马克货币范围内兑换改为十进制后，利率相应地变得更加灵活。但这对储蓄者并不总是有利的，因为利率可以更好地适应市场的变化，正如 19 世纪 90 年代那样。[1]

社会方面的影响，也是小微金融的一个关键方面，可以追踪所有银行章程关于分级利率的类型（见表 6）。这些利率在小额存款和大额存款之间偶尔会有多达两个百分点的差异，但对小额存款有利。小额存款总额占储蓄银行全部资产的比例最大，这并非巧合。

---

[1]　Thomes，1985a，185f.；Trende，1957，511 - 526.

表6　　　　　　　　1900—1914年萨尔布吕肯地区储蓄银行的存款阶梯利率

1900	1 000马克以下，3.50%	超过1 000马克的存款，3.00%
1901	300马克以下，4.00%	超过300马克的存款，3.00%
1907	500马克以下，4.00%	2 000马克以下，3.50%；超过2 000马克的存款，3.00%
1908	2 000马克以下，4.00%	10 000马克以下，3.50%；超过10 000马克的存款，3.00%
1914	由于战争，所有存款按照3.75%支付利息	

资料来源：Thomes，1985a。

　　另一项重要创新是每日支付利息，从存款后的第二天开始，到取款前一天结束。这项创新从1907年开始在大多数机构实施，它要求银行进行有效的成本管理。对储户而言，如果他们希望提取资金，那么通知时间也较短。这一进展源于各机构的发展、流动性机制的发展以及（各个机构）与当地或国有银行的合作。[①]

　　另一个提升银行吸引力的因素，也是在20世纪初仍然存在的因素，是对低收入储户的存款可以支付奖励。然而，这一特征并不是所有的储蓄银行都有。例如，亚琛协会在这方面是楷模，在其储蓄银行中系统性地实施了这一原则。相比之下，公共储蓄银行非常不愿意接受普鲁士州立银行的提议，将其部分盈余作为奖金发放给"不富有的"储户，尽管监管部门一再敦促这样做。1871年，莱茵大行政区121家储蓄银行中只有61家参与了这项工作，萨尔布吕肯地区储蓄银行仅在1867—1869年之间努力获得了这些资金。关于被动参与这项工作的原因，这些机构表示要有高效的行政管理，这加剧了对储蓄银行已经偏离最初目标的批评。最终，这项服务于1873年终止。在19世纪90年代，以"存钱和玩彩票"为口号的奖励抽奖计划，由于其彩票性质而没有得到许可，但这项计划从19世纪30年代就已经存在。[②]

　　小储户的奖励支付在1908/1909年经历了广泛的复兴。作为储蓄银行，可以从事存款和常用账户业务，作为对社会的一种补偿，它们被要求将其净利润的1/3以奖金的形式分配给贫困储户。此外，建立"锁定"的储蓄存折，自19世纪80年代以来一直存在于储蓄银行的日常业务中，也与小微金融有关。考虑到总的储蓄目标和长期私人供应理念，这项服务使资产的可用性被限制在某个特定时间或与某个特定场合相关联，如达到成年年龄、开始服兵役、当学徒、结婚或退休。特别的是，这些账户被用来存放未成年人的托管资金。[③]

　　总结1846—1848年最后一次农业危机和第一次世界大战前夕之间的发展：德国

[①]　Thomes，1985a，203.

[②]　Pohl，1982；Thomes，1985a，126ff.；Thomes，2010；Trende，1957，424ff.

[③]　有关背景资料，请参阅Trende，1957，410ff.，440ff.；Mura，1987，28；Thomes，1985a，184f.，221f。

成功地成为一个工业化经济体。收入增长了，而且在互惠的过程中，储蓄银行提供了新的储蓄和支付服务，最终将支票账户作为实现大众无现金支付的第一步。绝大多数储蓄创新都与小微金融相关。这些创新有助于帮助大众接受新机会，有助于将广泛的低收入者纳入正规金融体系中，让他们更从容地应对威胁，他们的需求反过来又会推动正规金融体系的发展。表7显示了1850—1908年期间的普鲁士储蓄账户。

表7　　　　　　　　　　1850—1908年普鲁士储蓄账户（%）

年份	60马克以下	60~150马克	150~300马克	300~600马克	超过600马克	600~3 000马克	3 000~10 000马克	超过10 000马克
1850	34	27	20	11	5			
1855	33	24	20	14	7			
1860	34	23	18	14	8			
1865	33	22	18	14	11			
1870	30	21	17	15	13			
1875	24	20	18	17	20			
1880	24	19	16	15	21			
1885	28	17	15	15	22			
1890	28	16	14	15	23			
1895	28	15	13	15				
1896	28	15	13	15		22	3	0.4
1897	28	15	13	15		22	3	0.4
1898	28	15	13	15		23	3	0.4
1899	28	15	13	15		23	3	0.4
1900	28	15	13	15		23	3	0.4
1901	27	15	13	15		24	3	0.4
1902	28	14	13	15		24	3	0.4
1903	27	14	13	14		24	4	0.5
1904	27	14	12	14		25	4	0.5
1905	27	14	12	14		25	4	0.5
1906	27	14	12	14		25	4	0.6
1907	28	14	12	14		25	4	0.6
1908	28	13	12	14		25	4	0.6

资料来源：Ashauer，1991，125。

这一历史分析揭示了金融一体化的进程。它表明，透明的储蓄计划有助于减轻贫困：穷人可以储蓄，储蓄是克服贫困的手段之一。然而，正如欧洲工业化的情况所示，不断增加的和有规律的收入是可持续的社会经济稳定的关键要求，是可持续储蓄的先决条件。因此，储蓄银行与工业化和经济增长同步扩张是很自然的。在国家建立社会保险网络之后，储蓄和金融工具蓬勃发展也是很自然的。这一发展表明，储蓄模式已经发生了变化：储蓄不再用于保护储户免受基本风险的影响，而是用作低收入家庭的支持和金融普惠（包容）手段。在这种情况下，重要的是储蓄银行向所有人敞开大门——这是普惠（包容）过程的明显标志。

从小微金融角度对储蓄业务进行SWOT分析（1913年之前）

优势：

地理和时间上的可得性

账户的地理可转移性

接受非常小额的储蓄存款

为最低（存款）规定额推出的各种预储蓄工具

有利于小额储蓄存款的分级利率

对小额储蓄发放奖金

广泛的储蓄产品

灵活的储蓄支取

弱点：

减少或取消了假期或星期日的营业时间

不愿意为小额储蓄者支付奖金

成本管理发展缓慢

机会：

储蓄银行普遍成为信贷机构

威胁：

竞争

放弃服务小客户的能力

忽视小企业

放弃小微金融目标

直接影响：为低收入家庭提供安全、有吸引力、有息和透明的储蓄工具；纳入金融体系。

间接影响：社会解放，对富人的大额储蓄存款支付低利率，有助于创造盈余，这些盈余反过来在储蓄银行服务的区域支持慈善活动。

4.6 信贷业务——兼具波动性和吸引力的小微金融

鉴于小微金融的总体目标，我们特意在分析了储蓄业务之后才开始讨论信贷业务。原因很简单：在没有股本的情况下承担债务，会降低客户的偿债能力，从而增加他们陷入贫困的风险。正如前面几节所讨论的，早期储蓄银行创新地、有意识地优先考虑储蓄业务是合乎逻辑的。早期储蓄银行也提供贷款，但肯定不是针对穷人中最贫穷的那部分；然而，这一事实对更为贫穷的客户来说并非绝对不利，因为这些（资金）转移过程也使最底层的穷人受益。在小微金融条款中，决定性的一点是，在机构服务的区域内，贷款应当以适当的条款和条件发放。然而，随着时间的推移，储蓄银行信贷业务的发展逐渐与主流金融服务趋同，其产生的影响是不确定的。

快照 17：根据 1857 年的银行章程，萨尔布吕肯地区储蓄银行的信贷业务

"存入的资金可以被贷出：

如有房地产抵押担保。在无须评估的情况下，由莱茵大行政区消防协会承保的建筑物总价值的一半，以及房地产价值一半以内，都可以作为这种担保。

如没有抵押担保，可由两位知名的富人签署的期票对资金、利息和成本提供担保。但是，授予同一人的这种贷款不得超过 300 Taler。同时，以这种方式，最多可以借出银行总资产的 1/3。最后，这种贷款的最长还款期限为 1 年……

对萨尔布吕肯地区的社区而言……

如果第 1 项至第 3 项下的（贷款）资金无法获得批准，这些资金可以投资于大行政区共同银行或国家政府证券以及其他安全证券。"

（Thomes，1985a，304）

如前所述，1838 年的《普鲁士储蓄银行条例》给了储蓄银行在业务发展方面相当大的灵活性，而英国、法国或德国巴伐利亚的类似立法则不然。普鲁士规定的优先事项仅是安全——确保存款"绝对安全"。从小微金融的角度来看，这意味着没有什么能阻碍当地银行发展业务。正如历史资料所证实的那样，储蓄银行利用法规赋予的灵活性，能够灵活应对当时的经济发展。从 19 世纪 70 年代开始，德国所有州的地方性银行特征都趋于一致。[①]

尽管商业环境透明且竞争激烈，但储蓄银行进入当地信贷业务市场是一项费力的工作，因为储蓄银行正试图进入由私人和机构提供者主导的信贷市场，且这一市场相当有效。19 世纪 50 年代的经济腾飞，使所有部门——农业、工业和服务业——对资本的需求增加，从而帮助储蓄银行在信贷业务中站稳脚跟。总的来看，抵押贷款迅速发展成为信贷业务的重要支柱，占应收账款的 50% 以上，特别是农村地区，应收账款中超过 80% 为抵押贷款。1903 年，萨克森州的储蓄银行拥有超过 81% 的抵押贷款（Thomes，1985a；Trende，1957）。因此，储蓄银行贷款业务中其他贷款的重要性稳步下降。尽管政府当局将个人贷款置于高度优先的位置，认为个人贷款可以让面临风险的个人或企业重新站稳脚跟，但抵押贷款成为主流的趋势还是出现了；早期储蓄银

---

① 关于法规，请参阅 Hahn，1920。

行见证了这一发展趋势，从团结社会各类群体方面而言也是现代小微金融的核心方面。

市政性信贷（municipal credit）发挥了更重要的作用，特别是因为有可能向经营储蓄银行的市政府提供贷款。绝大多数市政当局都采用了这种操作方式。储蓄银行的债券投资业务发展非常强劲，一方面是因为它的管理成本低，另一方面是因为它是流动性管理的好工具。然而，债券投资被证明是一项高风险业务。从19世纪80年代开始，许多储蓄银行都遭受了债券利率波动带来的损失。债券投资在总资产中的占比波动幅度很大，与信贷业务其他领域的占比一样，但其占比总体维持在20%左右。

4.6.1 抵押贷款——信贷业务的主要支柱和通用变革管理工具

对抵押贷款业务进行详细分析，可以识别出各种各样的小微金融特征。特别是，历史资料揭示了当时的相关市场结构。（在储蓄银行推出信贷业务之前）受尊敬的当地家庭通常充当了半专业的贷款人的角色，普通人也在给自己的亲戚办理贷款发放。在储蓄银行进入贷款市场之前，其他重要的贷款机构是基金会、社团以及普鲁士国家矿业公司等大公司，还有保险或福利基金。

这种竞争有时甚至导致信贷供给过剩。19世纪60年代初，奥托·贝克（Otto Beck）在谈论特里尔区（District of Trier（Regierungsbezirk Trier））时表示，由于需求不足，资本"几乎没有兴趣，有时甚至根本没有兴趣"。此外，出于安全考虑，储蓄银行面临的问题是5%的典型利率，向客户发放贷款实行复杂的审批程序。此外，还必须从当地土地登记处（即地籍登记处）获取（房产）信息摘录，以及客户没有未偿还抵押贷款债务的证据；还要获得保险证明。所有这些要求可能带来相当于信贷额度5%~10%的成本。由于这些障碍，客户很乐意"通过更容易的手段"获得信贷服务。不过，随着时间的推移，储蓄银行和承销商之间在降低成本和简化抵押贷款程序方面进行了密切合作（Beck，1868；Thomes，1985a）。

快照18：公共消防保险公司成为社会变革的工具

公共消防保险公司的历史可以追溯到16世纪。普鲁士火灾保险协会从1836/1837年前后开始提供标准化的火灾保险单。然而，与公共储蓄银行的官方合作，以及将寿险业务纳入业务扩展范围则始于20世纪初。除了这些机构外，还有一些公私合营公司，如成立于1823年的亚琛协会火灾保险公司，其利润也为其所属地区的储蓄银行提供资金。如今，德国储蓄银行和信用合作社经营着自己的保险集团。[1]

储蓄银行通常与信贷中介和公证人合作。如有必要，储蓄银行还将资金存入这些中介机构，以加快贷款流程。储蓄银行在出现有利可图的贷款机会而又没有足够的资金用来放贷时，会不时地从其他储蓄银行获得短期贷款作为中介融资（intermediate

---

[1] Koch，2012；Thomes，2010；关于亚琛协会火灾保险公司，请参阅 http：//www.ruv.de；http：//www.provinzial.de；/www.sparkassenversicherung.de。

financing）。通过这种方式，储蓄银行迅速优化了现有的地方金融体系（Pohl，1982）。抵押贷款业务的吸引力在于期限长，而且回报率安全稳定。在1850年至1913/1914年的60多年间，抵押贷款利率的波动一直维持在3.5%～5%的区间内。

快照19：1889年处理抵押贷款申请的银行服务说明

建筑物：在没有对建筑物进行额外评估的情况下，给予最高额为50%火灾保险金的抵押贷款；在对建筑物进行额外评估的情况下，给予最高额为3 000马克的信贷额度；对于价值更高的建筑物，"授权建筑大师、砖匠大师或木匠大师进行评估"。

地段：由两位专家确定，最高可获得地价50%左右的抵押贷款，其中一位专家可以是来自储蓄银行的。

所需文件：地籍登记处的信息摘录和火灾保险单；如有需要，提供经公证签字的估价报告；最新的所有权（title）摘要。

申请人的声明：房地产不存在留置权，申请人拥有该财产的全部所有权（Thomes，1985a）。

从19世纪80年代中期开始，贷款流程变得更加专业化，让决策更加客观。规范的表格、固定的贷款期限、较长的通知期限，以及贷款还款时间表都被引入。特别是定期有规律的贷款还款时间表在客户中遭受相当多的批评。直到1914年，尽管一再采取政治措施，分期偿还债务还是没有广泛推行。但是，由于有效的审计、监督和公众压力，那些对客户非常不利的银行会计惯例消失了。

除此之外，贷款可以灵活发放且要符合客户的利益，如在贷款限额方面。农村房地产尤其如此，与城市房地产相比，农村房地产受经济波动的影响较小。但是，由于通过拍卖定价，土地贷款本身也存在困难。因此，尽管有良好的投资回报和巨大的公众压力，储蓄银行仍然不愿意开展这项业务；它们在一定程度上退出了农业信贷业务，使其大多成为不可靠商人的领地。[①]

从小微金融的角度来看，银行客户的构成和贷款的使用者尤其重要。银行的客户来自社会的各个阶层：临时工、仆人、工人、矿工、商人、公务员、企业家、商人、工业老板及其雇员。他们大多是男性，已婚夫妇经常一起贷款。贷款的妇女通常是寡妇，即家庭的户主。至于银行客户的地域分布，他们大多住在银行附近。

这些资金通常用于购买、建造或翻新房屋和建筑物，为中小企业提供债务再融资和现代化改造融资等，这将在另一章节中讨论。资金是按照建筑物的施工进度发放的，大部分贷款额度在1 000～10 000马克，其中，1 000马克相当于一个技术工人的年薪。由于贷款条件是根据客户的财务状况量身定制的，因此违约率非常低。如果启动破产程序，并且找不到买方购买该房产，银行就会接管。因此，储蓄银行进入了房

---

① Brüggemann和Henrich，1896；Mura，1995，70ff.；Trende，1957，478ff.，以及之后的Thomes，2008、2010。

地产管理和营销业务市场，这是它们今天重要的业务，储蓄银行往往是当地最大的房产营销机构。总之，由于经济的长期稳定增长，不存在流动性风险。

4.6.2 个人贷款——放弃机会

个人贷款业务为储蓄银行提供了最好的市场机会。由于这类贷款最不透明，在信用合作社出现之前，储蓄银行是这类服务唯一的真正提供者——家庭成员或熟人之间的信贷除外。在储蓄银行进入个人贷款业务之前，无论在城市还是农村，市场都被所谓的"高利贷者"主导，他们以剥削性的条款和条件发放贷款。虽然他们的利率看似不高，但这些放债人（当时的高利贷者）采用了各种限制和要求，他们相对温和的名义利率背后的实际利率高达40%或更高。[1]由于生产效率低下，债务人永远无法支付20%的年利率，因为当时高达80%的收入需要用来支付日常生活开支。另一个问题是短期贷款要求，与当前的发薪日贷款类似。

个人贷款的这些方面与现代发展中国家、新兴市场国家和转型国家当前的小微金融实践有明显的相似之处。然而，目前支持高利率的论证存在矛盾。正如历史所表明的，并不需要过高的信贷利率来弥补风险；相反，事实是高利率会推高风险。储蓄银行业务的稳健和稳定发展无可辩驳地证明了这种相关性。

在储蓄银行的业务运营中，"个人信贷"一般是指由担保人担保的贷款。通常，有一个信誉良好的个人充当担保人就足够了。推动这一行业成功的不仅有需求，还有担保人和借款人往往来自同一社会环境。此外，在实践中，一年的短期和不切实际的长期基本上被忽视。实际上，贷款期限为五年的，客户在支付利息上出现短时间延迟通常不会受到惩罚。较低的违约率以及反映借款人需求的低平均贷款额，证实了这种方法的适宜性。

> **快照20：1858年4月24日萨尔布吕肯地区储蓄银行发行的第一笔个人贷款**
> 借款人：农民 Jacob Kuntz
> 贷款额：30 Taler（约90天工资）
> 利率：年息5%
> 通知：根据安排，通常是4~6周
> 费用和收费：印花税
> 目的：未知
> 贷款期限：5年
> （Thomes，1985a）

个人贷款业务发展有了一个充满希望的开端。30%的资产份额与一开始制定的目标相符。但这主要适用于普鲁士。[2]此外，高需求表明了个人贷款的巨大需求规模。

---

① Beck，1868，125；Brüggemann 和 Henrich，1896，47ff.，62ff.；Faust 1977，328-332。
② 在巴伐利亚，个人贷款业务仅允许从1874年开始。

"小人物"——无论是工人还是商人，都可以通过个人贷款得到真正的帮助。然而，储蓄银行很快就开始忽视这项业务。至少在个别情况下，储蓄银行实际上选择了向富有的高利贷放债人（moneylender）提供资金。[①]储蓄银行绝对错过了这里的机会。

从19世纪70年代经济困难时期开始，无论是企业融资还是其他目的，个人贷款业务逐渐萎缩。结果，这项业务的份额下降至不足储蓄银行资产的10%。无论是提高贷款额度，还是引入定期还款计划以降低风险，抑或政府或工会的支持举措都无助于阻止这一趋势。从数量上看，大型储蓄银行的贷款个人达到数百个，但是，就比重而言，这些贷款所占的比例降到了个位数以下。当然也有例外，尤其是在农村地区。

储蓄银行开始忽视个人贷款这一核心业务的原因非常有趣，有高管理成本，加上风险厌恶。另一个原因是蓬勃发展的信用合作社出现了，储蓄银行悄然放弃了它们的业务。从积极意义上讲，人们可以把这种发展理解为劳动分工，而信用合作社通常是储蓄银行的贷款客户。例如，在19世纪90年代，萨尔布吕肯的地区储蓄银行给当地一家成立于1873年的信用合作社提供了10 000马克贷款，由5名合作社成员提供担保（Fabry，1986；Thomes，2010）。

快照21：1858年萨尔布吕肯的地区储蓄银行对个人贷款的信用要求

借款人必须有一至两名担保人，具体视贷款金额而定；最高贷款额为300 Taler。在地区市长的参与下，区议会每年制定一份适合担任担保人的名单。该名单包括担保人的姓名、职业、住所，以及担保金额；他们的年收入约500 Taler。1858年5月公布了第一份名单，包括1 810人，总担保金额为293 115 Taler。

（Thomes，1985a）

在19世纪90年代，储蓄银行逐渐退出个人贷款业务，受到了广泛的批评。批评者指责储蓄银行变得过于舒适，并且全面忽略了低收入家庭和小社区的需求。有一个案例，政府监督委员会强迫储蓄银行支持低收入个人和小社区的信贷申请，储蓄银行也照做了——但这仅仅是暂时的。

从储蓄银行的角度来看，它们基本上摆脱了一个不受欢迎的业务。主要原因是利润率低，储蓄银行最初的使命显然已经被遗忘了。从小微金融的角度来看，这是一种使命漂移，这一使命与信用合作社的成功密切相关。

4.6.3 中小企业贷款——一开始就是储蓄银行的专长

中小企业贷款从一开始就是储蓄银行的专长。这种与小微金融相关的业务部门的重要性通常没有得到承认，因为它是抵押贷款或个人贷款（最常见）的一部分。这些贷款从一开始就支持工业化的需求，并响应不断增长的市场需求。事实上，储蓄银行资助了许多小型手工业企业，这些企业逐渐机械化并发展成为工业生产者。正如萨尔布吕肯的案例显示，19世纪80年代和90年代的抵押贷款客户包括彩陶、钢琴、玻

---

① 更多详细信息，请参阅有关信用合作社的章节。

璃、家具、肥皂和烈酒的制造商，皮革、纺织品商人以及啤酒制造商。这些企业贷款都是以抵押担保方式进行的，促进了传统贸易和工艺的现代化和工业化。一种特殊的抵押贷款是船舶抵押贷款，通常由河流沿岸的水路企业申请，最高贷款额为10 000马克。它显示了储蓄银行适应特殊业务需求的能力。储蓄银行董事会成员的社会经济网络是在这方面取得成功的重要因素。[1]

如果没有可用作抵押品的财产（初创企业或小企业经常出现这种情况），那么个人贷款就成了问题。如前所述，个人贷款从一开始就是储蓄银行信贷业务的重点。例如，萨尔布吕肯地区储蓄银行1859年发放的22笔个人贷款中，有8笔贷给了商人。在1858—1861年期间发放的108笔个人贷款中，有50笔贷给了代表20种不同职业的商人。最具代表性的行业是锻造、金属加工、木工和砌砖，共计23笔贷款。此外，借款人名单包括13名小农场主、9名矿工、7名教师和5名车夫。其他职业包括计算员、文员、商人、测量员、领班、秘书、临时工和技师。其中4名借款人不住在储蓄银行所在地区。没有人会说这些借款人中的大多数很穷，也不会说他们的担保人很穷。

另一个值得注意的方面是，储蓄银行将越来越多的贷款发放给住房合作社和信用合作社，这些合作社继而向其成员发放贷款，这是另一个与小微金融有关的特点。储蓄银行与合作社之间的合作并不少见，而从19世纪60年代开始，许多信用合作社进入市场，反映了对小额贷款的持续需求。[2]这里列举的几个例子足以证明这种政策在多大程度上影响了当时的社会经济状况。中小企业融资有助于为下层阶级创造急需的就业岗位，同时支持现代化和经济增长——这显示了小微金融的最佳状态。

4.6.4　机构和市政贷款——结构变革的工具

与抵押贷款类似，市政贷款的推出对储蓄银行而言也是挑战。就像房地产贷款一样，储蓄银行在市场上面临强劲的竞争对手，包括银行、基金会和公共部门的金融机构。其他竞争对手还包括其他城市和保险公司。

尽管如此，由于储蓄银行与市政当局有着密切的个人和组织联系，市政贷款与储蓄银行显然是匹配的。此外，储蓄银行还有明显的优势：一方面，行政管理是适度的，公共管理当局的监督提高了安全性，定期还款的法定责任支持了流动性。此外，5%的利率也极具吸引力，一直保持到19世纪80年代，是一个更大的优势。[3]另一方面，市政当局发现"它们的"信贷机构有潜力成为资助它们活动的有效融资工具。因此，储蓄银行迅速转变为市政当局的内部银行（house banks），不仅解决了融资问题，而且成为流动资金的存储库。此外，储蓄银行还可以利用其盈余为市政贷款提供资

---

① Karbach 和 Thomes，1994，157ff.，177ff.；Thomes，2002；Trende，1957，506。关于代理商的详细信息，请参阅下文。
② Fabry，1986，41ff.；详细信息请参阅下文相关章节。
③ 从19世纪80年代中期开始，利率降至4%以下，19世纪90年代再次上升。有关后果，请参阅后文。

金，前提是这些贷款用于公众利益项目的融资。市政贷款成为储蓄银行业务的支柱并非巧合。

影响市政贷款业务发展的核心因素是：城市人口比农村人口增长快，城市公共部门的财政需求激增。当时，储蓄银行实际上处于直接的全国性竞争中，尽管大城市频繁地开始发行数以百万计的市政债券，但市政贷款业务依然蓬勃发展。直到19世纪70年代初，特里尔地区最大的储蓄银行为了简单起见，将几乎所有的存款都借给了一家当地的公共基金会——这个基金会可追溯至拿破仑时代——这样就形成了一个适合当地需要的综合互惠的金融体系。[①]

在通常情况下，储蓄银行在贷款条件和还款利率方面对市政当局都非常慷慨。在紧急情况下，储蓄银行会预先资助市政贷款，并延后向私人客户发放贷款。公共部门的贷款申请很少被拒绝。当批评出现时，比如在19世纪90年代的普鲁士，监管机构会确保该地区的小社区不会被忽视。分散风险的想法也意味着安全性的提高。[②]

快照22：1911年萨尔布吕肯的地区储蓄银行执行委员会的决定

"如果市政贷款非常值得授予，但不能达到市场利率，则以较低的利率发放贷款。"

（Thomes，1985a，278）

经常被忽视的事实是，从小微金融的角度来看，市政贷款应被视为积极的，因为该领域的贷款活动基本上有助于优化为下层阶级提供经济支持的条件。这也适用于教育、卫生和宗教领域，并满足人们对居住和行动的基本需求。事实上，公共贷款主要用于资助基础设施项目，主要用在工业大都市区、土地开发、社区建设、军事和教堂建筑、学校、医院、屠宰场和现有基础设施的翻新上；还包括改善交通基础设施，如街道、桥梁、港口、铁路和有轨电车线路。此外，市政供水、电力和天然气供应的扩张也必须得到资助。由于经济增长和基础设施的改善是相互关联的，储蓄银行本身也参与了这一发展。

4.6.5 投资债券——对储蓄银行是方便的，但对该地区只是部分有利

储蓄银行很快意识到债券业务的潜力。决定因素是较低的管理成本，以及债券作为抵押品方便交易，有助于确保流动性。万一需要提前出售，获取温和回报率和价格风险并不是问题。对一些储蓄银行而言，债券投资逐渐增加，并成为业务的主要支柱，最高曾达资产价值的90%。这肯定不是储蓄银行发起人的本意，但有时储蓄银行执行委员会为了方便而牺牲了储蓄银行的使命。

推动债券业务发展的是这样一个事实：1884年普鲁士允许储蓄银行向全国（the

---

① Ehmer，2004；Müller，2000；Thomes，1985a，2007，2008.
② Pohl，1982、2001；Thomes，1985a、1997. 请参阅下一章节。

state）的市政协会和公共部门提供贷款，这完全打开了新的维度。首先，这将储蓄银行的市政贷款业务范围扩大到国家一级；其次，它促进了地方资本市场的融合，使其成为一个全国的资本市场。对市政当局而言，这为教育、医疗保健、保险业务的拓展以及住宅和交通基础设施的扩建提供了资金。反过来，储蓄银行也乐于利用这一点，特别是市政贷款承诺的回报率高于政府债券。在20世纪后期，为了扩大市场和降低成本，政治家们规定了（储蓄银行资产中）债券的最低份额——高达资产的25%。对小微金融理念和储蓄银行的创立使命而言，这是一个相当负面的举措。[①]

快照23：利率陷阱——1887年呼吁采取行动

"正如我已经以最大诚意通知您的那样……地区储蓄银行无力投资利率为3.5%的基金。首先，银行需要被迫支付3.5%的（存款）利息；其次，尽管这里的行政管理费用是整个地区中最便宜的，但每100马克仍然会产生0.25%的行政管理费用。因此……请允许我恭敬地请求……降低利率……使地区储蓄银行不致遭受更大的损失。"[②]

从19世纪80年代中期开始的储蓄低利率阶段压低了债券利率，使部分债券利率低于储蓄账户的平均利率，并导致理想一定程度的破灭。当利率在19世纪90年代中期开始再次上升时，储蓄银行有史以来第一次遭受重大损失。尽管损失不是问题，但其程度却出乎意料。[③]从小微金融的角度来看，至少市政债券和铁路债券帮助新兴城市获得了融资，并促进了流动性和区域一体化。不应忘记，债券是流动性管理不可或缺的工具，也是当地闲置的资金出口。

毋庸置疑，如果没有大量的储户，许多基础设施项目就无法实施。如果没有储蓄银行，对个人、企业和机构而言，工业和手工业的现代化也会走上不同的道路。

从小微金融角度对贷款业务进行SWOT分析（1913年以前）

优势：

提供小额贷款

适度的利率

个人贷款（透明、灵活、长期的信贷形式）

伦巴第贷款（Lombard loans，类似于证券抵押贷款）

抵押贷款

可以分期偿还

为市政当局提供融资，使它们能够投资当地的基础设施

劣势：

---

① 请参阅前文章节；Hahn，1920；Trende，1957。

② 储蓄银行董事会主席（Kuratorium）致地区当局负责人的信。

③ 请参阅前后章节。

优先选择大额贷款而不是小额贷款

忽视储蓄银行的原始目标和能力

机会：

提高透明度、创造稳定的市场条件

合理的贷款要求和条件

防止破产

促进资产形成

通过融资支持基础设施（运输、能源、水利、教育、住房）建设，促进结构变革

通过支持中小企业的发展和现代化来助力工业化

威胁：

原始核心客户流失转向竞争对手

储蓄银行在为经济增长提供融资方面发挥了决定性作用。从目前的观点来看，这些结果也证实了本地定位（local orientation）作为衡量小微金融机构持续成功标准的重要性。对小微金融机构而言，可持续性尤其重要，因为储蓄银行开展业务的资金主要来自低收入家庭。

4.7 借方和贷方——准备金和非营利性拨款

总结一下：储蓄银行的使命不是利润最大化，而是促进共同利益。储蓄银行经常在没有任何资金的情况下开始运营。尽管如此，它们还是必须盈利并建立准备金。一旦它们拥有了相当于一定比例负债的准备金，如在达到10%～20%的高水平后，部分收益就可以用来赞助当地的公益项目。[①]

也许令人惊讶的是，大多数储蓄银行在几年之内就能实现盈利，尽管借贷息差只有1～3个百分点。在这方面，应该记住，储蓄银行在启动阶段有部分自愿工作人员，很少或没有租金支出和其他经营支出。到19世纪80年代，随着储蓄银行的管理逐渐专业化，银行管理与市政管理脱钩，储蓄银行的准备金稳步增长。此后，由于信贷利率暂时下降，而储蓄利率基本保持不变，因此对储蓄银行的收入产生了不利影响。近年来，强制性存款准备金降至资产的5%。自19世纪90年代以来，在围绕这一有争议的问题进行广泛辩论之后，这一比例最终被接受为最低要求，而区域清算网络确保了流动性。一旦存款准备金的要求得到满足，市政当局就可以使用储蓄银行50%的收入来资助社会项目。

这一机制对市政当局非常有吸引力，可以在不增加税收的情况下扩大市政运营范围，而且如前所述，这推动了储蓄银行的建立。政府和市政当局经常就"慈善"和

[①] 欲了解详细内容，请参阅早期储蓄银行相关章节及 Trende，1957，527ff。

"社会"这两个词的确切含义进行持续不断的讨论，但最终达成的共识是：对于公共利益项目等，如果不这样做就无法进行了。这种解释促成了广泛的机会和活动。以下社会目标被广泛接受：改善生活条件，包括支持合作住房发展；向低收入家庭发放奖金；提高存款利率或降低低收入家庭成员的信贷利率。进一步目标是支持贫困儿童的培训或教育；允许学生进入农业学校；资助购买种子和肥料；对建立堆肥场和种植果树进行奖励。其他目标还包括建立和支持教育机构、医院、婴儿护理、学校健康计划，以及购买帮助人们处理日常问题的咨询书籍。

鉴于这些机会，地方政府不愿支持公共部门建立储蓄银行的最后顾虑也消失了。从19世纪90年代开始，新建立的储蓄银行主要是由于财务自由的诱惑力（Thomes，1997）。实际上，储蓄银行的盈余促成或加速了许多市政项目的实施。此外，储蓄银行在一定程度上间接地减轻了税收负担。每个人都从中获益，但特权阶层可能间接获益最多。最终，主要是中下阶层的储蓄减轻了财政负担。因此，储蓄银行及其管理人员偶尔被指控挪用资金并非巧合（Knebel Doeberitz，1907；Thomes，1995、1997）。

一方面，从小微金融的标准来看，对小微金融的历史分析结果并不完全是积极的。另一方面，研究结果强调了对普惠性业务模式的需求。这种模式的储蓄部分应该向富裕的客户开放，以便让他们参与产生盈余，然后用这些盈余支持面向共同利益的地方公共项目。

4.8　管理和组织成功的因素——监督、技能提升和网络

从一开始，包括审计和控制在内的监督是至关重要的。由于储蓄银行是创新型金融机构，因此，运营和为银行提供担保的主管机关在避免财务损失甚至破产方面要有强大的驱动力。从储户的角度来看也是如此。因此，监督是储蓄银行自我保护和市场营销的一种手段。每家储蓄银行的章程都包括了这一职能的相关规定。储蓄银行法，与1838年《普鲁士储蓄银行条例》类似，也要求大行政区和地区级行政管理部门等公共机构的官员担任审计员。如上所述，这些主管机关和储户都密切关注业务，因为任何损失都会对他们造成影响。

相关的历史资料记录了严格的管理程序。受审计的文件和程序包括每日账目、收据、账户、通信以及股票、债券和现金的保管，而且当时的审计师通常都是专家：企业家、律师甚至银行家。尽管审计员确实发现了违规行为，但由于严格的监管制度，违规行为相对较少。如果确实有损失，银行管理者们必须进行赔偿。至少，储蓄银行可以使用管理者们的安全存款进行赔偿。

储蓄银行的专业化不断提升。此外，对特殊银行控制机制的需求也在不断发展。从19世纪60年代开始，政府就积极倡导储蓄银行组建审计系统。在一些地区，政府官员定期进行审计。19世纪80年代后期，由于业务的复杂性和风险日益增加，有时会采用外部审计。另一个重要问题是，对专家监督的渴望成为德国区域性储蓄银行协会成立的主要动机之一。根据文献记载，1887年成立的汉诺威储蓄银行协会对德国

哈默尔恩地区储蓄银行进行了第一次联合审计。[①]

　　由有名望的储蓄银行专家出任监督员。起初，他们在储蓄银行协会的委托下，根据标准化的规章制度从事兼职工作。银行审计的一个结果是，储蓄银行全职工作人员扩大到至少两人，并引入了"四眼原则"（four-eye principle）。即使在此之前，存款和取款收据只有两个签名才有效。另一个重要的进步是提高了客户服务质量。第一次世界大战之前，德国所有州都在进行独立的银行审计，由储蓄银行协会或者政府实施。因此，储蓄银行很少因欺诈或安全问题而遭受重大损失，对储蓄银行的信心也继续稳步增强。

　　鉴于快速而密集的变革步伐，银行业务运营的专业化不可避免。这涉及用商业会计惯例取代政府会计，并利用技术精简程序。储蓄银行协会作为调解人和变革者发挥了重要作用。另一项重要任务是为银行工作人员提供培训和教育计划，这些举措最早可追溯到19世纪80年代。由于储蓄银行的工作量不断增加，同时又具有零售银行的功能，所以储蓄银行也是劳动力节约技术的早期采用者。最后，区域性的清算网络和国有银行保证了流动性（Trende，1957；Thomes，2011）。

　　从当前对小微金融发展的期望来看，高效的结构、良好的治理以及专业的知识是其长期成功的基本标准。德国储蓄银行的历史表明，这些条件从一开始不一定必须都具备，也不必为了可持续地促进成功而过于拘泥于这些条件。关键在于银行有足够的余地来适应不断变化的要求，同时也能推动这种变化。

---

　　① Hahn，1920；Ashauer，1991，176ff.；Deutscher Sparkassen- und Giroverband，1985；Geiger，1992；Löber，1985；Trende，1957，458f.；Zweig，1986.

第5章 案例研究——亚琛工业促进协会：一个整体的地方性普惠方式

德国亚琛工业促进协会（见图9）的案例研究表明，除了根据公法组织的储蓄银行的典型模式外，小微金融机构还有其他模式。

图9 强大的联盟：位于亚琛商会和地区政府办公室之间的亚琛工业促进协会总部（1890年）

资料来源：亚琛工业促进协会（1909）。

1824—1825年，德国西部亚琛市的杰出公民成立了一家股份公司——亚琛消防保险股份公司，并新成立了亚琛工业促进协会（Aachen Association for Promoting Industriousness）。[①]创始人包括企业家和政治家。主要创始人和推动者是戴维·汉斯曼（David Hansemann），他是一位商人、政治家、组织者和联络人。他还是当地商会的一名代表，该商会于1804年在法国拿破仑统治下成立，是促进经济和社会现代化发展的智库。尽管拿破仑时代已经过去，但汉斯曼仍然努力以人文现代精神推动革命思想。

---

① Aachener Verein，1884、1909；Kähler，1910；Thomes，2010、2013；Aachen city archives。有关政治和经济发展的详细信息，请参阅前文关于储蓄银行和信用社的部分。

5.1 "金钱和智慧"——融合保险、储蓄和教育的综合福利概念

成立消防保险股份公司的想法并不新鲜，建立社交俱乐部和储蓄银行的想法也不新鲜。创新之处在于以社会经济整体计划的形式将概念交织在一起，这种综合计划结合了企业家寻求利润和可持续社会效益两个要素。这一计划旨在填补法国大革命在社会保障领域留下的空白。此外，它还是工业现代化的制度促进者。消防保险股份公司将为亚琛工业促进协会（简称亚琛协会）提供资金，该协会选择蜂箱作为它的象征，以符合本笃会（Benedictine）的宗旨（祈祷和工作）。

综合计划非常简单，当消防保险股份公司有足够的准备金后，公司每年50%的盈余将被拨给亚琛协会以支持公益项目，这是当时社会企业家精神的典范。亚琛协会的服务范围是亚琛地区，包括3 500平方千米和约35万居民。该计划非常先进，无论是捐助者还是普鲁士国王，都不愿为该项目提供资金以让它早日启动。因此，该项目直到1834年才开始运营，当时保险公司将35 386 Taler的收益转移到亚琛协会，推动其及时启动，以帮助工业化进程顺利进行。

亚琛协会的执行委员会和支持者聚集了亚琛几乎所有杰出的企业家和政治家。亚琛协会的创新之处在于它不是传统的家长式作风，相反，它引领了半民主、透明、不受压力和限制束缚的新潮流。它让政治家、企业家和普通民众都拥护它的目标。在小微金融的背景下，它确实值得贴上"普惠"的标签。

所有居住在亚琛地区的消防保险股份公司的股东都自动成为亚琛协会的会员，所有拥有价值超过12 000 Taler的房地产投保客户也是亚琛协会的会员。当时，1 Taler的价值约为劳动者日薪的3~5倍。成为亚琛协会会员的小型保险客户，其保费最多可享受每年4 Taler的折扣。此外，任何地区的居民都可以通过每年支付4 Taler成为会员。

亚琛协会的所有官员都是无薪的。董事会向代表全体成员的委员会报告，委员会则选举董事会、制定法规、批准预算等。委员会人数根据区县内居民人数按比例决定，每个县6 000名居民中就有1名委员。此外，区议会主席和2名区政府成员担任名誉议员。委员会可以吸收任何促进协会目标的个人作为成员。隶属于区级委员会的是由居住在该县的成员和名誉成员组成的县委员会，名誉成员包括所有教区牧师、市长和该县的行政官员。事实上，这些名誉成员都基于自愿和无薪来管理协会的当地业务。因此，该协会拥有着先进的治理结构，决策过程透明且有各阶层的广泛参与。

这种结构持续了50年。在1874年，消防保险股份公司需要重新申请牌照，但由于其取得了巨大的成功，并没有遇到什么问题。与此同时，股东们将消防保险股份公司和亚琛协会分开运营，因为保险公司已经开始在全国范围内运营，需要重新定位以便在各地区按比例分配收益。但实际上，这两个机构在组织和实际运营方面仍然继续相互合作。

截至1874年，消防保险股份公司已经向亚琛协会捐赠了超过100万Taler。这在当时是一笔巨款，用于实现协会的目标，包括培养勤劳和节俭习惯，优化工薪阶层儿

童的教育，建立并捐赠技术、商业和农业学校，促进有效的资本管理以确保有足够的收入。后来，法令将其目标更加宽泛地制定为建立和赞助非营利机构，这一措辞涵盖了提高公共福利的各种手段。

亚琛协会最初的概念构思于19世纪20年代，旨在通过"工人聚居区"帮助改善穷人的生活条件，这一概念借鉴了荷兰的模式，并为穷人提供了接受教育的机会。后来进一步的措施包括建立储蓄银行和资助公共就业计划，以应对经济危机。

到1834年，当协会开始运营时，发起人已经对计划进行了务实的改变。他们认为，无论是从成本效益比还是从广泛而有益的涓滴效应来看，储蓄银行都是实现目标最有效的金融工具。消防保险股份公司的巨大成功以及储蓄银行随后的成功，允许该协会资助教育机构。后来，协会开始广泛地为社会和文化活动平台提供资金支持。因此，亚琛协会扮演双重角色，既是社会企业家，又是财务赞助人。

作为社会企业家，亚琛协会经营幼儿园（自1839年起）、普通学校、女子家政学校、养老金和救济基金（自1851年起）。当时，这些机构独立且自由的方法是非常独特的。救济基金不仅没有使穷人蒙羞，反而具有社会普惠性——帮助工人不受雇主强加的约束。从这个意义上说，亚琛协会的目的是在资本和劳动之间取得平衡。成本效益不是亚琛协会的核心标准。例如，幼儿园安置一名儿童的年平均费用为4 Taler和15 Silbergroschen；然而，父母只需要每年支付12 Silbergroschen。

作为财务赞助人，亚琛协会赞助了各种社会项目，包括向退伍军人及其家属提供援助，为工人的医疗费用提供资金，为希望进入大行政区农业学校的贫困儿童支付学费。此外，该协会还赞助了俱乐部、学校、医院、娱乐以及许多其他社会项目（见表8）。

表8		1834—1909年亚琛协会的财务赞助
1	对协会储蓄银行的捐款	14 904 332.44
2	对工人养老金储蓄银行的捐款	8 973.42
3	儿童保育和教育系统	3 653 764.66
4	公立小学的针线活教育	1 104 040.78
5	对穷人的救济	698 772.16
6	爱国主义目的	63 750.00
7	促进福利制度	252 550.00
8	卫生保健	595 908.37
9	促进农业发展	143 506.00
10	教育体制	2 784 986.08
11	**亚琛工业大学**	**1 739 428.90**
12	基金会和协会	250 550.00
13	对公务员养老基金的捐款	309 000.00
	总赞助（马克）	**26 509 616.81**

亚琛协会履行社会承诺最突出的例子，是在亚琛建立了一所理工学院——亚琛工业大学，并招收了超过 43 000 名学生。[①]1859 年，在亚琛协会成立 25 周年之际提出，如果新的理工学院建于亚琛，将为该项目捐款 10 000Taler。1864 年，政府决定在亚琛而不是在科隆兴建学校，亚琛协会捐赠了 131 739 Taler（100 000 Taler 加利息）来实施这个雄心勃勃的项目。亚琛工业大学后来成为该协会最大的受赠者（见图 10）。

图 10　"Mens agitat molem"（心灵驱动物质），亚琛工业大学（19世纪70年代）

截至 1913 年，即第一次世界大战爆发前一年，亚琛协会在上述项目中的投入已

---

① 　今天的亚琛工业大学是被选中参加德国教育和研究卓越计划的大学之一。

经超过3 000万马克。这笔款项相当于当时约30 000名工人的年薪。亚琛协会的概念是最前沿的：根据1909年亚琛协会成立75周年的出版物所述，亚琛协会充当了"创新实验室"的角色。该出版物以一种自豪的口吻描述了亚琛协会的使命，称赞该协会是创造跨越几代人社会资本的创新媒介。亚琛协会遵循重组生产要素、资助发明创新和创造共同财富的理念。这种全面、普惠的方法有助于以独特和可持续的方式促进地方繁荣。它代表了在公私合营模式（PPP）基础上的普惠性企业家精神。

来自亚琛协会的章程：

§1 协会的目的

"通过创造自我完善的机会，促进穷人的勤奋"

图11显示了亚琛协会整体的地方变革管理计划。

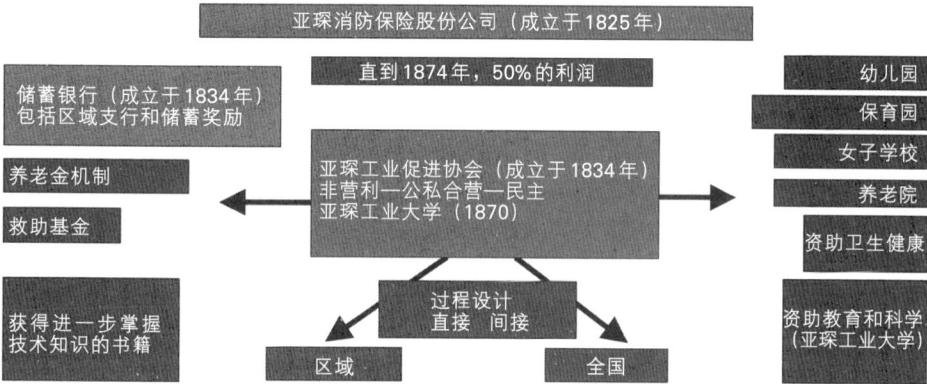

亚琛消防保险股份公司（成立于1825年）

| 储蓄银行（成立于1834年）包括区域支行和储蓄奖励 | 直到1874年，50%的利润 | 幼儿园 |

图11 整体的地方变革管理计划——平滑工业化进程

5.2 亚琛协会的储蓄银行——一项成功的实验

亚琛协会成功的核心因素是储蓄银行。大约在1900年，该机构为全区60万居民中的17万人提供服务。从统计角度看，每个家庭都是储蓄银行的客户，因此它确实达到了金融普惠性。此外，尽管储蓄银行的收入用于资助亚琛协会的社会项目，但它仍然是当地工业化融资的主要参与者。

按照储蓄银行的发展愿景，它始终遵循着提高收益和给予地区最大普惠性的中间路线。从一开始，储蓄银行的信贷业务就以地区为导向，但结构符合银行的惯有业务要求；储蓄业务则满足全体人民的需要，向所有人开放。

值得注意的是，储蓄业务并没有通过提供低利率的存款来压榨下层阶级。事实上，如果"小储户"持续将储蓄与教育相结合，他们可以从超过10%的年利率中获利——这是促进可持续财富管理和普惠弱势群体的最佳方法。

储蓄银行的发展理念基于四个主要特征：（1）储蓄银行对小额储蓄支付利息；（2）为储蓄支付奖励；（3）根据社会标准调整利率；（4）分支机构将农村地区纳入储

蓄银行的业务范围。

储蓄银行的模式在一定程度上被莱茵大行政区互惠基金采用，该基金成立于 1854 年，是一家国有的地区性银行，其使命包括支持公共储蓄银行作为该地区的中心机构。莱茵大行政区互惠基金的部分收入用于向公共储蓄银行的贫困客户发放奖励。此后，许多市级储蓄银行相继成立并纷纷效仿，这一事实凸显了亚琛协会储蓄银行是社会责任企业的先驱和原型（Pohl，1982）。

5.2.1 章程和组织——创新、灵活、面向共同福利

为了实现目标，亚琛协会正式将其业务划分为两个部门：储蓄银行和奖励银行（bonus bank）。这种模式甚至包括了对不同部门客户的单独称呼，分别被称为"存款人"和"储户"。

奖励银行的目标客户是"工匠阶级，对他们来说，获取、增加和维持小额资本对促进和维持福利是绝对必要的"。正如章程第 1 条所述的，奖励银行应提高"储蓄的激励和安全"。在这种背景下，银行做出了"相当大的牺牲"，因为每年 5% 的定期储蓄利率远远超过了银行的收入。如果再考虑志愿者工作、奖励支付和其他各种激励措施，亚琛协会储蓄银行模式的非营利性和普惠性就会变得十分清晰。

章程规定以下人员有权获得奖励：没有学徒的商人、不是个体经营者的商人、工厂工人、矿工、日常劳工、仆人以及属于以上群体但是由于年老、疾病或"缺乏工作"而失业的人。这再次证明了亚琛协会储蓄银行的普惠性。

奖励银行接受 10 Silbergroschen 和 20 Silbergroschen 以及 1 Taler 的存款，其中 30 Silbergroschen 相当于 1 Taler。在德国 1871 年建国引入马克货币后，10 Silbergroschen 相当于 1 马克。最低存款额大约相当于一天的工资，（对这群人来说）这笔钱肯定不能如此轻易或经常地划拨出来（作为存款）。因此，在银行获得认可的人员也可以接受较小金额的资金，并将其储存起来，直到达到 10 Silbergroschen。最高存款是 200 Taler，这在当时已经是一笔不小的财富了。除了获得 5% 的利息之外，储蓄的另一个激励因素是，如果储户的账户使用超过 3 年，储户可以在存够第一个 20 Taler 时获得 3 Taler 的额外奖金。

相比之下，储蓄银行向所有个人和机构开放。然而，它可能会拒绝那些看起来"不符合储蓄银行宗旨"的申请人。利率的确定也遵循社会原则：存款越少，利率越高。1834 年，储蓄银行对高达 600 Taler 的存款提供 3.33% 的利率，而对于高达 2 000 Taler 的存款仅提供 2.5% 的利率。如果存款余额超过 2 000 Taler，储蓄银行有权终止支付利息——但是，它没有这样做。提款通知期——尽管也是为了方便客户——旨在让客户有时间考虑他们是否真的需要提取存款。

亚琛协会的全部资产作为存款的担保。此外，财务报表每年公布一次，包括每位客户的匿名账户余额，以便每个人无须前往银行就可以查看自己的账户余额。收银员必须提供保证金，他们的姓名必须公开——这也是一种社会控制的方式。银行章程的修改首先需要得到地方政府的批准，以便"始终充分确保符合对储户的担保"。这项

措施旨在将私营机构与公共储蓄银行置于同一水平。事实上，亚琛协会的储蓄银行和奖励银行被认为是一个安全的银行，这是一个至关重要的特征。

储蓄业务也受到明确的监管。在这方面，储蓄银行和奖励银行没有区别。一般原则是，资金应该用于"获得合理和安全的利率"，但执行委员会始终必须获得地区委员会的许可——这里也是一种双重控制。

5.2.2 "百分之四储蓄银行"——收益和使命

成立于1840年的"百分之四储蓄银行"，也是由该协会的社会使命所推动的。这项服务的目标客户是存款超过200 Taler上限的奖励客户，并在诱人的储蓄奖励和房地产抵押贷款之间架起了一座创新的桥梁。存款在还有定期或按年分期偿还的按揭贷款时才能被接受——这在当时是一个独有的特点。此外，还有定期存款和紧急信贷。储蓄要求和条件也与普通账户不同，有一年的通知期，最低存款额为25 Taler。一旦抵押贷款偿还完，相应的存款就会通过抽签的方式进行偿还。债务人也受益，他们只支付了4.5%的抵押贷款利息，比没有分期偿还的贷款低0.5个百分点。1844年，这类贷款的数量达到38 450 Taler。亚琛协会也从这项创新中获益，因为这一模式降低了流动性管理成本，有助于实现其社会使命。

快照24：节俭

永远不要后悔

因为即使是饥饿的老鼠

也会为过冬而在洞里储存食物

人，要注意！

（Aachener Verein，1909）

5.2.3 储蓄业务——持续增长

拥有4个办事处的储蓄银行和拥有6个办事处的奖励银行于1834年开始运营。同年，奖励银行吸引了1 123名个人客户，其中795名男性和328名女性。这些客户共存入了8 100 Taler，其中最大的一部分——4 346 Taler由女性客户存入。第二年，存款人数几乎翻了一番，达到2 197人，总存款额为28 234 Taler，平均账户资产近13 Taler。相比之下，储蓄银行在第一年只吸引了44位客户，存款总额为5 847 Taler。毋庸置疑，发起人对这一结果感到失望。结果不佳主要是由于大部分人是文盲，但这并不是主要原因。亚琛协会随后通过广告和储蓄激励措施解决了这些问题，第二年就有了好转。

快照25：令人印象深刻的10年资产负债表（1844年）

资本资产：130 640 Taler；准备金：21 509 Taler

奖励银行：9 796个储户；存款总额：596 997 Taler；取款总额：308 610 Taler；余额：288 387 Taler

储蓄银行：7 277名存款人；存款总额：355.5万 Taler；取款总额：252.6万 Taler；余额：102.9万 Taler

---

1839年11月，亚琛协会开设了第一所幼儿园。到1844年年底，共建立了12所幼儿园，吸纳了约1 100名儿童入园。亚琛协会不仅引进了幼儿园，而且还将这一创新与吸引家长的储蓄激励联系起来：对于经常储蓄的家长，每年减免他们孩子12 Silbergroschen的幼儿园费用。该计划向贫困儿童开放接受教育的机会，同时鼓励他们的父母定期储蓄，起到了社会经济综合激励作用。

1844年，该地区共有15个储蓄银行办事处和20个奖励银行办事处。尽管业务蓬勃发展，但执行委员会当年并没有将该计划扩展到整个普鲁士。毫无疑问，人们生活条件的改善在很大程度上促进了成功。铁路建设尤其促进了当地的经济繁荣，创造了许多就业机会并增加了人们的收入。一个人确实只有在他/她的物质需求得到充分满足后才能储蓄。因此，储蓄和收入之间的关系在许多层面上是相互的。

5.2.4 危机和成功

19世纪40年代下半叶，时常提及的欧洲危机对欧洲产生了怎样的影响呢？这场危机引发了社会、政治和经济动荡，一方面，促使信用合作社成立，加速了公共储蓄银行的扩张；[1]另一方面，确实产生了直接的负面影响。由于食品价格持续上涨，储蓄者不得不依靠储蓄来弥补，奖励银行第一次面临业绩下滑。银行的年度报告指出，它们的顾客至少能够使用自己的资源来应对不利条件，通过储蓄确实可以消除短期风险。这种情况再次反映了下层阶级收入的不稳定性。相比之下，储蓄银行受欢迎程度提高，因为富人将储蓄银行作为资金的避风港，并以此帮助自己在危急情况下保持流动性。

1848年春天，随着欧洲再次卷入一场革命，亚琛协会的奖励银行和储蓄银行在当年3—4月期间损失了近一半的存款。然而亚琛协会却巧妙地化解了这次危机。此后不久，资金就全部回流到银行。该银行因顺利应对危机赢得了广泛赞誉。1850年，该银行有13 000名储蓄客户，从统计上看，相当于该地区每35位居民就有一个储蓄账户，存款总额达到了220万Taler，远远超过了普鲁士的其他储蓄银行。[2]

在工业繁荣之后，这种成功仍在延续。在1859年年底，即亚琛协会成立25周年时，储蓄存款总额达到500万Taler，意味着45万人中每17名居民就拥有一个储蓄账户。在此之前，由于意大利统一战争导致亚琛协会储蓄银行遭遇挤兑，亚琛协会再一次遭受危机，140万Taler流失。这同样适用于1866年的政治危机和1870/1871年普法战争后的政治危机。尽管面临这些挑战，亚琛协会仍然设法"履行所有责任"，正如银行年度报告所吹嘘的那样——这是正确的。

很明显，这种可靠性增强了公众的信心，而当时稳定的经济形势促成了银行的成

---

① 参见本章相关内容。
② Trende，1957，134；参见表1中的银行排名。

功。在1871年德意志帝国建立后，这种动态甚至得到了改善。值得注意的是，从19世纪70年代末开始并持续到19世纪80年代的"大萧条"，对银行的资产负债表只产生了轻微的影响。与此同时，随着居民生活条件的改善，奖励银行的重要性不断增强，平均储蓄账户余额迅速增长。

尽管市场环境不同且竞争更加激烈，但在1894年之前的60年间，奖励银行的利率一直保持在每年5%的稳定水平。奖金制度也一直保持不变，直到1900/1902年才废除，以保护储户"不陷入投机性投资"，正如年度报告所论证的那样——正因如此，财务安全处于最佳状态。由于大多数奖金客户都是长期客户，这一措施最有可能增强客户的忠诚度。1872年，也就是奖励银行成立38年后，在1834年开设的账户中仍有10%处于活跃状态。随着时间的推移，许多客户忽视了这样一条规则：在获得财务自由后，他们必须离开机构。因此，这种滥用奖金制度的行为在19世纪80年代遭到起诉。亚琛协会储蓄银行必须变得更加市场化，因为它在某种意义上要为奖励银行服务。为了实现这一目标，储蓄银行设定了临时最高储蓄限额、可变通知期和较低的利率。但是，无论在何种条件下，客户对银行的接受度仍然一如既往，与公共储蓄银行没有差别。1834—1921年，亚琛协会奖励银行的客户见表9。

19世纪90年代亚琛协会储蓄银行发生了深刻的变化。到1899年，分支网络已扩展到29个办事处，主要动因是竞争日益激烈。自1869年以来，合作社的数量稳步增长，到1900年，所有地区都模仿亚琛协会建立了自己的储蓄银行。这些公共储蓄银行现在已经成为市场上的有力竞争者。到1905年，亚琛协会储蓄银行向所有人开放，存款总额超过1亿马克，账户平均余额接近1 500马克。

直到第一次世界大战前夕，公共和私人储蓄银行系统都在蓬勃发展。这一发展再次反映了这些年来的经济总体可持续增长。但与此同时，亚琛协会成功地维持了自己的地位，并且在1913年，亚琛协会持有了亚琛地区一半的储蓄存款。

快照 26：奖励银行（1909年）

在亚琛协会成立75周年之际，该地区居民有66.4万人。奖励银行吸引了各行各业的主要客户。此外，产业工人占客户总数的25%。最高存款额为1 000马克，相当于产业工人一年的收入。在其他方面，还吸引了大量女性储蓄者，反映出当时女性都有工作。此外，女性还为自己的嫁妆储蓄，这为奖励银行提供了最佳的储蓄机会。截至1908年，奖励银行拥有约89 000个账户，总储蓄额达4 080万马克，相当于每个账户的平均资产为458.79马克。这些奖金账户的利率比普通储蓄账户高出1个百分点。更令人印象深刻的是，在75年的时间里，奖励银行发放了大约1 500万马克奖金——这是另一个从小微金融的角度看待金融普惠性的例子。

（Aachener Verein，1909）

表9　　　　　　　　　　1834—1921年，亚琛协会奖励银行的客户

	累计总计		1921年年末	
	男	女	男	女
工厂工人	51 107	27 551	11 583	5 202
工匠	18 130		4 777	
铁路工人	6 500	10	1 142	
制革工人	1 181		134	
印刷工人	1 122		196	
仆人，农场主	29 291	84 838	4 759	13 888
裁缝		27 578		4 587
临时工	25 380	18 651	5 309	3 620
没有学徒的商人	55 980		10 387	
其他工人	16 328	14 662	4 411	3 230
小计	211 019	173 290	42 698	30 527
客户总数	384 309		73 225	

5.2.5　贷款业务的小微金融特征

从一开始，亚琛协会的贷款业务与一般的银行标准保持一致，因此与公共储蓄银行有很大的差别。1834年的第一次董事会会议批准了下列类型的投资：

•富裕、稳健、财务保守的银行，在没有担保的情况下最高可投资5 000 Taler。

•住房抵押贷款额最高为城市房地产估值的50%、农村房地产估值的2/3。

•可转让证券抵押支持的伦巴第贷款。

•票据贴现信用证，至少有两个信誉良好的个人签名。

•国家和国际发行机构的证券最多可达亚琛协会投资的20%。

与公共储蓄银行一样，亚琛协会后来也投资政府担保的铁路股票和证券，并向企业和机构发放贷款。这一投资组合反映了当代金融体系的全部内容，只有具有小微金融特征的典型的个人贷款被忽略了。

信贷业务对工业化进程做出了重大贡献，特别是为企业提供融资，支持运输和供应的基础设施建设。承兑汇票和伦巴第贷款、同业业务和抵押贷款业务通常集中在本地区，特别是较大的城市。虽然有相当一部分存款来自农村，但农村地区大多被排除在这些业务之外。因此，有一部分资金从农村流向了城市。尽管如此，但由于亚琛协会偶尔会跟公共贷款银行和公共储蓄银行融资，因此部分资金会再次回流。1912—

1921年亚琛协会在和平与战争时期的主要指标（马克，年度报告）见表10。

表10　1912—1921年亚琛协会在和平与战争时期的主要指标（马克，年度报告）

年份	1912	1916	1921
总资产	168.5	173.5	271.2
证券（账面价值）	78.1	100.9	118.3（名义价值：148.3）
抵押贷款	60.7	57.6	44.8
社区、机构资产	7.5	7.3	15.1
经常账户资产	5.5		
票据	9.9	0.6	64.6
固定资产	0.9	1.03	7.6
资本储备	2.8	1.3	0
负债，储蓄银行	124.3	117.9	213.7
负债，奖励银行	39.1	36.7	38.0
支票存款	0.9	2.6	16.3
存折数量	85 122	93 005	111 962
奖励存折数量	85 147	82 355	73 225

购买小型住宅的抵押贷款是例外，可能是由于高昂的管理费用。模棱两可之处是，回报率是影响融资潜力的主要因素。但是，以投资回报为导向的投资组合在促进小微金融方面做出了巨大贡献。以投资回报为导向的趋势激发了社区对自建储蓄银行的渴望。从小微金融的角度来看，由此产生的区域二元储蓄银行体系具有积极的作用。虽然1914年的贷款业务不能被描述为遵循当前标准所定义的典型小微金融，但它确实间接推进了小微金融的目标，因为它具有高且一致的回报率。

5.3　结束——第一次世界大战的灾难性后果

虽然战争的爆发使整个信贷经济进入了新的局面，但战争最初似乎并没有对银行的运营构成威胁（Pohl，2001；Pohl等，2005）。充分就业和消费紧缩促进了储蓄业务。然而，从1916年开始，不合理的情况变得清晰起来。由于国家本身就打赌会胜利，而且战争主要依靠信贷提供资金，因此货币供应量激增。储蓄量呈指数增长，而可持续投资机会却消失了。此外，爱国义务要求购买战争债券。因此，到1918年年底，亚琛协会大约三分之一的投资组合是对一个不存在的国家毫无价值的权利主张，因为被击败的德国君主制已被民主政体所取代。银行机构的灭亡就在眼前，特别是因为很难确定其他债务人的偿付能力。银行客户和管理人员都面临破产的危险：盟军占领了该地区，起初银行处于瘫痪状态，后来发现自己已无能为力，并且受制于外国的统治。

与此同时，亚琛协会董事会在战争结束后，开始就如何解决因战争债券价值急剧下跌而造成的赤字进行谈判。亚琛协会并不是唯一面临这一问题的机构，但由于其私人性质和在银行网络中缺乏成员资格而面临特别的风险。

解决办法是将银行的所有权转交给公共部门。亚琛协会的客户和政治上的诚信帮助它有条不紊地完成了这项工作。1923年，莱茵大行政区州立银行接管了该银行的资产和负债（Pohl，1982）。随后，州立银行将储蓄和其他账户转移到该地区的公共储蓄银行。因此，亚琛协会没有伤害任何储户的利益就将储蓄业务移交给了公共部门。然而，1923年开始的恶性通货膨胀粉碎了所有资产和债权，因此，事后看来，亚琛协会本来可以继续以私有形式运作。

5.4 评估——以整体概念为榜样？

在超过90年的时间里，亚琛协会的众多机构以创新、可持续的方式显著地促进了亚琛及周边地区的社会、文化和经济发展。从小微金融的角度来看，通过这个案例研究能够得出以下结论：

• 以共同利益为导向的私人、地方和整体变革管理理念，能够出色地发挥作用并产生多重长期的积极影响。

• 捐赠支持的企业可以成为独立和成功的企业。

• 在普惠性和结构性变化过程中，节约是非常重要的。

• 在当地使用利润非常重要。

• 竞争促进了目标的实现。

• 机构网络是必要的，缺乏网络可能导致失败。

• 监督与专业知识相结合是必不可少的，而专业知识可以逐步获得。

亚琛协会的SWOT分析

优势：

• 小额储蓄

• 适用于当地的方法

• 在当地全面重新运用商业利润

• 以奖金、民主结构和教育等形式支持下层阶级

• 为当地合作社、储蓄银行和基础设施项目提供融资

劣势：

• 没有直接的典型小微金融业务

机会：

• 整体的、普惠的、非营利性的——公私合营模式（PPP），包括客户代表

今天,公共储蓄银行、大学和保险公司仍然在运营,亚琛协会和许多受资助的医院成立的基金会也在运营。储蓄银行保留了以公共福利为导向的地方商业模式,是当地市场的领导者。亚琛工业大学拥有 40 000 多名学生和约 10 000 名员工,是德意志联邦共和国最大的大学之一,并被评为德国最优秀的大学之一。[1]消防保险股份公司被总部位于意大利的 Generali 保险公司收购,并在不久前放弃了亚琛业务总部以及最初的商业模式。[2]从一个综合的小微金融项目可以看出,可持续的社会和经济结构已经成长起来(Thomes,2010)。

快照 27:机构建设——网络和批发机构

地区银行并不是孤立运作的。历史为本书提供了许多证据。地区银行需要网络的核心原因可归纳如下:

理由方面:业务:流动资金,资金转移,投资运作

市场:竞争

组织:网络,信息,游说,审计,监督

工具方面:超地区银行结构,包括批发机构[3]

超地区网络和机制,包括批发机构

储蓄银行

由于储蓄银行是自上而下的结构,因此它能够从一开始就利用现有的公共机构来满足它们的需求,无论是开展业务、实施管控,还是讨论组织或法律问题。因此,各州银行(provincial banks)充当中介机构和清算银行,地方政府协会充当论坛。只有储蓄银行达到一定规模之后,专门的内部组织结构才得以出现,这时候,储蓄银行才能从公共结构中脱离出来。储蓄银行这样做的另一个原因是,随着相互之间的业务模式出现重叠,来自信用合作社和私人银行的竞争越来越激烈。最后但并非最不重要的是,业务多样化也需要专门的培训和审计工具。因此,这些早期网络的出现是长期发展过程的结果。但是,在当前小微金融实践的框架下,这一过程可以缩短,并且在数字化世界中建立网络仍然是必要且明智的,因为事实证明,这种结构是使地区性银行得以持续成功所不可或缺的。

---

① http://www.rwth-aachen.de; http://www.tu9.de.

② http://www.amv.de; http://www.generali.de.

③ 译者注:根据世界银行扶贫协商小组(CGAP)的解释,小微信贷的批发机构(apex institutions)是指通过或不通过技术性支持服务,在一个国家或者一个完整的市场中,将资金向零售小额信贷机构引导的机制。(详见:CGAP,Apex Institutions in Microfinance,January 2002)

德国储蓄银行的超地区机构（supra-loacal institutions）：

1872年阿恩斯贝格地区储蓄银行利益保护协会

1880年萨克森储蓄银行会议

1881年莱茵和威斯特伐利亚储蓄银行协会和储蓄银行通讯

1882年德国储蓄银行会议

1884年德国储蓄银行协会

1887年储蓄银行集团，一个国家储蓄银行的前身机构，但从未实现

1888年10个区域储蓄银行协会，成立于1884年

1892年国家伞式组织作为区域网络的顶点

1900年储蓄银行的区域非正式流动性和游说网络

1905年13个区域网络，只有少数储蓄银行没有涵盖

1908年萨克森城市的转账协会

1909年萨克森州第一家德国储蓄银行结算所；其他大行政区纷纷效仿

1909年萨尔地区储蓄银行流动性管理和游说协会

1910年现金传输中心，覆盖德国较大的城市

1910年远程监控系统的第一个全天候控制器

1916年德国中央转账清算网

1924年德国储蓄银行协会、德国中央转账清算网络和德国市政银行协会合并，组建德国储蓄银行协会

建立国家批发机构，其目标是战略、审计、教育、游说、营销和科学研究

（Mura，1991；Trende，1957；Pohl等，2005；Thomes，1985b；www.dsgv.de）

信用合作社

由于信用合作社是私人建立、自下而上的"草根"组织，它们无法利用现有的支持结构。在这种情况下，合作社必须建立自己的超地区机构，这些机构实际上在这场运动开始后不久就出现了。建立超地区机构的动机与上文关于建立储蓄银行的动机相似。不同的是，这些共享机构不仅出现在不同的地区内，而且也出现在这场运动的三大竞争集团中。在当时，竞争似乎阻碍了效率，因为当时三家竞争团体以及它们的银行都相对薄弱。这也是为什么在普鲁士建立对所有信用合作社开放的州立中央银行，并且取得了相当大成功的原因。在组织方面，融合的过程也很缓慢。所有团体都有自己的批发机构，其结构在特定情况下运作良好。直到1972年，为了更有效地保护它们的业务、利益和目标，剩下的两家德国信用合作社的批发机构才合并。

德国信用合作社部门的超地区机构：

1859年中央通信办公室成为第一个国家组织机构

1864年一般合作网络

1865年德国合作银行成为第一个合作中央银行

1895 年中央合作银行，名为 Preußenkasse

1920 年德国合作联盟

1930 年德国国家农业合作社协会

1972 年德国国家合作社联盟

德国国家合作银行协会

国家顶级机构，目标是战略，审计，教育，游说，营销和科学研究

（Guinnane 等，2013；Faust，1977；Gleber 等，2012；http：//www.bvr.de）

第6章 "开箱即用"——对19世纪基于信用的小微金融趋势的国际比较

在讨论信贷合作社运动的起源时，我们首先要再次引用当前小微金融研究领域的先驱大卫·鲁德曼（David Roodman）的话，主要是因为他非常重视将历史维度纳入分析中。Roodman（2012a）描绘了19世纪中期中欧生活的凄惨图景，介绍了德国合作社运动的开始：

在德国历史上出现信用合作社运动是出于对紧急情况的反应。1846/1847年德国发生了饥荒，并且在从农业社会向工业社会过渡期间出现了普遍的贫穷、高利贷和侵占现象，许多人死亡、债务蔓延、农民的农场被放债人夺走、小企业破产。采取行动的倡议主要来自个人和地方，州政府的干预措施无效。

毫无疑问，这是一个非常准确的描述。即便如此，仍然值得添加额外的阐述来说明小微金融的进程。回顾储蓄银行的历史，需要指出，新机构不是在一个快速的革命进程中出现的，而是一个复杂的动态过程的结果。

事实上，合作社运动的起源至少可以追溯到中世纪。旧政体和封建主义注定要促进合作经济形式的发展。考虑集体组织的农业模式，如作物轮作与共同耕种"一般的"土地相结合，这些模式被有效地用于帮助满足社区需求和降低风险。此外，行会作为商业和贸易领域的合作组织，在加洛林时代就已经存在。这些行会的目的是在发生疾病、事故、苦难、年老、死亡等情况下向会员提供相互支持。提及行会的最古老的法律是公元779年查理曼帝国的法典集，行会被认为是在"大火或海难"的情况下提供互助的组织。除了捐赠或无须偿还的实物福利外，还以贷款（钱或实物）的形式提供援助（Abel，1978；Koch，2012）。

矿工合作社几乎同样古老。2010年，矿工福利基金在德国庆祝成立750周年。例如，位于戈斯拉尔的圣约翰兄弟会资助生病的矿工、寡妇和孤儿。矿工报告曾指出，矿工合作社涉及社会、健康和金融安全等众多领域（Koch，2012；Greve，2010）。此外，合作社也涉猎许多其他需要为人们提供风险保障的领域，如殡仪馆合作社、堤防合作社、消防公会和就业协会等。19世纪的新资本主义自由秩序并没有使它们过时。因此，合作社是日常生活的一部分，它们也是资本市场的参与者。[①]人们看到了欧洲范围内社会保险结构的出现，应该强调的是保险也是小微金融概念的重要组成部分。

仔细研究欧洲的发展情况是有帮助的，尤其是英国，它是18世纪中叶开始的工业化的发源地。正是在英国，马克思和恩格斯对剥削进行了研究；英国也是罗伯特·欧文生活和工作的地方，这位自称"慈善家——社会主义者"的企业家和创新

---

① Kluge，1991；更多细节请参阅后文。

者，不仅质疑早期工厂的不人道条件，还参与旨在优化工薪阶层家庭生活条件的整体实验——这让许多人感到惊讶。欧文的工具是多方面的：包括废除童工、促进教育、缩短工作时间、激励工人、提供消费品折扣以破坏致命的实物工资制和对工人的极度剥削——以货物而非现金支付工资的制度（Faust，1977；Koch，1991）。

虽然罗伯特·欧文的目标最终无法实现，但他的开创性工作是企业家社会责任的灯塔。他的经典思想影响了1823年成立的亚琛工业促进协会等组织，该组织是社会企业家精神和公私合作的一个突出例子，在一定程度上影响了尤努斯及其运动（Roodman，2012a）。关于合作社，欧文特别鼓励低收入家庭主动改善自己的状况——这是对保守的家长式援助计划采取的激进反制措施。事实上，欧文是生产者和消费者合作社的坚定支持者。此外，他还给合作社下了一个非常好的定义："一种特殊的协会，它的基础更多的是基于人，而不是资本，它不仅有财务目标，而且有道德目标。"

当然，合作社的组织模式必须适应新的资本主义制度。欧文的创业计划和工人们的自助之间缺失的一环是著名的"罗奇代尔先锋"，他们于1844年用自己的钱成立了一个独立的消费者合作社——罗奇代尔公平先锋社会，无视当时的资本主义要求。仅仅10年之后，有近1 000家英国合作社受到成功的罗奇代尔模式鼓舞。欧文和罗奇代尔长期以来一直分别被认为是"现代"合作社的精神指导者和执行者。然而，尽管合作社取得了值得称道的成就，但人们普遍认为合作社的现代历史可以追溯到18世纪。其中一个例子是1769年成立的芬威克织布工人协会，该协会的成员汇集资源，组建消费合作社，购买散装食品甚至书籍，建立图书馆，促进教育。这个合作社的起源当然与上面讨论的传统模式是一致的。尽管如此，罗奇代尔原则至今仍在合作社的概念上留下了不可磨灭的印记。[1]

> **快照28：经营合作社的罗奇代尔原则（Rochdale principle）**
> • 开放会员。
> • 民主宪法（一人一票）。
> • 按贸易比例分配盈余。
> • 支付有限的资本利息。
> • 政治和宗教中立。
> • 现金交易。
> • 促进教育
>
> （Kluge，1991）

---

[1] Hasselmann，1968，9；Faust，1977，103-114；Koch，1991，54-58；McFadzean，2008；http：//en.wikipedia.org/wiki/Rochdale-Society-of-Equitable-Pioneers；http：//thefenwickweavers.coop/frenwickweavers-society/history；http：//www.theguardian.com/business/2007/aug/07/retail.uknews.

　　与储蓄银行一样，法国也在合作社的出现中发挥了作用。圣西门和傅立叶被认为是合作理论的奠基人。早在 1832 年，菲利普·布切斯（Philippe Buchez）就在巴黎创办了木匠合作社。此外，法国政府于 1848 年为解决巴黎工人的高失业问题成立了"国家工作室"，尽管这一尝试在法国是短暂的，但在当时引起了德国各州一定程度的共鸣。[①]

---

① Faust, 1977, 129ff., 143ff., 206; Born, 1976, 216; Koch, 1991, 59 – 67; Wandel, 1998.

第7章　德国信用合作社的出现[①]——传统与创新相结合

不管其他国家的发展如何，德国都被认为是信用合作社的摇篮和国际榜样。[②]德国合作运动的知名发起人是弗里德里希·威廉·雷菲森（Friedrich Wilhelm Raiffeisen）、赫尔曼·舒尔茨·德里奇（Hermann Schulze-Delitzsch）和威廉·哈斯（Wilhelm Haas）。其他重要的合作理念的催化者包括爱德华德·普费弗（Eduard Pfeiffer）、卡尔·科尔萨斯（Karl Korthaus）和维克多·艾姆·胡伯（Victor Aim'e Huber），他们被视为德国合作社的"知识之父"。此外，值得关注的还有威廉·E.冯·凯特勒（Wilhelm E. von Ketteler）、阿道夫·科尔平（Adolf Kolping）和约翰·H.威森（Johann H. Wichern）。尽管这些人都表达了截然不同的观点，有的人是虔诚的基督徒，有的人是社会主义者，还有人是自由主义者，但他们都有共同的想法，即以合作社的形式通过自助来改善广大人民群众的不稳定状况。[③]

此外，早些时候在德国还有其他信贷"竞争对手"。在哈尔茨山区，由政府在1743年推出的"仁慈银行"于1820年转型为一家农业私人储蓄银行，该银行如今以"哈尔茨人民银行"（Volksbanks, People's Bank of the Harz，译者注：也称为"大众银行"）的名义经营着一家信用合作社。另一个例子是，1843年，符腾堡州奥林根镇的50名市民创立了一家私人储蓄和贷款银行，今天也以"Hohenlohe人民银行"的名义独立运作。[④]1845年，仅在符腾堡州就有65个这样的互助社。同年，工人们还在萨克森州开姆尼茨市成立了一家鼓励储蓄和消费者的协会。由于这些合作社大多没能在1847/1848年危机四起的政治和社会经济动荡中生存下来，也没有杰出的领导人，因此德里奇和雷菲森被誉为德国合作社运动的"梦想英雄"。[⑤]无论如何，信用合作社的历史仍然充满活力，不仅仅是在德国。

事实上，在1847/1848年饥荒期间，长期的合作传统再次变得特别重要。一方面，当时政府有大量的资助救济措施，如创造就业计划和粮食援助。此外，还有许多储蓄银行和其他机构提供信贷和其他援助。另一方面，引发危机的政治问题也需要通过基层和民主自助的替代方案加以解决。

---

① 随着时间的推移，德国的合作社使用了许多不同的名称，包括"社团""协会""联合会""银行"等；在本章中，我们使用"信用合作社"一词作为总称。文中使用了一些原始的名称，以给人一种多样性的印象。在英语世界里，术语"信用联合会"是同义词。

② 参见本章的相关讨论。

③ Faust, 1977, 167ff.; Kluge, 1991; Koch, 1991, 67-84; Roodman, 2012, 53 ff; Schramm, 1982; Zeidler, 1893.

④ 参见 http://genossenschaftsgeschichte. info/volksbank-hohenlohe-oehringer-privatspar-und-leihkasse-182。

⑤ Gleber 等, 2012, 12f.; Hasselmann, 1971, 47; Kluge, 1991, 43ff.; Roodman, 2012, 54。

像维克多·艾姆·胡伯这样的记者们，试图系统地传播关于自助组织的知识。然而，对学者们来说，问题仍然在人们是否应该区分前现代和现代组织类型。

无论如何，德国的合作思想呈现出一种意想不到的势头——这同样类似于储蓄银行的发展。Roodman（2012a，54）引用Tucker的假设，认为特别密集的德国社会结构，使小村庄群体具有强烈的社区精神，可能有助于使合作理念获得巨大的成功。然而，储蓄银行通过另一种理念也获得了类似的成功。毫无疑问，在前工业化时期社会网络崩溃之后——19世纪40年代许多农村地区仍在经历这个过程——迫切需要新的工具。政治上的失败导致了1847/1848年的社会经济危机，这无疑鼓励了一些人自己承担责任并开始在当地处理他们的事务。正如我们所见，有足够多的竞争模型可供选择。Faust曾说，到1850年"实际上已经尝试过所有类型的合作社"。[1]

与储蓄银行一样，合作社的发起人大多是受过教育的中产阶级，而不是目标群体的成员。这些发起人也经常自愿参与管理合作社，至少在一开始，由于他们拥有专业知识，往往是不可或缺的。德国合作社的三位杰出创始人都有公共管理方面的基础知识。然而，与储蓄银行的发起人不同，合作社运动的发起人更多地受到慈善和务实原则的激励，而不是受保守政治思想的影响。正如许多历史文献所证实的那样，目标群体（农民和工人阶级）的自我推动主要受到教育水平低和1850年前后大量文盲的阻碍。与此密切相关的还有一种对创新根深蒂固的普遍厌恶，以及对久经考验和熟悉事物的强烈倾向。[2]

尽管储蓄银行和合作社运动都是从危机中产生并试图克服危机，但方法的分歧反映了国家对合作社的不信任。政府起初试图通过恐吓、禁止和拒绝授予特许权来破坏合作社运动。但是，当政治界意识到合作社目标确实符合国家利益时，这种不信任最终消失了：合作社的目标承诺社会边缘稳定，实际上也承诺了政治稳定（Kluthe，1985）。

7.1　自由主义方法——舒尔茨·德里奇和他的"人民银行"

赫尔曼·舒尔茨·德里奇（1808—1883）的方法是完全的自由主义。[3]作为市长的儿子和受过良好教育的律师，他从1838年开始一直担任州行政官员。从1841年起，他开始担任"世袭法官"，这个职位有点类似英国传统的司法职位。在这一职位上，他接触了许多社会阶层的成员，并完全了解大多数人生活不稳定的情况。1846年，舒尔茨·德里奇在普鲁士南部活动，那里位于工业城市萨克森州莱比锡以北25千米处，人口密集、工业发达。他像雷菲森一样，采购粮食和食品，以减轻作物歉收

---

[1]　Faust，1977，206，323ff.

[2]　Kluge，1991，42ff.，55ff.，98ff.；Faust，1977，328-332；Schramm，1982；Wehler，2005，vol. 1，2.

[3]　Aldenhoff，1984；Faust，1977，193ff.；Förderverein，2008；Kluge，1991，46ff.

给贫困人口带来的痛苦。这项运动将完全传统的商业、慈善以及社区所有成员聚集在一起——是一种改善危机影响的综合方法。

Faust概述了当时的情况：

在那里，舒尔茨·德里奇为贫困人口组织了一项援助计划，该市几乎所有富裕的市民以及当局和邻近村庄都参与其中。他们组织了募捐活动，带来了可观的收入，租用了一家工厂和一家面包店，把买来的谷物制成面包，低价或免费分发给有需要的人（Faust，1977，197）。

一年后，舒尔茨·德里奇为工人和工匠组织了一个互惠基金。1848年，他担任普鲁士国民议会的左翼自由派代表，并在一个负责处理工匠问题的委员会担任主席。他被要求就1 600份文件和请愿书发表他的专业意见——这项工作向他揭示了严重的社会经济赤字，但同时也向他展示了推动变革的机会。舒尔茨·德里奇也是工会的成员，1844年西里西亚纺织工人起义后，工会随即成立以解决社会问题。

与此同时，随着1848年革命的失败，他被迫离开政治和政府部门。也许正是因为这个原因，除了政府资助的自助计划以外，他更加明确地强调其他模式，并与其他合作社先驱者保持距离。作为一名经济自由主义者，他的目标是支持小企业主适应工业需求。通过磨炼技能获得竞争优势，避免陷入贫困。他的主要目标是鼓励小企业主在经济变革的浪潮中前进，这确实是一种与时俱进的创新方法。由于某种程度的资产是先决条件，舒尔茨·德里奇的概念并不适用于完全贫困的人。

离开原有的职业和政治，促使舒尔茨·德里奇与其他拥有相似信念的人一道去实现想法。1849年，在他的帮助下，健康保险和殡葬基金以及木匠和鞋匠贸易合作社成立了。前者是外部援助和自助的混合体，后者是纯粹的自助组织。目前对小微金融的讨论特别关注这些计划的融资方式：必要的资本来自所谓的入场费、成员存款、贷款以及合作社的健康保险和殡葬基金，基金必须将已存的保费用于投资以赚取利润。这些都是循环系统的组成部分，包括保险工具和对成员的隐性储蓄奖励。舒尔茨·德里奇认识到，除了收购和营销之外，小企业的另一个问题是信用条件不令人满意，这是由不透明的市场条件造成的。

快照29：变化的系统分析——对比是显而易见的

"与其哀叹工厂、商业或资本的优越性，不如抓住工业生产、商业和投资资本的机会。"（Westdeutsche，1984，7）

"这位工匠以前是一名技术工人，为他周围的家庭工作。相比之下，如今销售现成的产品正变得越来越重要：工匠们必须购买材料、保有一定的库存并进行物资推销。为此，他需要资金、商业培训和更高的社会地位。相当少的大公司将接管以前由大量工匠与家庭主妇们一起做的小规模工作。"[①]

---

① Faust，1977，205f.，208f.

> **快照30：工匠的信贷条件——滥用储蓄银行**
>
> "工匠的本金已经偿还了两三次，但利率总是高达30%～40%。此外，1846/1847年饥荒的影响仍在。代利奇市还有一家机构（储蓄银行）本可以帮助这位痛苦的工匠，但该银行要求提供担保……最终，这笔援助只留给了比他更幸运、更富裕的邻居，邻居利用这一特权从储蓄银行获得更多款项，然后以一种'人道主义'姿态，以大约30%的利率借给穷人。"（Faust，1977，209）

自1848年以来，在代利奇市确实有一个储蓄银行（舒尔茨·德里奇的家乡）。但是，这家银行没有提供小额个人贷款，虽然这是它的主要使命。[1] 这个系统的缺陷是显而易见的，特别是因为，至少在个别情况下，储蓄银行让自己被"高利贷者""滥用"了（见快照30）。值得注意的是，从小微金融的角度来看，19世纪的放贷人商业模式在某种程度上与当前的小微金融商业模式类似。

1850年，舒尔茨·德里奇成立了一家信用合作社，旨在弥补代利奇市公共储蓄银行的不足——它本来应该帮助小企业在更优惠的条件下获得信贷。由于这些小企业主自己无法筹集必要的资本，因此才产生了将商业和慈善结合起来的想法。信用合作社成立的方式是：除了会员费外，资本主要通过富人的捐赠和无息贷款获得，捐赠者成为名誉会员。此外，合作社仅对债权人的资产数额负责。非会员也可以获得贷款。小额贷款是免息的，但需要支付一次性费用。对于更大额的贷款，通常采用5%的年利率——实际上是一种具有社会经济普惠性的地区方式。可能由于有限责任方面的原因，这个方案不是很成功，贷款违约太多，捐款减少。这类发展在小微金融领域并不陌生，现在也有许多类似案例。

与此同时，舒尔茨·德里奇志同道合的朋友，医生安东·伯恩哈迪（Anton Bernhardi）和制鞋大师恩斯特·贝尔曼（Ernst Bürmann），也在艾伦堡市建立了另一个信用协会。艾伦堡市距离代利奇市20千米，并且还有一家成立于1843年的公共储蓄银行。该信用协会成立于1851年，完全建立在自助和会员团结的基础上，会员们为贷款提供担保：这是第一家真正的信用合作社，可以通过非会员存贷款来扩大业务量。此外，还有一项针对贷款违约的储备基金。

图12显示了1854年和1858年Delitzscher-Vorschussverein的信贷组合。

尽管与储蓄银行相比，每年约14%的信贷利率相对较高，但这一利率远低于放债人收取的利率。信用协会在有吸引力的信贷产品和面向所有人开放的储蓄机会方面，可以实现自助、自我负责和自我管理——这些原则对未来的小微金融行动很重要。自这一计划生效以来，舒尔茨·德里奇于1852年重新调整了协会。他概述了信贷发放的原则："决定接受或拒绝一个潜在的申请人，必须考虑到申请人的性格和条件，以确保借款人有较高的还款可能性。其主要的标准是职业、技能、秩序感和准确性。"

---

① 详细内容请参阅前文；Centralverein，1863，222ff.；1858年还成立了一个地区储蓄银行。

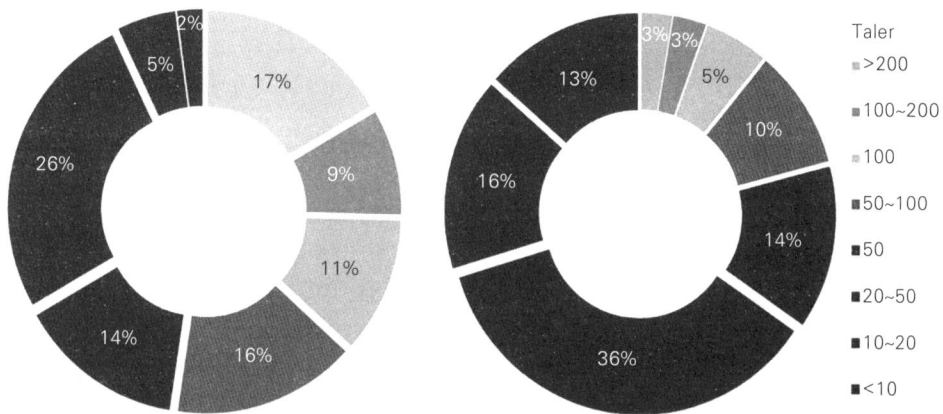

图12　1854年和1858年Delitzscher-Vorschussverein的信贷组合[1]

起初，舒尔茨·德里奇保留了荣誉会员，主要是为了通过捐款来扩大储备资金。然而在1855年，舒尔茨·德里奇宣布这一规定已经过时，并且主张让荣誉会员成为正式会员。[2]换句话说，他所做的具体改变和他的整体方法在普惠性金融的背景下体现了"干中学"。

快照31：可持续的储蓄激励措施

如果会员不能提供股本，他们可以每月存入一笔资金，直到达到他们的份额。每个会员根据存款资金获得红利。如果他的股本份额尚未完全到位，则这些红利将被储存起来以达到目标份额——这是自筹资金作为储蓄激励的一个例子。

（Faust，1977，218）

两个协会的商业模式都将合作社信贷业务解释为小企业融资的工具，并在有息基础上吸收小额储蓄存款。它允许富人办理无息和有息存款，因而纳入了社会普惠的要素。历史实验室表明：慈善事业在某些情况下是可持续的，如果以正确的方式使用慈善，它可以为对抗高利贷和负债提供助力。如前所述，创始人将储蓄银行作为地区机构，舒尔茨·德里奇甚至准备与储蓄银行长期合作——他计划通过储蓄银行获得运营资金。作为回报，他让市长广泛参与合作社的管理。然而，这个计划失败了，舒尔茨·德里奇放弃了合作的想法，但这并没有动摇他的信念（Kluge，1991）。

毫无疑问，储蓄银行的拒绝阻碍了一个重要的机会。人们当然可以推测出如果储蓄银行和信贷协会进行这种制度化合作所产生的长期影响。这一系列事件为当前关于未来信贷业务结构的讨论提供了吸引人的视角。如今，这两个只在德国存在的概念，虽然具有抵御冲击的能力，并且在初创企业和中小企业融资方面具有优势，但在欧洲

---

①　http：//genossenschaftsgeschichte.info/delitzscher-vorschussverein-volksbank-delitzsch-263.

②　Schramm，1982，75ff.；for the quotation Faust，1997，210；see also Kluge ，1991，46ff.

仍处于防御状态。尽管如此，从19世纪开始，日益激烈的竞争可以为共同利益创造利润。

成功产生了示范效应，示范效应反过来又加速推动了整体的发展。有几个重要的里程碑事件：萨克森州的第一家信用合作社成立于1853年。舒尔茨·德里奇于1855年出版了著作《作为人民银行的信用协会》。出版这部著作的目的是作为建立和运营此类信贷机构的指南方针和企业家手册。此外，还定义了所使用的术语——"人民银行"。与此同时，舒尔茨·德里奇在当时所有媒体上发表观点并在德国各州巡回演讲，雄心勃勃地阐述了自己的愿景，"信用合作社通过其庞大的机构数量和众多的参与者，很快就会回到与大型银行竞争的行列。"这一愿景再次说明了社会经济普惠方法将补充现有的金融结构。[①]

为了贯彻他的原则，舒尔茨·德里奇于1859年在魏玛组织了"德国储蓄信贷合作社第一次会议，该合作社由中小企业主创办，旨在为需要贷款的人提供自助服务"[②]。当时共有100多个合作社，其中有29个合作社参加了此次会议，成员总数超过20 000人。"未来的合作"——一个连接过去与未来的标题——被选为新闻传播的首要主题，并创建了一个"中央通信办公室"作为联络和传播中心。这标志着早期合作社运动的全国性协会的开始。

区域分协会自1860年以来一直存在。1865年，德国 Soergel，Parisius & Co 合作银行在柏林开设了第一家合作社中央银行。银行家 Soergel 和 Parisius 从一开始就参与了合作社运动。几家合作社和柏林商人筹集了27万 Taler 的巨额资本。监事会的成员之一是后来的德意志银行联合创始人 Adalbert Delbrück——这是另一个反映合作银行与商业银行系统相辅相成的例子（Guinnane 等，2013）。

> **快照 32：德国 Soergel，Parisius & Co 合作银行的使命（第1节）**
> "经营各类银行、佣金业务；但是，它的任务特别在于满足德国合作社寻求银行信贷的需要。"（Pohl，1982，339）

1867/1868年在普鲁士和北德意志联邦颁布了一项合作社法案——通常认为这归功于舒尔茨·德里奇——确立了合作社早该实现的合法性地位，到那时为止，这一地位必须通过个人的责任和担保来实现。这项法律在1871年和1873年扩展至全国范围，它没有包含许可证规定。[③]法律地位在今天仍然是一个至关重要的问题，因为任何基层运动都会引起政府的怀疑，特别是在非民主或基本民主社会。1870年，也就是在德意志帝国成立前不久，共有740个信用合作社，会员总数约31.5万人。这是一项令人印象深刻的成就，尤其是考虑到政客们仍然不信任他们的活动。1866年德国

---

① Faust，1977，221.；Gleber 等，2012，16；Westdeutsche，1984，11。
② Pohl，1982，206；Schäfer，1994；关于发展情况请参阅下文。
③ Faust，1977，227f.，536ff.；Kluge，1991，259f.；Pohl，1982，337ff.

总理奥托·冯·俾斯麦曾嘲笑合作社为"民主的战争基金",不喜欢合作社的自由主义特征。在舒尔茨·德里奇1859年重返政坛后,两人最终成为竞争激烈的对手。[①]

舒尔茨·德里奇方法的SWOT分析

优势:
- 为小企业主提供地区透明的信贷业务
- 以股权形式进行储蓄或投资激励
- 定期付款
- 独立结构

劣势:
- 在会员的数量和背景方面是小型单结构单元
- 会员在危机中缺乏团结

机会:
- 补充再融资选择,扩大和改善地方融资结构

威胁:
- 经济不稳定
- 对政治领域持保留意见

舒尔茨·德里奇聚焦自决(self-determination)的整体方法很先进,也在他担任的大众教育协会主席职务上得到了体现。该协会成立于1871年,他一直领导该协会直至去世。

大众教育协会的使命是"教育德国人民理解人类在社会、国家和教会中的地位,并对更高利益有着自己的独立思考,更加向往文明的最高目标——自由"(Faust,1977,229)。

对于当前小微金融运动来说,这也是一句令人心酸的格言。鉴于他的系统性方法,也因为他在面对所有争议和反对的情况下坚定地实施了自己的创新理念,舒尔茨·德里奇在1873年获得了海德堡大学授予他的荣誉博士学位。

7.2 基督教的慈善方法——雷菲森及其与农村高利贷的斗争

在弗里德里希·威廉·雷菲森(1818—1888)身上可以看到与舒尔茨·德里奇相似的特征,他们都有解决社会问题的共同目标——即使他们无法相互合作。与舒尔茨·德里奇的自由主义不同,雷菲森的动机是基督教的慈善和"爱你的邻居"的戒律。作为一名公务员,雷菲森是政治上的保守派,但与舒尔茨·德里奇一样,他也是一名积极进取的创新者。Raiffeisen是镇长的儿子,由于健康原因被拒绝服兵役,他

---

① Guinnane等,2013,47,64ff.;Faust,1977,224ff.;Pohl,1982,207;Förderverein(2008)估计在1865年有1 000家左右的机构。

自己成为 Weyerbusch 的镇长。Weyerbusch 是韦斯特瓦尔德的一个农业村，位于莱茵河畔科布伦茨以北约 70 千米处。在这个村子里，他像舒尔茨·德里奇一样，也看到了农村居民生活条件的不稳定。[1]

快照33：雷菲森的理想：自由和独立

"相互帮助和合作比国家支持更能确保人民的自由和独立。"

"我为人人；人人为我！"

（Koch，1991，9）

和许多其他人一样，雷菲森出于信念，在 1846 年的饥荒年中发起了一场救济运动，以"面包合作社"的形式在当地建立了一个食品供应站，该合作社经营着一家面包店，并收购谷物和马铃薯的种子。它以低于市场 50% 的价格将面包以贷款的形式卖给贫穷的居民。为了获得资金，雷菲森积极号召整个社区予以支持。他明确地将"有良好倾向的居民"包括在内，起初他是违背上级行事的。在第二年收获之后，所有的债务人都偿还了贷款，这是非常了不起的。由于合作社是一个松散的利益集团，没有任何会员义务，在 1848 年雷菲森离开之后，合作社也随即解散。1848 年雷菲森被提拔，搬到了大约 10 千米外的 Flammersfeld，他在那里担任镇长，管辖 33 个村庄。[2]

1849 年，雷菲森成立了 Flammersfeld 贫困农民福利协会，同样以普惠性小微金融为基础，由 60 名富裕的个人共同承担发放贷款的责任。贷款用于购买房屋和财产以及工具、种子和牲畜。关于牲畜，该协会起初购买了牲畜，其所有权将以信用方式转让给农民，农民定期偿还贷款，期限为 5 年。然而，由于需要付出巨大精力，雷菲森很快就转变为允许农民直接贷款购买牲畜。因此，这个合作社可以被视为第一家农村信用合作社。

然而，当雷菲森于 1852 年在 Heddesdorf 担任镇长时，Flammersfeld 贫困农民福利协会也解散了。Heddesdorf 是莱茵河畔新维德附近 30 千米外的一个村庄。历史记录表明，尽管信用社取得了成功，但普通民众和市政当局都对这一概念的可持续性表示怀疑。但是，雷菲森没有受到影响，并在同一年成立了 Heddesdorf 慈善协会。与亚琛工业促进协会相比，雷菲森的慈善协会旨在全面促进教育和社会项目。然而，只有信贷业务是成功的。当社会承担的贷款超过 21 000 Taler[3] 时，市民开始担心可能出现的资产损失；雷菲森随后投入了大量的精力，为他的商业努力寻找解决方案和盟友。[4]

---

[1] 关于更详细的人物传记，请参阅 Faust，1977，323-386；Kluge，1991，48-52；Klusak，1969；Koch 1991，85-104；Raiffeisen，1866/1970；Schäfer，1994。

[2] 关于早期活动，请参阅 Koch，1991，105-155。

[3] 关于包括信用合作社在内的当地的银行结构，请参阅 Spoo，1999；Krauss，2012，29。

[4] Landwirthschaftlicher Verein für Rheinpreußen；Aldenhoff，1984，2002，102；Brockhaus，1908，S. 943ff.；Erdmann，1968，44ff.；Trauth，2012；http://www.scholarly-societies.org/history/1833lvrp.html.

> **快照34："莱茵大行政区农业协会"**
>
> 1832年，来自波恩的经济学家彼得·考夫曼教授创立了"埃菲尔社区促进农业、勤奋、智慧和公共道德的非营利组织协会"，1833年更名为"莱茵河下莱茵大行政区农业协会"，1840年更名为"莱茵大行政区农业协会"。1871年，普鲁士共有18个这样的协会。这些协会在国王的庇护下运作，获得财政补贴。1832—1882年期间，莱茵大行政区农业协会以皇家赠款的形式获得了100万马克，占其收入的50%。
>
> 该协会的成员主要是大型业主，即所谓的"农业之友"（如公务员、市议员、教师和牧师）和一些农民。农民倾向于通过当地的协会聚集在一起，这些协会有可能成为主要协会和中央协会的附属机构。其目的是通过会议、展览和农业生产来促进农业发展和代表农业利益。1889年，由26万名成员组成的3 494个地方协会隶属于普鲁士中央协会。

雷菲森成功地说服了莱茵大行政区农业协会支持他的事业，并试图说服地区政府在市政当局的参与下在地区层面建立这样的协会。然而，市政当局最终在1862年拒绝了这项提议，特别是已经有广泛建立的储蓄银行作参考。雷菲森非常失望，他说：

家长式的国家制度不允许这样的事情发生……所有的人都必须得到帮助，而且确实是通过立法的途径（Faust，1977）。

同年，雷菲森发起建立了4个信用合作社。这些合作社的原则是：成员共同承担责任并仅向成员发放信贷；分期偿还贷款；没有会员费，没有存款，也没有分红。相反，利润将保留在储备基金中。贷款发放给"可靠"的居民，他们"在道德上和目标上都是通过勤俭节约获得财产，并且有能力提供安全保证"。贷款期限可能长达10年。在管理方面，志愿董事会一般由市长和当地教师组成——在这里，"银行家"和"银行"之间也有区别：一方是公共当局，另一方是公民，但因共同的地方利益联系在一起。这至少在一定程度上也适用于舒尔茨·德里奇的合作社，其中一个合作社将作为案例在下文进行分析（Krauss，2012）。

雷菲森最终将他的概念商业化，但同时保持伦理原则，这并不是巧合。他坚持认为只靠金钱不会根除社会弊病。他说："我不能放弃这种观点，即这种协会不应该建立在自身利益的基础上，而应该建立在基督徒责任和同理心的理想之上。"尽管如此，在1864年，雷菲森按照舒尔茨·德里奇的模式重新组织了Heddesdorf协会：拥有资本份额、利润分红和最长5年的信贷期限，但他保留了商品融资业务和人道主义部分。然而，农民对作为协会成员的共同责任并不热心。此外，雷菲森最初曾建议他的合作社加入"人民银行协会"（Koch，2000）。

从那以后，Heddesdorf宪章作为标准法规适用于"混合人口的农村地区和城市"，而Anhausen的信用合作社被视为"纯农村地区的蓝图"。至少在早年，雷菲森的努力仅限于农业领域的假设是错误的。1866年雷菲森发表的指导方针的标题也反映了这一点："信用合作社是缓解农村人口和城市工人贫困的一种手段。"①

1867年，莱茵大行政区农业协会决定将雷菲森信用合作社作为"协会事务"，这无疑推动了这一运动。因此，在1865年雷菲森因健康原因辞去镇长职务后，农业协会于1868年任命雷菲森为信用合作社常务董事（Lukas，1972）。

雷菲森合作社的这些发展反过来又促使舒尔茨·德里奇采取行动，他看到雷菲森合作社与他的观点不太相符。莱茵大行政区农业协会采取了中立立场，并允许结束与雷菲森的特权伙伴关系。然而，许多当地农民协会继续支持雷菲森合作社。在这场所谓的"原则争端"中，对对抗不感兴趣的雷菲森把精力集中在按照 Anhausen 模式建立的农村地方合作社上。②

他的开创性座右铭是："村庄的钱归村庄。"

地方组织模式的优势在于其成员结构具有同质性，对当地情况十分了解，因此可以提供量身定制的信用担保和条款。此外，这种模式还促进了睦邻援助和允许自愿管理的原则。即便如此，这种结构对流动性管理也提出了挑战，这就是央行早早出现的原因。1867年的《合作社法案》赋予了信用合作社合法地位，并以"农民、商人、工人都需要银行家"为口号，支持雷菲森合作社的推广。结果，新维德成为雷菲森运动的中心。③

7.3 原则争议——职位竞争和过程优化

当时，两个派别之间的制度冲突已经升温，到19世纪70年代末，已经蔓延到政治和立法的最高层。④这场冲突的爆发是由于舒尔茨·德里奇认为雷菲森信用合作社是一个竞争体系，没有按照他的目标行事。舒尔茨·德里奇引用了"银行业的黄金法则"，实际上是指责雷菲森的合作社违反了标准的银行业务原则。这场冲突最重要的结果是，雷菲森不得不引入商业股份和红利支付。然而，雷菲森依然捍卫他的公共福利取向，这些股份只有形式上的特征。这样，虚假奖励不会产生，红利支付被限制在贷款的最高利率水平。此外，重要的流动性工具——区域清算机构——不得不暂时关闭，后文将进一步说明。在合作社的背景下，合作者违反了既有的法律，这项法律直到1889年才被修订。然后，它们又重新重组为股份公司。然而，舒尔茨·德里奇抨击的流动性问题，即短期资金的长期投资，仍然是无可争议的。实际上，这一点也影响了人民银行，下面的案例将详细论述。这些例子再一次揭示了流动性计划和有效责

---

① Raiffeisen，1866，12-14；Müller，2000，17ff.；Faust，1977，334-337；Kluge，1991，50f.；Krauss，2012.

② 还可参阅 Westdeutsche，1984，14，25，32ff.；Koch，1991，155ff。

③ Faust，1977，339f.；Gleber等，2012，17；Kraus，1877；Krauss，2012，26ff.；Spoo，1999。

④ Koch，2000，1991，195ff.；更加详细的比较，请查阅 Seelmann-Eggebert，1927；关于与储蓄银行的竞争请参阅上下文。

任计划的必要性。①

　　冲突促成的优化和协调过程最终可被认为是一个积极的结果；实际上，由于两种方法的具体风险仍然存在，它也可以被看作一个评估过程。特别是由于他们的道德观点不同，雷菲森更清楚地将自己与舒尔茨·德里奇区分开来，并支持相互竞争的网络协会，以牵制"异常元素"。这一决定的影响反映在这样一个事实上：这两个组织直到1972年才统一，大约是争端开始后的一个世纪（Gleber等，2012）。

　　总的来说，可以肯定的是，随着合作社从19世纪70年代末开始在整个地区接受储蓄存款，这两类信用合作社和储蓄银行之间产生了竞争。作为第三个参与者，区域商业银行也逐渐认识到小额储蓄的好处。它们的动机主要不是通过金融服务将社会弱势群体纳入其中，而是认识到储蓄存款是它们可以利用的廉价融资机会。

　　无论如何，这场竞争的重要结果是，小储户（或许是第一次）被认为是资本市场的参与者，他们可以在不同的报价之间进行选择——这也清楚地表明，金融市场是社会化融合的。从小微金融的角度来看，这些发展可以被看作非常积极的。

快照35：1870年前后的系统比较：两种方法和一个目标	
舒尔茨·德里奇	雷菲森
自由主义	基督教慈善方法
以利润为导向	以公共利益为导向
城市	农村和城市
较大的单位（＞500个成员）	较小的单位（＜200个成员）
商业会员	农民
短期贷款	长期贷款
仅限金融业务	也处理商品业务
股本资本	小企业股
顶端银行	没有正式的中央银行安排
自筹资金	外部融资

① 详细信息请参阅下一节。

随着合作社的成功和扩大，组织化和集中化的需求日益增加。早在 1865 年，已经领先一步的人民银行就定期举行会议，甚至在柏林设立了一个中央银行。雷菲森同样被迫采取类似的计划：事实上，为了生存，清算所是必要的。由于协会规模较小，借入的资金和储蓄存款都是短期的，而发放的贷款主要是长期的。此外，基础投资的资产（购买财产或牲畜）也很难转换为现金。然而，建立区域联合机构为这两个组织服务虽然是一个切实可行的解决方案，却由于冲突而没有机会。①

相反，在 1872 年，莱茵 – 威斯特伐利亚合作银行以股份公司形式在科隆成立，而在新维德，莱茵农业合作银行则以成员的身份与当地合作社合作成立。1874 年，在黑森和威斯特伐利亚，以雷菲森为导向的区域中央银行成立。同一年，德国农业银行在新维德成立，作为一家全国性机构，负责协调区域清算银行的现金余额。就这样，形成了一个三层的流动性管理系统，舒尔茨·德里奇再次在辩论中以极端的方式，称其为"三层怪物"（Faust，1977；Westdeutsche，1984，22）。

但更重要的是，雷菲森试图通过建立一个合作机构，将所有保险费整合到流动性系统中，以满足日益增长的保险需求。雷菲森的普惠性愿景是："年度盈余不应作为红利支付给投保人，而应用于为养老基金提供资金"（Faust，1977，346f.）。

然而，政府再次拒绝接受这一方案，尽管利润的使用（这是雷菲森模式的典型特征）是面向共同利益的——类似于早期亚琛协会的模式。此外，如前所述，雷菲森中央银行在 19 世纪 70 年代中期由于违反了法律而进行了重组，由此，雷菲森运动陷入了危机。然而，有助于这一运动的是，从 19 世纪 70 年代中期开始，经济运行经历了较慢的增长阶段，自由主义概念失去了影响力，而流动性却受到更多的重视。②1876 年，一家新的中央银行作为非营利性股份公司成立了，它没有建立地区分支机构。直到 1895 年，普鲁士建立了"中央合作银行"作为合作社的中央银行机构。起初，"中央合作银行"由于国家的参与而受到批评，这本身就违反了合作原则，但这家新银行出于必要而对这种批评置之不理，并且越来越多地被人民银行和雷菲森合作社平等使用。③

与这些发展并行的是，雷菲森组织或多或少地丧失了它的地方特征。1877 年，建立了一个"倡导者联合会"，其目的是在整个国家背景下提供支持并维护利益。在小微金融方面，重要的是该协会承担了监督银行的责任，并于 1883 年引入了审计义务。该协会也确立了一种统计传统——在储蓄银行确立很久之后。在雷菲森去世的1888 年，该协会有 400 名会员。到 1901 年，会员数已增加到近 3 400 名，而且呈上升趋势，因为它的服务已经成为一体化市场中不可或缺的一部分。④

———————————————

① Guinnane等，2013，51ff.，有不同的解释。

② Rosenberg，1967；Westdeutsche，1984，17f.；Wehler，2005，vol. 3.

③ Guinnane 等，2013，77ff.，127ff.；Faust，1977，342ff.，543 - 556；Pohl，1982，342；Westdeutsche，1984，40ff.

④ Guinnane等，2013，70ff.；Faust，1977，354f.，362ff.，370ff.；Westdeutsche，1984，19。

7.4 威廉·哈斯和其他变革推动者——汤中的盐?

如前所述,德国各州,特别是在危机时期,都曾多次试图在短期内减轻贫困,并消除明显的社会差距。另一位推动此类举措的杰出人物是威廉·哈斯(1839—1913),他是受过教育的律师、国会议员和当时黑森大公国的公务员。[1]与舒尔茨·德里奇类似,他试图促进自助。慈善在他的概念中没有发挥作用:"合作意味着自由——特别是经济方面的自由。"他最大的贡献是强调通过区域独立而不进行任何家长式干预来刺激德国的组织进程。因此,在1879年,哈斯在黑森州建立了一个网络,并在同年将其影响传播到德国西南部,然后在1883年,在全国各地传播。自此以后,哈斯与雷菲森的关系经历了一段降温期,而与舒尔茨·德里奇进行了密切的合作,后者的人民银行发现了进入农村地区的途径。在1888年雷菲森去世后,该网络还成立了信用合作社。在此之前,哈斯出于对雷菲森的尊重,并没有这样做。1903年网络被重新命名为"德国全国农村合作社协会",农村合作运动的分歧进一步加大。直到1905年该网络与雷菲森的组织形成利益联盟,这种分歧才结束。1913年之前,全国协会一直扮演着利益联合代表的角色。哈斯和雷菲森的合作社没有承担1889年《合作法案》所规定的有限责任,这再次反映了它们的共同之处。其他合作社此时批准合作社成员资格被用来推动建立中央合作社定点银行(见图13)。[2]

哈斯自己的信用合作理念放弃了道德和伦理动机以及资金;相反,他倾向于更大的商业股份和利润分成。1902年,国家中央银行的成立再次反映了他内在的自由企业精神——明确的目的是"从普鲁士-卡塞中解放农业合作社运动"。从1907年开始,哈斯的中央银行就一直受困于潜在的流动性问题,并终因过度负债于1912年被迫清算。因此,正如Faust所评论的那样,这种尝试未能使农村合作计划成为"基于自由合作自助"的银行。一年后,哈斯的黑森中央银行也遭遇了同样的命运。这次失败的决定性因素是两个大型合作社的破产。事实上,哈斯本人也是这两家中央银行监事会的成员。这些失败案例说明了整体风险状况,尽管在此期间建立了流动性管理机制,但小型组织更容易失败。

尽管媒体对这次惨败津津乐道,但正如历史数据所显示的那样,这种负面报道并没有影响哈斯的运动。1914年中期,有945家舒尔茨·德里奇人民银行,成员约有62万名;雷菲森网络包括4 400个机构,成员48.5万名;而哈斯集团由1 165个合作社组成,成员超过100万名。[3]

---

[1] Guinnane等,2013,73f.; Faust,1977,387-416; Pohl,1982,347f.

[2] Deutsche Bundesbank,1976,65,110; Faust,1977,356,375ff.,398,541f.; Westdeutsche,1984,33-39,42f.

[3] Guinnane等,2013,47,64ff.; Faust,1977,226,316ff.,381ff.,406-416; Pohl,1982,207,343,350f.; Westdeutsche,1984,25ff.,32-39; Deutsche Bundesbank,1976;数字有个别不同。

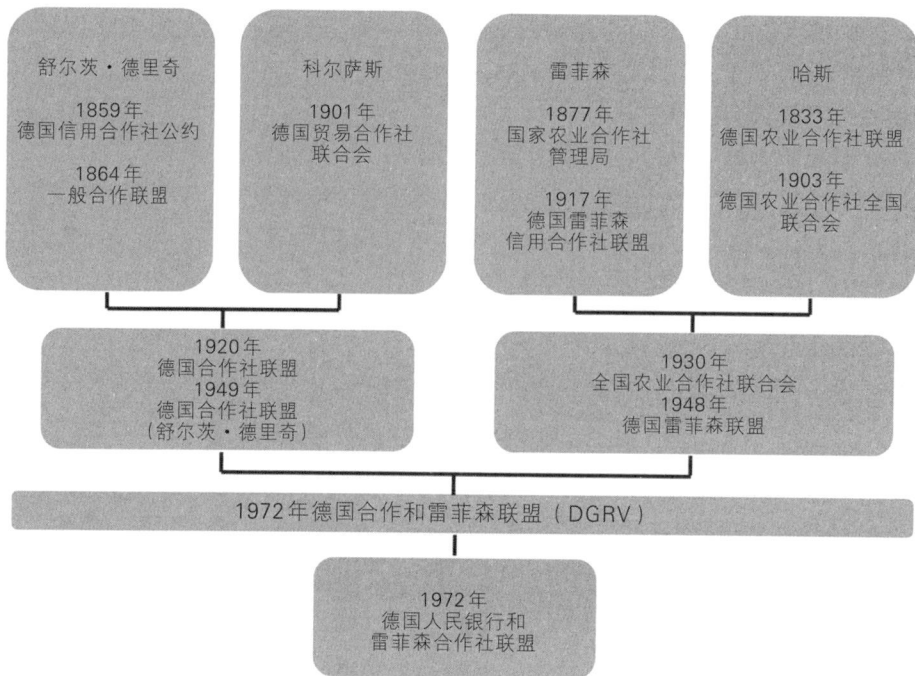

图13 合作网络（Gleber 等，2012）

快照36：1889年德国《合作法案》中的监督和组织设计

每两年由地区法院指定的审计员或由合作审计协会进行外部强制审计监督。

有限责任合作在其他合作社中取得地位和成员资格的可能性。

值得注意的是，法案通过后，普鲁士大行政区及其政府明确鼓励已在许多地方开办储蓄银行的市政机构建立商业合作社。①

这里有必要指出，还有许多其他区域性网络。它们的行动范围非常广泛，也有助于缓解主要群体的分裂倾向。这些区域群体包括莱茵-普鲁士农业合作社协会和特里尔农民协会。所有这些区域群体都基于促进商业和农业小企业发展的宏伟目标，但发展途径截然不同。

历史分析证明，多样性和竞争有助于促进自助运动持续性地繁荣发展。因此，法律规定不应严格限制这些机构采取行动的自由程度——储蓄银行也是如此。结合当前小微金融运动加以考虑，这些方面不容忽视。

---

① 关于法律，请参见 http://de.wikisource.org/wiki/Gesetz，https：//www.google.co.uk/search？hl=en&biw=1366&bih=643&site=webhp&q=betreffend+die+Erwerbs-+und+Wirtschaftsgenossenschaften& spell=1&sa=X&ved=0ahUKEwia6KvDw8nJAhXLCBoKHQZ0CVAQBQgZKAAbetreffenddie Erwerbs-und Wirtschafts genossenschaften；Kluthe，1985；Thomes，1985a，1988。

7.5 案例研究——Hachenburg信用合作社

由于没有联合组织，信用合作社缺少总体性描述，这里有一个地方的案例应该有助于说明发展情况。该案例是 Hachenburg 信用合作社。Hachenburg 位于拿骚（Nassau），在新维德东北 40 千米处。Hachenburg 信用合作社成立于 1862 年，隶属于舒尔茨·德里奇体系，包括城市和 Siegerland 工业区周边的 53 个乡村，离雷菲森的核心区域非常近。在与周边的合作社多次合并后，Hachenburg 信用合作社现在仍在运营。[①]

Hachenburg 信用合作社可以追溯到一位具有社会自由主义信念的药剂师。早在1841 年，他就与志同道合的伙伴共同开创了一个所谓的"工业社会"。他们的双重动机是刺激商业和减轻贫困。1862 年，这名药剂师仿照 1861 年在附近的迪伦堡建立的机构，发起成立了 Hachenburg 信用合作社。

为了获得营运资金，创始团队联系了拿骚的国有银行，与私人进行谈判，并在法兰克福的银行中心收集信息。当地一个富裕的家庭最终以 5% 的利率贷放了 1 800 弗罗林，另有 3 000 弗罗林来自威斯巴登的一家信用合作社。国有银行同意给予 5 000 弗罗林的信贷额度，而迪伦堡的邻近合作社则提供了 2 000 弗罗林；新合作社也采用了邻近合作社的商业模式。截至 1863 年，共有 46 名会员存入了 24 ~ 1 450 弗罗林不等的存款，总计 23 210 弗罗林，累计利率为 4%。会员的股本总数为 50 弗罗林，可每月分期存入。

在信贷业务方面，一笔担保贷款可达 100 弗罗林，最高信贷额度为 300 弗罗林。第一个完整经营年度结束时，有 335 笔贷款，总金额超过 31 000 弗罗林。其中 7 笔贷款已在年底前偿还，部分贷款的期限仅为几周。信贷业务实际上是为了弥补流动性不足的问题，这也是最初储蓄银行的意图。[②] 自 1864 年起，出纳和所谓的控制人员都是受薪雇员，负责管理业务。

1864 年，Hachenburg 信用合作社需要另外获得 25 000 弗罗林才能为贷款提供资金，这证实了其良好的客户接受度。同时，Hachenburg 以 5% 的利率向邻近的合作社提供了 1 000 弗罗林。1864 年，Hachenburg 信用合作社的会员在 1863 年 12 月 31 日之前储蓄的每一个弗罗林都能获得 33.33% 的可观红利——这对那些仍然不是会员的人来说是一个很有吸引力的激励，当然也吸引了模仿者。这个例子很好地解释了为什么雷菲森银行放弃派息的业务有时会遇到更多困难。

当时，德国各州大约有 500 家人民银行。对这些银行的需求也证实了雷菲森银行在 Westerwald 邻近地区的成功：到 1865 年年底，Heddesdorf 已经发放了总额为 8 406

---

① 本案例主要参阅了 Krauss，2012；http://de.wikipedia.org/wiki/Westerwald_Bank. 另一个例子请参阅 https://www.volksbank-offenburg-1864.de/Chronik-Volksbank-Offenburg.pdf。

② 请参阅前文相关章节。

Taler[①]的贷款，Anhausen 发放了总额为 23 516 Taler 的贷款，另一家雷菲森合作社则发放了总额为 20 708 Taler 的贷款。平均贷款金额每年在 26～253 Taler 之间波动，法定最低贷款金额为 5 Taler，最高贷款金额为 250 Taler。贷款期限从 3 个月到 10 年不等，10 年期贷款的利率为 6.3%，3 个月的贷款利率为 8%，典型的抵押贷款利率为 5%。所有的协会从一开始就盈利，并且直到 1865 年都没有亏损。最低信贷额度 5 Taler，相当于 10～15 天的工资，这确实相当于今天典型的小额贷款金额。

1866 年，拿骚落入普鲁士手中，但这并没有妨碍 Hachenburg 的商业发展。1870/1871 年的普法战争也没有产生重大影响。1873 年，Hachenburg 信用合作社有 820 名会员，每年的股利达到 10%，而随着德国新货币马克的推出，资本份额从之前的 30 Taler 增加到 100 马克。[②]正如 1881 年之前 8%～10% 的分红所显示的那样，Hachenburg 信用合作社接下来的几年也非常成功，而其他许多合作社都破产了。[③]

快照 37：早期信用合作社的资产负债表（1862—1865 年）[④]

Hachenburg 信用合作社的一个里程碑是在 1879 年建立了一个储蓄部门。该部门

是"获取资金的新来源"，旨在"帮助会员投入小额资金"，最高存款金额为1 000马克。尽管这一措施紧跟当时的普遍趋势，但令储蓄银行懊恼的是，它们无法阻止。储蓄条款和条件与储蓄银行类似。此外，资金收购成本下降，这往往有利于影响信贷利率。与此同时，储蓄客户也从储蓄银行和合作社之间的竞争中获益。[①]到那时为止，出纳的私人住宅一直充当着营业所——这也是以公共福利为导向的使命体现在成本–效益结构上的一个方面。

1886年，Hachenburg信用合作社拥有约1 200名会员，净利润10 600马克，总收入为110万马克。从1890年起，在加入合作网络后，独立审计师会定期审查账目，也与柏林中央银行有业务往来。有时，合作社也会像许多储蓄银行一样，从该地区以外的发行者手中购买债券——作为确保流动性的预防措施，但也许是因为很少涉及行政方面的工作。19世纪90年代，Hachenburg信用合作社的红利仅为5%，反映了更加困难的商业环境。从1895年开始，信用合作社的资本份额达到500马克。和以前一样，可以分期支付，以便让较不富裕的个人能够参与进来。

19世纪末，Hachenburg将自己的特点归纳为：没有放弃自己的原则，但"完全按照银行标准"发展。这一发展使它"不仅满足农业的信贷需求，而且也满足每个商人在各方面的需求"。产品范围包括担保或以Lombard为基础的分期贷款、透支、贴现汇票、欧洲和美国的国际货币交易、货币兑换、证券交易、息票赎回，以及存款和储蓄业务。对大行政区机构而言，这确实是一系列卓越的服务，也是在成立大约40年后成功融入国家资本市场的证明（Krauss，2012，49）。

Hachenburg信用合作社在20世纪初迎来了一个明显充满机遇的时代。1901年，股利提高到6%。1905年，会员人数超过1 700人。1907年是另一个里程碑，Hachenburg更名为Vereinsbank Hachenburg eGmuH[②]，以更符合其哲学和商业气质。一年后，该银行再次扩大了服务范围，包括为商人的索赔提供资金。这款产品的需求量如此之大，以至于董事会不得不告知客户，它不是一家债务催收公司。

第一次出现逆境的迹象是在1909/1910年。关于偿付能力问题的谣言引起了骚动，以至于该银行在1911年年初召开了一次特别的股东大会。董事会通过给予6%的股息并强调其谨慎的商业政策消除了所有人的疑虑，这使得该银行在20年内没有遭受任何损失。此外，董事会还威胁要对那些散播谣言的人提起刑事诉讼。然而，这些谣言也有一定的真实性，因为在1912年中期，有6笔担保的贷款违约造成了超过18万马克的损失。但是，两个储备基金和养老基金足以弥补这些损失。此外，董事会成员和监事会成员承诺从自己的资产中支付所有的资金缺口。董事引咎辞职，养老金也被取消了。虽然继续向会员支付股息，但会员数量在1912年和1913年缩减了大约

---

① 详细信息请参阅下文关于信用合作社的内容。
② eGmuH = 注册合作社，承担全部责任。

1/3，从 1 862 人减少至 1 274 人，存款也减少了。一方面，这反映了信任的巨大损失；另一方面，会员的自私行为也加剧了银行的财务风险，因为撤回的股本（价值可能高达 30 万马克）不得不变现。

整个地区都遭受了这种不幸。董事会因此对会员的行为感到愤怒，这些会员在信用社第一次出现问题时就背叛了自己的原则。1912 年，该银行的业务报告指出："合作精神在第一次挑战中彻底失败……如果合作银行面临任何风险，那么这种风险只会通过这种盲目取消会员资格而产生。很明显，银行并没有把资金放入收银机因而没有赚取利息……一旦取出大笔资金……银行自然也被迫取出同等金额的资金。"结果，许多债务人被拖入了"不幸的境地"。银行的报告进一步指责"那些取消会员资格的会员应该本着'人人为我，我为人人'的合作精神考虑这一点"（Krauss，2012，54）。

这个论点尖锐而准确，同时也暴露了这个概念的弱点。在危机中，对团结的承诺显然不值得印在纸上。事实上，由于个人恐慌会产生多米诺骨牌效应，孤立的地方经济体系迅速陷入致命的恶性循环中。[①]这个案例也清楚地表明了个人责任概念的局限性，并表明了机构责任和流动性网络同样也是必要的。

无论如何，银行从这些负面经验中吸取了教训。它审查了自己的信贷组合，在必要时要求额外担保，并持续收回未偿还款项。值得注意的是，此时，大多数客户的透支限额已经完全耗尽。这促使董事会指示客户"保持一定的储蓄"，只在最糟糕的情况下使用。随后，银行本身也受到"广泛的限制"，将大额贷款申请转移给大型银行，并将业务重点重新调整为"中型企业和普通人的信贷需求"（Krauss，2012，54）。正如今天的金融危机一样，这句箴言让德国合作银行免于遭受巨额亏损。

快照 38：Aachener 银行，城市工匠信用合作社（1900 年）

以下人员有资格成为会员：

1. 居住在亚琛和亚琛布特塞德地区所有独立的工匠和小商人，以及独立工匠作坊的女业主。

2. 其他个人，但数量上不会淡化该组织作为工匠合作社的性质。

股本份额为 100 马克，负债金额为 300 马克。

合作社的任务：支持和促进成员的经济发展，特别是通过接受有息存款和提供信贷。

信贷业务：贷款以自有和商业汇票形式发放，通常期限不超过 3 个月。

7.6 人民银行和雷菲森合作社——一个非凡的成功故事

1914 年，第一次世界大战前夕，信用合作社的收支状况非常好——尽管有一些

[①] 请参阅前文 Hass 的失败。

挫折，考虑到当时新思想大量涌现，个人和机构的学习已长达60年之久，信用合作社取得这样的成绩也是正常的。然而，这些并不能保证信用合作社一定会成功。在这方面，当地的经济环境和经济发展状况起到了决定性作用。因此，1868年和1869年在亚琛工业区成立的两家人民银行在几年后倒闭了，只有一家1900年成立的银行在积极的经济环境中取得了可持续的成功。时至今日，这家银行仍然以亚琛银行的身份存在。尽管如此，在经济繁荣后，从1873年开始的经济危机对以商业为导向的人民银行而言都是严峻的考验。一些机构由于不良贷款核销出现巨额亏损，另一些机构则走向破产。最惊人的失败是1875年杜塞尔多夫贸易银行的倒闭，舒尔茨·德里奇批评该银行"在所有重要方面违反了合作社运动的原则"（Westdeutsche，1984，13，25）。事实上，在1879年以前，人民银行的数量一直没有增加，因为只有少数新银行成立，而又有相当数量的人民银行转为股份制银行或与商业银行、储蓄银行合并。由于这场危机，利益集团要求政府进行监管。

此外，这场危机还促使人们深入讨论了连带责任这一关键问题——随后1889年通过的《合作法案》将连带责任改为有限责任（Kluthe，1985）。自此之后，从19世纪90年代中期开始，信用合作社迎来蓬勃发展。

从1896年到1913年，德国信用合作社的数量增加了一倍多，从大约9 400家增加到19 300家，成员总数约有300万，约占总人口的5%。总资产超过50亿马克，其中信贷规模就超过了40亿马克。营业资产和储备资金远远超过6亿马克。此外，有46个中央机构负责流动性管理，其中31个是农村机构。这些银行的总资产约为5亿马克，而仅普鲁士银行的总资产就达到了2.12亿马克。这些中央机构之间的合作越来越多，但它们也与公立银行、德国国家银行的分支机构或商业银行合作。因此，尽管存在固有的不可避免的问题，但它们形成了一个多层次、有效、交织的流动性网络。[①]这同样适用于区域协会。除了宣传和游说外，它们还优化了信息和经验交流体系，尤其是监督体系，后者是防止腐败和其他商业违规行为的重要工具——这是核心风险因素。

关于机构的数量，必须根据不同的群体来区分它们，就像对普鲁士莱茵大行政区两类机构的数量进行比较的那样。1866年，该行政区有10家"工业"银行（舒尔茨·德里奇人民银行）和5家农村银行（雷菲森信用合作社）；相比之下，1871年两类机构数量的比率变为82：77，这也说明了不同类型机构的发展速度。合作社的数量在19世纪90年代中期达到顶峰，主要在城市地区运营。之后，合作社出现了整合。当然，合作社成员数量也在进一步增加，即从当时的52.6万增加到了1913年的

---

① Deutsche Bundesbank，1976，65f.，110，114ff.；Pohl，1982，343；部分存在分歧，数据较为粗略，因为在1913年，大约10%的机构都没有注册；请参阅 Westdeutsche，1984，25-44；Guinnane 等，2013，137ff。

81.5万——增幅超过50%。业务量增长更为强劲，总资产约为22亿马克，资产负债表规模增长了2倍。超过75%的资产是贷款，其余部分是银行资产和证券，主要用于确保流动性。在发放的贷款中，85%是短期贷款，是典型的小额贷款。负债端90%以上是储蓄和活期账户存款，这意味着人民银行彼此之间或与其他银行之间的信用联系已经变得微不足道。股本和储备资金总额超过4亿马克，这意味着这些机构有着坚实的（资本）基础。

对雷菲森信用合作社进行评估更加困难。根据德国央行公布的数据，1913年，大约有15 800家机构：总资产约30亿马克，未偿还贷款总额约27亿马克，其中17亿马克是长期贷款，主要是传统的农村抵押贷款。只有少数合作社的资产与此存在较大的差异。即使在1913年，法律框架也为业务政策适应各地情况提供了足够的余地。

除此之外，和储蓄银行一样，这两类机构——人民银行和雷菲森信用合作社——从提供的所有金融服务的意义上来说，已经成为全能银行（虽然到1934年它们才和储蓄银行一起获得了银行的法定地位）。它们是全国性的，在某种程度上甚至是国际性的。这样一来，它们提供的金融服务和客户需求就可以非常灵活地对接融合。

因此，可以得出的结论是：它们实现了小微金融的使命。在农村地区的信贷业务中，合作社为地方性银行业务工作标准化做出了重要贡献，而在此之前这些银行业务都是依赖个人或企业关系，是不透明的。实际上，这些机构补充了储蓄银行的业务。此外，在城市中，合作社的业务包括向中小企业和初创企业提供短期个人贷款。因此，储蓄银行和合作社经常互相竞争；在1900年前后，群体内部的竞争开始发挥作用，实现了效率的提高和价格的降低，并使客户受益。由于竞争内在地刺激了企业发展，信贷部门在1913年发生了巨大的变化。

低收入家庭也能够在透明的市场条件下获得贷款。即使信用合作社主要出于商业原因经营储蓄业务，但储蓄业务也同样显示出正向的小微金融效应。因为它们将那些即使位于最小村庄的贫困和低收入家庭也纳入了服务范围。

另一个需要再次强调的重要方面是发展了流动性系统和监督系统。还有一个是信贷和商品业务的联系，这是雷菲森信用合作社的标准做法。这方面在今天看来是很有意义的，因为如果其目标是确保人们的生计并帮助产生可持续的独立性和收入，那么以公平价格购买、分配生产物资和消费品会给低收入家庭带来决定性帮助。

在20世纪初叶，这种合作社理念及商业模式在德国和欧洲以外的地方生根发芽并非毫无道理。[①]尽管如此，与其他欧洲国家相比，德国20世纪的合作社发展道路始终坚持做强地方性和区域性信用合作社，这些机构今天继续密切服务于个人客户的需求。[②]

---

① 关于奥地利，请参阅 Christian Dirninger，2005-2012。
② Gleber 等，2012；Genossenschaftsverband，1996。

1913年信用合作社的SWOT分析

优势:

- 本地/区域嵌入
- 靠近客户
- 灵活性
- 个人短期和中期贷款,土地长期贷款
- 小额储蓄
- 非营利或中等利润导向的机构

劣势:

- 单个成员规模小
- 没有负债网络
- 流动风险
- 成员之间缺乏相互支持
- 部分排他性的商业模式

机会:

- 竞争
- 综合金融业务
- 统一的区域组织和国家组织
- 流动性管理
- 与储蓄银行的互补竞争
- 社会结构强化

威胁:

- 企业和储蓄银行的竞争

第8章 储蓄银行、信用合作社和商业银行——互补与竞争

本章讨论了自19世纪末以来，信用合作社、储蓄银行和商业银行之间竞争和互补所产生的影响。这些机构的动态组合形成了一种非常独特的三支柱支撑的全能银行（universal banking）体系，使德国能够广泛且有效地提供小微金融服务。

当信用合作社从19世纪50年代开始扩张时，储蓄银行已经在市场上运营了大约70年，但是，储蓄银行主要在城市运营，没有分支机构网络。在1846—1848年危机期间，政府当局第一次清楚地认识到这些不足之处。德国政府之后开始大力支持地区性的储蓄银行，主要是在普鲁士，目的是将农村人口纳入金融服务体系。然而，信用合作社此时才刚刚开始进入农村地区，将其变成自己的商业竞争领域。那时，由于合作社是基层的、民主的和自助的商业机构，政府尚未明确对合作社的立场。实际上，合作社运动的创始人都是关键的社会改革家，他们在1846—1848年危机时期活动在政府行动范围之外。在此背景下，从19世纪50年代开始，建立更多地区储蓄银行的政治举措，也被认为是政府对合作社运动的反应。

1871年，特里尔高级公务员Otto Beck概述了信用合作社的目标：坚持"自立自助，自我负责和自我管理"的原则，这些机构的发展是"以合理的利率，为任何人提供短期贷款，而大企业、大贸易商和工厂所有者在大型银行享受贷款服务"。如前所述，储蓄银行也在一定程度上做到了这一点。因此，在1863年，萨尔布吕肯地区的行政长官认为不需要任何信用合作社，因为当地的储蓄银行已经"以适当的方式向人们提供贷款，把他们从放债人手中拯救出来"。19世纪70年代后期，农村地区的一些储蓄银行违反自己的银行章程，绝大部分资产以小额贷款的形式发放（Thomes，1988）。

然而，合作社和储蓄银行在当时经常作为互补机构，因为许多社区接受储蓄银行并不是出于认可的信条和真正的愿望，而是被命令这样做。正因如此，19世纪80年代末，地方储蓄银行在政府要求其扩大分支网络时，都会提到合作社的存在，认为在分工方式下，这种扩张是不必要的。表11列示了1850—1910年德国储蓄银行和信用合作社的储蓄存款情况。

储蓄银行和信用合作社的非正式合作工作如下：在信贷方面，信用合作社经营储蓄银行不愿意做的、复杂的个人贷款业务，同时信用合作社又将储蓄银行贷款作为其贷款活动的可靠资金来源。因此，确实存在一个互补的分工和经典的双赢局面。关于储蓄业务，情况略有不同。例如，1851年，艾伦堡合作社已经开始接受小额储蓄存款，并向客户支付比当地储蓄银行更高的利率。艾伦堡合作社有能力这样做，因为它向客户收取的贷款利率较高。因此，在1855年的指导方针中，舒尔茨·德里奇认为合作社"在（存款）利率上不应该吝啬，应该始终支付比储蓄银行更高的（存款）利率"。

表11　　　1850—1910年德国储蓄银行和信用合作社的储蓄存款（百万马克）

年	储蓄银行	信用合作社
1850	212	0
1860	477	1
1870	908	44
1880	2 615	116
1890	5 134	143
1900	8 824	202
1910	16 782	338

资料来源：Ashauer，1991，117。

他在这里说的利率，并不是指那些最小额的存款。他反对所谓的"便士储蓄银行"（Pfennig-sparkassen），因为存在安全风险，一旦破产可能会导致小孩儿储蓄的损失。换句话说，不应该去追求竞争最后一分钱。因此，长期以来，这些互补的商业实践使得储蓄银行和信用合作社之间的关系变得非常轻松，在工业化进程对金融服务的需求不断增加之后更是如此[1]。

　　然而，机构的动机、观点和使命随着它们的成功而改变。19世纪80年代缓慢的经济增长也使市场紧缩。此时信用合作社经营的重点是吸收储蓄以降低其融资成本。1889年的《合作法案》也加速了信用合作社的成立。一方面，储蓄银行的网络变得越来越密集，因为市政当局日益认识到这些机构的经济潜力，并想抵制政府设立国家邮政储蓄银行的意图；另一方面，在1889年之后普鲁士和其他地方管理者也鼓励建立信用合作社，显然是因为他们没有预见到储蓄银行会面临竞争的威胁。[2]表12列示了截至1912年政府在普鲁士莱茵大行政区设立的储蓄银行情况。

表12　　　　　　政府在普鲁士莱茵大行政区设立的储蓄银行（截至1912年）

地区	储蓄银行（个）	储蓄地点（个）	每个机构服务的范围（千米）	储蓄存折（个）	每100人拥有的储蓄存折
亚琛	13	110	37.8	261 032	36.85
杜塞尔多夫	177	300	18.3	1 220 053	33.75
科隆	31	178	22.4	438 720	33.82
阿恩斯贝格	127	202	38.1	770 830	30.46
曼斯泰	48	130	55.8	265 806	24.83
普鲁士	1 760	6 886	50.9	13 820 000	33.30

资料来源：Statistisches Jahrbuch für den Preußischen Staat，1914，350f。

---

① Hörstmann，1928；Kluge，1991，209；Trende，1957，575；Pohl，2000.
② Fabry，1986；Spoo，1999；Thomes，1985a，2008.

这种趋势的一个结果是，在第一次世界大战之前，信用合作社和储蓄银行都很普遍，每个群体内部也都存在竞争。下面的例子展示了这个阶段的发展情况：从1895年开始，在1900—1913年间，亚琛地区运营的储蓄银行的分支机构从30个激增到至少70个。此时，科隆地区储蓄银行的分支机构从61个增加到159个，另外还有25个储蓄邮票销售办事处。此外，不断发展的城市合并了以前的独立社区，这些社区拥有自己的储蓄银行，但是这些银行的办公室并没有因为社区合并而关闭。因此，尽管储蓄银行的数量停滞不前，但分支机构的总数却在显著增加。[1]这些发展都带来了同样的结果：更多的银行网点和日益激烈的竞争，也带来了与客户更加密切的关系和更大的社会经济普惠性。

激烈的竞争有时会导致以竞争为导向的商业政策。这种变化表现在两个群体之间就利率展开广告大战。同样，尽管两类机构的存款条款和条件与以前基本保持一致，但此时的情况已不再如此，而且利率的每次变化都会立即影响企业。竞争程度持续升级。关于储蓄银行，政府进行了干预，以阻止"滥用广告"，尤其是针对广告的"形式、内容和数量"。从1908年开始，莱茵大行政区的储蓄银行不得不提交报纸广告作为一项审计内容。此外，政府禁止各储蓄银行在服务地区以外的报纸上刊登广告。然而，这些措施并没有带来任何根本性的变化。

1912年，一位地区行政长官回应政府的警告如下："这些（信用合作社）正在使用一切可以想象的手段，并且经常以一种哗众取宠的方式做广告。它们正在进行的金融交易远远超出了合作使命的范围，而且在某种程度上已经扩张成为拥有分支机构的大型银行，而大型银行的稳定性至关重要。此外，接受储蓄存款的商业银行数量也在不断增加。例如，作为一家私人商业银行，罗克林银行及其分支机构当然知道如何通过提供更高的利率来吸储，并利用这些资金使银行客户中的工业企业受益"（Thomes，1985a，246）。巧合的是，储蓄银行的董事会也希望在利率设置方面享有尽可能大的自由，这似乎是解决竞争冲突的唯一途径。

从19世纪90年代开始，地区银行甚至大型全国性投资银行越来越多地向低收入的私人客户敞开大门，从而向大规模零售银行业务迈出了第一步；反过来，储蓄银行和信用合作社也越来越多地利用富裕客户挖掘商机。即使在中等规模的城市，也存在持续的竞争。因此，从20世纪初开始，储蓄银行沿着传统商业银行的路线发展的趋势就引发了冲突；反过来，储蓄银行主要对合作社使用"储蓄银行"和"储蓄存折"这两个词感到不安。在1931年银行业危机之后，通过注册商标的方式来建立法律保护的倡议才获得成功。[2]

这种新情况另一个有趣的影响是，储蓄银行和信用合作社董事会中私人银行家的

---

① Haas，1976；Thomes，2007；Wysocki，1993.

② Trende，1957，576ff.；Pohl，2001；Pohl 等，2005；Thomes，2007。

人数出现了下降。随着内部大量专业知识的积累以及其他因素的影响，训练有素的人员大幅增加，已经不再需要私人银行家。此外，在20世纪初，女性银行雇员的数量也增加了。一般来说，这些女性员工都是后台人员，不与任何客户联系，尽管也有例外的情况（Pohl等，2005；Ashauer，1991）——一个漫长而艰难的解放进程开始了。

从小微金融的角度来看，这些发展显然是具有明确的积极意义的。它们反映了各个层面的加速融合。特别是对低收入客户而言，这样的一体化市场意味着比以往更高的透明度。在20世纪初，储蓄银行、信用合作社甚至商业银行都为低收入家庭和小商贩提供了广泛的储蓄和信贷工具。实际上，有足够的金融产品可以让低收入家庭管理他们仍然不稳定和不确定的现金流，或者为技术工匠及其他想创办企业的个人提供资金。这是有史以来的第一次，"普通人"在金融事务上有了真正的选择：不只是在最坏情况下做出选择，还在各类银行提供的不同的、信誉良好的产品之中进行选择。低收入家庭在地理位置、社会地位和金融普惠性方面向前迈出了一大步。

但是，我们不能忘记两个重要的事实：这一"步骤"至少经历了三代人、持续了整整一个世纪，并且这一进程发生在一个基本稳定的政治框架内。与此同时，从19世纪中叶到1914年第一次世界大战开始，经济保持了稳定和不间断的增长。然而，今天，即使像欧洲这样的发达地区，面对目前的经济和人口趋势，也再次面临着日益加剧的贫困。这些发展趋势迫切需要关注和采取行动。[1]

> **快照39：历史实验室确认的成功因素**
>
> 具有一定的法律灵活性；储蓄和信贷；竞争；整体方法；在商业运作和利润使用方面以本地为重点；非营利组织；网络；内部、外部的控制与监督；稳定的政治和经济环境。

---

① 请参阅文章 "联合利华准备好应对欧洲的贫困"；http://www.t-online.dewww.t-online.de，27 August 2012。

第9章　总结和展望——是否可以从历史中吸取教训？

本章总结了在欧洲工业化时代，在一个负责任的、以地方为基础的银行体系框架内，成功实现低收入家庭和中小企业普惠金融的历史因素。

首先，需要再次指出的是，由于文化多样性和文化、地域、技术、时间等决定性因素的关键差异，历史分析的结果自然不能直接适用于发展中经济体的当前形势或挑战应对。

然而，这里提出的方法拓宽了我们的思路和行动范围。从这个意义上讲，它

•产生了关于变革过程的抽象系统知识

•增强了给予和接受批评的能力。

这两个方面都与以下行为相关：

1. 外国顾问和捐助者在许多情况下根据自己的经验有选择地采取行动。这里提供的知识允许他们识别并批判性地讨论自己的态度、假设和行动。

2. 这里提供的知识允许国内代理人发现行动的新领域和范围。

这两点的结合应该有助于更好地理解导致趋同的一般因素，并提高小微金融项目的成功率。

9.1　组织发现

1. 储蓄银行和信用合作社是作为创新金融机构和变革管理机构而建立的，目的是在社会经济从农业社会向工业社会转变过程中满足不断变化的需求。

2. 储蓄银行和信用合作社表现出了不同的竞争方式。信用合作社是民主的基层倡议，而储蓄银行则是政治上保守的自上而下的方法。

3. 在欧洲工业化时代，低收入家庭的主要金融需求是管理不稳定和不确定的现金流，并为小规模商业投资融资。因此，创建储蓄服务与创建信贷服务同样重要。

4. 储蓄银行以储蓄为主，信用合作社以贷款为主。然而，这两类机构又都提供储蓄和贷款，这是它们发展为全能银行的先决条件。

5. 政府通过立法影响了发展进程。在相关法律灵活性大的地方，银行发展得最好，这为当地的机构进行有效的变革管理预留了空间。

6. 两类组织都根据当地的需要和条件推出了许多新的组织模式，既有私人商业模式，也有受公法约束的模式。

7. 两类机构都主要在一个区域展开业务。它们的资金是在所服务的地区筹集的，产生的利润主要用于或再投资于所服务的地区，以防止资本外流。总的来说，德国各州很少直接利用或将储蓄转移给中央政府。

8. 所有商业模式最初都有依赖慈善事业的成分。董事会经常自愿服务，而且机构

的经营场所并不是必须付费的。

9. 两类组织的做法都不是基于纯粹的利润最大化，而是遵循服务共同或者公共福利的理念。

10. 储蓄银行从一开始就受到担保机构多种形式的正式监督。信用合作社最初受到成员的监督，后来又受到包括审计组织在内的合作网络成员的监督。这种监督和检查使机构免于腐败和欺诈。

11. 区域性的和全国性的群体网络是一个重要的成功因素。这种网络促进了信息交流、监管、审计和管控、继续教育和游说。区域性和全国性银行改善了流动性，并帮助小型银行以及集团网络提高了抵御危机的韧性。

12. 机构融合（一体化）进程如果没有经历三代人，那至少得经历两代人。

13. 这个过程在一个稳定的环境中才能发生。换句话说，需要大体稳定的经济增长以及稳定的政治和法律框架支持。

图14列示了实现高于平均水平的结果的参数。

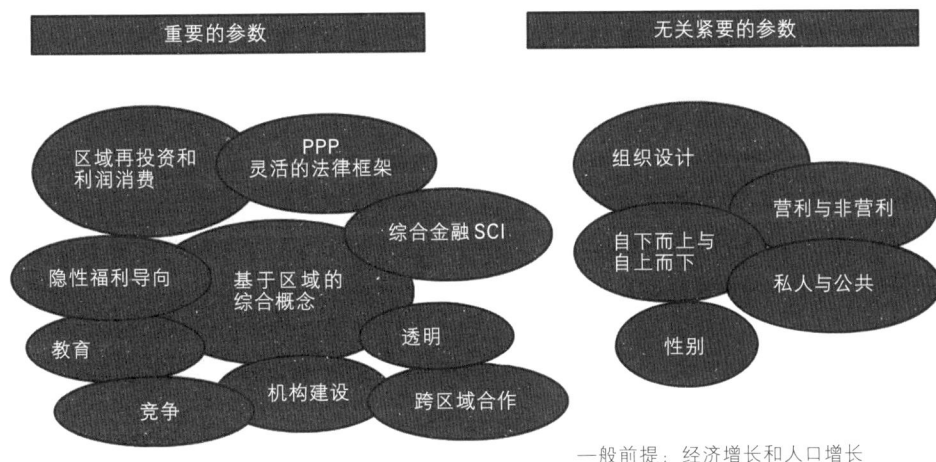

重要的参数   无关紧要的参数

区域再投资和利润消费 / PPP 灵活的法律框架 / 综合金融SCI / 隐性福利导向 / 基于区域的综合概念 / 透明 / 教育 / 竞争 / 机构建设 / 跨区域合作

组织设计 / 营利与非营利 / 自下而上与自上而下 / 私人与公共 / 性别

一般前提：经济增长和人口增长

图14　实现高于平均水平的结果的因素

9.2　实践发现

1. 欧洲信用合作社和储蓄银行最初的成功，建立在收取小额有息储蓄存款和以透明适度的条款（条件）发放小额贷款的基础上。

2. 大多数机构都是普惠性的。它们向高收入和低收入家庭以及中小企业开放，并将他们作为自己的客户。

3. 大量的储蓄和贷款产品根据社会标准提供了激励。没有明确的性别特定条款和条件，但有专门为儿童提供的优惠，旨在培养他们的储蓄习惯。

4. 储蓄和贷款之间的利差最大为5%，一般为2%～3%。需要指出的是，贷款的高利率并不能弥补高风险；相反，过高的贷款利率会增加违约风险。

5. 尽管利润率不高，但大多数银行在成立后不久就开始盈利。

6. 收益的最初用途是积累储备资金（reserve fund）。

7. 一旦积累了足够的储备资金，盈余收入就会以红利的形式分配给信用合作社的当地股东——通常也是储户或借款人——或者，储蓄银行会投资于公益项目，包括教育、卫生和基础设施项目（如水、天然气、电力、道路、有轨电车、铁路）。因此，绝大部分收入都是在产生的地区进行再投资或使用。

8. 自19世纪以来，这两类基于地区的德国商业模式都证明了自己具有抵抗危机的韧性。特别是储蓄银行，在不安全时期会迅速成为避风港。到目前为止，德国的这些机构仍是如此，与其他欧洲国家的同类机构相比，它们坚持其原有的地方性商业模式，这两类机构取得了比投资者所有银行更大的成功。它们保持稳定，并间接地保障了就业普惠性。[①]

图15列示了1900年前后小微金融机构的影响。

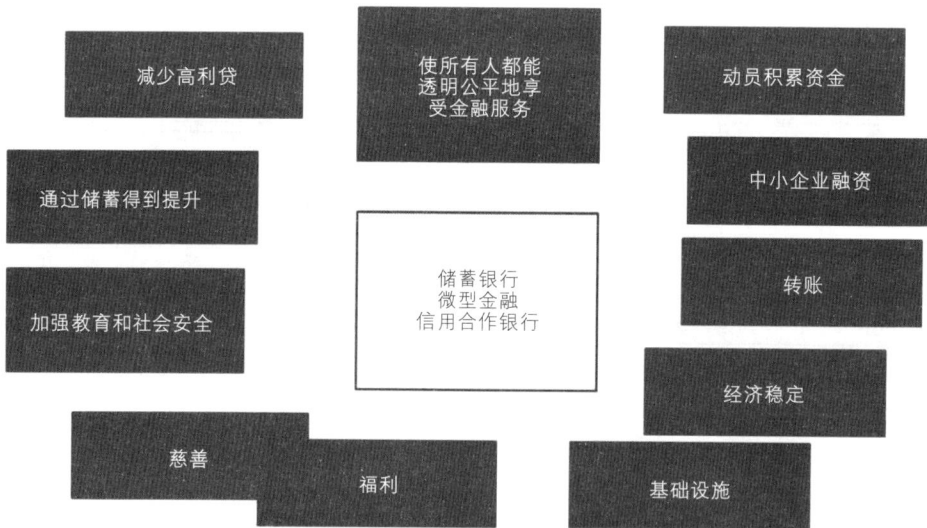

图15　1900年前后小微金融机构的影响

雷菲森在他的作品[②]中系统地分析了储蓄、信贷、自助和补贴援助之间的关系："当人们不再拥有自助的力量时，政府往往会介入。没有服务回报的援助往往是有害

---

① 请参阅 ILO 最近的报告 Resilience in a downturn：The power of financial cooperatives，Birchall，Johnston，International Co-operative Alliance，March 21，2013。

② Die Darlehnskassen-Vereine，Raiffeisen，1866，1883（第4版），13；1970年英文版。总体情况，请参阅 Ashauer，1991，178－188。

的。然而，最糟糕的是：在形势好的时期不再进行储蓄，因为人们开始期望在危机时能够得到援助。这就是为什么政府必须为创造就业机会的基础设施项目提供资金，降低税收和收费，并培育'公共银行'。"

此外，雷菲森对当时的"社会弊病"颇有微词，包括忘祖忘本和道德沦丧、灰心和冷漠等。在这种情况下，地区储蓄和贷款在他看来似乎是适当的工具，可以通过促进企业繁荣这种积极的方式影响这些变革过程。这样的企业甚至充当了破碎的社会模式的替代品（Raiffeisen，1866，15；Koch，1991）。

在许多人看来，雷菲森对他所处时代社会弊病的总结同样适用于当前的全球趋势——无论是发展中国家和新兴市场国家，还是发达国家，都在日益加剧的全球化进程中面临同样的挑战。

综上所述：我们的研究结果表明，小微金融——满足低收入和贫困家庭以及小型企业主的金融需求的机构——在原则上是有效的。然而，研究结果也表明，小微金融本身并不能缓解贫困。换句话说：负责任的普惠金融只是小微金融实施概念中的一个组成部分，但却是真正重要的组成部分。

历史分析确定了以下成功的关键因素：主要集中于当地的业务模式，避免以纯粹的利润最大化作为业务发展的主要目标，在产生利润的地区进行再投资或支出。与此同时，成员网络和跨区域的批发银行也是管理流动性和跨区域投资所需要的。

德国成功的另一个关键因素是，整体的政治和经济条件稳定，加上有限的政府控制释放了灵活发展的空间，可以快速应对新出现的需求。劳动力市场持续增长，所有经济部门的工作收入稳定提高，社会保障体系也得到改善。从1850年开始的60多年里，是一个没有受到干扰的增长过程——是最快速的工业化时期，也是工业化的高峰期。

虽然信用合作社和储蓄银行是应对危机而出现的，但它们真正的成功历程却始于这个时代——当时德国即将超越英国，成为领先的工业国，生活条件与50年前相比有了显著改善。反过来，合作社和储蓄银行是这些变革过程的重要组成部分，金融、社会、经济和政治的普惠性相辅相成。因此，今天所需要的不仅仅是纯粹的金融方式，而且是多样性、整体性和竞争性的"分享价值"概念，必须包括所有社会群体、居民家庭、中小企业以及政府。

9.3 连接过去和未来

接下来我们将分析转向现在和未来。令人有些惊讶的是，只有在德国，19世纪基于地区的双重模式得以成功延续。它挺过了两次灾难性的世界大战，期间发生了货币改革后的两次高通货膨胀，1929年经济危机和随后的大萧条，以及20世纪80年代的自由化运动；在最近的这次全球金融危机期间（2008年开始），这些机构依然是最稳定的支柱。在德国，没有占主导地位的国家储蓄银行或合作社（见图16），其运作与客户的需求相去甚远，这在某种程度上反映了德国的联邦政治结构。[①]

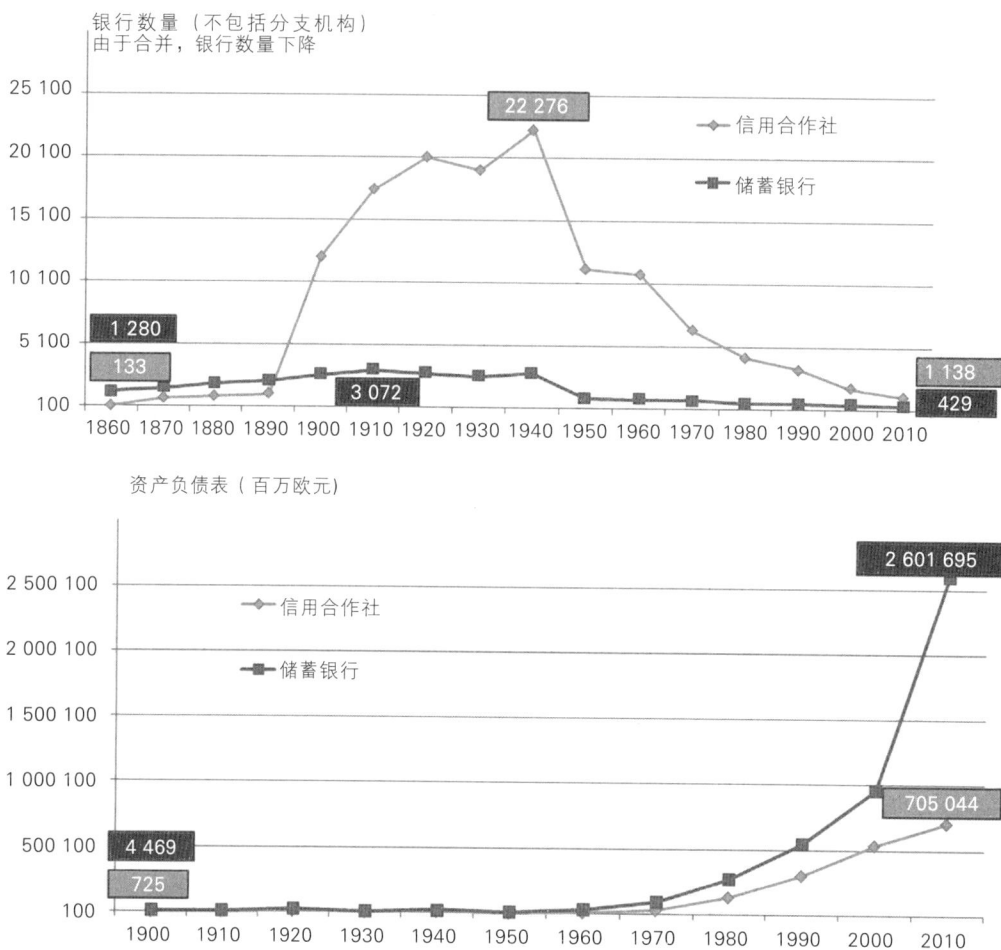

银行数量（不包括分支机构）
由于合并，银行数量下降

资产负债表（百万欧元）

图16　储蓄银行和信用合作社的数量及资产负债规模

这种商业模式韧性背后的主要因素是基础性的地方结构（而非区域或国家结果）。这种结构反映了多样性和一种价值取向，这种价值取向对两类银行的成功和积极发展起着决定性作用。这种结构激发了自主性和创造性，支持多样性而不是统一的国家解决方案。这使它们能够成功地应对在漫长历史中所面临的挑战，以及在今天所面临的全球化和数字化挑战（见图17）。

---

① 关于法国视角，请参阅 www.rue89.com/2013/11/17/delevoye-vivons-momentpolitiquement-tres-dangereux-247524。

图17　数字化世界中的移动银行

资料来源：Sparkasse Werra-Meißner。

　　有两个例子可以说明，即使在今天，这些银行群体仍然具有广泛的多样性特征。德国最小的储蓄银行是有着126年历史的巴特萨克萨城市储蓄银行，其资产负债表规模为1.27亿欧元，2015年有45名员工。迄今为止，该银行一直反对合并，并承诺在未来继续保持独立。它试图通过结合在线服务和当地员工提供的个性化服务来保持客户忠诚度。符合这一策略的一项服务是所谓的储蓄券（saving voucher），储蓄券是按照古老的传统，发放给巴特萨克萨的每一个新生儿，作为对父母的储蓄激励。①

　　德国最大的储蓄银行位于汉堡。汉堡储蓄银行成立于1827年，是一家私人机构，于2003年改制为股份公司并发展至今。它还持有该地区其他4家储蓄银行的股份，拥有超过5 000名员工，250家分支机构，150万个客户。在过去的25年里，它为大约10 000家初创企业的成立提供了资金支持。它经营着3个非营利基金会，每年向大约400个当地文化和社会机构捐赠500万欧元。它提供的"存款伴随儿童一块成长"儿童账户服务，最低存款额仅为1欧元，年息3%，最高存款额可达500欧元，旨在鼓励14岁以下的年轻人储蓄。除此之外，其他激励措施包括小礼物、学校储蓄服务和世界储蓄日活动。这很好地反映了储蓄银行的优良传统。②

　　所谓的"普通人账户"（everyman account）或"公民账户"（citizen's account）也是一个完全符合传统的经典账户。这是一个基本的支票账户，没有透支，旨在让每个

---

① Deutschland，deine Sparkassen. Eine Liebeserklärung，3.8.2012，p. 14；https：//www.ssk-bad-sachsa.de/privatkunden/index.php？n=%2Fprivatkunden%2F.

② L.c.，13；www.haspa.de.

人无论收入或资产多少，都能享受金融服务。该产品在1995年被确定为所有德国银行的承诺。没有哪个银行群体能像储蓄银行那样坚定地执行这一承诺，而且德国大多数州的储蓄银行都将这一承诺写入了储蓄银行法。2012年9月，所有德国储蓄银行都承诺让每个人都能使用这样的账户。在德国，大约50%的此类账户由储蓄银行运营。[①]信用合作社也有类似的例子。

这几个例子展示了全面普惠金融模式永恒的、巨大的潜力。这种模式最早始于18世纪末，此后一直被创造性地重新诠释。同时，这些例子证明了这种模式的重要性，储蓄银行金融服务群体和合作性金融服务网络能够成为德国银行业三大支柱中的两个，这并非巧合。

最后，这些研究结果显示了这种模式在发展中国家和新兴市场国家的潜力。德国模式在地方性零售银行的变体值得认真学习研究（见图18）。有些令人鼓舞的迹象表明，这些具有现代意义的历史模式正在复兴。例如，2012年联合国国际合作年以及本书对当前发展状况的研究。用教皇弗朗西斯的话来说，金融机构必须服务而不是统治；储蓄银行和信用合作社在很大程度上就是这样做的。

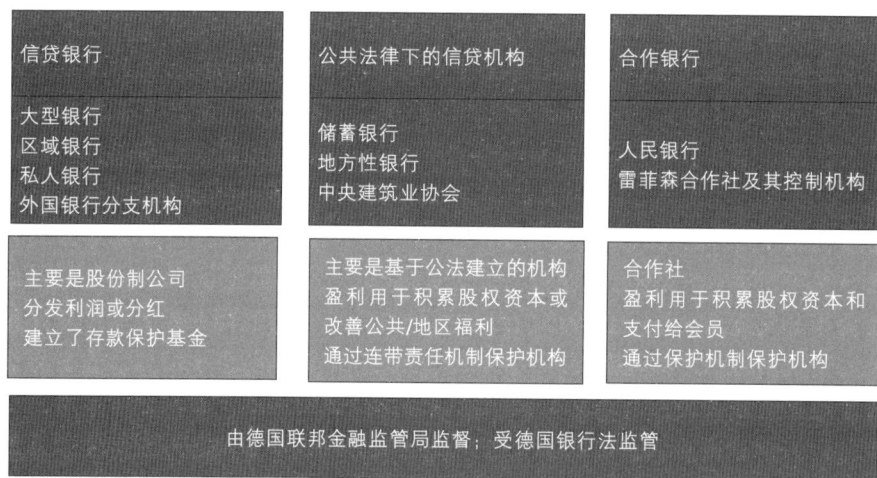

信贷银行	公共法律下的信贷机构	合作银行
大型银行 区域银行 私人银行 外国银行分支机构	储蓄银行 地方性银行 中央建筑业协会	人民银行 雷菲森合作社及其控制机构
主要是股份制公司 分发利润或分红 建立了存款保护基金	主要是基于公法建立的机构 盈利用于积累股权资本或改善公共/地区福利 通过连带责任机制保护机构	合作社 盈利用于积累股权资本和支付给会员 通过保护机制保护机构
由德国联邦金融监管局监督；受德国银行法监管		

图18　德国的银行市场结构

资料来源：Finanzgruppe Deutscher Sparkassen-und Giroverband, Inside the Savings Banks Finance Group, 2012, 7。

9.4　概述——德国地方性银行的构成要素，从小微金融到普惠银行

表13总结了德国两个世纪以来的地方性银行发展。在三支柱银行系统的框架下，

---

① DSGV，新闻稿97，26.09.2012；关于信用合作社，请参阅Gleber等，2012；www.dsgv.de/de/presse/pressemitteilungen/120926_PM_Buergerkonto_97.html。

储蓄银行和合作银行对地方的发展有三个突出的贡献：第一是事实上的金融普惠性，涵盖从下到上社会的所有阶层；第二是高度创新和具有国际竞争力的中小企业部门，创造了非常高的就业率，尽管并非完全由当地银行提供融资；第三是地区银行的危机抵御能力，就像最近的全球金融危机一样。矛盾的是，它们缺乏利润最大化的目标，这对中小企业利润最大化的贡献不亚于对危机抵御能力的贡献。这个悖论的另一个方面是：社会普惠性始于关注穷人，而不排斥非穷人；正是这种非歧视性的关注，使地区银行成为创新和经济增长的推动力。第2章的历史经验和第3章的案例研究为我们提出建议奠定了基础。

表13　　　　德国地方性银行的构成要素：从小微金融到普惠性全能银行业务

储蓄银行	合作银行
1.起源和使命：普惠性金融机构，应对广泛的贫困	
1800年："来自上层"的市政当局、一些私人的、地方性的尝试	1850年："来自下层"的农村和城市的地方性自助尝试
使命：发展小额生息储蓄，以应对紧急情况、年老、消费、住房的资金需求，发展小微企业贷款 1900年至今：为所有人提供普惠性全能银行服务，包括中小微企业融资和市政基础设施融资	使命：发展储蓄和信贷，以促进农业和手工业成员企业发展 1900年至今：为所有人提供普惠性全能银行服务，包括为个人和企业成员提供中小微企业融资
2.有利的框架：地方性银行规制和监管的演变	
自1838年以来的适应性法律框架；自1934年以来基于《银行法》的监管	自1867年以来的适应性法律框架；自1934年以来基于《银行法》的监管
监管机制从地方控制向审计协会以及金融当局审慎监管演变	
地方性银行，"地方性存款用于地方性贷款"，没有资本流失；坚持以利润为导向，但不追求利润最大化，而是以公共利益为目标；具有抵御危机的韧性	
3.所有权和公司治理：地方性公司自治	
基于公共法律，市政托管，不可转让，没有传统的所有权	成员是所有者
起初由市政当局提供资本；之后通过储蓄和留存收益自力更生	股权资本来自会员存款、利润资本化以及通过储蓄存款自筹资金，后来也通过商业银行和批发机构筹集资金
由来自公共和私人部门的专家组成的监事会进行监管，这些专家最初是无偿的；最初由公务员管理，后来改由银行监管当局批准的专业管理委员会管理	按照"一人一票"原则选举代表进行监督，最初实行自我管理，后来改由成员任命并经银行监管当局批准的专家进行专业管理
实行公司自治，拥有独立于政府机构的决策圈（政府机构在银行没有专门任职人员），没有贷款渠道，没有税收优惠	
4.联网和安全网：最佳的辅助	
自行组织区域和国家网络（协会）和顶层机构，作为代表并进行宣传，开展外部审计和监督，提供租赁、保险、资产管理、专业培训等（作为银行和职业学校的双重学徒培训制的补充）服务	

续表

储蓄银行	合作银行
网络内部：构建互保和存款担保机制；合并是维持群体单一机构存在的一种战略	

5.面向客户和市政当局：个人客户和中小微企业优先

储蓄银行	合作银行
在当地推广普惠金融服务；先推动企业发展，服务社会各阶层，最后才是服务市政当局	
服务私人部门（个人客户和中小微企业）、市政当局和大区域	起初服务于成员的经济利益，现在涵盖了广大群体的需要

6.产品创新：储蓄优先

储蓄银行	合作银行
从一开始：带息储蓄，提供正的（实际）真实收益，上门服务；存款要求很低或没有；利差在2%～5%	
向个人和企业客户、城市和农村客户提供全面银行服务；服务条款公平透明	
为基础设施和其他公共项目融资	为中小微企业和其他合作社融资

7.影响创新：为所有人提供普惠性金融服务机会、促进增长和发展

储蓄银行	合作银行
面向所有地区提供高效的非歧视性的普惠金融服务	
机构强大，组织内各机构相互独立，动员储蓄和发放负责任的贷款	
通过为当地客户（可能是在全国或全球经营业务）提供金融服务，促进当地经济增长	

8.结论

持续减贫需要地方性银行承担社会责任；需要有利于金融、社会、经济和政治上的普惠政策；需要进行全面到位的规制和监管；需要开展有效的变革管理，具备抵御危机的韧性；需要持续的经济增长和就业

第三部分　小微金融的全球发展与现状

第1章　概述：机构、概念和方法

要探讨小微金融的发展和现状，必须先对小微金融的实质有所理解。至少在发达国家，大多数人对这个术语的含义有一定的理解。在富裕的国家，如果有人问："小微金融是什么？"，典型的答案是："小微金融是尤努斯（Yunus）教授创立的、他所在的孟加拉银行正在从事的业务。小微金融向穷人提供贷款来帮助他们改善生活。"这个答案大都是受到电视等媒体相关报道的启发，媒体通过图片或其他可视化的方式，为大众创造了一个简单易懂、便于记忆的概念，这对于小微金融的普及显然产生了积极作用。

这不是一个错误的答案：这确实符合受访者内心所想的小微金融的概念。但这一答案并不完整，小微金融所涵盖的内容远比流行概念所传达的要广泛得多，超出格莱珉乡村银行所做的具体业务与小微金融的受益群体。具体表现在：

•不仅仅涉及贷款的获得，还涉及贷款的偿还。

•不仅仅涉及女性是否对借入资金的合理使用，还涉及借款人（不论男女）是否将钱浪费在了他们并不真正需要或根本负担不起的事物上。

•不仅仅涉及信贷，还涉及储蓄和风险管理。

•不仅仅涉及外国资金，还涉及地方性资金被借出后，是否随后又被其他组织以有问题的方式聚集了起来。

•不仅仅涉及那些真正贫穷人群的金融服务，还涉及各国的中产阶级金融服务——事实上，中产阶级通常是小微金融的主要使用者。

•不仅仅涉及客户以及他们的状况，还涉及小微金融服务机构如何开展经营、资金流动性和盈利性情况如何。

•不仅仅涉及特殊和"欠发达"国家的穷人和不太贫穷的人们的金融服务，也涉及英国、美国和德国这样发达国家的穷人们的金融服务。

•最后，小微金融不仅仅事关穷人们当前的金融服务，还事关金融的作用——定义非常广泛——在穷人们早期贫困生活中的作用，以及如何满足今天人们对所谓的"金融服务"的需求。

照片、电视报道以及它们传达的观点只是小微金融的一部分：为穷人提供金融服务的事业已经持续了40年，主要是由善意的个人和组织提供。这些人不仅拥有资金，还掌握了总体的方法策略。在我们的讨论中，以上被称为"狭义的小微金融"，并用"现代小微金融机构（modern MFI）"代指譬如格莱珉乡村银行这类在国外兴起、创办和资助的金融机构。

上文列举的这些积极方面，有的也是小微金融在媒体影像中鲜有展示的、人们难以注意到的一部分，但就"穷人的金融""大众的金融""普惠金融""全民金融"等更广义的概念来说，它们仍然是小微金融的重要组成部分。广泛意义上的小微金融已经存在了很长一段时间，即使是今天，它也比人们想象中的要广泛得多。当然，狭义上的小微金融是广义小微金融的一部分——事实上是很重要的一部分，并且正在稳步成长中。

正如在引言章节中所指出的，小微金融的概念尚不是一个定义明确的概念，因此很难甚至无法区分清楚狭义的小微金融和广义的小微金融。但这一区分真的重要吗，如果是，为什么？抛开这一区分为什么重要的问题不说，区分这两者的定义是我们这章所要实现的重要目标。我们不仅要充分认识到这两种概念的差异，也需要认识到两者之间的联系，原因有以下三点：

第一，为大众提供金融服务的机构的出现并不是新的现象。在前一章中，我们讨论了19世纪在德国等其他新加入发达经济体行列的国家中，储蓄银行和合作银行的发展状况。正如前文所示，回过头看这些机构曾经所做的业务以及它们的组织架构，其实非常像如今所谓的狭义小微金融的一部分。但是近些年来，它们在以如下的模式发展——假设它们仍然具有"现代小微金融机构"的特征——目前的储蓄银行和合作银行的经营形式和范围，只能被看作广义上的"普惠金融"或"全民金融"中的一部分。①

第二，狭义的小微金融也在变化中。一些曾经的小规模、专门服务于真正贫困人口的组织正在转变为提供"全民金融"的机构。在发展中国家，那些从德国19世纪的历史经验中受到启发而创建的小微金融银行，并不再像早期的孟加拉乡村银行②或萨尔瓦多的Financiera Calpiá③。我们不希望将现代小微金融机构发展转变为"全民金融"机构的目标进行特征化，进而评估其到底是好是坏，因为这样的评估显得太过笼统。如果这种转变是成功的，所产生的组织将会成为更优质的"全民金融"服务提供者。但这不是必然结果，从历史中汲取教训将有助于小微金融更易于成功实现从狭义到广义上的转变。

第三，不论组织自身是否改变或渴望改变，学习并知道将其他国家的金融史嵌入自己国家的金融和文化体系都是有所裨益的。因此，当它们重新定位战略和商业模式时，就需要同时考虑穷人和一般大众在经营中如何处理他们的金融事务。因此，那些

---

① 《全民理财——扩大的政策和陷阱》是世界银行在2008年发布的一份非常有趣的政策研究报告。作者是Asli Demirgüç-Kunt（世界银行金融和私人部门高级研究员）、Thorsten Beck、Patrick Honohan。

② 小微金融机构转型的一个典型案例：格莱珉银行，它是20世纪80年代和90年代小微金融的典范，多年来一直依赖于补贴的机构。当穆罕默德·尤努斯教授和格莱珉银行由于为穷人提供小额贷款而在2006年获得诺贝尔和平奖时，只有少数观察员和评论员知道该银行在20世纪早期开始调用自愿储蓄（mobilizing voluntary savings）。这个新概念被称为"格莱珉第二代"。在不到10年的时间里，银行开始被贫穷或不那么贫穷人员的小额储蓄所淹没。直至2013年年初，它已经完全自我独立，拥有的存款（16.2亿美元，2013年1月）超过贷款数额（10.1亿美元）的61%。

③ 在第一部分中提到了现代小微金融机构经历深远变化的其他例子，更多内容包括在本部分第2章的案例分析中。

曾经提供并仍然聚焦狭义小微金融服务（小额贷款）的机构，其新的"转型"方案是必须从更广义的角度考虑其所在国家的小微金融。

　　本部分结构如下：第2章首先概述了可以为一般大众提供金融服务的机构，特别是针对相对贫困的人群以及小微企业。我们对不同类型和形式的机构进行了分类，并简要说明了为什么如此分类，这些都在后文有更详细的讨论；然后对选定的机构类型进行了广泛的案例研究。第3章讨论了世界各地小微金融的供给情况。第4章是本部分的最后一章，从政策发展制定者的角度来看小微金融。这一章首先讨论了开发金融学（development finance）的演变历程，其中小微金融是作为发展援助政策的一个方面，简要描述了狭义的开发金融学和小微金融的早期阶段，并归纳了创建小微金融机构的不同方式——是否有国外支持。最后，我们转向更近期的阶段，其中商业模式和机构建设方法已被广泛接受，并简要总结了商业小微金融的过度行为。

第2章　小微金融机构的范围

2.1　小微金融机构的类型

本节首先对最重要类型的金融机构进行了分类，这些金融机构为广泛的客户提供服务，从非正规金融开始，然后到正规的持牌银行，并以小微金融为重点。该分类在下面的概述中给出，并且指出了我们将在随后章节的扩展案例中研究的机构类型。

概述：小微金融机构的类型

1. 非正规小微金融（第2.2节非洲案例分析）

2. 储蓄导向型小微金融（第2.3节老挝和巴厘岛案例分析）

3. 合作金融机构（第2.4节印度和越南案例分析）

4. 小微信贷和小微金融非政府组织

5. 国有开发银行

6. 小微金融银行（第2.5节乌干达、拉丁美洲和印度尼西亚案例分析）

一般来说，提供小微金融服务的机构主要有两种：一种是以储蓄作为主要资金来源的机构，另一种是依靠政府和外国投资者的外部资金进行贷款业务的机构。与20世纪六七十年代贫困贷款阶段的主流思想相反，当国外援助者提供的外部资金逐渐成为发展金融机构的主要放贷来源时，有大量的证据表明，即使是非常贫穷的人也会选择储蓄，并且还能一直储蓄。因此，那些愿意接受小额储蓄并且帮助客户逐渐积累财富的机构，为大众带来了巨大的福利。①这些机构自身也由于可贷资金的增多而获得了巨大的利益。

首先，我们通过一个非洲的实例来展开对不同类型的小微金融机构的讨论，简要介绍了非正规金融的情况，考察了回转和非回转储蓄（rotating and non-rotating saving）以及信贷协会——一种非常普遍的基础金融中介形式，以及私人的上门吸储。

接着，我们讨论了非正规金融的"半正规产物"——乡村基金或村镇"银行"，它们是在更大型的社会网络中组建起来的，有途径获得银行贷款。在大多数情况下，乡村基金或村镇银行（不适用于银行法）是基于社区的小微金融机构，但就功能和组织方式而言，通常很难对社区性和会员制的机构进行明确的区分。这些机构都是类似的，德语称作 *Sparkassen*，法语称作 *caisses d'épargne*，西班牙语称作 *cajas de ahorros*，阿拉伯语称作*sanadiq*。

---

①　这在卢瑟福等人（2000）的著作中得到了有力的论证。尽管历史学家和人类学家多年以来一直认为穷人也可以储蓄，但储蓄似乎一直是"那一半被遗忘的发展资金"（沃格尔，1984），一直到1980年至1984年联合国（1981、1984、1986）的三次研讨会才被重新发现。

我们进行案例分析的第三类小微金融机构是共同机构或合作机构（显然是会员制）。发展中国家的金融合作社很难能够遵守基础理念中的核心原则，例如自助、自立、会员制和会员治理。许多政府和捐赠者对于合作社的理念充满热情，他们以合作社的方式为成员提供针对性的贷款，最终可以对成员机构产生越来越大的影响并且干预它们的经营。这些问题将在印度的案例分析中得到体现。由于拥有雷菲森传统[1]指导的经营环境，印度信用合作社在20世纪初期有了良好的开端——但最终被州政府接管了其业务。此后在印度出现了大量的以储蓄为主导的非正规合作社，都是由农村贫困人口自发组织的，并与银行建立了信贷联系。然而似乎这种国家帮助也在破坏自助和自立。相反，20世纪90年代在越南发展起来的人民信贷基金（PCFs）受到中央银行的监管，保障了其独立发展、持续发展的良好业绩，同时也保障了国家对贫困的直接影响。

第四种类型是专注于向微型、中小型企业贷款的银行和提供存款及支付服务的机构，统称为"小微金融银行"。三个案例研究显示，这些机构有着良好的储蓄型自立能力以及可持续的财务增长和扩张。其他类型的机构无论是规模还是业绩表现都难以与这些商业银行相提并论，如印度尼西亚的印度尼西亚人民银行（BRI），乌干达的百年银行（Centenary Bank）以及ProCredit银行集团。这三家机构都经历了转型期，包括需求驱动型的金融服务设计、认真开展员工挑选培训工作、激励机制以及良好的公司治理，这些都起到了至关重要的作用。许多其他银行业机构也应该被列入此类：包括全国性经营的银行，如蒙古国的可汗银行（Khan Bank），柬埔寨的阿克莱达银行（Acleda Bank）以及肯尼亚的权益银行（Equity Bank）；还包括大量受中央银行监管的在有限的地区范围开展经营服务的小型银行，如印度尼西亚和菲律宾的村镇银行。

之后对小微金融机构案例研究的讨论主题是金融中介，这类金融中介提供存款业务和某种形式上的信贷业务，并在某些情况下提供资金转移服务。

从长期来看，金融中介是金融机构十分重要的功能——事实上是不可或缺的功能，所以我们将不讨论小微金融机构的案例研究，包括以农业和小型企业为导向的开发银行和授信非政府组织[2]。这一决定可能看似奇怪，因为过去50年来，小微金融机构在国际投资者的支持之下迅速扩张。这些国际投资者为两类小微金融机构提供了充足的资金支持，忽略了许多以储蓄为基础的、依靠存款作为其主要资金来源的正规和非正规小微金融机构，虽然此类机构为客户提供的信贷要比小微金融机构更多。下面

---

① 在前面章节中关于雷菲森运动历史起源的讨论中，也暗含了对指引性监管和法律环境本质的探讨。

② 《春季评论》研讨会（Spring Review conference）以及美国国际开发署1973年的出版物（Donald, 1976; Von Pischke et al., 1983; Adams et al., 1984）中首次公开披露了这些机构的缺陷，并最终导致了这些机构的关闭、私有化和国际金融机构对其资助的终止以及改革（Seibel 等, 2005; Seibel, 2009; Yaron, 2006）。对于"授信非政府组织的前景、问题和潜力"的批判性评估也可参见Schmidt 和 Zeitinger（1996）的研究。

会简要解释一下为何不讨论提供小微金融的开发银行和授信非政府组织——因为在我们看来，现如今它们已经不再重要了。

国外对小微金融机构的支持一直持续到20世纪七八十年代。最初主要针对政府所有的各类开发银行，通常都是大型的、官僚政治色彩浓重的机构。然而不论是财务层面还是对贫穷客户群的服务方面，大部分的此类机构都表现不佳，尽管为更贫穷的客户服务是其初衷。事实上，国有和外资开发银行普遍表现不佳也是"纯信贷类非政府组织"（credit-only NGOs）大范围涌现的主要原因，这是一类非营利性的私营机构，其资金来源主要是国外支持或政府支持。此类非政府组织在服务贫困人群和低收入人群方面比开发银行做得更好[1]。但除此之外，它们与开发银行存在相似的缺点，包括过度依赖捐赠、缺乏存款服务、补贴利率等；总体来说，此类机构缺乏效率、盈利能力[2]和自立能力，这限制了机构发展的广度和深度，也有损于机构的稳定性。

20世纪80年代后期，这些缺陷逐渐被意识到了，一场被称为"小微金融革命"（Robinson，2001）的范式转变由此兴起，这场革命以解决现有缺陷为目的，于90年代发展至巅峰。这一范式转变促成了新型小微金融机构的诞生，进化后的机构更适应新的政策——将成本覆盖和盈利能力作为可持续性和进一步扩张的先决条件，许多机构在现有服务的基础上添加了储蓄服务设施。因此，从某种程度上来说，它们发展为真正的金融中介机构，尽管其中许多资金仍然来自捐赠。这种新定位此后作为商业定位在业内广为流传。

新型小微金融的出现促进了市场的大幅扩张，拓展了小微金融产品的获取渠道，提供更好的服务质量，其广大目标群体包括穷人以及小微企业。由于服务不再局限于信贷业务，此类一般化的定位模式受到了市场的追捧并且被赋予了很高的期望，也为小微金融机构吸引了更多的捐赠者和私人投资者。然而蓬勃发展之后，商业性的小微金融模式也开始遭受一些挫折，我们将在下面的4.4节中详细讨论。

2.2 非正规小微金融

非正规金融机构在发展中国家和新兴经济体中仍然十分普遍，且已存有数百年（例如尼日利亚）甚至数千年的历史（例如印度）。非正规金融机构并非历史的旧物，即便是在发达国家，它们仍然是对正规银行部门的重要补充[3]。下面我们将详细讨论两种机构：（i）本地的储蓄和信贷协会；（ii）本地的上门吸储。

---

[1] 参见Levitsky（1989）关于新一类授信非政府组织出现的研究。

[2] 这些问题记录在Schmidt和Zeitinger（1996）关于授信非政府组织的效率和盈利性的研究中。

[3] "……尽管有更多的渠道接触正规的金融产品，人们并不会放弃享有非正规产品……与其将非正规和正规工具视为互补品，不如将它们视为互补品（CGAP，http：//www.cgap.org/blog/benefits-and-costs-financial-products-poorhttp：//www.cgap.org/blog/benefits-and-costs-financial-products-poor，2012年10月4日）。

2.2.1 非正规金融中介

劳动力、大米和金钱：非正规小微金融的起源

在亚洲和非洲的大部分地区，大部分以存款为基础的小微金融机构[1]都是小型、非正规的、本土的和会员制的。它们的普遍性并不受正规金融机构存在的威胁。小微金融机构同样存在于中东、北非和南美地区，只是不那么普遍。例如，中国的普惠金融、印度的 chitty 或 chits、印度尼西亚的 arisan、尼泊尔的 dhikuti、菲律宾的 paluwagan、喀麦隆的 djanggi、刚果及其周边国家的 likilemba 或 chilemba、埃塞俄比亚的 ekub 或 iqqub 以及 edir 或 iddir、尼日利亚以及其他西非地区的（e）susu；进一步更有，埃及与其他阿拉伯国家地区的 gama'iya、危地马拉的 cuchubal 以及一些加勒比海地区的 esu 或 susu。由于极其缺乏相关的历史研究，我们只知道在 16 世纪的尼日利亚，名为 "esusu" 的机构存在于约鲁巴族，由奴隶管理，作为加勒比海地区社会资本的一部分；近几十年来，他们的后裔迁移至北美的一些城市。绝大多数种族对这些机构都有自己的名称。[2]

以下是一位作者关于其发现的简要说明，包括稀缺资源的（前期）整合分配、金融与非金融机构，以及非正规的小微金融机构：

1967 年 3 月，我第一次到利比里亚内陆进行实地考察，看到马诺（Mano）森林地区的一群农民正在用弯刀砍树。在开始工作之前，他们把木制锄头状的祭物放在一个小圆圈里，念诵祷词，然后把祭物改成动物：狮子、丛林猪等；当他们在土地上工作时，他们继续表现得像那些动物一样。我意识到我在做一件严肃的事情。在一天结束，他们把面罩放进盒子里，转换到人类活动的角色时，我才开始问问题。我了解到，他们属于一个群体，轮流在自己的地里劳作，从事人类在刀耕火种文明时期的所有任务；他们的妻子则同时组成了一个播种和除草群体。在随后对利比里亚 17 个民族的访问中，我继续问问题。这一旅程始于对工作群体的研究，最后是以非正式的小额信贷结束。

即使在利比里亚最偏远的村庄，人们也有足够的资源和智慧来组建群体，在群体里，每个成员都贡献相同数量的稀缺品：劳动力、大米、金钱或其他贵重物品。每一位参与者每一次都可以收获累计的总额：轮流工作组提供的协助伐木的劳动力；大米仓储组积攒的用于婚礼聚会的大米；储蓄和信贷组提供的用来为小微企业提供运营成本的全部资金。当每一位成员一次性接受全部福利时，循环就完成一次。新的循环可以从相同或者不同的成员开始。积累并重新分配劳动力、大米和金钱，这看似是三种不同的经济合作形式，但在 1985 年一位科特迪瓦农民的眼中，这三者实际都与金融

---

[1] 本研究不包括钱庄（moneylender），尽管它们也是小微金融的重要提供者。

[2] 参见 Adams 和 Fitchet，1992；Ardener，1964；Bascom，1952；Bouman，1977，1994；Geertz，1962；Seibel，1970；Seibel 和 Massing，1974；Seibel 和 Damachi，1982：59－79。

中介相关:"劳动就是金钱!"

随着货币经济的扩张,这些非正规机构没有丧失活力;相反,它们的数量以及多样性都有所增加。在多数情况下,商业银行以及中央银行的工作人员也会参与其中。一些银行还采纳了非正规机构的技术方法,例如上门吸储(doorstep deposit collection)。

从劳动力到小微金融

近几十年里发生了许多重大变革:从劳动力支付、非银行货币支付转变为现金支付;从非金融群体转变为金融群体;从固定循环转变为由竞拍决定次序;从循环模式转变为非循环模式(永久贷款基金);从短期经营转变为永续经营;从只有储蓄转变为储蓄和信贷都有。这些转变从历史的角度来看存续了许多年,从个人群体的角度来看发生在人们的生命周期里。例如,在第一阶段,轮值工作组可以一次为一个成员提供服务并且收取一定费用。在第二阶段,该工作组可以放弃轮流分配模式,将收取的费用组建成一个共同基金,用于应对紧急情况、联合活动或在年终时统一分配。在第三阶段,可以发展为一个信贷协会,将积累的储蓄作为向成员提供贷款的永久性基金。在第四阶段,随着资金量的增加,以及利率调整和抵押物的引入,贷款变得更加商业化。在这一阶段,利息收入是内部资源调动的主要原因[①]。

非回转("积累")储蓄和信贷机构的演变是一项重大创新。在利比里亚,这个过程始于20世纪20年代后期,美国菲尔斯通轮胎公司的橡胶种植园开业,聚集了大量拥有不同文化传统的工人。到了20世纪60年代中期,非回转储蓄和信贷机构是农村金融机构的主要类型,几乎在所有族群中都存在(Seibel,1970;Seibel和Massing,1974;Bouman,1994)。机构的演变也伴随着相关术语的变化:20世纪60年代的早期研究致力于"传统组织"(traditional organizations);20世纪70年代,技术援助机构重新采用了雷菲森(1866、1970;另见Smiles,1859/2002)使用过的旧名:"自助群体"(self-help group);到了20世纪80年代中期,"非正规金融机构"(informal financial institutions)这一术语被正式使用;到了90年代,转称为"小微金融"。

缩小理论与实践的差距:非正规金融的升级与连接

与这些非正规机构有关的早期政策提案侧重于自下而上的发展,建立在当地基金会的基础之上,或者更确切地说,侧重于非正规金融的升级。早在20世纪初,德国民族学家韦斯特曼(Westermann,1935)就在多哥发现了当地的储蓄和信贷集团,名为"sodyodyo"。1967年之后,赛贝尔(Seibel)主张对非正规金融升级,他提出了一种激励驱动方法,从以下几个方面帮助非正规金融逐渐步入正轨:(i)加强管理技能和操作实践;(ii)将协会和殡葬社团(funeral societies)转变为具有永久贷款基金的金融中介;(iii)升级为受监管的金融机构;(iv)与银行建立联系(Seibel,1970、

---

① 参见Krahnen和Schmidt(1994:44-51)关于回转储蓄(rotating savings)和信贷团体的经济原理。

1985、1991、1997、2001；Kropp 和 Osner，2017）。

　　然而，官方发展援助机构与非正规私营实体很难进行合作。德国发展代理商（当时的）GTZ 以及联合国粮食与农业组织（FAO）经过经验探讨，最终采用了一种混合办法：将正规金融机构与非正规金融机构，或银行与自助团体（SHGs）联系起来。尽管核心问题在于"联系"，但另外两个策略起到了补充的作用：非金融机构的升级和银行规模的缩小（见第 4.3 节）。虽然这种连接模式起源于非洲，但却首先在亚洲地区得到了大规模的推广（Seibel，1970、1985、1991、1997、2001；Kropp 和 Osner，2017）。

　　乡村储蓄信贷协会（VSLA）是另一个广泛模式的代表，属于全国性的和国际性的非政府组织，并以不同的名义进行机构的升级、连接以及规模扩张。其主要面向乡村和城市地区无法直接接触到银行和小微金融机构服务的人群。这种当地储蓄信贷协会的模式由国际关怀组织（CARE International）最初于 1991 年在尼日尔建立起来，截至 2015 年 4 月，已经拓展到 73 个国家，拥有 1 090 万名成员，大部分集中于非洲地区。这种模式基于以下预期假设，"尽管小微金融机构强调信贷，但真正提升家庭现金流管理的是储蓄，储蓄可以通过减少负债来实现风险最小化，因而也是更适合客户的服务"（VSLA，2012）。这种模式很灵活，组织倾向于每周进行会面交易的成员人数在 15 到 25 名。促进机构升级的要素主要包括：组间模式以及更高形式的网络化、培训、地方当局注册、资产转移至下一周期、监测和监督、银行和其他金融服务机构的接触渠道，以及手机银行和移动支付的便利性（Aeschliman 等，2008；Allen，2006，2007；Gash 和 Odell，2013；Seibel，2014；VSLA，2012）。

　　现有的有效框架是由私人机构和国家密切合作开发的，乡村储蓄信贷协会（现在通称为储蓄集团）和其成员能否从中获益目前尚有争议：许多 NHGOs 的推广者都持怀疑态度。

非正规金融的规范？

　　非正规金融填补了正规和半正规金融留下的空白；过去在发展中国家，人们不太希望非正规金融受到国家监管。这与欧洲形成鲜明对比，欧洲早期的非正规金融机构通过自发联盟建立了自我规范和自我监督机制，此后都被纳入正规金融部门。这种情况在发展中国家并没有出现，由于缺乏任何形式的监管，也不存在自身强加型监管或外部监管，其非正规金融机构一直处于停滞不前的状态。印度是个例外，随着循环基金（rotating chit funds）的数量持续增长和规模越来越大，印度政府被迫介入，其中一些基金受某些欺诈性经营者的诱骗，成为非法传销的一员。针对以上情形，印度政府于 1982 年建立了法律和监管框架。最低资本要求、累计规模的限额以及争议调解程序等规定极大地促进了持有牌照机构的数量增加。与此同时，仍存在大量规模较小、脱离监管的小微金融机构，特别是在印度南部地区（Seibel，2010b）。

　　在某些情况下，提供潜在信用合作社业务的当地金融机构会受到审查。例如，1934 年在尼日利亚，斯特里克兰（Strickland，1922、1934）就进行了这样一项研究，他曾是印度合作社的登记员。他推测这些印度机构是"不确定的""欺骗性的"，且不会被改革（Strickland，1934，14）。他的评论产生了深远的影响：1935年的《合作社集团条例》（Co-operative Societies Ordinance）参照英国–印度合作社所采用的模式，规定了合作社的运行规则、程序和组织形式，并且成为所有英属非洲殖民地合作社的发展蓝图。

事实上，当地基金会的建立并没有付出很多的努力，这意味着错过了金融体系发展的一些良好机会。直到最近，一些监管机构才开始对非正规金融进行认定，如在卢旺达和老挝（之后将在案例中进一步讨论）。2008年，两国都通过了新的小微金融法案，且都把非正规金融机构纳入这些法律的覆盖范围：在卢旺达，它们被认定为第一级机构，需要注册但不受管制，而在老挝将依据存款规模对它们进行分级。

2.2.2 上门吸储

20世纪80年代，两位作者最早在加纳发现了上门吸储（doorstep deposit collection）机构，曾被称为"àjó"[①]。其起源可以追溯到尼日利亚的约鲁巴岛，此后被传播到西非和中非。在那里，成千上万的小商贩、工匠和家庭都参与了上门吸储计划。

接下来将对加纳的情况进行详细描述，因为加纳的非正规存款机构曾经为了发展为独立银行而奋斗了30年，结果却依旧徒然，最终只将非正规金融活动纳入小微金融立法的框架下，受到中央银行的监管——这是次优选择。[②]此外，加纳的正规银行服务的拓展仍然受到限制，这间接地为非正规金融的发展提供了肥沃的土壤。

一家存款机构每天可以服务的客户数量可达数百位，乡村地区和较小市场的数量会少一些。机构向每位客户收取一定数额（通常是固定的，有时是可变的）的存款，并将数额输入印制的卡片上，存款人和机构各一张。机构会将当天收取的总额存入特定的银行账户。客户将在月底取回存款，用于补充自己的流动资金。机构每月会收取约3%的服务费。作为附加服务，客户可以获得不超过当月存款总额50%的短期贷款。这种机构非常高效，存款人的交易成本几乎为零，机构自身的效率也很高。举例来说，一位研究员曾经观察到，在阿克拉的某家机构，最短交易只需10秒，最长用时25秒，包括了从一个柜台走到另一个柜台的时间。没有一家正规银行能够达到如此高的效率。

加纳的anago susu按照商业法注册、纳税，并在区域协会设立组织。20世纪80年代，大阿克拉苏苏收款人协会（Greater Accra Susu Collectors Association，GASCA）的约300名成员，在国家储蓄信贷银行设立了账户。协会希望能够建立自己的银行，

---

① 推测该机构起源于尼日利亚，主要是由于邻国使用的一些名称（加纳的 anago susu，科特迪瓦的 nago，这两个词的意思都是"尼日利亚的"）；约鲁巴的这个词 àjó 似乎没有被其他民族使用过。

② 这与19世纪德国的合作社自主组织形成鲜明对比，德国那些机构受到法律的保护并最终获得了银行机构的地位。

但却没能得到中央银行的支持（Seibel 和 Marx，1987）。

随后，区域协会注册为合作社团体，于1994年加入国家最顶尖的组织——加纳联营苏苏收款人协会（Ghana Co-operative Susu Collectors Association，GCSCA），注册于加纳银行（BoG）合作部。截至2014年年底，GCSCA 在全国设有11个办事处，拥有超过1 000名个体会员和536名公司会员，其中公司会员会雇用代理机构工作，服务的客户数量超过22万名。根据法律的要求，公司会员须每月向协会提交报告，协会则每季度向加纳银行提交一份总结报告。

"Susu" 公司是于20世纪80年代后期出现的。由于缺乏经验，它们聘请代理商作为存款机构，并向客户承诺提供等同于其储蓄金额两倍的贷款。由于非法传销和管理不善，这些公司大多倒闭了。这引发了对新型监管框架的强烈需求。1993年，非银行金融机构（NBFI）法案得以通过，该法案要求 Susu 公司的储蓄和贷款业务得到 BoG 的许可。

加纳的许多乡村银行采用了上门吸储的方式。最初采用聘请外部代理人的模式，但效果并不理想。现如今的这种方式则运转得很好，银行要么与其员工一起作为收款人，要么与 Susu 的老牌收款人合作。对于客户而言，这非常具有吸引力，因为这意味着无须向收款人支付任何佣金就可以获得银行贷款。采用上门吸储模式的加纳乡村银行是一种独立的银行类别，且运行于特殊的监管体制之下，受益于较高的储蓄率、较低的风险以及大幅扩张的业务范围（Steel 和 Tornyie，2010）。2005年12月，加纳的巴克莱银行（Barclays Bank）启动了一项与加纳联营苏苏收款人协会（GCSCA）的合作计划，该计划接受 Susu 收款人协会的个体会员，也提供信贷资金的转贷业务。该计划最初对于巴莱克银行来说是有利可图的，但在2008年的金融危机中，该银行暂停了与 GCSCA 的信贷合作关系，但仍会向 Susu 收款人[①]进行存款动员。

上门吸储作为一种金融技术并不局限于非正规金融领域。加纳的大部分小微金融机构和银行都采用了每日存款收取技术。在印度尼西亚，虽然存款动员竞争十分激烈，许多商业银行、乡村银行以及巴厘岛的 LPD（莱姆巴加尔帕克雷迪安德萨）也都采用了上门吸储技术，这一点将在2.3.3节中详细讨论。更有趣的现象是，从1826年到20世纪末期，德国的储蓄银行也采用了这种做法。

随着银行和小微金融机构的参与度不断增加，有迹象表明小微企业通过 Susu 收款人获取信贷的渠道越来越受到重视；然而这是好是坏仍有待观察。

2.2.3 结论和政策影响

无论人们获得正规金融服务的渠道便捷度和深入度如何，非正规金融在发展中国家都是普遍存在的。就便捷性、文化亲和度与交易成本方面而言，储蓄信贷协会和上

---

① 以上信息来自加纳巴克莱银行的保罗·阿皮亚（Paul Appiah）与威廉·德尔班（William Derban）的私人谈话。另见 Derban（2007）。

门吸储机构都大大优于银行、小微金融机构和非政府信贷组织，前提是数额小、期限短，而且很大程度上吸引了一大群人，不管是低收入人群还是银行职员，或许多其他群体。然而，只要这些机构一直是非正规的，就存在存续时间短、能力受限制的风险。

从历史角度看，尽管当地的金融机构具有灵活性和适应性，但没有任何一个发展中国家会将它们作为现代金融体系的基础。这与欧洲形成鲜明对比，欧洲的协会和顶级组织由最初的非正规团体和其下属组织发展而来，没有捐助者参与，在业务发展的早期阶段，其通过谈判和参与政治领域，能够参与法律框架的制定（前一章对德国合作社的讨论就是很好的例子）。但也有例外，近来，发展中国家的金融监管机构开始提供分层监管框架，明确规定了非正规机构的准入门槛与获得更高级别许可和监管的步骤。

未来一段时间内，我们将会看到正规金融与非正规金融并驾齐驱，正规金融领域会不断强化，但不代表非正规金融的弱化。迄今为止，在非正规金融与正规银行之间建立起长期、可持续关系的尝试还未成功。一个原因是捐助者的持续性不够并且规模较小，但另一个原因是国家缺少领军企业。2.4.3 节讨论的印度案例是例外。印度尼西亚和菲律宾可能也是例外，因为德国国际合作署（GIZ）/德国技术合作署（GTZ）通过印度尼西亚银行和兰德银行支持全国范围内的机构取得联系，并一直持续到 20 世纪 90 年代后期；然而，如今的监管数据是缺失的。

2.3　以社区为基础的小微金融或乡村"银行"

2.3.1　两个案例研究：储蓄主导型和乡村基础型机构

乡村基金或称为村镇银行是一类现代化的、或多或少受到监管的非正规金融形态，与其说是在团体层面，不如说是在社区层面。本节将介绍的两类社区或乡村"银行"与早期的德国储蓄银行非常相似：老挝的半正规乡村基金和巴厘岛的受大行政区监管的乡村金融机构 LPD（Lembaga Perkreditan Desa，莱姆巴加尔帕克雷迪安德萨）。这两类机构都采用了个人贷款技术①，都实现了广泛的、普惠性服务拓展。两者在同一时期共同发展了二三十年，轨迹却截然不同。

在老挝，这些机构最初是由国际捐助者建立起来的循环基金，虽然这些国际捐助者不熟悉当地的储蓄文化，但对小额信贷却很有信心。发展到第二阶段，这些机构对当地文化和价值观开始更加熟悉，循环基金逐渐发展为乡村银行——属于村庄层面的基金会，其储蓄动员工作完全依靠自身的财力资源和人力资源。它们还协助成立了自筹资金、自我管理和自治经营的乡村银行协会。结果也令人印象深刻：如今老挝半数

---

①　国际社区援助基金会（FINCA）等国际小微金融组织也使用"乡村银行"这一术语，但意义不同（见www.finca.org）。FINCA 指的乡村银行是由 20 至 25 名成员组成的团体，采用集团贷款的方式。

以上的村庄都拥有乡村基金机构，其中绝大多数是金融中介机构，依靠储蓄和留存收益模式自筹资金。

在巴厘岛，乡村"银行"最初是由巴厘岛总督推出的一项规定而产生的，旨在保护巴厘岛的文化。早期的巴厘岛乡村银行依靠本地强大的储蓄传统，建立在自助结构的基础之上。这些机构最初都是自我融资和自我管理的形式，都归当地的村庄所有；除了小规模的启动资金外，没有政府资本等其他额外的捐助或投资。现如今，它们已成为最具普惠性的小微金融机构，几乎覆盖了巴厘岛所有的村庄和当地成年人。在经营上，两类乡村"银行"是将新型金融机构成功融入当地文化的案例，基于当地价值观和社区参与度——这是在小微金融中常常被忽略的一点。

区分这两类机构的关键是区分它们不同的监管角色。在巴厘岛，早在首家乡村银行成立之前就出现了监管，监管框架是机构与当地文化相结合的直观反映，其所有权和治理问题归属于当地的村庄。此时 LPD 的独特优势就显现出来了，它们提供的一系列具有一定深度和广度的金融服务都能满足广大人群的需求。而老挝的乡村基金及协会是在没有监管干预的情况下产生的，因此这些机构不需要提供资源去帮助小微金融监管框架的构建，也不会受到现有政权的束缚。这些乡村基金游离于监管范畴之外，且缺乏有效性。老挝妇女联盟（LWU）的培训手册是根据当地相关规定编制的，在手册上可以查阅到，已经有相当数量的乡村基金会向 LWU 提交了半正规监管的申请。从老挝和巴厘岛的案例中可以看出，文化和监管是社区银行体系设计和运作的两个中心议题。

2.3.2　老挝乡村基金：监管失灵[1]
老挝小微金融的发展和乡村基金的作用

小微金融在老挝的历史可以追溯到 20 世纪 90 年代初，这是老挝迈向市场经济、建立双轨制银行体系的时期。老挝几乎不存在非正规金融的历史记录，但有从亲戚、富邻和供应商那里获取贷款的记载。除此之外，专业放款人并不多见；循环储蓄和信贷集团是近期才出现的，且主要发生在城镇市场中。半正规小微金融[2]的发展起源于乡村循环信贷资金（最初主要是以实物支付），是由与社团有密切合作的捐助者发起的，典型的合作者是 LWU。在老挝，妇女是家庭储蓄的主要管理者，且储蓄习惯早已深深根植于其文化传统中。[3]随着时间的推移，早期的捐助者和政府信贷计划逐渐过渡为储蓄导向型乡村基金，成为真正提供储蓄和信贷服务的中介机构。

近年来，受监管的小微金融机构和半正规乡村基金共同构成了广义上的小微金

---

① 本节主要基于 Kunkel 和 Seibel（1997）、Seibel（2010c）、Seibel 和 Rohmann（2012）；老挝在 2013 年为 SFBIC（储蓄银行国际合作基金会）提供的咨询服务；以及其他来源。

② 这些机构获得了当局认可，并在地区行政部门登记。

③ 1996 年，97% 的农民拥有储蓄，平均为 65 美元，主要是实物；只有 0.5% 的人拥有银行存款，0.3% 的人拥有非正规集团的存款（UNDP/ UNCDF，1997；Kunkel 和 Seibel，1997）。

融，在覆盖的村庄数量、客户数量以及存贷规模方面都有大幅增加。在此阶段出现了两个重要的发展变化，一是出现了规模虽小但却正规的小微金融部门，二是半正规部门开始从循环信贷基金转向自助储蓄型乡村银行。在国民经济研究所（NERI）的调查报告中，可以查询到老挝小微金融的综合信息，最近一次调查是在2012年发布的，数据截止到2011年（NERI，2012；Seibel和Rohmann，2012）。

老挝这个国家拥有640万居民和近9 000个村庄。根据2012年NERI的调查，正规和半正规小微金融部门（不包括银行）总数为4 476家，拥有近50万名客户或会员，其中约有42.1万个储蓄账户，约24.1万个账户存在未偿还贷款。小微金融机构的资产总额为9 100万美元，存款为5 800万美元，未清偿贷款4 700万美元，总股本2 900万美元（数据截止到2011年）。

2011年，正规小微金融机构共有42家分支部门，平均每家机构有1 622名客户，其中9家获准成为小额储贷机构（DTMFIs），15家为非储蓄类小额储贷机构（NDTM-FIs）[1]，18家为储蓄信贷联盟（SCUs），这三类机构分别平均有3 648名、1 510名和703名客户。根据NERI的统计，这些分支部门的整体ROA为1.4%。

从总体上看，乡村基金的分支部门比许可经营的小微金融机构分支部门规模要大得多。2011年，NERI共确认了4 434家乡村基金（占小微金融机构总数的99%），共有43.1万名会员客户（占小微金融客户总数的86%），37.2万个储蓄账户，22.2万个账户存在未偿还贷款。平均每家乡村基金有97名成员。乡村基金的资产总额为7 400万美元（占小微金融部门总额的81%），未偿还贷款余额为3 700万美元（占部门总额的80%）。乡村基金分支部门的ROA（资产收益率）大约为10%，这是相当高的水平。

乡村基金属于社区会员所有制，经营原则符合自筹资金、自我管理和自治经营。15年来，储蓄型乡村基金（DTVFs）已经在很大程度上取代了依赖政府和捐助者的非储蓄型乡村基金（NDTVFs）。最新数据显示，80%的乡村基金吸收存款，循环基金仅占总数的20%。DTVFs比NDTVFs的规模也要大得多：DTVFs平均有110名会员，而NDTVFs平均只有46名会员[2]。DTVFs会员占乡村基金总会员的86%，占基金总借款人数的83%，且100%是自愿储户。

DTVFs实现的高资产收益率——也是高股权收益率，为储户赚取了高额的利息，也为协会会员提供了相对高的薪酬水平，这解释了其受到追捧的原因。虽然监管下的小微金融机构ROA为1.4%，乡村基金ROA为9.1%，但两组数据不能直接做比较。因为两类机构的商业模式不同，采用的会计准则也不同。乡村基金在一整年里都没有常

---

① 矛盾的是，DTMFIs和NDTMFIs都进行了存款动员；按照监管机构的界定，两类机构之间的主要区别应该是它们所承受的最低资本要求。

② 此处所有数据主要来源于NERI（2012）。

规费用，但会在每个会计年度末向储户支付利息，向管理委员会和理事会会员分红①。这一利润分配机制被证明是非常灵活的，同时也控制了因支付固定成本而蕴含的风险。

乡村基金协会的出现

储蓄型乡村基金发展出一支更有趣的新生子行业，即乡村基金（VFs）协会，同样建立在自筹资金、自我管理和自治经营的基金原则之上。自2003年起，邻近泰国的两家机构与LWU密切合作，推动了区级协会的创立和运营，这两家机构的总部设立在老挝的首都万象，VFs是其股权持有人。利润的2%用来支付固定费率。区域网络的两大核心主体机构是网络委员会和行政中心，充当理事会角色的网络委员会由区域委员会选出的代表组成（各区派出代表）；行政中心设在区行政机构的办公室。反过来，区域委员会由VFs选举产生，每家VF都会选出代表参与选举。

区域委员会的主要职责是给予指导、监控、报告和监督。该网络为财务报表提供模板，包括资产负债表和损益表。协会还管理区级人寿保险基金。截至2010年，已有25%的VFs会员自愿加入了保险基金。区域委员会负责账册检查和财务数据的收集，并报告给承担审计机构职能的行政中心。行政中心的工作人员合并财务数据并编写月度、季度和年度报告，还负责复核VFs的股利支付。地区委员会将VFs遇到的问题报告给区行政中心和网络委员会，并会仔细考虑将要采取的措施。纠正问题的具体举措通常委托给区域委员会，区域委员会与VF协会联系，只有在VF协会非正常运转的极端情况下，才会与VF协会代表联系。

新兴协会在VFs的发展中起着至关重要的作用。一些研发组织采取措施，把VFs打造为顶级服务机构。这些协会还需要进一步强化自身职能，尤其是在区域委员会和地区行政中心的能力建设这两个方面；并强化其引领核心网络功能的能力，如网内乡村基金的注册、指导和监控，以及报告和监督。在适当的时候，协会支持还包括在地区、大行政区和国家层面的培训、流动性交换和审计服务。顶级机构之间的更好沟通会促进章程、运营和发展战略的协调。

小微金融的监管框架

自1992年以来，老挝人民银行（BoL）作为国家中央银行一直负责监管银行和非银行金融机构。早在20世纪90年代中期，就已经达成共识，需要对小微金融进行监管。但直到2004年，BoL才成立了小微金融监管部门；2005年才宣布大型小微金融机构必须申请许可证，规模较小的可以只进行登记。2008年6月，BoL颁布了三则小微金融条例，确立了两项基本规则：（1）从事小微金融活动的任何组织、团体或企业

---

① 一个广泛传播的利润分配建议：70%的利润作为股息支付给储户，同时15%分配给管理委员会成员，5%分配给咨询委员会成员，2%分配给网络服务，4%进入发展基金，4%留作储备金。

（包括乡村银行、储蓄团体、乡村基金和发展基金）都要进行注册；（2）任何自愿存款超过2亿LAK①（按2015年年底的汇率相当于24 000美元，或按2008年年底的汇率相当于23 000美元）或年收入超过10亿LAK（120 000美元）的小微金融机构将被纳入审慎监管的范围内。BoL设定了1 000万LAK（1 200美元）的小额贷款上限，但是对利率没有限制。

然而，乡村基金尚没有达到这些基本要求。一些小型机构在本地注册了，但没有在BoL注册；储蓄超过24 000美元的大型机构（仅在万象就有200多家）仍未获得许可证。应指出的是，对于乡村基金来说，遵守BoL建立的监管框架是一种挑战：它们必须在BoL注册，小规模的VFs被划分为非储蓄型小微金融机构（尽管实际上吸收自愿存款），存款规模超过24 000美元的较大型机构是纳入审慎监管的小微金融机构，例如储蓄信贷联盟（SCUs）。遵守规定的主要障碍来源于BoL与VFs对相关网络法规的设计和实施方面缺乏沟通。

遵守监管框架的另一个障碍在于，由于一些商业和社会因素，VFs不愿意强制执行到期贷款的偿还。逾期贷款的罚息成为主要的收入来源。同时，"终端违约"——最终一定无力偿还——还是很少见的，因为在当地文化中，这种不良行为会对借款人的生活不利。延期还款也会对现金流和贷款的可获得性造成负面影响，还会降低信贷客户在提升业务态度和实践方面的热情，进一步导致借款人疏于现金流管理。如果监管机构不强制执行，管理委员会难以在紧密结合的社区中及时执行贷款偿还措施。

此外，乡村基金的会计准则差异很大，许多不符合BoL规定的要求。例如，每只基金的会计年度的开始日期是其建立的日期，而不是监管机构所规定的日期；资产负债表科目的顺序没有标准化；没有汇报股本；一些收支项目列示在资产负债表中而非损益表中；向管理层和董事会成员支付的报酬以及向储户支付的利息没有作为支出列示在损益表中。此外，年度收支表被用作计算净利润的基础，并在储户利息的支付、管理咨询委员会报酬的支付、准备金、专项资金和网络成本之间进行分配——但这样做会虚增收入和利润，导致更高的税收；也没有计提坏账准备。

尽管BoL已经对包括VFs在内的所有成员机构制定了监管措施，但在条例发布六年之后，没有任何一家VF在BoL直接注册，几百家大型机构也都没有获得许可证，也没有任何一家按要求向BoL提交报告。问题的核心在于BoL未能有效地与VFs、VFs网络及其发展促进组织进行沟通和协调。这大概是许多国家都面临的典型境况，因为中央银行往往高高在上，与地方沟通不畅。就老挝乡村银行而言，结果是：（1）这些条例并不完全适用于其拟设机构；（2）资金的操作系统不规范，没有按照监管要求进行修改；（3）合规性未得到加强。

有三个方面需要与VFs进行协商，对这些机构的监管框架进行调整：（1）发行股

① 老挝国家官方货币，基普。

本及其金额；（2）BoL标准化规则的应用；（3）将支付给储户的利息和支付给委员会成员的报酬划分为利润（"股利"）分配，而非常规费用。最后的问题是最棘手的，不仅涉及BoL而且涉及税务部门。考虑到整个网络已经要求其成员提交月度报告，所以注册在案的小型基金需向中央银行提交年度或季度报告，大型的注册基金需提交季度或月度报告。但是截至2014年初，仍无迹象表明BoL要采取更加具体化的监管措施，这些规定尚在修订之中。[①]

小结

20年来，老挝已有大约4 500家非正规VFs成立，有效会员超过43万。许多政府部门与援助机构都参与其中，但最具影响力的是与LWU合作的两家泰国组织。20世纪90年代初期，行业发展初始阶段，由于坚持通过储蓄动员的自融资模式，80%的机构都专注于循环基金；现在已经完全转变为自我管理、自治吸储的自融资乡村"银行"。这些"银行"的ROA高达9.7%，远远超过了政府资助的循环基金（ROA=3.6%）和持有牌照的小微金融机构（ROA=1.4%）。与此同时，两个泰国组织的业务范围有助于地区协会的指导和监督，协会由乡村"银行"作为股东出资和管理。

老挝人民银行BoL在2008年颁布了法规，为独立乡村"银行"的发展奠定了基础。然而，BoL与协会及其持股人缺乏沟通——中央银行并未尽力与重要参与者建立对话——法规也没有得到实施。结果是，监管条款不完全适用于VFs的现实状况，业务系统没有规范化，也缺乏外部监督。

建立BoL与持股人的交流论坛是必须迈出的第一步。此交流论坛的首要任务是审查和修订监管框架，并发起对基金会各项业务系统的必要整改。也要努力实施和强化地区（大行政区或国家层面）乡村"银行"协会的发展，为代理监督体系（BoL）的建立做准备，由国家层面或大行政区最高机构负责审计，由外部组织（如LWU）进行控制和操作。最终，协会可以——也应该——在VFs的注册以及大型基金许可发放等方面发挥重要作用。诸如与德国VF系统[②]建立合作模式的外国援助机构，以及诸如小微金融协会的业内国家级专业机构，都起到了模范带头作用。在央行难以提供合适监管框架的国家，此方法可作为促进非正规和半正规金融机构发展的模板。长期来看，这些措施为监管体制下半正规金融部门的战略升级奠定了基础。

乡村银行，特别是吸收存款的乡村银行，内部表现存在明显差异，监管和合规性也存在不足。这表明，对于那些存在类似问题，而且体制和行政结构仍尚不完善的国家而言，需要借鉴两点：第一，由当地协会推动的自我管理和自治经营的VFs，远远比正规部门的监管要重要，且更有利于基层机构的成功建立；第二，如果正式的国家

---

① 参见2012年10月3日颁布的关于小微金融机构的第460/G号总理法令。
② 德国国际合作署（GIZ）、储蓄银行国际合作基金会（SBFIC）以及德国合作和雷菲森联盟（DGRV）。

监管任务可以分配给中央银行，而非其他部委或与执政政府有密切关系的实体，将更加有利于VFs的发展，也有利于国家的整体发展。这样则可以保护VFs免于受到不当政治的干预，此类干预已经导致了其他国家类似组织的衰落。

2.3.3　巴厘岛的LPD（Lembaga Perkreditan Desa）：文化与治理的挑战

巴厘岛文化与小微金融

在巴厘岛，存在两个并行的社会政治体系，二者之间有不同又有交叉。其中一个是属于印度尼西亚政治体系的一部分：由州长管理的地区，结构上包括行政区、行政分区、行政村（desa dinas）和社区（dusun），每一层级都由选举出的领导人进行管理。另一个体系涉及文化和宗教方面：信仰印度教的小岛希望在伊斯兰国家保持自己的身份，接受同一地区民选领导的管理，但是仍按照传统的隶属关系来组织。在巴厘岛，保护社会文化和宗教身份是一个核心问题。

传统乡村（desa adat，desa pakraman）和社区（banjar）构成了例行系统。村庄的最高权力机构是居民（krama）大会，负责村委会和村长的选举工作。Banjar是最基础的社会和居民社区，krama是Banjar的居民，因此也是村庄的居民（Seibel，2013；Geertz，1959）。

20世纪80年代早期，石油价格的下跌导致印度尼西亚的金融政策发生了根本性的变化：从供给主导型金融转为需求主导型金融，从金融抑制转为市场主导，从政府银行主导转为私人部门银行业引领发展。1983年6月，利率完全放松管制，取消了信贷利率上限，国有金融部门的信贷供应量大幅下降。这导致各类存款驱动型金融机构的崛起，竞争压力导致全国范围内储蓄动员的激增。在此背景下，印度尼西亚人民银行（BRI）的农村信贷供给单位（后文将进一步讨论）转变为独立的小微银行部门。巴厘岛当地的非正规储蓄信贷协会（巴厘语称seka simpan pinjam，或pecinkreman）遍布于每个社区，被称作Banjar银行。但在经济快速扩张时期，这些协会的规模依旧太小，无法满足日益增长的金融服务需求（Seibel，2010a）。

在国有政治体制下，行政区或乡村层面的金融机构不再被批准设立，此框架下创建和运作的机构缺乏文化根基。在恰当的业务领域内，仍存在两个选择：传统社区（Banjar）和传统乡村（desa pakraman）。因其规模经济效应，后者被认为是更加恰当的选择。

为了达到巩固巴厘岛文化的同时建设实用性金融机构的目的，1984年，巴厘岛总督专为一种新型乡村金融机构LPD设立了监管框架。其功能是乡村银行，但不受中央银行的监管。[①]作为巴厘岛文化不可分割的一部分，LPDs归属于传统乡村，由其资助和管理，受巴厘岛政府的监管。LPDs旨在维护并巩固传统乡村及社区在巴厘岛

---

① 将LPDs转变为乡村银行（Bank Perkreditan Rakyat，BPRs）的尝试遭到了抵制。最终，中央银行在1999年2月17日的一封信中认可LPDs是非银行金融机构。

经济生活、文化和宗教方面的共同空间。在印度尼西亚的金融环境中，它们的独特性受到几个方面因素的综合影响：大行政区监管框架；乡村一体化的自我管理和自治经营系统；各个村庄LPDs的管理和工作人员；通过储蓄动员和留存收益实现的自筹资金；从利润中提取的用于传统村庄和社区的常规资金支持。在这些不同领域之间形成联系并将它们联系在一起的纽带，是一种超越金融和经济世界的纽带：对巴厘岛独特文化本质的宗教信仰，将过去、现在和未来的生活联系在一起，并渗透到巴厘岛社会生活的各个方面。

对外服务发展

自1985年起，LPDs的数量迅速增加，到1995年，数量达到了849家；截至2012年12月，总数达到1 418家，覆盖了巴厘岛96.5%的传统乡村，其中包括非常小的乡村。从统计上看，外延服务活动是非常普遍的：岛上的83.4万户家庭（总人口340万），平均每家拥有1.9个储蓄和定期存款账户，而且有半数（50%）家庭有未偿还贷款。

经历了2007年的稳步增长，存贷款在2008年后出现猛增（见图19）。2012年，总资产达8.88亿美元，存款达7.4亿美元，未偿还贷款达6.21亿美元。每家LPD的平均总储蓄额为52.2万美元，未偿还贷款总额为43.8万美元。由此可以看出，LPD属于储蓄驱动型，存贷比为119%。2012年，平均每个账户的定期存款余额为3 310美元，活期储蓄余额为265美元，未偿还贷款为1 497美元。同年，LPD的活期储蓄和定期存款利率分别为每月0.5%和0.9%左右；贷款利率为每月1.9%到2.75%不等；年通货膨胀率为4.3%。

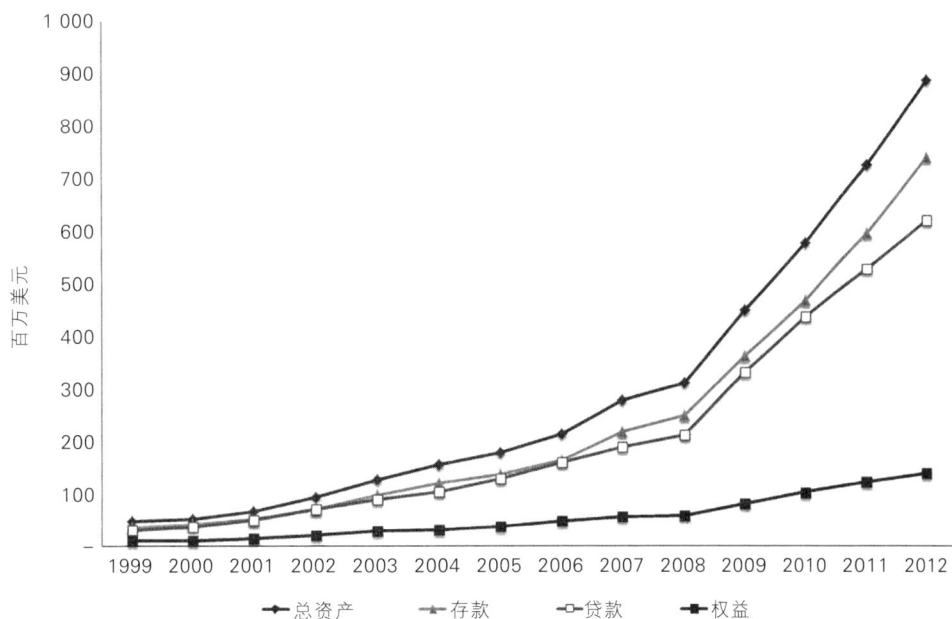

图19　LPD部门的金融深度演变（1999—2012年）

LPDs 的治理：居民和居民的力量

LPD 的所有人是传统乡村及其原住民。管理团队由 7 名成员构成，由监督委员会任命，较大型的 LPDs 会设有职能部门。2008 年，作为最大的机构之一，LPD Pecatu 拥有 39 名员工，全部来自 Pecatu 村（Pecatu 村共有 6 819 个家庭）。管理层和员工须来自同一个传统村庄的要求是强制性的。在某些情况下，这类职位的填补者是来自所涉村庄的银行退休职员（特别是来自 BRI 小微金融部门的职员）。

治理是传统村庄的特权和义务，每 3~5 年，从原住民中选出监督委员会成员。监督委员会由村领导主持，声誉和能力是挑选监督委员会候选人的主要标准。监督委员会负责任命管理层，确定金融服务的条款、条件以及机构的运作程序，有权全面执行内部控制职能，强调指令的服从性。外部审计并非强制性的，但所有大型的 LPDs 须由注册会计师进行审计。地区发展银行（BPD）和地区指导机构（PLPDK）也会参与月度报告，但并不会进行正式的审计。

快照 40：如果治理失败：监督委员会的作用

良好治理的重要性不言而喻，特别是在监督委员会、管理层和传统乡村的合作破裂、LPD 遭遇严重问题时，重建合作关系有助于机构的运行好转起来。巴东（Badung）地区的 LPD Kapal Mengui 是巴厘岛较大的 LPDs 之一，为 18 个社区总计 2 275 个家庭和 10 780 的人口提供服务。LPD Kapal Mengui 成立于 1990 年，多年运作良好，直到 1994 年开始出现各种问题。采用手工记账容易出现错误，也会导致欺骗事件的出现。由于传统乡村是机构的所有者，其分布在多个社区，缺乏监督管理 LPD 运作的经验，导致监督委员会没能发挥其作用。截至 1996 年，LPD 累计损失达 31 500 美元。1997 年 10 月，新的监督委员会成立，其中包括两名很有经验的金融从业者。新的监督委员会立即采取行动，请求地区指导机构予以技术援助，并联系了乡村和社区的管理层，在共同合作下确立了监督委员会成员解决 LPD 所面临问题方面的职责，并且强调要遵守巴厘岛政府制定的条例。其中一位成员表示："我们采取了社会化的方法，因为问题出在社区，所以我们在社区大会上讨论了居民问题。"最终，他们成功解决了债务拖欠问题，并且通过存款动员对 LPD 的资本结构进行了调整。到 1997 年年底，LPD 扭亏为盈，此后一直保持盈利。[1]

LPD 的所有者——乡村和社区大会，拥有最高的权力。通常而言，监督委员会、传统乡村和社区之间会进行密切的沟通。监督委员会主席定期向村委会报告，而社区领导，同时也是村委会成员，每月须向社区大会报告 LPD 的运作情况。在必要情况下，监督委员会成员需要同社区负责人一起与借款人进行直接沟通。

LPD 的治理体系是非常强大的，汇集了村里所有的传统权威：村长、监督委员会、村政府和村委会、社区负责人和社区大会。由于对所有居民家庭的过去和现状有

---

[1] 更多例子参见 Seibel，2013。

深入的了解，委员会做出信贷决定和还款方案也就相对合理。在必要情况下，委员会与其他机构一起，尤其是社区负责人，对违约借款人进行催收。最严重的警告是直接在社区大会公开违约人的姓名——这一举动会给借款人家庭带来极大的负面影响，几乎没有被使用过。

还存在一种更加强大的制裁权力，即精神层面的治理。正是依靠这两项因素，委员会才能成功地督促所有借款人偿还贷款。

良好治理的支撑：有效监督需求

LPDs发展十分迅速，业务范围非常广泛，几乎已覆盖整个巴厘岛，无论穷人富人都可享受其服务。2012年，LPDs的资本充足率（CAR）稳定在21%、ROA在3.9%、ROE在24.9%左右。但不是所有的机构都是运转良好的。LPDs总共1 418家，其中有12%处于非正常工作状态。这些小微型LPDs一方面是由于没有足够的人员配备；另一方面是由于彼此之间缺乏沟通，因为汇报、指导和监督这三项工作职责被分散在了不同机构。但是，两种制度的差异才是问题的根源所在：一种是巴厘岛社会组织的习惯制度，包括传统村庄的底部平民阶层的和巴厘岛顶部统治阶层；另一种是地区官方行政体系，行政管理和财政预算责任在层层下放的过程中被移交。传统村庄在独立组织层面的创造力与地区层面的创造力并不匹配。监督的有效性以及执行的合规性取决于这两个体系在实践中是否协调一致——这项挑战是持续性的。外部监督需要专业化，也许是巴厘岛的特有模式还有待发现。

储蓄导向型小微金融机构抵御危机的韧性

在国家危机时期，LPDs和BRI小微银行共有的特征是具备抗风险能力和危机修复能力。1997—1998年亚洲金融危机期间，印度尼西亚的银行部门在存款者和投资者的挤兑下倒闭了，却没有对LPDs造成严重的负面影响（也包括BRI公司在内）。相反，由于被公众信赖，它们吸收了更多的储蓄，也能继续满足客户的贷款需求[1]。事实上，危机时期的LPD行业在贷款分类和CAMEL评级方面都呈现出了向好的趋势（Holloh，2000，1）[2]。

2008年，全球金融危机造成了20世纪30年代以来最严重的经济衰退。根据报道，小微金融部门也遭到了重创，特别是那些依靠捐助和投资的小微金融机构（MFIs），但大多数储蓄型MFIs的情况并非如此严重。对合并年度数据和月度数据进行观察可以发现，全球金融危机对LPDs的对外拓展部分或者其经营状况并未造成实

---

① 不过，LPD的存款客户和贷款客户表现完全不同：在1996—1999年这三年间，存款账户数量增加了46%（此前三年增加了29%）。相比之下，借款人数量却停滞不前（前一期间增长了43%）。因此在金融危机时期，存款大幅度超过了贷款余额（Holloh，2000：7－8，2001：101；Holloh，1998、2001）。

② 此外，有传闻表明，巴厘岛发生的两起恐怖袭击事件对这一部门也几乎没有影响：2002年的爆炸事件对于旅游区某些较大规模的LPDs产生了短暂的影响，但是逾期款项此后都得到了支付。2005年第二次爆炸事件没有任何影响。

质性的影响。实际上，其存款账户和贷款账户的数量均稳步增加，如图19所示。2008年以来，存款和贷款余额均显著增长，不良贷款率也从2007年的11.6%下降到2012年的7.9%。

在时间维度上看，巴厘岛的LPDs在遭遇本地、全国和全球金融危机时，表现出了超凡的抗风险能力。村级金融机构传统治理的有效性与巴厘岛文化中的责任意识起到了关键性的作用。从国家的层面来考虑，BRI的小微银行业务都具有相似的经验，所以必须从更一般的层面得出结论：面临逆境时，运行于当地市场中的存款导向性小微金融机构具有更大的优势。捐助者因此得出结论，由于可持续增长和抗风险能力至关重要，稀缺的财政资源更应该用于提升当地小微金融机构调动存款的能力，而不是任其自由发展。

小结

对于巴厘岛的居民而言，保护文化和宗教信仰至关重要。金融领域的认同性一直在受到挑战。直到20世纪80年代，当地储蓄和信贷团体已无处不在，成为传统社区（banjar）的重要组成部分。然而，随着经济的扩张，对金融服务的需求超过了金融服务的供给，它们无法与银行竞争。因此，巴厘岛的统治者引入了一种新型金融机构，即LPD，独立经营并受到地方性法规监管，也融入了巴厘岛的文化。巴厘岛金融机构的经营领域从banjar转变到desa pakraman。20年来，LPDs的业务范围不断拓展，最终取代了banjar社区团体。LPDs的成功归功于其独特的治理体系，这种治理体系融入了巴厘岛的文化，即通过居民选举的委员会进行内部控制，并对借款人进行精神上的引导。这解释了为什么即使在金融危机时期，在没有抵押物的情况下，委员会也能成功劝导借款人偿还逾期贷款。事实上，如果遇到严重问题，任何LPD都面临着风险；但无论如何，积极敬业的委员会都会协助LPD渡过难关，不管委员会是新成立的还是致力于新的发展方法，令传统乡村重拾信任。他们会温和地劝服借款人全额偿还逾期贷款，帮助LPD持续发展和盈利。良好的治理和所有者对管理层的有效控制是至关重要的。

尽管所有的LPD都受到密切的监控，并且监督机构总能很快地发现存在的问题，但在所有的案例研究中，都未能做到采取快速的补救行动。在两个案例中，指导机构PLPDK在重振LPD时扮演了关键角色，但是经过了相当长的延迟。而在另外两个案例中，强有力的当地LPD提供了帮助，此方法可以被系统性应用（Seibel，2013）。所以，治理一旦失败，那些并不属于传统文化体制的，负责汇报、指导和监督的代理机构，一般无法进行有效干预。这里没有明确的制度分工。在国家权力下放的政策背景下，各地区都会有用于汇报和指导的资源，但在大行政区层面却没有；大行政区机构把重点放在了汇报方面，而非监督和执行。监管LPDs的权力属于BPD（彭班班南达拉银行），BPD银行有自己的议程和缺陷。确保监督的有效性仍然是一项挑战，但目前正在加强。除非政策发生变化，监管职责最终会被分配到巴厘岛的自治金融机构，同时，巴厘岛授权了中央银行和新成立的金融服务机构——印度尼西亚金融服务管理局（OJK）作为LPDs的监管部门。

2.4 合作小微金融：政府有何作用？

2.4.1 起源与扩张

合作银行：源于德国并在全球普及[①]

1846—1847年，德国遭受饥荒，在贫苦的大环境下，穷人常常是高利贷和剥削的受害者——非常类似第三世界国家如今的境遇。民众大量死亡，债务大范围蔓延，农民失去了用来偿还债务的农场，小微企业也遭遇破产。政府的干预是无效的。来自德里奇（Delitzsch）的法官海尔曼·舒尔茨（Hermann Schulze）面对这种情况着手采取了行动（他的名字也被载入了史册），后来，他成为一名国会议员；弗雷德里希·威廉·雷菲森（Friedrich Wilhelm Raiffeisen）是另外一位采取行动的人，他是偏远乡村地区的一个小村庄的镇长。1846年，庄稼几乎没有收成，舒尔茨 - 德里奇成立了组织粮食筹集的委员会，租赁了一家工厂和一家面包店，为贫困者制作面包。与这一情况相似的是，雷菲森在1847年成立了一家慈善组织，从未受灾地区购买粮食，使得当地面包价格下降了50%。灾荒过后，此项举措被种子销售和马铃薯种植项目取代了（Kluge，1991）。

可惜的是，慈善行为不具有可持续性，也不是应对高利贷和债务的有效手段。这一观点引发了社区层面的、通过联合行动实现自救的需求，呼吁调动小额储蓄和其他资源，以及连带责任担保的贷款提供等。舒尔茨 - 德里奇和雷菲森是两类不同运动的领导者，前者在城市，后者在乡村，却在基本问题上达成了共识：自助、自我管理和自治。1850—1851年在城市开始扩展的，1864年在乡村开始扩展的合作型小微金融运动，都强调了自助和自我管理的必要性，也都反对慈善的理念。两类要素被证明是至关重要的：（i）自1859年开始，推广活动和支援服务都属于自治协会和中央基金，且与商业银行和储蓄银行都建立了联系；（ii）政府被拒之门外，但会与有议员身份的舒尔茨 - 德里奇进行合作，也会通过协会推动法律框架的制定。第一部《普鲁士合作法》于1867年通过，普法战争和德国统一之后，该项法案于1871年至1873年间在整个德国生效。在合作法的规定下，非正规协会转变为法律认可的金融中介机构，且受到免于政府干预的保护。1889年该法案修订，其修订版本允许机构采用有限责任公司结构，并强制执行审计。这些创新显著推动了该行业的发展。至1914年，已有大约19 000个信用合作社，且有复杂的制度基础支持。1934年，乡村和城市合作金融机构受到银行法的管制，却有助于它们成为可持续发展的德国银行业的一部分，也有助于成为微型、小型和中型企业（MSME）融资的主要参与者——这是当今的合作机构仍在扮演的重要角色，在过去百年的政治危机

[①]　详细内容以及系统的批判性分析请参阅第7章。

和金融危机中经历了风风雨雨。

在 19 世纪和 20 世纪初的德国，合作性银行业的基本原则不断发展演变，我们在前一章已经详细描述了这一过程。从理论上来说，这些基本原则在任何国家都是可以复制的（尽管应该要求这个过程的完成时间比德国完成的时间更短）：基于储蓄动员的自助和自立原则；自我决定和自治原则，脱离政府的独立性原则；本地拓展和本地企业推广原则，建立银行与客户之间长久关系的原则；个人储蓄和信贷账户（而不是集体信贷）原则；有限责任（连同抵押贷款）而非连带责任原则；信用合作社需纳入正规金融部门法律监管框架下的原则；通过审计协会对合作社进行间接（辅助/委托）审慎监管，使得中央银行能够对小型机构进行有效监管的原则。

严格的法律基础确立之后，德国的信用合作社运动很快引起了全世界的关注，导致在欧洲、美洲以及欧洲大国的殖民地地区出现了大量的类似机构。最新报告显示，截至 2012 年，来自 100 个不同国家的成员总数已经达到 10 亿。据估算，信用合作社已使 30 亿人的生活条件得到改善。[1]然而，各国在效率方面存在巨大差异，对效率的研究比单纯的定量研究要少得多。[2]

政府的两种差异化角色

目前，通过私人方案建立合作社的做法，在西方发达国家普遍运行良好。但在新兴经济体中能否发挥同样的作用？政府能否发挥实质作用？能发挥的实质作用是什么？具体来说，政府是否愿意限制自身的影响力和参与程度来提供一个良好的框架，使得遵循合作社运动路径的普惠性银行蓬勃发展？下面将介绍两个对比案例，两者都基于雷菲森模型。

第一个案例是印度，将在 2.4.2 节中讨论。雷菲森式合作社于 1904 年参照《印度信用合作社法》成立，引发了后来全球最大的信用合作社运动。然而，在运动有了良好开端之后，政府怀着善意进行了干预，但最终起到了破坏性作用——政府接管了合作社的运营，并不仅限于提供机构的法律监督和运行框架。目前，政府正在努力改变和扭转这一进程——虽然这项任务看起来十分艰巨。

自 1990 年以来，机构创新得到了史无前例的动态扩张，并与传统信用合作社系统同时出现：自助团体（SHG）运动最初是德国与亚洲开展合作时的想法。我们将在 2.4.3 节中讨论这项新运动。SHGs 充当非正规储蓄和信用合作社。在印度的许多地区，它们已经建立了自己的联合会，其中许多根据新的合作法进行注册，例如安得拉邦（Andhra Pradesh）的《互助合作社（MACS）法案》。这些注册联合会旨在保护SHGs 免受政府的干预，与州政府和政治家的干预抗衡，因为即使是善意的干预，也

---

① Développement international Desjardins，2012.

② 全球信用合作社和合作银行的相关数据见本部分第 3 章（更详细的讨论参见 Birchall，2013a、2013b）。

会威胁到它们的权威和自立，如一些对常规合作社的干预。

第二个案例是越南，将在2.4.4节中讨论。在20世纪90年代初，政府实施了一项新举措——建立合作社，同时作为市场经济建设总体政策的一部分。机构以新的名称——人民信贷基金（PCFs）运作，并在新的法律框架下运作，一跃成为近年来最引人注目的信用合作社运动之一。在被划分为正规金融部门之后，PCFs受越南国家银行（SBV）的审慎监管和有效监督。PCFs已免于政府干预；SBV担任指导机构。与印度形成鲜明对比的是，PCFs并未发展成为信贷渠道，也未沦为政治工具；它们可以自由地调动内部资源，不受干预地从事金融中介业务。

2.4.2 印度政府如何干预信贷合作体系

一个良好的开始……

印度金融和小微金融历史悠久，可以追溯到两千多年前。乡村金融开始于16世纪，当时首次引入了取代实物支付的现金税收。基于税收的货币化，一类新的高利贷者和地主出现了，开始了对农民的剥夺（Schrader，1997；Seibel，2010b）。19世纪90年代早期，弗雷德里克·尼科尔森（Frederick Nicholson）访问欧洲大陆，展开对普惠金融机构的研究并评估了这种模式对印度的适用性。他总结道："寻找雷菲森（Find Raiffeisen）！"10年过后，1904年，《合作信贷社团法案》获得通过，与合作银行和监管机构共同创建了法律和监管框架，"用雷菲森式银行取代放贷人"。[①]

印度首批机构与德国信贷合作运动的开端不尽相同，前者的发展动力来源于政府，而非私人部门。同德国一样，信用社是以乡村为基础的，由自身成员融资、运作和治理，而不是由政府管理。它们作为金融中介机构，提供储蓄和信贷服务，以无限债务责任作为抵押物的替代品。调动起来的资源保存在社区内部，资金没有流动到城市经济中；但实际上，有部分资金通过与商业银行的联系流入了城市。监管似乎奏效了，因为有报告称，非功能型合作社被关闭了。合作社的注册员Strickland（1922）说：

英属印度的信贷运动并没有动用官方资金：大约有50%的资本来自成员以及借款积累的利息盈余；另有10%来自成员自身的存款，其余为商业贷。这些社团不是由政府或官员管理的，它们掌握在成员自己手中，同时受到官方和非官方的审计和监督。

截至20世纪20年代中期，印度已经有大约5万个社团，年利率为9%~12%，引起了强烈的社会反响。印度当时的领袖学者贾杜纳斯·萨卡尔（Jadunath Sarkar）说："合作信贷运动正在印度乡村掀起一场革命。人们展现出了非凡的联合行动能力。"（Huss，1924）

……受到政府干预的破坏

早期就有人指出，政府在前20年的倡议和指导发挥了关键作用，但又有"先天

---

① Huss，1924，83；另见Strickland，1922，35；Bhargava，1934；Catanach，1970；Darling，1925/1928，1930/2013。

缺陷"（Huss，1924）；其实这种预警是非常有先见之明的。印度储备银行1934年对信贷合作社资金的规定，以及20世纪50年代中期的中央计划和州立合伙人概念的实施，导致了贷款的渠道化、漫天的全国赞助、官僚主义和政治化，这些取代了原本的独立和自治体系。脱离政府管制的自治网络是无法发展的。州政府全权负责首席执行官的任命（董事会的选举暂停）、合作银行的合并或拆分、章程的修改、银行的决策投票、指令的发布和监管的执行，有时作为权宜之计，也会暂停执行监管。各州在各层级的合作机构中都持有一定股份，国家干预会使得信用合作社体系濒临崩溃。州和地区一级的有效监管缺乏是问题的核心，作为印度央行的印度储备银行（RBI）也无力采取补救措施。[①]

到2006年，已经累积了数额巨大的亏损：10.6万家初级农业信贷社（PACS）中，超过半数资不抵债；1 112家合作银行中，超过1/4处于亏损状态。依靠政府资金的投入、永久性重组贷款以及宽松的会计实践，大部分行业艰难前行。PACS的存款渠道也仅仅为其农业贷款的10%获得融资（NABARD，2007）。在政治上，"倒闭或改革"并不是可行的替代方案（Seibel，2000）：这个行业大而不能倒，可是问题太严重又难以治愈。2006年以来，一揽子改革计划一直在施行。但由于倒闭或兼并收购，截至2012年3月，PACS的数量已经缩小了13%；可是资产重组的成本预计为30亿美元，当时已经花费了22.8亿美元。在这些基金中，86.6%由政府出资，信用合作社仅占13.4%：这种结构会造成不合理的激励措施——类似于减免利息和债务——违约者会从中获益。

2.4.3 印度的自助团体银行与合作社自助团体联合会：政府的矛盾角色再次出现

另一个良好的开始……

20世纪80年代，无论是信用合作社，还是印度广大的乡村银行分支网络，都没有普及约3亿的农村贫困人口。1986年，在亚太农村与农业信贷协会（APRACA）举办的会议上，讨论了农村贫困人口自助团体（SHGs）与银行建立联系的策略，并首次在印度尼西亚的一个项目中进行了试点，这是看起来很有前景的战略部署（Kropp等，1989；Seibel，1991、2006）。这种做法建立在范式转变的基础之上：从廉价信贷到存款动员，回到了19世纪储蓄银行和信用合作社运动的指导原则。[②]包括印度农业和农村发展国家银行（NABARD）在内的APRACA成员也同意继续研究这一战略的可行性。在印度尼西亚，联合银行业务首先在德国技术合作署（GTZ）和德国国际合

---

① 对此的评论可以参阅Vaidyanathan（2004）和Rangarajan（2008，69），也可以参阅Holloh（2012），Seibel（2009a），World Bank（2007）。

② 联合国第35届大会（1980，第96段）提出的观点表示，发展中国家"为其发展提供资金承担主要责任，并且将采取有力措施更充分地调动国内财政资源"。联合国（1982、1984、1986）与粮食和农业组织（FAO）联合召开了三次关于调动个人储蓄的国际研讨会：1980年（牙买加）、1982年（马来西亚）、1984年（喀麦隆），其中包括关于加强机构部门与非机构部门之间联系方式的审议（UN，1986：13）。

作署（GIZ）的技术指导下展开，大量自助组织从事储蓄和信贷业务，平均规模接近50人，男性女性都包括在内。在印度尼西亚中央银行的带领下，现有自助组织、非政府组织（NGO）和银行自主建立了业务关系，银行按市场利率将自有资金用于为上述组织融资。印度农业和农村发展国家银行也采用了类似的办法，这是一家监管范围超过15万家农村信用社的监管机构（Nanda，1992、1995）。[①]非政府组织以及后来的州政府机构与银行共同设立的非正规团体成员中包含多达20名妇女，以帮助她们开展定期储蓄和信贷活动，直接与银行建立联系。这种新型农村融资发展的推动力是小额信贷创新部（MCID），该机构成立于1998年，在所有州均设有办事处；在2008年之前，印度农业和农村发展国家银行关于100万家自助组织信贷联结的宏伟愿景也是它制定的。推动力是一个用于支持自助促进机构（SHPI）能力建设的特殊基金，该基金计划向大量这类组织提供资源。信贷资源来源于自助组织成员的存款、利润、银行自有资金以及印度农业和农村发展国家银行向银行拨付的资金。随着银行越来越多地利用自己的资源，印度农业和农村发展国家银行所占的比重会逐渐下降。按照"重点部门贷款原则"的实施规定，银行必须参与其中，而且需要将40%的信贷用于包括自助组织和小微金融机构在内的有价值的目标群体。

自助组织银行业务是一项完全被掌握在印度机构手中的计划，其发展受到了相关机构的积极推动——自助组织及其联盟、印度农业和农村发展国家银行、印度储备银行（RBI）以及州政府。德国国际合作署和瑞士发展合作署（SDC）也有一些投入，但并未参与该计划的管理。

就银行和自助组织的业务拓展及其降低交易成本方面而言（Seibel和Dave，2002；Seibel和Karduck，2007），印度农业和农村发展国家银行的银行联动计划取得了巨大的成功。截至2004年，100万家自助组织的信贷联结目标已经实现，包括35 294家银行分支和3 024个自助促进机构（SHPI）。此后，自助组织的数量继续快速增长。截至2011年3月31日，共有750万家农村自助组织，约1亿成员（平均家庭规模为5人，覆盖总共约5亿的人口）开立了银行储蓄账户，总存款余额为15亿美元；480万家自助组织的银行贷款余额为68亿美元，其中印度农业和农村发展国家银行估计的内部集团贷款资金为37亿美元。[②]此外，近年来，自助组织银行业务已经拓展到城市地区，但没有反映到以上数据中（Seibel，2005；Tankha，2012；也可参阅

---

① 值得注意的是，由于政府继续加大"防止廉价信贷危害农村金融和发展"的政策力度，印度农业和农村发展国家银行（NABARD）在推动建立储蓄型自助团体（SHGs）方面面临巨大障碍（Adams等，1984），在1989年发布了第一次全国性贷款豁免。这成了"被多个州政府效仿的在选举时拉赞助的示例"，在2008—2009年期间农业债务豁免达到高潮，其中涉及4 300万名农民以及高达150亿美元的未偿还债务（Mahajan和Navin，2012：3）。

② 估计包括银行存款在内的内部储蓄总额达52亿美元（NABARD，2011b，p. iv‐Status of Micro Finance in India，2010‐11. Mumbai，NABARD）。

Bickel，2012；CGAP，2007；Puhazhendih，2013；Sinha 等，2009；Sri-nivasan，2010、2012）。

……政府干预的幽灵又一次出现

该计划执行后的前十年里，一直到 21 世纪初，除了获得银行贷款之外，增加内部资金的数额也是自助组织所关注的重点。然而，随着机构数量的猛增，自助组织逐渐成为政治选举中的一项相关因素。在印度的一些州，政府对利率的补贴力度加大，导致自助组织从存款动员模式转向廉价的外部信贷模式。自主性、储蓄独立、来自内部资源的信贷和金融服务的发展深度依旧不够。大量的穷人被迫选择其他的信贷方式。例如，严重依赖银行资金的小微金融机构，是传统意义上穷人的"最后贷款人"。2010 年，不负责任的贷款以及一些小微金融机构采用了严苛的催收方式，引发了安得拉邦的小微金融危机。SKS 小微金融公司的总部位于安得拉邦的海德拉巴（Hyderabad），是印度最大、发展最快的私人盈利小微金融机构，其经营活动推动了危机的进程（参见 Chen 等，2010）。在 SKS 成功完成 IPO 不久后，SKS 和其他有类似定位的机构的快速增长，成为 2010 年印度小微金融危机的导火索。值得注意的是，SKS 及其同行向自助组织成员发放贷款，并将其重新组合为由 5 名成员构成的共同责任团体（JLGs），并在不考虑其还款能力的情况下发放贷款，许多自助组织因此遭受损失。安得拉邦政府对此做出了回应，命令暂停偿还小微金融机构的所有贷款，这一举动在全国产生了多米诺骨牌效应。在许多国家，市场饱和与过度负债受到严格的审查，并被广泛报道，破坏了小微金融的全球声誉。

前景：自助组织联合会和乡村银行合作？

自 20 世纪 90 年代初以来，大约有 16.5 万个自助组织联合会发生了演变，主要在乡村和地区层面，由非政府组织、联合国开发计划署（UNDP）和印度州政府发起并支持。"建立联合会是确保自助组织的可持续性和改善政府项目可获得性的一种手段，已经成为区域行政管理的重要战略。"（GIZ，2012）"联合会确保实现规模经济，降低交易成本和违约率，并提供增值服务，如小额保险和供给投入，同时拓宽对外服务领域，节约促销成本。"（APMAS，2003；也见 Nair，2005；Srinivasan 和 Tankha，2010；Tankha，2012）为了将联合会制度转变为真正的自助活动，一项新的战略——自助团体自我管控（SHG Sector Own Control）——在安得拉邦进行试点，新试点项目涉及自我监管和自我监督。该项目由总部设在海德拉巴的安得拉邦马希拉阿比夫拉季奇学会（APMAS）与国家消除农村贫困学会（SERP）的 IKP 减贫计划联合发起，并得到了德国合作和雷菲森联盟（DGRV）以及德国联邦经济合作和发展部的支持。

基于联合会的结构框架，有 16 万多家乡村组织（VOs）归自助团体所有。由于尚不存在获得许可的乡村银行，这些组织为当地金融中介提供了理想的制度性基础设施，为活期储蓄提供了适当的存储库。在印度的许多邦，乡村组织和更高层次的联合会已经联合了起来，被授权为互助合作社（MACS），或授权为与互助合作社类似的其他新型法律实体，并将所有权和治理权从政府转移到了成员。互助合作社经合法授权成为会员和自助组织的金融中介，能够对自助组织的多重借款进行控制。一旦它们被转换成乡村银行，就可能会通过活期储蓄和小额贷款来解决过度负债的问题，凭借低交易成本为存款人和借款人提供便利。功能和服务的演变范围可能包括：

- 村级金融中介，为自助组织和个人提供适当的存款、信贷和其他金融服务。
- 自助组织之间的流动性互换。
- 自助组织和银行的中介，从而降低银行交易成本。
- 监控、监督以及对作为基层金融中介的自助组织进行评级。
- 充当村级信用机构，监控自助组织成员的多重借款。
- 动员活期储蓄。
- 向自助组织成员提供小微企业贷款。
- 向小微企业成员提供更大规模的个人银行贷款。
- 作为保险公司和保单持有人的中介，向自助组织出售保险。
- 联合自助组织共同作为存贷款的收集者。
- 为自助组织成员提供金融知识培训。

高层联合会将提供一系列的服务来支持乡村组织：监控与监督；在以下机构之间建立沟通和联络：银行、印度农业和农村发展国家银行、新政府国家扶贫项目——国家农村民生任务（NRLM）（2011）、州政府与其他利益相关者；自助团体和自助乡村组织（SHG VOs）的能力建设；支持外部信贷额度、保险和其他服务；倡导创建有利的法律监管框架并给予制度建设合理补贴。以上这些措施帮助成立了"自助组织部门自主控制"原则下的独特的自助组织乡村银行体系：这些机构归自助组织所有，由自助组织成员选举管理，并由自助组织联合会代表印度储备银行以及印度农业和农村发展国家银行进行监督。

然而到目前为止，印度农业和农村发展国家银行作为自助团体（SHG）的关联机构，对乡村组织的财务运营状况只能持怀疑的态度（Srinivasan 和 Tankha，2010），保持自助组织直接与银行挂钩。这可能会导致一种正在被审议的、称为"SHG-2"的新方式发生改变（NABARD，2012；Seibel，2012）。

2.4.4 越南信用合作社：中央银行作为规范、监督和指导机构
选择审核和体系设计

20世纪80年代，伴随着计划经济的失败，越南的信用合作社也一并告终。市场经济的建设始于土地使用权的逐步私有化，并在1990年制定了包括信用合作社在内的金融机构法。接着，政府任命了一个委员会，由中央银行——越南国家银行（SBV）担任主席。该委员会的任务是制定信用合作社部门战略，包括监管框架和实施计划。委员会审视了多项选择，排除了信用合作社作为越南农业银行当地代理人的想法。同时委员会访问了一些国家，考察了孟加拉国的格莱珉银行、德国的雷菲森银行以及加拿大的加鼎银行的运作模式。虽然受到雷菲森模式的启发，但委员会提出了

自己的创新——人民信贷基金（PCFs），这似乎是一个悖论，因为人民信贷基金旨在成为合作性自助组织，同时又在央行的控制下运作，代表国家行事。

1993年推出的人民信贷基金的确是自我管理、自筹资金。管理层由大会选出的3~9名董事组成，任期5年。董事会成员通常是经验丰富且受人尊敬的公民，他们作为创始人在基金中担任领导角色。董事会对增资、利率（在越南国家银行规定范围内）、招聘和开支做出决议，同时负责任命总经理，经大会同意并由越南国家银行分会审议批准。内部控制由大会选举产生的监督委员会负责。

自1995年以来，人民信贷基金得到了中央合作基金（CCF）的支持，该基金负责流动性互换、资金筹集和监督职能，同时作为人民信贷基金的代表与其他机构进行沟通。2001年，中央合作基金为中小企业和公众推出了零售银行业务。中央合作基金由人民信贷基金、4家国有银行和政府共同所有。2006年，越南人民信贷基金协会（VAPCF）成立，协会本来的意图是代替中央合作基金执行宣传、扩张、信息技术开发、能力建设、咨询和审计等职能，但最终未能实现。定期存款由越南保险公司承保。2013年7月，中央合作基金转型为越南合作银行（CoopBank），成为人民信贷基金的顶层机构。2014年，安全基金成立，由越南合作银行管理并由越南国家银行监督，用于救助困难的人民信贷基金，越南合作银行和人民信贷基金每年贡献其年均贷款额的0.08%作为安全基金的资本。

规制、监督和能力建设

越南国家银行一直负责新体系的建立并且通过设计、实施和执行适当的监管框架来确保其健全性。审慎监管标准包括：1亿VND[①]的最低资本要求（相当于1993年的17 000美元、2008年的6 000美元、2015年的4 400美元），8%的风险加权资本充足率（2015年为9%），最高50%的权益资产比率，越南盾存款和美元存款分别按1%和8%提取准备金（作为越南国家银行的免息存款），单一借款人比率不超过15%（起初是10%），适当的期限匹配（最多10%的短期存款可用于长期贷款，2015年为20%）。越南国家银行还规定了评估过程、抵押要求、贷款损失准备、记录和报告。

人民信贷基金受到包括现场和非现场活动在内的三类监督：日常内部控制、越南国家银行分支机构的随机抽查以及越南国家银行监督部门的远程监管。人民信贷基金将其财务和信用报告发给越南国家银行和中央合作基金的分支机构。越南国家银行分支机构将其转交给越南国家银行的监管部门和信用合作机构部门。线上报告迅速增加，根据月报，越南国家银行分支机构会在发生违规行为或单只人民信贷基金表现不佳的情况下进行直接干预。越南国家银行对标准的执行非常严格，试点阶段结束时（2000年前后），已经关闭近100家人民信贷基金。越南国家银行同时也作为指导和培训机构，但不会干涉借款渠道和人民信贷基金的运营。

---

① 越南国家官方货币，越南盾。

储蓄和贷款

存款动员包括成员和非成员，个人和机构。人民信贷基金提供很有吸引力的条款，交易成本较低，并且为客户量身定制了一系列服务，包括需求、期限和贴现存款（带预付利息）利率高于银行利率。因此，存款总额通常占贷款总额的3/4以上，2011年该比率甚至达到90.5%。因此，人民信贷基金吸收存款的业务为其自立性的确立奠定了坚实的基础。过剩的存款会放在中央合作基金或越南合作银行。人民信贷基金还会提供其他金融服务，包括票据支付和汇款，还担任发展计划的受托人。

贷款仅发放给信誉良好的会员。人民信贷基金的投资组合中有多达10%的贷款是向非贫困成员发放的，大约30%的借款人是女性。通常而言，人民信贷基金的投资组合非常分散，包括对农业生产和加工、工艺品、贸易的贷款以及消费贷款和紧急贷款等其他服务。据报道，大多数成员都属于农业生产行业。提供给社会经济组织和小型企业的贷款主要用于设备采购、现代化和规模扩张。除了小额贷款和对穷人的贷款外，大部分贷款以土地使用权和房屋所有权证书作为担保。许多贷款流向微型、小型和中型企业。存款大多是短期的，期限最长为一年。

自2002年起，利率自由化开始实行，但人民信贷基金委员会认为有义务维持较低的贷款利率和较高的存款利率。越南的通货膨胀从2006年的6.6%上涨到2008年的22%，越南国家银行才启用了利率管制，将人民信贷基金贷款利率上限设为每年21%，存款利率为8%~9%（实际利率均为负数）。到了2012年6月，贷款利率上限已降为15%，而存款利率则为9.5%。在通货膨胀率为7%的情况下，实际贷款和存款利率分别为8%和2.5%。到了2015年，贷款利率下降到8%~10%，存款利率下降到4%~7%。在通货膨胀率为2%的情况下，实际贷款和存款利率分别为6%~8%和2%~5%。

抵御危机的韧性

地方合作自治与中央银行的指导监督相结合，形成了健全的信用合作体系。截至2011年12月，已有1 095只人民信贷基金在运营，客户总计近400万个，信贷总额13.8亿美元，存款总额12.5亿美元，股本1.3亿美元。资本充足率（CAR）达9.7%，不良贷款率低于1%，资产收益率（ROA）为1.5%，股本收益率（ROE）为19%。截至2014年6月，人民信贷基金的数量增至1 145只，资产总额为32亿美元，未偿还贷款总额为24亿美元，存款总额为26亿美元，股本为17亿美元，不良贷款率为0.97%，ROA为1.03%，ROE为16.02%。自推出人民信贷基金以来，没有任何一次金融危机对其造成过重大影响。例如，1997—1998年亚洲金融危机和2008年全球金融危机，都没有影响到成员国偿还债务的意愿和能力：例如，在2005—2010年期间，不良贷款率保持在0.5%。图20显示了1995—2013年期间人民信贷基金资产负债表的核心数据。

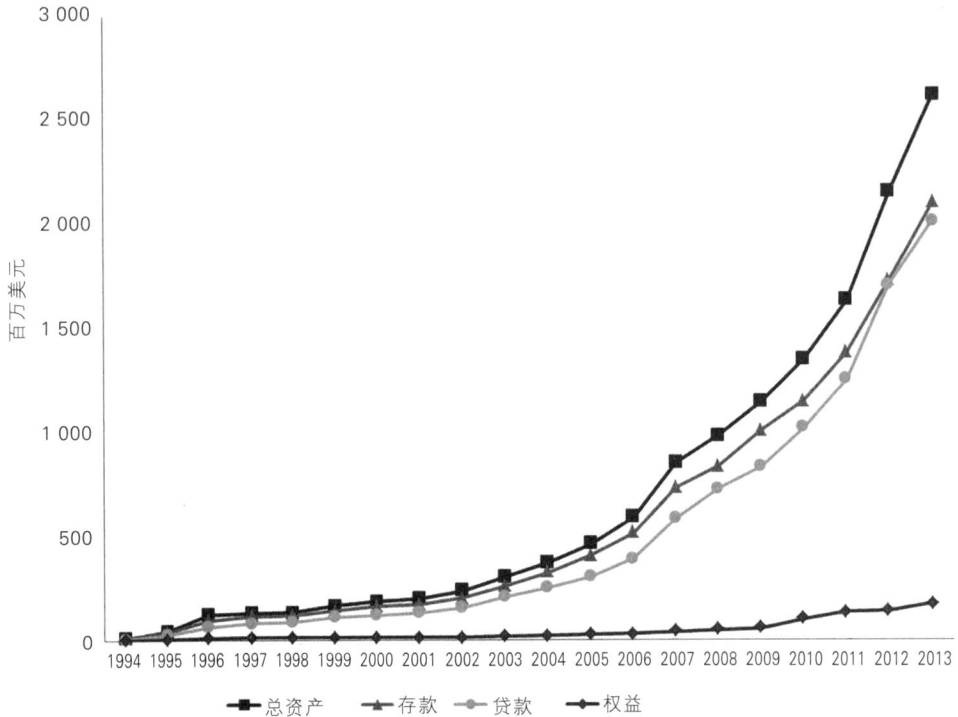

图20 1995—2013年人民信贷基金资产负债表核心数据

近年来，中小企业零售业务明显受到全球经济下滑的影响，中央基金的资产负债表情况与上图所示有所不同，并且不太乐观。自2001—2007年，中央合作基金出现积极增长，与人民信贷基金的增长模式非常相似。但2008年成为一个转折点。贷款增长率在2007年高达48.6%，但在2008年完全停止；存款增长率从58.4%下降至13.8%。逾期贷款（大于1天）比率从1.3%上升至3.1%，ROA从0.43%轻微下跌至0.37%，但ROE从9.8%大幅下降至4.6%。为了将中央合作基金转化为合作银行，有大量的资金投入其中，CAR从10%激增至31%。

中央合作基金服务的两类客户对全球金融危机的反应各有不同：人民信贷基金在中央合作基金的存款增加而贷款减少；企业和个人的存款减少而贷款增加。2008年的危机对中央合作基金财务状况的影响显而易见，但影响仅限于当年。2008年之后，增加率开始回升，虽然仍低于危机前水平（Seibel和Tam，2010、2012）。图21显示了1995—2013年中央合作基金/越南合作银行资产负债表的核心数据。

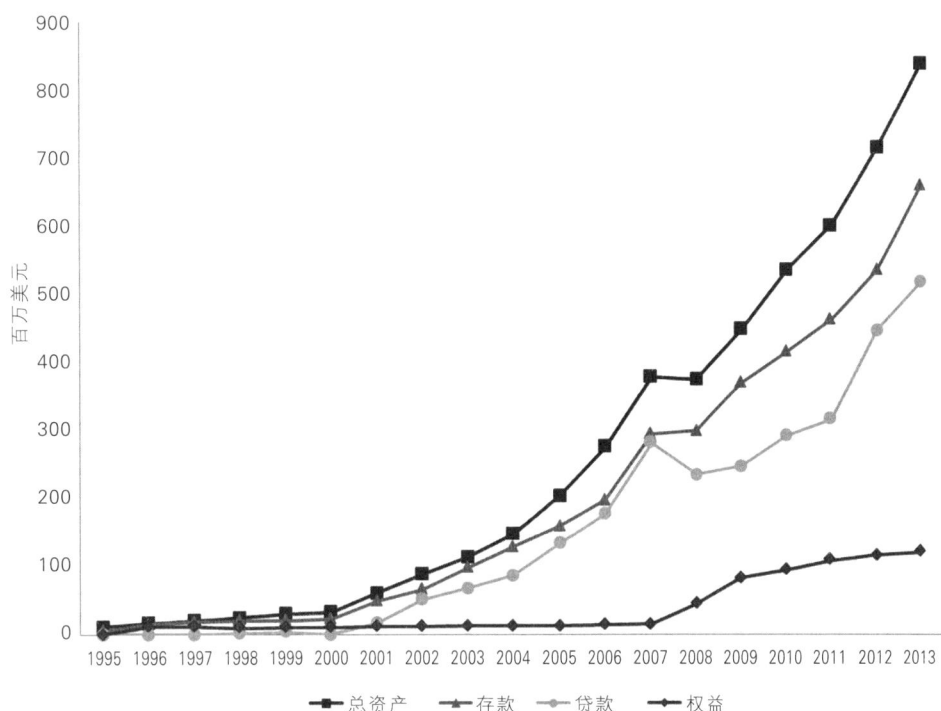

图21　1995—2013年中央合作基金/越南合作银行资产负债表核心数据

2.4.5　结论

综上，印度和越南这两个对比案例表明，金融合作社的世界非常复杂——一个极端是成功的自助运动，另一个极端是失败的国家支持体系。关键点在于政府的角色——更具体而言，它是侵入性的还是支持性的：国家是否提供了有利的经营环境，还是接管了体系的运作？正如越南的例子，中央银行作为规范和监督机构，可以发挥至关重要的作用，严格监督合法机构执行法律法规和相关准则，坚持储蓄型自我管理和良好的表现，同时保护它们免受国家的不当干预。相反，1934年通过的《印度储备银行法案》中，包含了为合作信用体系提供资金的条款，使国家可以拥有信用合作社的所有权，也可以参与信用合作社的运作和治理，这导致了整个运动的衰落。

然而，两者的对比也不像看起来那么简单。鉴于两国的历史截然不同，信用社在印度和越南的发展环境也有显著差异。20世纪30年代初，印度信用合作社体系起步良好，沉浸在大规模的成长和成功之中。但到了20世纪后半叶，各州及其行政人员和政治家接管了这个行业，造成了行业的衰落。改革是否有利于部门的可持续发展还有待商榷。同样，20世纪90年代的自助组织一开始作为非正规金融合作社，也取得了良好的发展，但现在越来越受到政府的干预——主要体现在利息和贷款豁免，或在竞选时承诺此类豁免；大量补贴和资金投入进去，以牺牲内部资源调动为代价；还忽略了村级活期储蓄。印度决策者几乎没有从信贷合作社运动的失败中吸取经验教训，无论是在合作部门的改革方面，还是在自助组织以及其第二个20年计划方面。

越南是幸运的，因为在20世纪80年代计划经济和信用合作体系崩溃后，越南一切从头开始。在20世纪90年代，政府、中央银行和信用合作社的领导者都从越南及其他国家的历史中吸取了经验：储蓄资金和自筹资金，自我管理和自治；从一开始就要进行适当监管、有效监督并严格执行标准；同时，在国家层面建立有效的联合会和网络。在技术援助的支持下，越南吸收了德国合作社运动的经验，并将之很好地应用到实践之中：不是盲目复制"德国模式"，而是使它更适应社会经济和越南政治环境。①

没有几个发展中国家能够明智地做到避免采取不当的政治干预，而仅选择通过中央银行的信用合作体系进行监管和监督。

2.5 小微金融银行

2.5.1 什么是小微金融银行，为什么它们很重要

小微金融银行如同银行一样，是获得经营许可的金融机构，受监管当局的规制和监管，并且可以获得中央银行的信贷额度。它们与其他银行的主要区别在于目标客户群及其服务范围。与大多数成熟的银行相比，小微金融银行的主要信贷客户不包括大中型企业，也不包括在正规部门就职的富裕个人或在现代经济领域经营的个体户，而是那些在大多数情况下难以获得银行贷款的个人和企业。至于存款客户的服务方面，小微金融银行也很专业化，但具备更加广泛的目标，它们能够动员所有部门或部分群体的存款，以便把这些资金转化为小企业和相对贫困人口的贷款。

不同于传统开发银行的是，小微金融银行是"为所有人服务的全能银行"，它们为客户提供存款、贷款、国内外资金转账和支付，以及其他各类附加服务；所以，小微金融银行是真正的金融机构，因为它们吸收存款并发放贷款。

一些小微金融银行将自身的目标客户清晰地定位于那些难以从正规金融部门获取服务的人群。另一些小微金融银行则以更加广泛的客户为导向，为相对贫穷的客户和小微企业提供服务只是它们的业务领域之一。在后者这类机构中，小微金融业务是由某一特殊部门组织的。在这种情况下，我们只专注于对小微金融部门或分支的探讨，实际上是把它作为一家独立的小微金融银行来处理，如印度尼西亚人民银行（BRI）的小微金融部门。此外，乌干达的百年银行（Centenary Bank）曾多次改名，最初只专注于小微金融，后来客户更加多元化，增加了对中小企业的融资。仅从事很小一部分小微贷款业务的其他银行，这里暂时不做介绍。在许多情况不明确的条件下，判断一家银行是否属于真正的小微银行并不是一件容易的事情。

---

① 也许是时候将PCF、CCF/CoopBank、VAPCF和SBV联合起来，共同建立一个国际访问者计划——当然，这个计划要在自立和可持续的基础上运作，由参与者支付成本费用。

本节研究展示三个小微金融银行的案例，三家银行都是体制转型过程中的产物。乌干达的百年银行（Centenary Bank）于 1985 年开始以"信托基金"的模式运作，拥有有限的银行牌照。它在吸收存款方面做得不错，但其贷款业务却十分糟糕。ProCredit 银行于 20 世纪 90 年代开始运营，现在已经在东欧、非洲和拉丁美洲等地区的 20 个国家开展业务，主要依靠捐助者和投资者的资金，从一开始就表现良好。为了防止投资者对其商业政策施加不利影响，同时也为了回应小微企业贷款人的呼吁，ProCredit 银行在 21 世纪初推动了其存款组合的多元化，创造了可贷资金来源的快速增长。它们现在是独立的金融中介机构，其扩张主要不是依靠存款或贷款的单方面增长，而是源自这两项业务共同增长的推动。1969 年，BRI 开始建立由国家预算拨款的网络，用来对农业信贷单位进行补贴。然而，机构的数量越多，表现就越差。直到 1983 年，情况已经恶化到 BRI 开始考虑关闭它们或者进行改革。

在这三个案例中，技术援助都发挥了关键作用。1993 年，百年银行的所有者——乌干达的天主教会，决定将该机构转变为商业银行，但这一转变并没有改善其经营状况。德国储蓄银行国际合作基金会（SBFIC）和法兰克福国际项目咨询公司（IPC）共同开展了一场真正的实质性变革，帮助百年银行成功转型。IPC 为员工和借款人提供了高效的个人借贷方法、管理信息系统（MIS）和有力的激励措施。

ProCredit 银行作为 IPC 的产物，在拉美和非洲小微金融机构的重新设计和定位方面获得了初步经验。在过去 20 年里，IPC 培训了大量的管理和操作人员，他们中的许多人此后在 ProCredit 银行担任了关键职位，但有大量的人员最终选择在其他地方继续建立、重组或经营类似的小微金融机构。

在 BRI 的村级机构升级转变为具有商业利益的小微银行机构的过程中，哈佛国际发展研究所（HIID）提供了非常大的帮助，它帮助 BRI 设计了两种非常成功的金融产品，均以商业利率为基础。其中一种是储蓄产品，其实际回报率为正数，取款无限制，同时每月提供极具吸引力的、带有彩票性质的奖品。另一种是完全普惠性、非针对性的、简单的信用产品，向所有人开放并且可以用于任何目的，贷款金额从 3 美元到 5 000 美元不等。这两种产品使得小微银行机构发展成为发展中国家规模最大、最成功的全国性小微金融网络。在 1997—1998 年亚洲金融危机时期，印度尼西亚银行业（包括 BRI 的其他地区）崩溃时，正规小微银行具备普惠性的存款业务和贷款业务拯救了 BRI。截至 2016 年，BRI 是表现最佳的第二大银行。

以上三家银行机构采用的都是个人贷款技术。也就是说，它们没有采用格莱珉银行和众多新型小微金融机构所用的团体贷款方法。此外，它们为商业客户提供从微型企业成长为中小型企业的贷款机会。这三家机构都是完全普惠性的，没有性别歧视，也不歧视穷人。

我们认为，这三个案例展现了小微金融的发展进程和新兴市场的未来。实际上，它们指明了通往机构发展新阶段的方法，类似于德国从 19 世纪的非正规和半正规机构到现代商业存款与合作银行的过渡，其拓展方向是综合性的和真正普惠性的。

2.5.2 乌干达百年银行：将信托基金转换为小微金融银行

起源与转型

乌干达百年银行是一家杰出的、提供小型储蓄服务和中小微企业金融服务的供应商，它从信托基金转变为商业银行经历了三个阶段。第一阶段，它从一家持有有限银行牌照的亏损基金转变为完全持牌的商业银行，作为小微企业金融服务的提供商；第二阶段，该银行通过在其产品系列中增加农业融资来实现投资组合的多元化；第三阶段，为了提高其广泛性和可持续性，它演变成中小微企业金融服务的提供商，增加了面向中小企业的金融产品。百年银行的成功归功于一项创新：在储蓄型金融机构中引入现金流量型贷款。这项创新在20世纪90年代的德国和非洲储蓄银行伙伴关系的框架内得到了技术援助的支持，后来由德国技术合作署（现在的德国国际合作署）赞助、法兰克福国际项目咨询公司实施的一项机构强化项目提供了进一步的支持。百年银行已经成为发展中国家许多地区效仿的模板，因为它证明了：

- 调动农村和城郊地区小额储蓄的可行性
- 将农村金融机构转变为银行的可行性
- 机构可持续发展与拓展低收入人群服务相一致
- 基于现金流量的中小微企业贷款的可行性
- 农业金融的可行性

从效率低下的信托基金转变为高效率的商业小微金融银行

1983年，乌干达全国教徒委员会（the Uganda National Council of the Lay Apostolate）——一个天主教组织，成立了一个名为百年农村发展信托（Centenary Rural Development Trust）的小微金融机构，持有有限银行牌照。它的宗旨是"为所有的乌干达人民，尤其是农村地区的乌干达人民提供适当的金融服务，特别是小微金融服务"，用现在的话来说，就是普惠金融服务。机构自1985年开始运营，在吸收存款方面取得了成功，但是令借款人错误地认为其贷款是一种慈善行为，取得了戏剧性的结果："（该机构）目前的业务遭受巨大损失，其贷款组合是最没有价值的一部分资产，其员工没有技术专长，其组织管理很差，长期人浮于事。"直到1993年，如果不是德国技术援助组织帮助解决了这些问题，中央银行将会关闭百年信托（Schmidt, 1998）。

为实现深化改革的政治意愿，行业内需要一个领头人。在1989—1990年创始成员之一成功说服了一个非专业人士委员会，以实现将百年信托转变为全方位服务的商业银行的使命，同时，法兰克福国际项目咨询公司引入的德国储蓄银行国际合作基金会也同意提供技术援助。

作为开始的第一步，1992年12月，信用信托获得了百年农村发展银行名下的新牌照。这之后的五年内，在德国多渠道的技术援助和股权投资的支持下，该银行转变为兼具可持续性与普惠性的银行服务提供商。

第二步着重于组织结构调整和贷款技术。机构有了新的首席执行官；董事会成员退休；更换分行经理和信贷员；额外雇用信贷员；对所有员工进行系统的培训，对现有员工实施严格密集的再培训。

百年银行在存款动员方面一直非常成功。但最初的贷款业务并非基于任何形式的连贯系统，坏账率高得可怕。管理层和国际项目咨询公司在提供个人小微贷款的基础上建立了新的贷款制度，遵循五项基本原则：

• 提供商业贷款给个别企业，而非团体。

• 现金流量贷款基于家庭分析和现有（而非预期）的偿还能力。

• 接受各种非传统形式的抵押物，如没有所有权的土地、牲畜、家居用品、商业设备和个人担保。

• 还款记录良好的借款人分级制度，使他们可以获得更好的信贷条件和更高的贷款额度。

• 计算机化的贷款监测和控制，对于借款人进行后续跟进、员工绩效分析、激励和准备金补给至关重要。

激励是制度实施的重点，主要是：

• 将分行转变为利润中心。

• 主要根据其组合内的还款率（占75%的权重）对员工的个人绩效进行评级，奖金占信贷员薪酬总额的45%。

• 按1到5对客户进行打分，为优质客户提供规模更大、期限更长并且利率更低的贷款。

在出借管理中，管理逾期贷款和预防贷款损失至关重要。百年银行的金融技术中，最有效的系统是贷款跟踪和及时回收行动，该系统涉及借款人、信贷员、分支机构和总部。系统运行的要素包括：

• 基于在线管理信息系统实时数据对日常的贷款进行跟踪。

• 零容忍政策和及时回收行动。

• 进行分行层面的绩效监控，由首席信贷员接收管理信息系统的数据并提交给分行经理，后者负责审核每位信贷员的表现。

• 翌日早上向总部提交数据，提交给包括首席执行官在内的所有管理人员。

• 直接沟通，在分支机构和总部之间设有直拨电话。

• 对信贷员的激励，如果逾期贷款不超过组合的5%，给予加薪。

• 客户奖励和处罚。

百年银行的政策实施后，结果是令人惊叹的：在实施捐助者支持的改革后，它成为一个独立经营、自负盈亏的金融中介机构，并一直持续至今，这表明农村银行改革在非洲是可行的。1998年，在德国储蓄银行国际合作基金会和法兰克福国际项目咨询公司的合作结束后，这家曾经亏损的机构实现了惊人的4%的ROA和49%的

ROE[1]。截至 2000 年 12 月 31 日，百年银行的贷款总额已上升至 1 000 万美元，借款人数为 18 411 人，其中小微借款人占总数的 99%。小企业贷款仍然是银行的主要信贷产品，占 85.5%。

积极的储蓄动员仍然是百年银行的标志。截至 2000 年 12 月 31 日，百年银行共有 236 812 个存款客户，其存款余额为 2 880 万美元，是 1998 年 1 460 万美元存款的近 2 倍。可提取存款模式使得家庭能够积累金融资产、自筹资金投资，同时又保护其免受不均衡现金流的不利影响，这些优势创造了巨大的存款需求。百年银行利用三种产品来满足这一需求：存折储蓄（占所有存款的 2/3）、活期账户和定期存款。

可持续性和农业金融服务的拓展

德国储蓄银行国际合作基金会的项目结束之后，引进农业贷款是百年银行业务向外扩张的第一步，法兰克福国际项目咨询公司继续提供技术援助。1998 年 7 月，百年银行在姆巴莱开设了一家新的分支机构 Mbale，作为"实验基地"来测试农业贷款的可行性。两年后，2001 年 6 月，该分行服务的存款客户数量已达 13 853 个，贷款客户数量已达 2 646 个，存款总额为 970 万美元，贷款余额为 1 160 万美元，存贷比为 120%（LDR）。这使得 Mbale 成为独一无二的分支机构，因为它是一个存款赤字单位。Mbale 的贷款逾期率为 1.5%，其农业贷款的逾期率更低。到 1999 年 2 月，Mbale 已经达到盈亏平衡点，此后开始盈利，员工获得最高额的绩效奖金。和所有分支机构一样，Mbale 每年由内部审计师审计三次，由分部运营主管和总部信贷主管审计两次，由外部审计师和中央银行审查员审计一次[2]。

Mbale 的成功表明，百年银行（和法兰克福国际项目咨询公司）的方法（包括谨慎的员工选择和全面的培训，主要侧重于农业贷款；整体贷款评估要将整个家庭的现金流和偿还能力纳入考虑；通过及时回收行动严格执行还款约定，为发布及时还款信息的计算机系统提供技术支持；强大的员工和客户激励机制）也可以在农业信贷领域发挥作用。截至 2011 年，百年银行的农业贷款达 2 650 万美元，占未偿还贷款总额的 12.3%。[3]

克服质量和生产效率的两难困境：从微型金融到中型金融

在德国储蓄银行国际合作基金会合作项目结束后的最初几年，恰逢乌干达整个银

---

[1] 从某种意义上说，极高的 ROE 反映了早年亏损所导致的极低水平的股权价值。由于此后股权价值迅速增长，此后几年再也没能达到这一 ROE 水平。2012 年，百年银行以风险加权资本为基础的资本充足率为 25%，股权价值不足的问题不复存在。

[2] 百年银行审计活动的强度和频率是一系列涉及多个分支机构的早期欺诈案例的结果。这些案例在当时是由法兰克福国际项目咨询公司在百年银行的一位咨询师负责的，他是马里人，毕业于德国大学。如果顾问团队里没有这种不寻常背景的个人，那么发现违规行为的可能性很小。他后来在世界银行工作，现在在华盛顿拥有并管理着一个蓬勃发展的金融咨询公司——这是法兰克福国际项目咨询公司培训众多员工的一个例子。如前所述，他们后来在小微金融领域也发展得很好。

[3] 详情参阅 Seibel 和 Almeyda，2002、2003b；Centenary Bank，2012；Nsibambi，2011、2012。

行业面临重大挑战的时期。百年银行的贷款规模仅略有增长：该银行的贷款业务只能吸收其稳步增长的流动性的一小部分，存贷比从57%下降到36%。有两个原因：从内部来看，制度重新设计和重新定位的过程看重的是投资组合质量而非数量；从外部来看，乌干达受到高通胀和银行业危机的冲击，多家银行倒闭，迫使其余银行开始限制贷款，同时继续动员存款。为了应对通货膨胀，中央银行通过发行利率高达31%（在2001年的实际利率为25%）的国库券来吸收市场上多余的流动性，这使得银行更多地购买国库券而非发放贷款。

2002年，情况突然发生转变，国库券的回报率一度下降到3%~5%，而创纪录的高收成导致了农产品价格的暴跌。百年银行彼时迎来了新的首席执行官，准备好从单方面强调质量转向提高生产率并确保贷款质量的政策，即关注投资规模的增长，同时继续严格地执行还款政策。这只有小额贷款才能实现：它需要的多样化意味着增加中小企业贷款，从而带来更大的增长和更多的就业机会。因此，21世纪早期标志着该机构转型过程的新一阶段的开始：从微型企业服务银行转为微型、小型、中型企业服务银行。

在2002年上半年，百年银行改变了贷款战略。首先，它改变了激励模式，赋予了生产率更高的权重，生产率的衡量使用的是贷款总监和分行经理的贷款总额。其次，它推出了三种新的信贷产品，涉及金额均高于2000年和2001年600美元的平均贷款规模：平均住房贷款1 600美元，平均工资贷款2 100美元，以及中小企业贷款至少8 000美元。

百年银行的中小企业贷款引发了有关微型企业和中型企业金融的问题，以及利率和生产率的相关差异。百年银行在20年的发展历程中，已经注意到，一些借款人——不富裕的创业者——最终将其业务发展为中小型企业，需要更多的贷款，同时也如微观经济理论所说，这会伴随着边际生产率的下降。因此，申请或可能申请贷款的大多数中小企业无法支付初始贷款48%的实际利率和后续自动贷款30%的年利率。基于此，百年银行引入了一个新的种类：利率不高于22%的商业贷款（2002年的优惠利率为16%）。

在不到一年的时间里，效果立竿见影且令人惊叹，与那些担忧"使命漂移"（mission drift）的人的预期截然不同：如今的商业贷款组合已经包含了几百个中小企业商业贷款。在乌干达大多数银行遭遇困难的一年里，这帮助百年银行得以维持其盈利能力。可持续发展与扩张之间的矛盾远没有形成，这使得在2002年以前，银行以空前的速度扩张，借款人数增速为44%，贷款规模增速为63%。同时并没有发生"使命漂移"：即使大量借款人从微型框架中退出并接受更多的贷款，鉴于该机构服务的借款人总数大量增加，99%的信贷客户继续留在微型框架中。

百年银行对其投资组合继续多元化。截至2011年，微型、小型和中型企业贷款占到贷款总额的45.2%，其中包括小额贷款（15.6%），商业或中小企业贷款（29.6%）。工资贷款占27.4%，农业贷款占12.3%，住房改善贷款占9.4%。贷款规模从 40 美元到 60 万美元不等。在其网站[1]上，百年银行将其信贷产品分为三大类：商业贷款（8 个产品），消费者贷款（7 个产品）和特殊贷款计划（6 个产品）。该银行投资组合的管理情况良好：不良贷款率目前为 2.4%，坏账率为 1.1%。所有产品的不良贷款率（>1 天）在 2.0%（家庭贷款）和 2.9%（小额贷款）之间，幅度相对较小。农业贷款的不良率为 2.7%。这充分表明，百年银行的个人贷款技术可以成功应用在这个被许多人认为风险太高不能由银行提供可持续服务的部门之中。

在其 30 年的历史中，百年银行已经发展成为一家经营业绩良好的银行，拥有多元化的资产，从一开始就有强烈的社会责任感，其推广重点是农村的小微金融。截至 2012 年年底，百年银行拥有 58 家分支机构，130 台自动柜员机（ATMs）和超过 130 多万个客户，自称是"乌干达领先的小微金融商业银行"，总资产达 4.179 亿美元，未偿还贷款净额为 2.074 亿美元，存款规模为 3.047 亿美元，股权价值为 7 610 万美元。百年银行的成本收入比为 71%，坏账率为 1.1%，盈利能力很强：税后 ROE 为 30.3%，ROA 为 5.3%，资本充足率（二级）为 26.9%（2012 年）[2]。存款和股本是其自力更生的支柱，两者占 2012 年资产负债表总额的 90.1%。百年银行仍然是一家存款驱动型银行，主要面向小型储户，银行存折储蓄占总负债和股东权益的 52%，活期账户为 14%，定期存款为 8%。百年银行不接受其他银行或国际开放性金融机构的资金——这些是其他许多小微金融机构重要的资金来源。

在 2000 年至 2011 年间，百年银行通过不断扩大信贷覆盖范围，大幅度缩小存款和贷款余额之间的差距。以相应的美元即期汇率表示，存款增长了 10 倍，而未偿还贷款则增加了 20 多倍，结果相当于存贷比提高了一倍多，从 36% 上升到 74%。百年银行利用其部分利润来支持医疗、教育和环境保护方面的社会项目，作为其承担企业社会责任的一部分。

小结

百年银行提供的存款、信贷和汇款服务是非歧视性的，无论男性还是女性，主要集中在低收入人群。与乌干达其他机构相比，它通过坚持贷款回收和成本覆盖搭建起了可持续的银行业务，并吸引更多的农村地区客户。由于最低存款额度是 5 美元，最低贷款额度是 40 美元，所以进入门槛较低。约 3/4 的存款和贷款都在农村地区。百年银行在 1983 年成立为信托基金，实践证明，它善于动员存款，但作为贷款机构表现欠佳。1990 年，董事会成员之间达成了共识，一致认为必须进行根本性的改革，改革措施的执行使得信托基金于 1992 年 12 月转变为商业银行。在德国和非洲储蓄银行伙伴关系的框架内，在分析家庭总收入和活动的基础之上，这家新转型的银行引入了贷款技术——由激励驱动的重复贷款制度、综合灵活的贷款安全要

---

① 2011 年年报，http://www.centenarybank.co.ug。
② 2012 年年报，http://www.centenarybank.co.ug。

求、由管理信息系统提供的及时回收行动、计算机化的日常贷款跟踪以及强大的员工和客户激励。同样的方法也适用于农业金融。贷款技术在整个机构中的成功实施和一致应用使得百年银行成为非洲农村和农业银行改革的旗舰（Seibel，2003b），并将可持续发展与对农村和城郊低收入人群的拓展相结合。在这一阶段，银行的重点是小微企业融资。

21世纪初标志着机构重新定位的新时期的开始：将小微企业服务银行转变为微型、小型、中型企业服务银行，中型企业贷款被添加到产品系列中。在20世纪90年代，为了解决贷款逾期的问题，百年银行引入了奖励投资组合质量（即高还款率）而非生产率（即投资组合增长）的员工绩效激励制度。这导致了很高的还款率，但同时由于非常积极的存款动员，借款人拓展效果不好且流动性过剩日益严重。针对于此，银行通过改变激励政策来解决质量和生产率两难的问题——在维持高还款率和增加投入之间找到适当的平衡。

百年银行的改革成果令人瞩目。它的经验表明，将小微金融机构转变为商业银行及其后续的调整和重新定位，在非洲都是可行的，不会导致"使命漂移"的出现。通过其成功的演变和转型，百年银行证明了自力更生的可行性，即通过存款动员以及兼顾服务中小企业、中型企业甚至初创企业融资来实现。

在非洲和其他地区，越来越多的银行和吸储型小微金融机构发现自己的情况与百年银行所面临的情况十分相似。存款客户和借款客户的拓展、存贷款余额的快速增长，都可能导致其中许多机构资金短缺，因为资本往往比存款增长更慢。在这种情况下，捐助者可以提供帮助：投入股本或准股本，而不是以信用额度的形式提供资金，那些资金会被当地的小微金融机构用于贷款计划。

2.5.3 BRI的小微银行部门：奇迹还是良好的小微金融实践？

该则案例研究涉及的是拥有上百年历史的BRI的小微银行部门。它们于1969年成立，成为国家信贷资金分配的渠道，并于1984年转变为商业金融中介机构——2000年，在改制之前的16年里，BRI旨在解决银行面临的亚洲金融危机遗留的严重问题。在更广泛的背景下，小微银行部门的转变须被看作印度尼西亚国有农业发展银行改革历史的一部分，也是BRI转变为商业银行（后期在2003年实现部分私有化）的一部分。以下讨论将会努力、准确地解释小微银行部门的转变及其取得巨大成功的原因。同时，还将尽力阐明使得这些小微银行部门能像储蓄主导型商业小微金融机构那样发挥作用的关键因素，并因此成功渡过了1998年的亚洲金融危机与随之而来的BRI的瓦解，以及随后2008—2009年度的全球金融危机。

BRI：危机与改革的历史

全球化、贫困和危机为印度尼西亚人民的信贷体系的产生提供了动力。在19世纪的最后几十年里，一些因素对农村人口持续产生了不利的影响，使其日益陷入贫困：1870年之前，种植园都在强制招募劳动力；1870年土地法通过后，荷兰殖民政府向欧洲和中国资本开放其农村部门，使得该部门受到全球市场波动的影响；种植经济扩张造成土地短缺；1884 年全球商品危机导致印度尼西亚农业投资银行业崩溃；同时，当地的农村人口对中国和阿拉伯放贷者的负债不断增加。正如 19 世纪的欧洲各国一样，高利贷及其引发的广泛债务被视为贫困的主要原因——因此，这被视为一种社会和政治问题，会威胁到荷兰殖民体系的社会稳定。在 20 世纪前半叶，印度尼西亚创建了大众信用体系——今天被称为"普惠金融"——似乎成了万灵丹，但如何最好地实现这一目标也被热议，讨论的焦点集中在诸如社会银行与商业银行、集中与非集中机构、补贴与商业信用以及政府依赖与自力更生等问题。

这是 BRI 出现的历史背景，在政策争论中占据了核心地位。BRI 起源于名为"拉登·贝·阿里亚·维贾特-马贾"（Raden Bei Aria Wirjaat-madja）的管辖地，他是 19 世纪末爪哇岛中部 Bayumas 地区的副摄政王。1894 年，他自己掏钱借给了一位老师，帮其偿还一笔高利贷；1985 年，他创办了 De Poerwokertosche Hulp en Spaarbank，这是一家信贷储蓄银行——印度尼西亚第一家合作金融机构，在 1897 年成为会员制的人民银行。之后，1895 年 12 月 16 日被认为是 PT BRI 的成立日期。该机构为印度尼西亚人民和欧洲人民提供现金或实物形式的储蓄产品和信贷产品，并发展成为 20 世纪初创立的分散化小微金融机构信贷系统的典范。到了 1913 年，该机构已经有了 75 家地区银行，12 424 家"稻田银行"（lumbung desa）和 1 336 家货币银行（bank desa）。1934 年，该体系的中心顶层机构——Algemeene Volks-credietbank——成立了。经过多次转型和名称的变更之后，该体系最终演变为 BRI，后于 1986 年重新成为商业银行，其任务还包括：为促进农业部门和农村发展的国家政策提供信贷支持。根据殖民时期的二元经济概念[①]，BRI 具有双重功能：按照信贷推广标准为中小企业提供一般性商业贷款，同时，为小型、微型企业提供特殊贷款计划。1968 年后，政府和捐赠机构的大量补贴信贷计划日益占领 BRI 的议程。[②]

BRI 部门的改革和调整：从信贷补贴到储蓄型自力更生

1969 年，BRI 被指定为农业信贷补贴计划的唯一执行银行，其目的是确保本国在稻米生产方面的自给自足。中央银行提供流动性，由国家保险公司提供信用保险。BRI 建立了一个乡村单位网络（unit desa）作为交付渠道。此后，乡村单位的数量迅速增长，从 1969 年的 18 家增加到 1970 年的 537 家，1973 年增加到 2 131 家，1982 年增加到 3 617 家。对于借款人而言，获得补贴信贷的实际好处非常有限，这主要由以

---

① 在殖民时期的二元经济概念下，现代的出口导向型经济部门与更传统的、往往以农业为基础的部门并存，以满足当地需求。

② 详情参阅 BRI（1995）、Patten 和 Rosengard（1991）、Schmit（1994）、Seibel（1989、2009：27-31），Robinson（2001）。

下几个因素导致：出借人转移到借款人时的交易成本、烦琐的程序、贷款目标限制为农业生产、经常拖延付款、信贷员非法索要额外费用（这又反过来阻止了他们的还款）。在没有偿还激励的情况下，违约率飙升至50%以上，导致了严重的损失（Kuiper，2004；Robinson，2004）。

1982年，石油价格的下降导致印度尼西亚农村金融政策开始调整。针对石油出口收入的损失，政府开始放松管制，将农村金融从供给驱动型转为需求驱动型。1983年制定的政策措施包括：完全放松利率管制，取消信贷上限并减少中央银行的流动性供给。这导致BRI的各单位终止了支付，使得印度尼西亚最大的农村信用交付网络（雇用员工占BRI的45%）的未来前景置于风险之中。BRI只有两个选择：关闭或者改革。

1983年8月，BRI迎来了新的管理层，在财政部长的鼓励下，新管理层选择了后者——改革。在哈佛国际发展研究所的技术指导下，他们设计了一个新型系统，将村级单位转变为商业小微银行部门，这些单位拟于1984年2月投入运作。

在新制度下，各商业小微银行部门脱离了分支机构，被置于一个新的独立的行政结构内。这些单位的规模仍然很小，标准定员4人，可拓展到11人。变化是，它们成为自我维持的利润中心，为其工作人员提供实质性的利益分配激励机制，但规定如果逾期数量超过5%，单位经理将失去其贷款权限，他们的职业前景也会受到影响。这些单位的地点从水稻种植区转移到了商务活动中心，大多数情况下位于BRI的分部（kecamatan）中心，为农业和非农业人口提供金融服务；不再具有盈利能力的单位将被关闭，或降级为服务岗位。区域中心大规模采用了培训和再培训的措施，不再以政府或捐助者支持项目的方式参与；贷款业务仅由分支机构处理。

在细分市场的层面，商业小微银行部门偏离了之前以商品为导向的方式，将重点放在农民、作物农业和季节性贷款等方面。在新制度下，贷款范围扩大至任何信誉良好的人和任何信誉良好的创收活动，如小额贸易、农业投入品贸易、生产服务、小农农业、园艺、小型种植园和牲畜、消费者信贷等。商业小微银行部门开始采取积极主动的策略进入市场：任何储蓄并能偿还贷款的人都是潜在客户，但没有强制性的储蓄要求，也没有针对性的贷款活动。

在产品层面，商业小微银行部门的信贷偏好倾向于转为平等看待储蓄和信贷创新。此后，这些单位还增加了汇款、支票结算和账单支付服务，且允许在全国任何一家小微银行部门的提款都不会受到限制。当客户遇到迫切需要资金的紧急情况时，这将使客户可以利用他们的储蓄而不是免于债务。根据小微储蓄和小微金融的交易成本情况，小微银行部门设计并采用了两种新的商业产品，其利率与当前市场利率一致。一款新产品名为"Simpedes"的农村储蓄产品，提供无限次的提款和每月的公共活动概率抽奖福利活动，并会补充需求品、定期存款和其他储蓄产品。在13%的毛利率中，存款者将获得11.5%，剩下1.5%被投入到奖励基金。除了亚洲金融危机期间外，印度尼西亚的通胀率都保持在个位数，因此拥有正向的实际回报率。事实证明，"Simpedes"产品非常受欢迎，是一种非常有效的资源动员工具。

另一款新产品是名为"Kupedes"的非针对性普通信贷产品，向所有人开放并且可用于任何目的。从银行的角度来看，这种产品的意义在于可以通过单一产品更好地实现贷款组合的多样化。贷款规模最初低至仅3美元的水平①，最高可达5 000美元的金额。"Kupedes"贷款的特点包括程序简单、期限短、每月分期付款、灵活的抵押品要求、及时还款激励、按时完全还款后的重复贷款以及市场利率。贷款利率为每年44%，及时还款会减去11%，绝大多数借款人的净实际利率（即按时支付的95%~99%）为33%，足以支付所有成本和风险。随着规模和效率的逐步提高，利率随着时间的推移开始下降。到2008年，期限和条款变得更加灵活；考虑到及时还款可享受折扣，有效年利率介于16.5%和24.75%之间。在名义上介于7%和15%之间，具体视贷款规模而定。折扣成为按时还款的强大动力。拖欠率（≥1天）在1984年的水平为5.4%，至2005年，降到了略高于1%的水平。除亚洲金融危机时期外，贷款账户数量每年稳步增长，在2012年达到550万个，未偿还余额达110.4亿美元②。

一开始，所有Kupedes贷款中都包含强制性贷款保障人寿保险，即使死亡也能覆盖未偿还余额。2009年，测试提供医疗保险可行性的试点计划成功实施之后，BRI开始向所有Kupedes贷款额度超过1 000万印度尼西亚盾（约1 000美元）的借款人及其家属提供医疗保险。每位投保人一次性的保险费为50 000印度尼西亚盾（5美元），在贷款发放时支付③。

BRI部门在转变为小微银行服务提供商后，其资金来源有三个：（1）政府在1984年注入1.96亿美元作为启动流动资金，至1986年已全部用完；（2）世界银行贷款1.02亿美元（1987年技术援助500万美元，1989年转贷9 700万美元，但由于各单位流动性过剩而重新分配）；（3）储蓄存款。到了1986年，小微银行部门已经开始盈利，在1988年和1989年其盈利均占BRI总净收入的30%。与此同时，一项研究表明，小微银行部门对妇女获得信贷以及扶贫方面产生了显著的积极影响（Yaron，1992）。

1989年，小微银行部门在调动储蓄和未偿还贷款之间找到了平衡，并开始产生剩余流动性。从那以后，该部门一直在自力更生和独立发展，因为它可以自己组织资

---

① 2004年，Robinson（2004，12）报告最低贷款额度为25美元。现在很少出现低于100美元的贷款。

② 未偿还贷款平均余额从1985年的197美元增加到1990年的389美元，1995年进一步上升至611美元，1998年印度尼西亚盾（IDR）贬值后在2000年下降到300美元的水平，2005年又攀升至700美元，并在2012年达到2 005美元。

③ 截至2010年4月，全部借款人中有40%参与了该计划。

源来资助贷款业务，并且持续获得利润。2007年至2012年期间，流动性盈余持续增长，每年的资金盈余均在20亿美元左右。1989年至2012年间动员的总资金（包括转移给分支机构的）达到325亿美元[1]，更加反映了各单位在存款动员方面所取得的显著成功，而不是局限在贷款业务拓展方面。

1991年，储蓄余额突破10亿美元，1993年升至20多亿美元，除亚洲金融危机期间有短暂下跌外，保持持续增长，在2012年达到131亿美元。部门净利润在2008年为5.64亿美元，在2012年约为9亿美元。因为部门的资源调动和盈利能力方面是自立的，为财务独立和免于政治干预创造了物质基础，而这些干预在1997—1998年危机期间对印度尼西亚其他银行体系产生了不利影响[2]。

快照41：小微银行部门的内部控制和监督

该业务条线的管理控制系统包括汇报等被动监督，以及现场检查和审计等主动监督。该管理控制系统包括五个组织层面的监督：

• 单位内部控制：

－分离职能以降低风险：现金交易（记录、现金保管、授权）；贷款处理（登记、信用分析、授权）；非现金交易（执行、检查、签署）。

－单位经理每日进行现场调度。

－单位经理每两年轮换一次，以防共谋。

• 分支机构，监管10~35个单位：

－每四个单位有一名内部控制员（从前任单位经理中选出）：每个单位在现场负责四天。

－微型企业经理或助理经理：每月在分支机构监督的各单位进行三至四次现场调度；根据汇报情况每月进行非现场调度。

－分公司经理：每年在分支机构监督的各单位进行一次现场调度并定期进行非现场调度。

• 区域办事处：

－对该地区的每个单位进行月度非现场调度，每年对样本单位进行现场调度。

区域内部审计办公室：

－每18个月对该地区的每个单位进行一次现场审计，必要时更频繁地进行。

• 总部小微银行部门：

－根据需要在个别单位进行现场调度；对所有单位进行月度非现场调度。

资料来源：来自BRI国际访问者计划的介绍，2008年12月。

---

① 使用相应的年末汇率计算。

② 详情参阅 BRI，1995；BRI reports，1990－2012；Kuiper，2004；Patten 和 Rosengard，1991；Robinson，2001、2004；Schmit，1991、1994/1999；Seibel 2009，Seibel 和 Rachmadi，2010；Yaron，1992、2000。

BRI 的小微银行机构实现了良好的增长，成为发展中国家最大的自我维持型小微银行体系，遍布印度尼西亚广大地区的 7 128 个网点：5 000 个单位，1 778 个子单位，以及 350 个移动单位（截至 2012 年的数据）。这些单位已经成熟，以至于 BRI 最近决定引入一系列创新：针对特定区域的需求开发量身定制产品；灵活的贷款期限，最长为六年，而不是之前的一年；最高贷款额增加到 10 000 美元，除储蓄和贷款外，还越来越重视银行服务；IT 服务作为人工客户服务的补充（所有单位现已完全线上化）；通过线上平台进行电子数据采集（EDC），使贷款人员能够在现场进行现金支付；以及一系列内部控制和生产线的监督管理系统（见快照 41）（BRI，1990—2012；Seibel，2009）。

亚洲金融危机期间的小微银行部门

1997—1998 年危机期间，印度尼西亚的货币崩溃了，该国的商业银行业也崩溃了。BRI 是破产银行之一，主要由于对大型企业贷款的失败导致。从 1996 年 12 月到 1998 年 12 月，美元计价总资产（大幅贬值后）从 144.4 亿美元下降到 42.5 亿美元，贷款总额从 112.3 亿美元下降到 54.1 亿美元。存款受到的影响不大，仅从 81.0 亿美元降至 53.4 亿美元。然而，股东权益已彻底消耗殆尽。事实上，截至 1998 年 12 月，该银行的权益为 −30.8 亿美元，低于两年前的 7.6 亿美元；收入（税前）从 1.4 亿美元降至 −33.1 亿美元（Seibel，2009）。

1996 年 12 月，危机前夕，4 000 个小微银行部门拥有 250 万个贷款账户和 17 亿美元的贷款组合，由 1 600 万个存款账户提供资金，总余额达 30 亿美元（包括 13 亿美元的流动性剩余）。因此，小微银行部门占整个银行贷款总额的 15% 和存款余额的 37%。更重要的是，单位的 ROA 为 5.7%，而整个银行的 ROA 为 0.7%。这些部门业务的广泛拓展加之稳固的财务业绩，使该银行在全球享有卓越的声誉；事实上，这些单位是如此广为人知且广受好评，以至于许多人认为该银行是一张小微银行网络。单位的声誉成为政府决心拯救该机构的关键因素，并让其重新承担作为微型、小型、中型企业服务银行的最初使命。

货币危机确实影响了小微银行部门，但整体而言是积极的。存款账户（由政府担保）的数量持续增长，从 1996 年的 1 610 万个增加到 1997 年的 1 810 万个，1998 年的 2 170 万个和 1999 年的 2 420 万个。在 3 个月的危机高峰期间——1998 年 6 月到 8 月，印度尼西亚受到干旱和金融危机的严重打击，小微银行部门新开设了 130 万个存款账户，还有 3.54 亿美元存款。危机期间，存款余额超过贷款余额的量比以往更大。许多捐助者愿意为穷人提供额外贷款，但与预期相反，从小微银行部门贷款的借款人从 1997 年的 260 万减少到 1998 年和 1999 年的 250 万——这不是由于资金短缺，而是源于许多客户怀有对未来的不确定性。

这场危机对还款的影响不大，证明了小微银行部门采用的激励措施的有效性以及借款人的抵御能力。还款是有所延迟的：不良贷款率（>1 天）从 1996 年的 3.7% 上升到 1998 年的 5.7%。但却与 BRI 形成了惊人的对比：对整个机构而言，不良贷款比率从1996年的10.6%飙升至1998年的53.0%。有趣的是，这反映了单位所服务的小额借款人的心理：他们在经历了1998年8月的危机高峰期之后，急于偿还借款，提前还款导致前所未有的拖欠比率为-0.21%，这是由于经济严重不景气，借款人担心他们未来可能无法偿还。在整个危机期间，BRI的小微银行部门仍然保持盈利。ROA几乎没有变化，从1996年的5.7%下降到1997年的4.7%，但在危机最严重时的1998年恢复到4.9%（Seibel，2009；Seibel和Rachmadi，2010）。

BRI的重组以及小微银行部门如何拯救整个银行

与1997/1998年危机期间蓬勃发展的小微银行部门形成鲜明对比的是，作为一家全能银行，BRI濒临崩溃。该银行的ROA从1996年的0.7%下降到1997年的0.1%，1998年大幅下降至-77.8%。最终，该银行的权益资本在1998年为-30.8亿美元，在1999年为-37亿美元。从严格意义上讲，BRI已经破产。

与印度尼西亚的大多数银行一样，无论是国有银行还是私营银行，BRI都可能被关闭或合并。如果不是因为小微银行部门，或者如果政府确实决定将这些部门转移到一个新的小微金融银行，该机构可能无法生存下去，而这正是我们讨论的选择之一。在亚洲金融危机之前、期间和之后，小微银行部门通过两种方式对银行的其他业务进行了交叉补贴：通过不断将部门利润转移到银行，以及将从村庄和街道调来的结余储蓄转移到区级分支机构。从1990年到2003年（BRI在该年上市）的14年间，小微银行部门的累计净利润达16亿美元，累计盈余流动资金达159亿美元。最终，这些部门拯救了BRI：它们为1999—2000年的BRI重组奠定了基础，从而为2003年进行首次公开募股提供了间接的支持。小微银行网络被誉为"小微金融革命最先进的例子"（Robinson，2001）和"亚洲农村小微金融的旗舰"（Seibel，2005），各部门的成功——它们自1984年以来一直出色的业绩、广泛的宣传、大量的训练有素的员工以及杰出的国际声誉——在调整资本结构的决定中发挥了关键作用。

1998年8月，政府决定重组BRI，并于1999年与国际货币基金组织合作，为该机构制定了复杂的业务重组计划（ORP），重点强调"良好的公司治理"。该计划包括BRI重新肩负起对微型、小型、中型企业贷款的历史使命，主要关注小微金融和小企业贷款，同时将企业贷款限制在整个投资组合的20%。2000年7月，设立了新的董事会和委员会，为2003年年底实施业务重组计划的各部分制定了具体的绩效目标和时间框架。新董事会成立后，BRI通过注入30亿美元的政府债券进行了资本重组。截至2000年年底，该银行已将其不良贷款率降至5%；ROA再次回归正值，达到危机前0.7%的水平；所有其他指标均符合该国央行——印度尼西亚银行的审慎要求。

2003年11月，BRI部分私有化并在印度尼西亚证券交易所上市，政府持有

59.50%的股本①。此后,该机构已成为印度尼西亚最赚钱的银行,拥有该国最大的贷款总额,拥有9 052个网点和4 200万个客户账户,以及最广泛的业务扩张活动。因此,目前的BRI被视为国有银行重组的杰出范例。截至2012年年底,其客户存款总额达451亿美元,未偿还贷款总额达360亿美元,权益为67亿美元;2000年的政府资本重组债券几乎全部偿还。不良贷款率为1.78%,净不良贷款率为0.34%,资本充足率为17.0%,税前ROA为5.15%,净ROE为38.7%。这类银行将其卓越表现归功于"一贯实施良好的公司治理原则以及运营效率"(BRI,2013a),诸如此类要点在每份年度报告中都有详细讨论(如BRI,2013:214-298)。

微型、小型、中型企业银行业务:普惠性融资渠道

经历了1997—1998年危机后,BRI能够生存下来要归功于小微银行部门的盈利表现。过去十年来,它的成功归功于其对城市和农村地区的微型、小型、中型企业银行业务的重视度,以及进行的彻底重组并大幅减少了企业业务。作为一家微型、小型、中型企业服务银行,BRI为其客户提供了无限的机会,以便其随着业务的增长获得更多的信贷额度和更广泛的金融服务。

1999年至2003年间进行的重组大大改变了BRI的投资组合构成。在此期间,企业部门的贷款减少了一半以上,而微小型工资支持或(对于小企业)收入支持的贷款从18.4%增长到54.4%。截至2012年,这两个业务部门几乎占了BRI贷款组合的一半——按时还款表现出色,不良贷款率(≤1天)分别为1.09%和1.60%。虽然BRI在其较大的中小企业贷款方面一直处于困境,但它在该细分市场已实现大幅整合,主要反映在投资组合中的小额商业贷款(最高达50万美元)的份额从1998年的42.9%降至21.7%。2012年,这一类别的不良贷款率下降至2012年的3.75%。而不良贷款率为5.1%的中等规模贷款(高达500万美元)是目前最具挑战性的部分。令人惊讶的是,国有企业的贷款(占投资组合的14.3%)没有拖欠,表明没有不当的政府干预。与此同时,私人公司贷款的不良贷款率(占投资组合的11%)降至1.0%——换句话说,这一细分市场已经从不良贷款方面表现最差,转变成为表现最佳者(见表14)。

全球危机期间的小微银行部门

2008—2009年是小微银行部门改革和重新定位的第25周年,也恰好是全球危机袭击印度尼西亚之际。因此,这些部门如何应对金融危机是值得研究的问题。截至2009年12月,BRI的小微银行业务部门管理的存款账户总数为2 120万个,低于2005年的3 220万个。数量下降的原因是非活跃账户销户了,但存款额保持了持续增长,从2005年的37亿美元增长到2008年的80亿美元,到2012年达到了131亿美元②。

---

① 首次公开募股的股票超额认购15.4倍。自2010年以来,政府的股权持有率稳定在56.75%;4/5的公众持股由外资企业所有,1/5是国内企业所有。

② 印度尼西亚盾(IDR)对美元的汇率从2007年年底的9 419IDR/USD降至2008年年底的10 950IDR/USD,到2009年年底恢复至9 400IDR/USD;截至2012年,汇率为9 670IDR/USD。

表14　　　按业务分部划分的BRI贷款组合和不良贷款率（≥1天），2012年12月

业务分部	最高贷款规模（美元）*	贷款组合		不良贷款率（%）
		（10亿美元）**	（%）	
微型企业	5 000	11.1	30.7	1.09
消费者	20 000	6.4	17.7	1.60
小型企业	500 000	7.8	21.7	3.75
中型企业	5 000 000	1.7	4.7	5.09
国有企业		5.1	14.3	0.00
公司	> 5 000 000	3.9	10.9	1.00
总计		36.0	100.0	1.78

*汇率按 10 000 IDR/USD 计算

**按 2012 年 12 月 31 日的汇率计，9 670 IDR/USD

资料来源：BRI Financial Update FY 2012。

　　2005 年 12 月至 2009 年 12 月，贷款账户数量从 330 万个增加到了 470 万个，贷款总额从 23 亿美元增加到了 57 亿美元，两者趋势保持一致，并且 2008 年的账户数量和 2009 年的未偿还贷款总额出现了跨越式增长；此后增长保持稳定，截至 2012 年 12 月，借款人数达到 550 万，贷款总额达到 110 亿美元。如图 22 所示，存款和未偿还贷款的增速均未受到全球金融危机的任何影响。

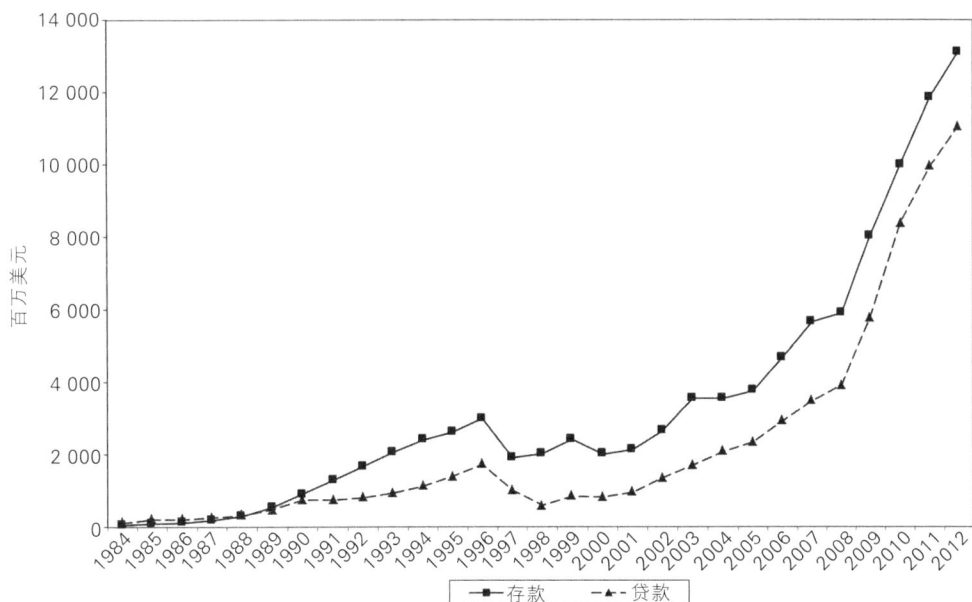

图22　1984—2012年BRI小微金融部门的存款和未偿还贷款总额

2005—2007 年，净利润从 2.502 亿美元激增至 5.243 亿美元，在危机期间也保持了增长，2009 年达到 7.87 亿美元；在接下来的几年中，净利润进一步增加，2012 年增加到 9.04 亿美元。ROA 每年持续增长，从 2005 年的 7.0% 上升到 2008 年的 9.8%，并在 2009 年达到 10.2% 的历史新高[①]，因此，显然危机没有对其造成不利影响。

小结

BRI 的小微银行部门在商业性小微金融中具有重要的地位。截至 2012 年，存贷比率为 119%，显然是以储蓄为主导。在利率相对温和和历史性下降的条件下，它们的 ROA 为 10% 左右。危机在小微银行业务部门的演变中起到了至关重要的作用。正如 BRI 一样，其起源于 19 世纪后期的全球化进程及其引发的危机，近 100 年后，对这些部门进行彻底改革的动力也是源于危机。这些小微银行部门成立于 1969 年，作为补贴农业信贷的政策工具，遵循当时的主导范式。当 1982 年石油价格下跌时，由此导致的收益下降意味着政府不再能够承担这些小微银行部门所遭受的损失。面对关闭或改革的选择，政府任命了一个新的管理层，该管理层选择了重组和改革。地方自治和对网络的有效监管、对客户和员工的强激励、基于储蓄的自力更生、商业利率、盈利能力和普惠性的国家影响力是指导设计和重组单位运作的核心原则。在短短几年内，小微银行部门实现了越来越多的储蓄和贷款业务拓展，同时还产生了利润和流动性盈余。

当亚洲金融危机爆发、印度尼西亚银行业崩溃时，小微银行部门被证明是具有抵御危机能力的。保证存款具有正的实际收益、随时随地可以提取并且凭借有竞争力的利率轻松获得重复贷款，使得它们成为印度尼西亚最值得信赖的本土金融中介机构。虽然其他机构因银行挤兑和违约率上升而倒闭，但小微银行部门成功收回了贷款并额外吸收了大量的存款。由于储户变成了小微银行部门里最有效的"监督者"（使用存款和取款作为控制工具），同时内部控制和外部监督的复杂系统提供了进一步的监管，因此小微银行部门仍然保持了较高的盈利能力。BRI 由于存在大量的企业贷款坏账而成为破产银行之一。政府决定重组 BRI，而不是将其与其他已经倒闭的国有银行合并，这在很大程度上归功于小微银行部门的出色表现及其国际声誉。在亚洲金融危机期间，BRI 小微银行业务部门的实力和抵御危机能力不亚于其他任何时候。

这些部门的经验是 1998 年危机后 BRI 成功重组和改革的动力之一。自 1984 年以来，BRI 一直有效地运用良好的公司治理、有效的资源调动和健全的小微银行风险管理原则。自 2000 年以来，通过在整个贷款业务中同样运用这些原则，BRI 发展成为中小企业部门提供商业金融服务的模范机构（Seibel，2009）。

---

① 2010—2012 年的 ROA 数据不可得。

2.5.4 ProCredit银行

总部位于德国的 ProCredit 集团，是一个令人关注的复杂小微金融组织范例。在撰写本书时，该集团由位于发展中国家和转型经济体国家的20家银行组成：位于法兰克福的 ProCredit Holding AG & Co. KGaA（PCH）及其母公司；为该集团提供 IT 服务的名为 Quipu 的子公司（也位于法兰克福）；刚获得德国全能银行许可的 ProCredit Bank AG，为德国境内以及有 ProCredit Banks 运营的国家提供银行服务。国际项目咨询公司 Internationale Projekt Consult（IPC）是 ProCredit 控股公司（PCH）的创立者和最大的单一股东，与 ProCredit Banks 及整个集团均保持着密切的联系。事实上，多年来 ProCredit 已进化成为当今的国际银行集团，其发展历史与国际项目咨询公司密切相关。在发展中国家和转型国家，IPC 的金融部门兴起并不断完善的具体方法，以及 ProCredit 的成功也与此密不可分。

ProCredit 集团具有双重角色。一方面，它是由服务的微型[①]、小型、中型企业和当地普通大众的地方性银行，以及一些负责协调和支持职能的其他机构组成的。该集团曾经称附属银行为"小微金融银行"，但现在将其称为"普通民众银行"或"邻里银行"。

另一方面，如果从集团的核心或"枢纽"来看，控股公司更像是类似于 ACCION 等组织的小微金融支持机构。但不同之处在于，ProCredit 控股公司不仅支持其附属银行，还拥有该集团所有银行的大部分股份，甚至在某些情况下对一些银行达到了100%的绝对控股。因此，在严格的法律意义上，它也是一个对一系列公司拥有权力和责任的中心协调机构。[②]

信贷控股股份有限公司于1998年成立，是20年来在国际项目咨询公司的活动中逐步发展起来的。多年来，IPC 已经成为金融发展领域的领先咨询公司之一，专门从事金融机构的创建或转型工作，其中包括此前案例研究中的乌干达百年银行，同时，该机构也是著名的机构建设方法的热情倡导者。IPC 和 PCH 的主要参与者和核心工作人员深信，稳定且组织良好的机构是金融、经济和社会发展的重要组成部分。

两种观点——一是专注于 ProCredit 作为本地银行的集团，二是强调其作为核心机构在引导和管理集团运营方面的作用——都有其优点：国际项目咨询公司——ProCredit 控股公司综合体的确是世界上规模最大，最成功的为"普通人"服务的银行集团之一，同时，它也在不断完善其方法。由于国际项目咨询公司和 ProCredit 控股公司作为金融发展变革的创新力量和重要组织，与社会银行和制度建设的概念同步发

---

① 但是，最近已经暂停向微型企业放贷；见本小节结尾。

② 根据德国公司法，ProCredit 集团是由受普惠法指导和管控（康采恩法）的公司组成的集团，ProCredit 控股公司作为该集团内的控制实体，负责确保联合集团内的报告、财务和风险管理符合德国公司法的规定。由于该集团内的下属公司是银行，自2012年起，"控制实体"（ProCredit 控股公司）也负责确保整个集团遵守德国银行业监管要求以及所有与风险相关的报告要求。

展，了解其发展历史有助于理解现代小微金融是如何产生并发展成熟的。该集团银行及核心组织（即 IPC 和 PCH）的一系列转型，反映了其对稳健经营和保持盈利的要求，这与集团创始人和核心员工理想的发展型社会和政治目标相冲突——也是社会导向型金融机构的典型冲突。从这个意义上说，IPC-ProCredit 是一个经典案例。[①]

国际项目咨询公司及其首个社会银行项目的早期历史

国际项目咨询公司（IPC）成立于1981年，德国联邦政府为了方便德国联邦经济合作和发展部（BMZ）就"德国对国家开发银行的支持对发展的影响"进行调研，派出专家团访问尼加拉瓜、哥伦比亚和厄瓜多尔三个国家，在访问期间，做出了成立该公司的决定。该团队在其报告中记录的调研结果满是无能、不负责任和浪费资源的社会现实。对于该团队的一名成员——克劳斯·彼得·蔡廷格（Claus-Peter Zeitinger）博士而言，这次经历为他的生活提供了解决方案，即认真专业地参与到开发性金融工作之中，继续以一种正确的方式做所见到的"开发性金融和相关的援助活动"。这些成为 IPC 的使命，蔡廷格成为无可争议的领导者，也是主要的所有人，他的妻子加布里埃尔·希伯（Gabriele Heber）也持有该公司的股份。

大约两年后，国际项目咨询公司开始在秘鲁实施一项咨询项目，该项目由德国储蓄银行协会（DSGV）直接资助，并由德国政府间接资助。其目的是在秘鲁北部的一个中等城镇——皮乌拉（Piura）建立一家储蓄银行，如果被证明可行的话，就建立一个储蓄银行网络，覆盖利马大都市区以外的几个地区。德国储蓄银行协会及其当时的总裁赫尔穆特·盖革（Helmut Geiger）给予的建议和政治支持对于该项目的成功至关重要。

秘鲁的储蓄银行借鉴了德国储蓄银行的历史传统。作为市政机构，它们被称为市政储蓄信贷银行（cajas municipales de ahorro y crédito，或 CMAC），按公共法律制度组织、运营和管理。该机构最初只专注于储蓄动员，这在当时十分困难，因为秘鲁政府规定的利率上限总是低于通货膨胀率的高位且非常不稳定。最初采取的是典当贷款的形式，黄金（珠宝和其他物品）作为抵押物。一段时间之后，市政储蓄信贷银行才开始向那些无法获得其他银行贷款的小微型企业提供贷款。

在初始阶段，机构的发展是成功的。事实证明，即使在高通胀的环境下，吸收存款并发放给贷款意向人的这一模式也可以运作，并且借款人会按时偿还欠款，几乎没有损失。短时间内，其他城市也竞相效仿皮乌拉的市政储蓄信贷银行开始创建自己的银行，成立由银行、中央培训机构和中央审计单位组成的协会。这些咨询公司顾问甚至起草了储蓄银行法，后来由秘鲁政府颁布，并由国际项目咨询公司提供德国资助的咨询援助。该国银行监管机构还成立了一个负责市政储蓄信贷银行的特殊部门。基于

---

① 本节主要借鉴了当前其中一位作者的经验，他参与了国际项目咨询公司的发展，为许多早期项目担任顾问，后来担任 ProCredit 控股公司监事会的首任主席五年。有关早年的描述，请参见 Schmidt（2005）。

此，一个崭新的、雄心勃勃的金融机构建设概念"诞生"了，对于援助专家协会来说，其潜力是显而易见的。

市政储蓄信贷银行面临的唯一严重问题是它们的规模较小而且贷款单位成本较高。作为解决方案，国际项目咨询公司的顾问从美洲开发银行（IDB）引入了外部资金。这确实有助于银行扩大规模并降低成本，但它也导致了市政储蓄信贷银行系统的内部冲突，以及国际项目咨询公司与德国储蓄银行协会和德国技术合作署之间更为严重的分歧，后者当时已成为国际项目咨询公司德国官方契约合伙人。

正是由于这场冲突，德国技术合作署终止了与国际项目咨询公司的合同。造成合同终止的原因有很多，但显然不是因为该项目未能实现目标或市场表现不佳。[1]考虑到研究目的，德国技术合作署终止合同的一个原因也许是市政储蓄信贷银行所依据的基本概念与德国储蓄银行的基本原则之间过于相似。根据一位有影响力的德国技术合作署工作人员的说法，各个市政当局和公共法律制度对这些机构的"所有权"就是一个"先天缺陷"，此问题从一开始就存在了[2]。

对于IPC而言，秘鲁的项目是一个重要的学习机会。在这一背景下，公司为非正规部门经营的微型企业制定了具体的贷款办法。20世纪80年代和90年代，在拉丁美洲运营的大多数小微金融机构采用的是集团贷款法，其灵感来自格莱珉银行。相反，后来由IPC创立或支持的市政储蓄信贷银行和其他所有银行发放了个人贷款，取得了良好的效果。该项目的成功使IPC的员工和发展援助业务的合作伙伴树立了信心。该公司非常擅长建立可持续发展的金融机构，很快就可以提供大量小额贷款并覆盖其成本。

尽管人们可能对"先天缺陷"的诊断提出疑问，但不得不承认，市政储蓄信贷银行系统及其共同运营和使用的支持机构网络，以及与各种捐助者、外部出资者和地方政府机构的关系，确实很复杂，或许过于复杂。然而，市政储蓄信贷银行的系统制度设计的基本原则是合理的且经过了深思熟虑，认识到这一点后，国际项目咨询公司对捐助机构的工作表现出进一步的兴趣。[3]虽然市政储蓄信贷银行的项目仍在进行中，IPC又开发了另外两个项目，旨在为拉丁美洲建立强大的群体导向型金融机构。其中

---

① 直到今天，大多数市政储蓄信贷银行在财务和发展方面都表现得很出色。特别是大型的，例如阿雷基帕的那家市政储蓄信贷银行，成为拉丁美洲最成功的小微金融机构。在国际项目咨询公司离开该项目后，银行终止了最初运营的公共法律制度，但现存公司市政储蓄信贷银行均由各自的市政当局完全控股。

② 这里必须指出的是，与德国储蓄银行的情况类似，根据公共法律制度，市政当局不是"所有者"——就像我们错误假设的那样——而是具有合法地位的受托人。只有当市政储蓄信贷银行的法律地位被改变时（参见前面的脚注），市政当局才成为严格意义上的所有者。

③ 这种复杂性是被称为"系统智能"的一个很好的例子，是在各方巧妙设计的互动中产生的，设计系统的顾问之一——Manfred Nitsch在对市政储蓄信贷银行系统的分析中有详细说明；参见Nitsch（1997）。关于项目的细节和市政储蓄信贷银行的发展，参见Lepp（1996）。Anja Lepp在秘鲁担任国际项目咨询公司的现场项目经理多年。

一个是位于玻利维亚的 Caja Los Andes，另一个是位于萨尔瓦多的 Financiera Calpiá。这些机构最初是以非政府组织形式创立的，但创始人最初就计划尽快将其转变为有牌照的、受监督的群体导向型金融机构。

这两个小微金融机构都已成为在各自国家金融部门中发挥稳定主导作用的组织。如今，它们都是正规银行，也是 ProCredit 集团的成员，正如它们的名字，Banco Los Andes ProCredit Bolivia 和 Banco ProCredit El Salvador 所反映的那样。这两个机构采用的制度结构没有秘鲁所使用的那么复杂，但工作重点仍然是在实现商业目标和发展目标之间取得平衡，以及责任分配明确并建立机制以确保领导者兑现企业双重目标的承诺。

这三家机构都已在小微金融领域确立了模范地位，国际项目咨询公司已为自己建立了良好的声誉并创造了品牌，同时也广泛传播了建立小微金融机构的意识。一项因素在 IPC 项目的成功中发挥了至关重要的作用：20 世纪 90 年代中期，该公司的管理人员已经准确地判断出，高昂的成本是小微金融面临的核心问题，于是，提高贷款利率以覆盖成本成为业务拓展的主要障碍。大幅降低成本并提高机构运行效率迫在眉睫，IPC 决定大规模地利用信息技术来解决问题。因此国际项目咨询公司开始为小微金融机构创建一个特殊的软件系统，此系统在很长一段时间内是世界上唯一有效的信息技术系统，能够提供可靠且易于存储的信息，可随时供银行职员（包括负责的贷款人员）进行检索，这极大地帮助了个人贷款技术的大规模实施。从某种意义上来说，IPC 的创新 IT 系统可以取代集团贷款方式中竞争信贷技术的信息收集过程。然而，ProCredit 银行的优势在于信息是由金融机构收集的——且不仅仅在集团内部使用——因此可以根据客户过去的还款表现对其进行评级。向优质客户提供更好的重复贷款条款，以"奖励"他们对前期贷款的按时偿还行为。这种定价政策强化了客户到期时按时偿还本金和利息的激励。此外，随时掌握欠款客户的信息有助于将逾期贷款保持在较低水平，贷款人员可以检查哪些借款有逾期并立即催收。更重要的是，这样的一个 IT 系统极大地削减了向微小型企业提供贷款的高额成本。

缩减规模、东进和 IPC 的扩张

尽管 IPC 和拉丁美洲的一些其他发展咨询公司的努力催生了一批良好的小微金融机构，为咨询师提供了重要见解、行业认知和声誉资本，并且为那些从新成立机构获得贷款的客户创造了利益，但这些努力仍有明显的局限性：在当时，即使是最好的小微金融机构，其业务拓展也是有限的，建立可行的小微金融机构的成本似乎非常高，如国际开发机构。在拉丁美洲，这类机构中最重要的是美洲开发银行（IDB）。

美洲开发银行是首家为小微金融寻求融资新方法的国际金融机构和捐助机构。美洲开发银行与 IPC 签订了一份合同，要求该公司开发并尝试一种新的方法，该方法后来被称为"缩减规模"。按照缩减规模计划，首先要确定一定数量的银行，并建立自己内部的小微金融部门，随后允许这些部门按照独立的小微金融机构方式运营，其次

是为银行建立和运营这些部门提供支持。①

IPC的第一批由美洲开发银行资助的缩减规模项目运作良好，但不是那种能够极大激发捐助者和开发专家的"成功案例"，更不用说普通大众了。创建独立的小微金融机构，或授信非政府组织转变为这类机构，似乎更具吸引力。

不久后，缩减规模对于IPC而言开始变得非常重要，一个新的机会出现在了大半个地球：当今的俄罗斯以及邻国。总部位于伦敦的欧洲复兴开发银行（EBRD）中，一位新任经理开始负责俄罗斯小微金融。了解到缩减规模计划后，她最终选择了聘请国际项目咨询公司，负责管理欧洲复兴开发银行有史以来最大的金融部门项目之一：俄罗斯小企业基金。在此高峰期，该项目涉及近100家当地的银行和大量顾问，他们由IPC选择、雇用和培训，其工作主要在俄罗斯，后来也在邻国开展，由国际项目咨询公司工作人员协调和监督。与在拉丁美洲的早期项目类似，IPC在东部的缩减规模项目——当今的俄罗斯以及邻国——是成功的。欧洲复兴开发银行的负责人和其他捐助组织的负责人也很高兴看到机构的开发任务得到了有效履行，大多数参与银行都乐于扩大它们能够提供服务的范围。相当多的客户首次获得了银行贷款，也因为得到良好的服务而满意。贷款额在短时间内达到了令人印象深刻的水平。1998年，俄罗斯金融危机几乎导致所有与金融部门相关的欧洲复兴开发银行项目计划突然停止。唯一幸存下来的是俄罗斯小企业基金。

对于IPC而言，"东进"也是一项成功的战略：自成立以来，IPC首次成为一个有盈利能力的企业，而招聘、培训和管理数百名年轻的银行顾问来为缩减规模项目工作，为公司提供了前所未有的机会。内部最优秀的员工很快被认定为IPC长期职业生涯的候选人，并且为有前途的年轻员工提供此类职业的机会即将到来，形式是恢复旧传统——创建新的独立小微金融机构。

ProCredit控股公司的创立和快速扩张

1995年的《代顿协定》结束了塞尔维亚和波斯尼亚之间的战争，其中一项条款规定，国际社会将在战乱国波斯尼亚建立小微金融银行。由IPC负责该银行的设计，提供培训和其他咨询服务以支持其运营。其中一名参与银行筹划的项目代表发起人拥有投资银行家背景。他深信，所有顾问从本质上都是懒惰的，如果事情没有按计划实施，则他们总是试图掩盖自己的错误，声称难以成功是由于无法控制的客观不利条件。因此他认为，在条件非常不利时，需要采取强有力的激励措施，以确保顾问的利益与项目发起人的利益保持一致。因此，他建议IPC成为新银行的股东。

对于IPC而言，这种具体的激励并非必需，相对于负责这一具有挑战性的机构建设项目，IPC更看重其声誉，比公司预计投资的金额更有价值。令蔡廷格博士高兴的是，IPC不仅负责了该机构的设计并支持其运营启动，还成了共同股东，因为这有助

---

① 第4节将对"缩减规模"作更详细的阐述。

于 IPC 创建其理想中的小微金融机构。

波斯尼亚银行成立后开始运营，比预期更快地实现了财务可持续性。大多数人最初不愿意聘请顾问作为共同投资者，他们一直认为东南欧的那些国家，例如格鲁吉亚、阿尔巴尼亚（在这些国家里，IPC 作为咨询公司，正在或即将开发与波斯尼亚类似的项目），应该学习波斯尼亚的运行模式。但 IPC 根本没有足够的资金来获得额外的股权。因此，它创建了这家投资公司或股权投资公司，现在称为 ProCredit Holding，简称 PCH。[①]

1998 年，PCH 在法兰克福成立，股权仅为 50 万欧元，几乎没有员工。在一个非常短暂的初期阶段，PCH 的唯一股东是私营部门实体，主要是 IPC 和荷兰基金会。运营公司所涉及的所有行政工作都由 IPC 员工处理，最初的几年内没有向 IPC 支付任何报酬，IPC 和 PCH 之间也没有明确的机构界限。但仅仅几个月后，PCH 开始急剧扩张。新投资在银行中进行，但银行仍然只存在于纸面上。IPC 以国际捐助界的名义设计、建立和管理银行，同时，在 IPC 几年前创建的拉丁美洲机构中，一些原始投资者在其股权投资达到预定的内部时限后，不得不出售其股份。短短四年时间，到 2002 年年底，PCH 已成为在许多国家经营 16 家银行的大型组织。截至该年年底，银行雇用的员工人数为 4 700 人，分支机构数量增加到 224 家，贷款总额增加到 3.47 亿欧元。

在东南欧转型国家，创建的新银行通常拥有 6 名股东，每个股东持有相同比例的股权。PCH 是股东之一，其他的则是国际金融机构（IFIs），如国际金融公司（IFC，世界银行的私营部门投资机构）、德国复兴信贷银行（KfW）、荷兰开发金融公司（FMO）和欧洲复兴开发银行（EBRD），以及一家德国大型私人商业银行——德国商业银行（Commerzbank）。IFIs 提供初始资金，包括技术援助赠款和提供转贷资金的贷款。

由于 PCH 正在进行大规模股权投资，它也不得不增加自己的资本。IPC 和 PCH 的联合管理层认为，为此目的使用借入资金的风险太大，因此它鼓励那些经常在金融机构建设项目中使用 IPC 咨询服务的和定期与其一起投资新银行的主要国际金融机构，也成为 PCH 的股东。IFC、KfW 和 FMO 接受了邀请，只有 EBRD 没有加入。这改变了PCH 的所有权结构，但私营部门实体持有的股权总值仍然略高于 50%，其主导地位得以维持。

IFIs 既是新银行和 PCH 的股东，也在相关监事会占有一席之位。此外，它还向新银行提供贷款启动补贴和初始资金，对 IPC 和 PCH 的运营方式拥有绝对的控制权。由于新银行正在迅速建立，IFIs 对于 IPC 的不良表现很容易采取制裁措施，只需拒绝共同资助创建下一家新银行，就将阻止 PCH 的扩张。虽然这一设置对于 ProCredit 集团

---

① 这家新成立的投资公司最初名为 "Internationale Micro Investitionen AG"，2003 年更名为 "ProCredit Holding AG"。

来说是一个健全的内部治理制度，但只有当整个集团的规模足够小，以确保公共部门投资者和IFIs能够充分了解情况时，它才能正常运作。

对于IPC和PCH而言，创建新的小微金融机构的速度也很快。它可以将在建立银行方面经验丰富的员工从一家机构转移到另一家机构。此外，向国家新银行授予许可证的银行监管人员，可以了解其他国家的同行如何处理相关的规范和监管问题，以及这些国家的银行业绩如何。

最初，一些IFIs对其投资PCH的财务价值缺乏信心，但很自豪能够参与一项显然具有相当大开发价值的事业；它们认为，投资主要与公共关系有关。一些IFIs甚至将它们对PCH的投资直接计入公共预算。但它们的观念将很快发生改变，因为它们意识到PCH正在发展成为一个营利性的商业企业。[①]

ProCredit集团的整合以及IPO计划

在世纪之交后不久，ProCredit集团的规模及活动范围大大增加。IFIs不再面临充分了解成员机构及其运作发展的风险。此外，IFIs对该集团的财务风险敞口也有所增加，有可能会达到内部限额。最终，一些国际投资者已逐渐意识到，ProCredit不仅是一项可行且可持续的工作，为运营国的发展做出了宝贵的贡献，而且也成为一个盈利性的商业企业。换句话说，他们现在知道ProCredit不仅被公关部门，也被财务部门视为有吸引力的资产。就其本身而言，PCH越来越意识到这些发展可能带来的严重后果。此后，在21世纪初期，一家由IPC创建的俄罗斯银行成立，其经营风格与许多其他IPC的小微金融银行类似，虽然不是ProCredit集团的一部分，但出售给私人投资者的价格却很惊人。一些PCH监事会上的IFI股东代表要求PCH认真考虑出售一些最有价值的银行，并将产生的利润分配给股东。

这一要求被认为是对现如今指导PCH发展及其成功商业模式之原则的一次彻底攻击。PCH的管理层和大多数股东拒绝了这一要求，因为分拆该集团将剥夺其核心实力，危及整个企业，还会破坏其发展的使命。因此，让ProCredit集团更少地依赖于持续的捐赠资金迫在眉睫，至少要确保它不会更多地依赖于该资金的来源。

这一战略有三个深远的后果。第一个后果是最直接的，银行网络的扩张被大幅放缓了。新银行的数量和新投资突然减少。然而，已经属于该集团的银行继续发展，之前具有不同名称的机构，现在统一被更名为"ProCredit Bank"，以便能清楚地识别出其是ProCredit集团的成员，作为ProCredit机构，它们还采用了更为统一的品牌，尽可能规范其营业场所的外观和营销材料等。随着时间的推移，PCH从IFIs手中收购了多家个人银行的股份，以换取额外的IFI对控股公司的投资。这一过程完成后，PCH

---

① IPC及其项目以及ProCredit的声誉得到了ACCION主要成员伊丽莎白·赖恩（Elisabeth Rhyne）的认可，在《银行家和投资者的小微金融》一书中，她写道："投资者信任ProCredit的增长、盈利能力和业绩记录。ProCredit是小微金融'精华中的精华'的一部分；（对于投资者而言）几乎没有其他与其规模和质量相匹配的可能性"（Rhyne，2009：89）。

已经成为该集团个体银行中最大的——事实上也是唯一的股东。因此，情况发生变化后的第一后果是从扩张到巩固的急剧转变。

第二个后果是整个集团发起了一场积极的运动来动员存款。ProCredit Banks 一直在吸收存款，这是贫穷的客户们对存款和存款设施的需要。但传统上，存款并未被视为重要的资金来源，客户存款很少超过银行贷款组合的1/3。经过几年集中力量加大吸收存款的努力，整个集团的存贷比率几乎上升至100%。

第三个后果涉及更基本的性质变化。更确切地说，如果变化实现，其影响将非常深远。IPC-PCH综合体的领军人物曾考虑进行 IPO，即发行股票并将公司股票在证券交易所上市。在 2007 年金融危机爆发时，PCH 的盈利能力增长的记录使这一计划有望实现。事实上，三家应邀评估这一方案的投资银行表示同意。IPO 的目的之一是为IFIs（可能还有其他投资者，他们希望终止投资，或因为某些相关的内部规则或指令而被迫这样做）提供有吸引力的退出机会。此外，IPO 和 PCH 股票上市将为投资者提供新的股权投资机会，使控股公司能够满足当地的 ProCredit 银行日益增长的股权需求。这些银行要想继续快速增长必须遵守当地的股权要求。

但是，有一个观点强烈反对进行 IPO——即使在金融危机的前期和中期，这一观点也非常前卫，因为在当时 IPO 方案看上去是可行的。许多 PCH 最高管理层的成员担心，公开交易股票的大多数投票权可能最终落入新所有者手中，他们不会承担社会和发展的使命，这一使命对于 IPC 和 PCH 的员工、IPC 的所有者和 PCH 的大部分现有股东非常重要。后来发生在 Compartamos 和 SKS 的案例——两个虽然存在很多问题但已是知名上市公司的小微金融机构——表明这种担忧是有道理的。[①]

值得关注的是，IPO 可能意味着 PCH 的社会发展使命的终结，控股公司的管理层及其大多数所有者无法推进上市计划。在 2005 年前后，令人惊讶的新发展出现了。来自美国的两家重要的国际机构投资者，一家基金会和一家大型养老基金，表示有兴趣收购 PCH 股份。因为正在考虑进行重大投资，组织派出了一个庞大的专家团队进行彻底的尽职调查。调查完成后，确信会投资 PCH，而且这是他们所希望的。PCH 的反应非常冷静，控股公司的管理层表示，虽然他们对投资者的兴趣表示感谢，但他们不希望失去对公司的控制权，并担心这些大型机构的投资者无法承担对 PCH 的重要社会发展使命。出乎 PCH 领导层意料的是，美国组织的回应是认为控股公司所做的事情令人印象深刻，他们尊重并认同了 PCH 促进社会发展目标的愿望，因此，他们愿意获得没有投票权的股票。事情就这样发生了：两家机构按计划规模进行投资，其90%的资金用于购买没有投票权的股票。

---

① 有关 Compartamos IPO 的详细信息，请参阅 Rosenberg（2007）；关于 SKS 的详细信息，请参阅 Chen 等（2010）。我们将在 4.4 节中详细讨论这两个案例。

快照 42：ProCredit 控股公司的情况和数据

PCH 成立于 1998 年（名为 Internationale Micro Investitionen），股权价值为 100 万德国马克（约合 50 万欧元）。在其活动初始阶段，PCH 对波斯尼亚、格鲁吉亚、阿尔巴尼亚以及其他国家和地区的银行进行了投资；在某些情况下，它为建立新银行提供了公平性，而在玻利维亚和萨尔瓦多等其他国家，资金则被用于参与由 IPC 作为咨询公司建立的现有小微金融机构。

创始股东有 IPC、IPC Invest（代表 IPC 和 ProCredit Bank 员工持有股份的公司）和荷兰基金会 DOEN。此后不久，又新加入了一批国内和国际金融机构，包括德国的 Kreditanstalt für Wiederaufbau（KfW），荷兰的对手 FMO 以及世界银行集团的私营部门国际金融公司（IFC）。目前，股东集团由 15 个组织组成，原始投资者持有最大份额股份，且依据 PCH 于 2011 年采纳的 KGaA（合伙股份有限公司）的法律形式，拥有特别投票权。这些股份的持有人在所有重要决策中拥有最终决定权。

表 15 提供了选定年份的 ProCredit 银行集团的定量信息。所有数据均来自 ProCredit Holding AG & Co. KGaA（原 ProCredit Holding AG）的年度报告，报告可在 PCH 网站上获取。

表 15　　　　　　　　　　ProCredit 集团数据

年份	2003	2006	2009	2012
银行（和国家）数量	16	18	22	22
银行网点数量	224	472	831	687
员工数量	4 689	12 585	19 616	14 675
未偿还贷款总额（百万欧元）	585	2 111	3 229	4 191
贷款余额（千欧元）	288	735	921	930
客户存款总额（百万欧元）	548	1 814	2 998	3 627
存款账户数（千）	473	1 924	3 777	3 704
总资产（百万欧元）	966	3 107	4 949	5 760
股东总股本（百万欧元）	122	340	388	503
税前利润（百万欧元）	14.4	36.0	41.7	46.3

对于 PCH 的领导而言，这是一种新选择。PCH 经理向投资银行咨询其建议时被告知，虽然发行无投票权的股票具有可能性，但发行价格必然会比有投票权的股票价格低得多。因此，进行 IPO 的想法又重新提上日程，条件是只发行上市无表决权的股票。

接下来发生的两件事导致了 PCH 将其 IPO 计划搁置：2006 年，墨西哥 MFI Compartamos 进行了 IPO，引发了金融发展专家的批评；2007 年，金融危机爆发，导致全球 IPO 活动全面停止。在这一背景下，PCH 不可能进行 IPO。但从 PCH 2012 年的年度报告以及新成立的德国 ProCredit 银行网站上提供的信息中可以看出，这一想法绝不会消亡，可能会在未来的两三年里被再次采纳。

金融危机和客户关注的变化

目前，ProCredit 银行集团的主要却非唯一的地域目标是在东南欧。该地区受到了 2007—2009 年全球金融危机的严重影响，之后又受到了 2010 年 5 月出现的欧元区危机的影响，有 PCH 经营的一些国家受到的冲击尤为严重，特别是乌克兰、罗马尼亚和保加利亚。原因之一是在这些国家中向小微金融银行和其他机构多次借款的问题比专家们预计的要更加普遍。很明显，在危机期间，一旦在特定市场中存在许多竞争性的小规模信贷供应商，就几乎不可能明确区分以下两者：为创收项目提供资金的小额贷款与直接消费贷款。

虽然 PCH 也受到了金融危机的严重影响，但在随后的动荡和全球经济衰退中幸存了下来，而且任何一年都没有给集团造成损失。[1]即使个别 ProCredit 银行在危机年份有所损失。现如今，PCH 的盈利能力再次恢复到了危机前的水平，这可能是 IPO 计划被重启或至少保持活力的原因之一。

为什么该集团能够相对安全地闯过危机？PCH 的回答是这两个因素：一是对于提供贷款十分谨慎，二是银行在危机爆发之前大规模地筹集了存款，因此建立起了流动性缓冲机制。

从危机中是可以得到重要的经验教训的。PCH 和各 ProCredit 银行都对这些经验教训非常重视。像许多其他小微金融服务提供商一样，ProCredit 在危机的前几年里一直非常天真，为那些根本无法承担债务负担的穷人提供了太多的资金。因此，如果 PHC 提供的贷款继续很容易地被滥用于额外的（不必要的）消费支出，连 PCH 的员工都不认为这是负责任的商业行为。因此，ProCredit 银行已大幅提高其最低贷款规模，甚至停止使用"小微金融"一词来描述其所做的事情。ProCredit 银行认为，过去七年的事件让这个概念变得不可信，包括与本章第 4 节所述的两家小微金融机构 IPO 有关的内容。现在，ProCredit 银行将自己定位为以小型企业为导向的"面向普通的银行"和"中小企业的出借人"。

尽管经历了如此多的变化，今天的 ProCredit 银行仍然拥有比其他大多数银行更多的小微金融"味道"。尽管命名法的变化很重要，但也只是一个表象。它反映了一种信念，这种信念在金融危机和全球经济衰退中不断地发展：曾经实践过的小微金融确实是有价值的，只是在十年前不可行、无价值，甚至对 21 世纪 20 年代的大多数国

---

[1] 详情请参阅 PCH 网站上提供的年度报告。

家来说都是没有必要的。因此，ProCredit银行开始将目标锁定在中小企业的贷款业务上，而不是微型企业上，其中许多都在非正规部门运营。这些借款人更稳定，不太可能屈服于随时可用的消费贷款的诱惑并过度负债，而且他们能够创造就业和收入。更重要的是，即使在今天，这种规模的企业很难从传统型银行获得贷款。[1]

PCH不仅提高了银行提供贷款的最小规模，摆脱了过去的小微金融，转而专注于向中小企业提供贷款；最近甚至还出售了在萨尔瓦多、格鲁吉亚，乃至在莫桑比克、加纳和洪都拉斯的所有银行的全部小额组合贷款。这些银行认为自己无法有效实现从小额贷款机构到为当地中小企业贷款的运营模式转变，因此该集团的银行数量和未偿还贷款数量大幅减少，最重要的可能是员工总数也大大减少。伴随着平均贷款规模的大幅增加，未偿还贷款的总量到如今仍然保持不变。

似乎面临危机时，PCH表现出某些不必要的激进，特别是关于最低贷款额的变化，以及ProCredit贷款支持的活动类型。近年来，该集团在许多运营国的经济结构都发生了变化，人们开始采用不同的方式更积极地评估战略的变化。但这是正确的做法吗？仍然有待商榷：只有时间才能证明。[2]在东南欧，当地企业的特征发生了根本性的变化。在转型后的最初几年，曾经独立的非正规贸易商和小工匠店主，现在许多成了大公司的雇员，无论是当地的中小型企业，还是大型的国际集团或当地子公司，结构性变化是不争的事实。银行的管理层如果想以负责任的方式行事，就必须考虑到这一点。可是，在非洲和拉丁美洲等地区，同样的战略举措是否有意义？这是另外一个问题，可能大家也确实想知道PCH为什么已经采取了这一举措。

ProCredit集团的新监管制度

值得注意的是，最终的发展与PCH和ProCredit银行所受的监管制度有关。涉及的问题与PCH解决问题的方式，也给集团带来了深远的变化。该集团的所有机构都是完全持有牌照的银行，受经营所在国的银行当局的监管。但是，集团在摩尔多瓦的机构是一个例外，它是一家被许可的金融公司，也被允许从公众那里吸收存款。但相比之下，控股公司不是银行，所以虽然它在德国正式注册为公司，并且遵守所有适用的法律法规和要求，但不受德国银行业的监管。这引发了以下问题：在保加利亚和罗马尼亚成为欧盟成员国之前，PCH就创建了小微金融银行。可一旦成为欧盟成员国，就要受到欧盟银行法的约束了。欧盟相关法规要求，如果集团内的一家或多家银行在欧盟范围内运营，则无论银行在何处获得经营许可，银行所属国的监管机构应负责监

---

① 参见第4章。在此必须说明，小微金融客户曾经是ProCredit银行最主要的借款人，其性质和商业活动已经发生变化；他们希望获得贷款的目的已经改变；小微金融部门的"供应情况"也发生了巨大的变化：在大多数国家，已经建立了大量的小微金融机构，因此小微金融不再供不应求。但矛盾的是，这使得小微金融变得更加困难，因为贷款人不能再向借款人施加压力，通过拒绝未来的贷款申请来要求他们偿还贷款，因为如果他们完全违约的话，很容易转向其他贷款人申请贷款。

② 详情请参阅2013年年度报告。

督整个银行集团。就 ProCredit 而言，其含义是保加利亚或罗马尼亚监管机构有权监督所有的 ProCredit 银行，其中许多位于拉丁美洲和非洲。显然，对任何相关方来说，这一选择并不具有吸引力。

为了应对挑战，PCH 管理层向德国银行监管机构 BaFin[①] 咨询应该如何遵守欧盟规则，更重要的是确保 BaFin 负责监督集团——从 PCH 角度看的最佳监管安排。BaFin 在回应中建议 PCH 做到两点：(i) 根据 BaFin 颁发的银行牌照设立一家德国子公司，作为银行运营，该子公司可发展成为集团内 BaFin 监督的核心机构；(ii) 修改 ProCredit 集团所有银行的结构和流程，使其符合德国银行法律和法规的要求。第二步的完成是确保 BaFin 同意承担整个集团监管责任的先决条件。

对于 BaFin 建议的措施，PCH 会坚定地实施，但两个过程都难以管理。德国银行法与发展中转型国家的小型企业（有时是微小企业）所面临的具体挑战之间不易协调。银行实施必要的修改过程往往需要两年的时间，在此之后，BaFin 进行了全面的审查，以检查是否满足要求。PCH 确定已对相关结构和流程做出了令其满意的修改，并表示准备向德国的 ProCredit 银行授予许可。但监管当局指出，在此之前，它必须与 ProCredit 机构运营国的银行监管机构签署谅解备忘录，以确保与 BaFin 充分合作的意愿和能力。完成这一额外步骤又花了两年时间，并需要大量的 PCH 人力资源。在 2012 年年底，德国 ProCredit 银行获得了执照。此后不久，BaFin 将 PCH 指定为集团内的"超级"实体，负责集团报告和风险管理。

几年前，PCH 已经意识到员工素质的重要性，需要组织一致的员工培训，以确保业务的持续成功和持久的发展影响。培训发挥了重要作用：一个名为 ProCredit Academies 的两级培训机构体系成立了，一级由地区学院组成，主要培训中层管理人员；另一级由德国中央学院组成，主要培训当地银行的高素质员工，培养银行未来的领导者。该培训体系是为了确保集团内不同的银行都以类似的方式运营，并确保集团所有管理层能真正理解并接受其双重目标的重要性，成为强大商业银行的同时，也对社会发展有所贡献。

回顾整个 ProCredit 集团结构和策略上的变化，可以认为它是成功的，也已准备好在该集团的持续发展中迈出崭新的一步，至少这是 PCH 内部人士愿意看到的。在塑造新结构和战略方面，许多因素共同发挥了作用：其一是在属于该集团的银行之间创造并保持高度的相似性，这一特征已被证明非常重要，因为它允许银行间学习并轻松转移新获得的知识。其二是对金融危机时期的经验教训，以及危机前几年中小微金融所犯错误的反思。此外，还有更多小微金融机构涌入了大多数以前被东道国忽视的市场，降低了提供小额贷款的紧迫性。其三是不能忽视监管的作用——此例中的欧洲和德国银行业监管——重塑业务并使其在集团运营国中更加统一。

---

① BaFin 是德国联邦金融监管局（Bundesanstalt für Finanzdienstleistungsaufsicht）的官方名称缩写。

第3章　融资渠道的数据来源

自20世纪90年代以来，为了收集融资渠道的数据，人们已经做出了很大努力。最初主要是关于小微金融的数据，近年来开始拓展到一般性融资渠道，以期能够为"金融格局"[1]提供定量的描述。从历史来看，不受监管的金融机构已开始向国家网络汇报数据；正式机构开始向央行或其他监管机构汇报数据。全球数据根据国家或机构的自选报告收集。本节将介绍八个主要的数据集，其中一些可供公众分析。这八个主要的数据集分为三类：

1. 各机构的自选报告：由小额信贷信息交换系统（MIX）（扶贫咨询组织（CGAP）的附属机构）和小微金融峰会编制。

2. 全球网络报道：涵盖储蓄和邮政银行、信用合作社和合作银行以及乡村储蓄信贷协会（VSLAs）。

3. 全球调查：国际货币基金组织（IMF）的金融可得性调查（FAS），世界银行的全球金融普惠性（全球Findex）调查，以及国际金融公司（IFC）关于正规和非正规中小微企业融资渠道的研究。

提供的数据集[2]在完整性方面差异很大。在自选报告中，这是显而易见的，但也涉及国家和全球网络以及IMF的FAS报告。但有一些小型的机构和新建立的机构没有报告，还有一些成熟的机构和国家银行也没有报告。在一个值得关注的案例中，这甚至是导致联合国粮食与农业组织（UN's FAO）停止收集数据的原因。它覆盖了75家农业发展银行，这些银行是农村小微金融的主要提供者。但其中许多机构不愿意进行报告，因此数据收集在2000年停止。[3]

3.1　各机构的自我报告

小额信贷信息交换系统（MIX）[4]

所有的小微金融报告系统，至少早期的报告系统，都存在一定的偏差。MIX是声誉最好的一个，它基本上包括了自我认同的小微金融机构（MFIs），其主要的隐含条件是，报告质量的高标准，包括对外扩张、成本和财务绩效的认证审计。许多小微信

---

① "金融格局"一词由荷兰瓦赫宁根大学的Bouman和Hospes（1994）提出，在小微金融专家中很受欢迎。然而，与本节采用的方法不同，Bouman和Hospes通过提供定性的经验和案例分析来描述金融格局。

② 另见 Nielson 2014，http：//www.cgap.org/about/people/karina-broens-nielsen；http：//www.cgap.org/blog/10-useful-data-sources-measuring-financial-inclusion，在本节后出现。

③ 44家银行报告了总计2 400万贷款账户和8 700万存款账户的数据。参见 Seibel、Giehler 和 Karduck（2005：17‐31，58‐59）。

④ http：//www.mixmarket.org.

贷投资工具（MIVs）和支持 MFIs 的捐助者要求其向 MIX 报告；没有得到支持的 MFIs
可能无法每年按该标准提交报告或不愿意提交报告。截至 2011 年，已经产生了 1 334
个 MFIs 的非随机报告样本，包括银行、金融合作社、非营利组织和其他（约 2 000
个）机构，总资产为 1 158 亿美元，即平均每个 MFI 的资产为 8 680 万美元（见表 16）。

表16　　　　　　　　按地区划分的MIX市场小微金融数据（2011年）

地区	MFIs	10亿美元			百万客户		平均值（百万美元）	
		资产	存款	贷款	贷款客户	存款客户	贷款	存款
非洲	264	11.0	7.6	7.7	5.8	18.9	29.3	28.6
东亚及太平洋地区	222	46.8	30.8	31.7	15.0	14.8	143.0	138.7
东欧及中亚	201	13.5	6.9	10.0	2.5	2.9	49.8	34.1
拉丁美洲	378	34.8	18.3	28.0	18.3	16.6	74.1	48.3
中东及北非	57	1.9	0.2	1.3	1.9	0.1	23.6	4.3
南亚	212	7.7	1.7	7.3	42.2	17.2	34.2	8.0
总计	1 334	115.8	65.4	86.1	85.7	70.3	64.5	49.0

正是因为 MIX 的数据使用如此广泛，我们才会要强调其不完整性。例如，2011
年，MIX 的印度尼西亚机构样本包括 75 家 MFIs；仅包括了 36 家农村银行（BPRs，由
中央银行监管），而总共有 1 669 家农村银行。仅 BPRs 的数量就超过了 MIX 数据库中
的 MFIs 总数。该样本在巴厘岛仅包括 15 家村庄银行（LPDs），而总共有 1 418 家
LPDs（其中许多实际上非常小）。在总数约 4 万家金融合作社（许多不良资产[①]）中，
只有 3 家被纳入其中。然而，样本确实包括了 BRI 庞大的小微银行部门网络。

在老挝，随着小微金融部门的兴起，2011 年的 MIX 样本里 42 个持牌 MFIs 中有 20
个是新兴的小微金融部门；如上所述，它不包括在地方当局注册但未获得中央银行许
可的近 5 000 家村镇银行。样本确实包含了 ACLEDA，一家由柬埔寨母公司新成立的
银行，贷款总额为 3 580 万美元，占老挝报告的总投资组合的 83%；但不包括大型国
有政策银行 Nayoby Bank。

有些国家的数据是被严重扭曲的，主要因为大型机构（如印度尼西亚的 BRI）是
具有绝对优势的，而当地的小型机构普遍缺乏数据。Javoy 和 Rozas（2013）指出，通

---

① 在 2006 年亚齐（Aceh）大行政区的绘图调查中，GTZ / GIZ 发现，在合作社报告的 1 502 个金融合作
社中，有 708 个可追踪，85 个是活跃的，只有少数表现令人满意（Seibel，2008）。

过对全球Findex和MIX数据的比较，两类数据均存在类似的差异。例如，泰国"在Findex上的渗透率很高，却没有向MIX报告其小微金融活动"。

尽管存在局限性，MIX数据库一般被广泛用于关于小微金融的计量经济学论文之中，被视为小微金融部门的代表。MIX数据库也会发布大量的政策制定者和其他公众发言人的声明。虽然，MIX确实是有关各种持牌机构的重要且可靠的信息来源，但在得出有效结论之前，仍需要对这些机构有一定的了解。

鉴于其主要数据库存在不完整的问题，MIX建立了一个单独的、更详细的非洲撒哈拉以南地区的数据集，称为Mapping Africa Financial Inclusion[①]。该数据集不仅仅依赖于自我报告，它涵盖45个国家的23 000个机构，包括商业银行、储蓄银行和邮政银行、受监管的MFIs、大多数不受监管的金融合作社（由世界信用合作社理事会（WOCCU）报告）和非正规储蓄和信贷组织（如储蓄小组信息交换（SAVIX））。根据该数据集，对外扩张账户总计是7 100万个账户，包括2 000万个贷款账户，主要是银行和受监管的MFIs，4 400万个储蓄账户：金融合作社1 800万家，储蓄、商业和邮政储蓄银行、受监管的MFIs和储蓄组织各400万到600万个账户（见图23）。移动银行业务集中在少数几个旗舰市场，覆盖了1 800万人以上。但是，这里也没有包括报告网络之外的大量非正规机构。[②]

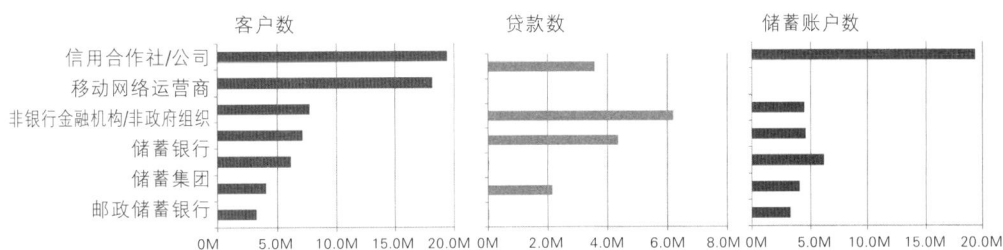

资料来源：http://www. themix. org/publications/mix-microfinance-world/2011/09/africa-financial-inclusion/results;also in Ardic et al. 2012:14。

图23　撒哈拉以南非洲的数据情况

自2013年以来，MIX一直通过持续的地理空间绘图工作扩大其重点（http://finclusionlab.org/），旨在为包括MFI在内的金融服务提供商汇总数据并使数据可视化，丰富供应方的数据格局（Nielsen，2014）。

---

① http://www. themix. org/publications/mix-microfinance-world/2011/09/mapping-africa-financial-inclusion-overview.

② Mapping Africa Financial Inclusion比IMF的FAS更广泛地覆盖了该地区。2010年非洲撒哈拉以南地区的MIX数据和FAS数据的相关系数，对于机构数量而言是0.22，对于每1 000名成人的贷款额而言是0.50，对于每1 000名成人的存款额而言为0.25。

小微信贷峰会运动[1]

小微信贷峰会运动是一个由公共关系和其提议倡导公司RESULTS管理的美国非营利组织。自1997年以来，小微信贷峰会每年都在世界各地举办，有成千上万的从业者和组织参加。其目标是：（1）到2013年，为1.75亿最贫困家庭提供小微信贷，用于自谋职业和其他服务；（2）帮助1亿家庭摆脱极端贫困，1990年至2015年间，极端贫困家庭的收入水平是每天1.25美元（按购买力平价调整），峰会的目标是超过此水平。该结果发布在小微信贷峰会运动报告中，是基于MFIs和其他机构（包括银行和国际组织）的自我报告行动计划（见图24）。[2]

小微信贷峰会运动报告称，1997—2010年期间，向该运动报告的MFIs总计3 652家，有2.053亿个客户。其中，有1.375亿个客户是最贫穷的人所借的第一笔贷款；其中有40%的人是由NABARD的SHG-Bank联动计划（NABARD，2007—2013）报告的。

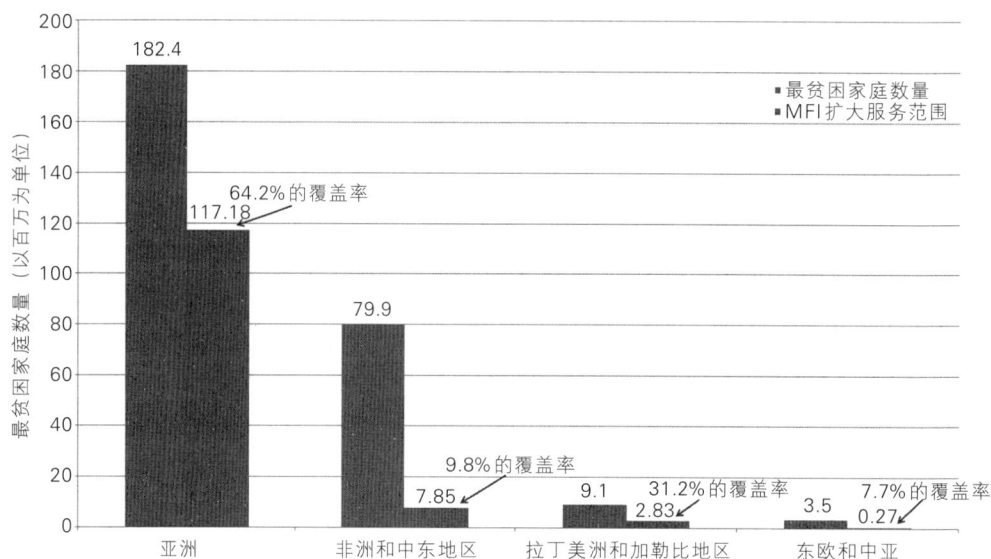

图24　2010年按地区划分的小微信贷峰会宣传活动数据与世界银行贫困数据的比较

资料来源：http：//stateofthecampaign.org/data/2011-data/。

---

[1]　http：//www.microcreditsummit.org.

[2]　其中包括印度的NABARD。NABARD负责对农村金融机构进行监督并提供资金，但并不提供任何零售服务。2012年，它向该运动报告共有6 790万个客户，其中包括5 430万最贫困的人口、5 430万名妇女和4 350万名最贫困妇女。这些是上述NABARD银行-SHG联动计划中SHG的成员。除了这些特殊情况之外，令人惊讶的是，所有报告机构，包括银行，都被要求提供了有关妇女人数和最贫困人口的数据，尽管银行通常不区分账户的性别和贫困程度。

报告中使用累计范围数据是一种误导性做法。2011年，609家MFIs向该峰会提交的数据与截止日期的累计数据差异很大，仅覆盖了7 800万最贫困人口。峰会核实了328家MFIs的数据，其中7 200万最贫困家庭有未偿还的小额贷款。[1]这些数字甚至没达到2015年峰会目标1.75亿的一半，而距此目标宣告已超过10年。

根据2012年小微信贷峰会运动报告（第4页），第二个目标是确保在1990年至2015年间，有1亿个家庭超过极端贫困线，这一目标也将难以实现。

3.2　金融机构网络的全球报告

布鲁塞尔的世界储蓄银行研究所（WSBI）发布了88个国家的储蓄和邮政银行的报告：其中欧洲和美国有33家机构，发展中国家有57家机构——非洲有30家、亚洲有16家、拉丁美洲有11家。日本的邮政储蓄银行没有被包括在内，它是世界上最大的储蓄银行之一。WSBI数据库包括国家银行和独立的储蓄银行网络。例如，德国储蓄银行协会（DSGV）网络，拥有426家零售储蓄银行；美国独立社区银行家协会（ICBA）网络，拥有6 922家独立社区银行。在发展中国家，大量储蓄银行的大多数客户是低收入客户。[2]

各种参数的报告质量非常不均衡，损害了发展中国家的信息质量，特别是在非洲。报告包括了两个对外扩张指标：网点和客户。截至2011年，全球所有的门店（184 315）中，42%位于发展中国家，大多数位于亚洲（64 723），其次是非洲（8 399）和拉丁美洲（5 151）。在7.51亿个人和商业实体的客户总数中，62%位于发展中国家，具有相似的区域分布。

截至2011年，全球报告的总资产为16.8万亿美元，发展中国家占21%（3.6万亿美元），其中大部分来自亚洲（3.2万亿美元），其次是拉丁美洲（3 680亿美元）和非洲（420亿美元）。WSBI将贷款和存款数据划分为银行间交易数据和与客户的非银行金融中介数据；以下数据仅适用于后者。未偿还贷款总额达9.5万亿美元，占发展中国家贷款总额的23%：亚洲为1.2万亿美元，拉丁美洲为0.9万亿美元，非洲仅有70亿美元。报告的存款总额为8.2万亿美元，占发展中国家总额的27%：亚洲为2.0万亿美元，拉丁美洲为1 920亿美元，非洲为280亿美元（见表17）。

在欧洲，贷款余额略高于存款余额。在发展中国家，贷款和存款在总体上是平衡的，但各大洲之间存在显著的差异：拉丁美洲的机构以信贷为主导，贷款额几乎是存款额的5倍。相比之下，亚洲的存款额是贷款额的1.6倍；非洲的存款额甚至是贷款额的4.0倍。总体而言，这表明，非洲储蓄银行——其中大多数是国家机构，而非本

---

[1]　大约90%的最贫困人口由85家最大的报告机构提供服务。

[2]　在对印度、墨西哥、坦桑尼亚和泰国储蓄银行的一项特别研究中，WSBI（2008）发现，它们是金融服务的大型提供者，在最贫困的家庭中进行了大量的对外扩张活动。参见 http://www.savings-banks.com/SiteCollectionDocuments/Perspectives%2056.pdf。

表17 WSBI零售储蓄银行数据（2011年，客户数以百万计，金额单位：10亿美元）

地区	网点	客户	资产（银行间+零售）	零售贷款	零售存款	存贷比
欧洲	75 803	212.9	10 650	5 848	4 963	0.85
	41%	28%	64%	61%	61%	
德国	20 470	50.0	3 572	1 708	1 636	0.97
	11%	7%	21%	18%	20%	
美国（ICBA+富国银行）	30 239	70.0	2 514	1 500	1 000	0.67
	16%	9%	15%	16%	12%	
非洲	8 399	15.5	42	7	28	4.0
	5%	2%	0%	0%	0%	
亚洲	64 723	363.4	3 192	1 242	1 986	1.6
	35%	48%	19%	13%	24%	
拉丁美洲	5 151	89.4	368	928	192	0.21
	3%	12%	2%	10%	2%	
发展中国家总数	78 273	468.2	3 602	2 177	2 206	1.01
	42%	62%	21%	23%	27%	
全球总数	184 315	751.1	16 766	9 526	8 168	0.86
	100%	100%	100%	100%	100%	

资料来源：WSBI 2011（2011年缺失的数据采用2010年的数据；ICBA成员机构的数据取自ICBA网站），WOCCU和欧洲合作银行协会（EACB）。

地或市政机构——动员的储蓄主要用于为各自的州或政府提供资金，而不是为当地个人和MSMEs提供资金。

世界信用合作社理事会（WOCCU）和欧洲合作银行协会（EACB）汇报合作金融机构的情况。术语不规范，定义有重叠：有信用合作社、储蓄和信用合作社、金融合作社和合作银行，以及合作社的分支。农村和城市信用合作社的起源可以追溯到德国，其对储蓄和信贷持同等的重视态度。信用联盟（credit union）是信用合作社（credit cooperative）的术语变体，它们起源于英语国家，其设立的目的是支持工厂工人和其他公司员工，强调"未雨绸缪"。

在报告方面，合作金融有两个主要领域：WOCCU报告的信用合作社，以及EACB报告的欧洲合作银行。信用合作社只为会员服务，而大多数合作银行可以同时为会员和非会员服务。此外，合作金融还有两个非报告领域的合作金融：信用合作社和合作银行不属于这两个网络中的任何一个（在网络中建立团体），也不用向其汇报；独立的当地合作社、非正规合作社，包括当地的呈会（ROSCAs）和乡村储蓄信贷协会（VSLAs）、半正规合作社和其他成员所有的金融机构。本节仅限于机构报告，实际数量则超过了报告的范围。例如，2010年，印度尼西亚向WOCCU仅提供了930家信用社，总计180万个会员的官方数据，然而，在2000年，储蓄和信用合作社（包括信用合作社）（大多数是存疑的）还有4万多家，总计1 100万个会员的官方数据。[①]印度向WOCCU提供了1 645家信用合作社，总计2 000万个会员的数据。而NABARD的官方数据则显示，截至2010年，印度有95 000家初级农业信贷社（PACS），总计1.26亿个会员。中国也拥有大量的信用合作社，但没有包括在内。因此，我们可以得出的可靠结论是，到目前为止，注册的非信贷联合金融合作社的数量超过了信用合作社的数量（见表18）。

表18　　　金融合作社：信用合作社（2011年）和合作银行（2010年）

	全球信用合作社	欧洲合作银行
数量	51 013家（100个国家）	3 874家（20个国家）
会员	1.965亿个	5 000万个
资产	15 635亿美元	56 470亿欧元
存款	12 226亿美元	31 070亿欧元
贷款	10 162亿美元	33 050亿欧元

资料来源：Birchall，2013a：13，基于WOCCU，2012和EACB，2011。

仅有少数国家会同时向WOCCU和EACB报告。应该指出的是，欧洲合作银行除了拥有约5 000万个会员客户之外，还为1.3亿非会员客户提供服务，非会员客户的存款和贷款额分别占总数的21%和19%。

WOCCU报告的全球信用合作社的市场渗透率为7.8%（注意，不是份额），这一市场渗透率被定义为18岁至64岁之间的成员数与经济活跃人口总数的比率。根据报告，信用合作社在14个发达国家（美国、加拿大和欧洲12个国家）设立并运作，约有11 000家机构和超过1亿个会员。美国是全球市场的领导者，拥有7 351家信用合作社，9 400万个会员和45%的市场渗透率。表19提供了有关世界不同地区信用合作社的更多信息。

---

① 数据截止到2000年；参见 ADB Rural Microfinance Indonesia（TA No. 3810-INO），March 2003，Annex 4。

表19   按地区市场渗透率划分的信用合作社

地区	国家	市场渗透率（%）	信用合作社数量	会员数（百万）
北美	2	45.0	8 164	104.5
大洋洲	5	23.6	326	5.1
加勒比	19	17.5	433	2.9
非洲	24	7.2	18 221	18.0
拉丁美洲	15	5.7	1 750	18.1
欧洲	12	3.5	2 321	8.1
亚洲	22	2.7	19 798	39.7
世界	100	7.8	51 013	196.5
发展中国家	86		40 528	83.9
发达国家	14		10 485	112.6

资料来源：Adapted from Birchall 2013a：17 and Birchall 2013b：46 based on WOCCU 2012。

快照43：金融合作社在全球危机前后的表现如何

最近的一些研究比较了危机前欧洲合作银行和投资者所有的银行在2005年至2007年两年期间的表现，发现合作银行的贷款质量更高，成本效率更高，净资本收益率（ROE）也更高，而且明显具有更高的稳定性。它们的资产增加了23%。以强大的资本基础挺过了危机时期，随后这一基础被进一步强化了。由于次级抵押贷款的风险较小且投资活动较少，其损失低于投资者所有的银行。危机过后，合作银行继续保持了稳定和高效；虽然其中一些中央组织受到了打击，但资产减值更少，其损失仍然低于投资者所有的银行。2008年是艰难的一年，但总体而言，2007—2010年间，其资产增长了近10%，客户数量增长了14%。总的来说，欧洲合作银行在危机中幸存了下来。其中7家跻身世界50大最安全的银行之列。欧洲平均资本充足率约为9%，超过了8%的最低资本要求（Birchall，2013）。

同样，在危机前后，WOCCU信用合作社也展现出了增长和恢复力。在2005—2007年两年期间，储蓄存款增加了29%，贷款增加了39%，准备金增加了26%，资产增加了32%，会员增加了13%；市场渗透率从6.65%提高到7.5%。再次，虽然2008年是艰难的一年；但在三年期间，储蓄存款增加了24%，贷款增加了13%，准备金增加了14%。加勒比地区的储蓄和贷款增长率最令人印象深刻，分别为50%和57%，大洋洲两者均为49%。在拉丁美洲，储蓄增长了48%，而贷款略有下降。在撒哈拉以南非洲地区，储蓄存款增长了34%，贷款增长了37%（Birchall，2013，见图25）。

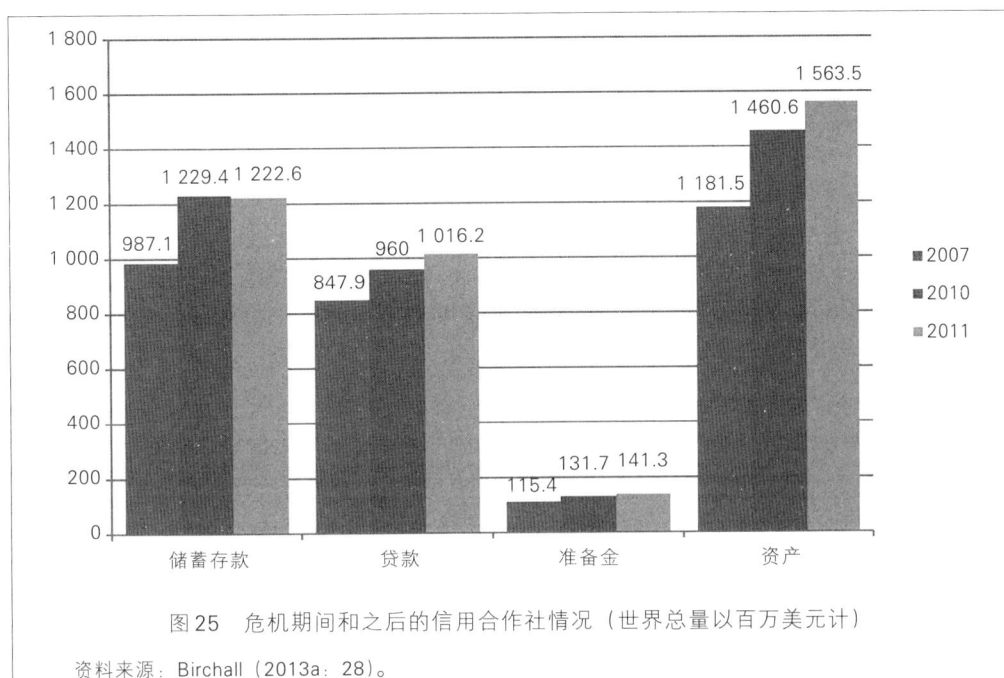

图25 危机期间和之后的信用合作社情况（世界总量以百万美元计）

资料来源：Birchall（2013a：28）。

Birchall（2013a）得出的结论是，金融合作社"不仅能够应对金融危机，还能从投资者所有的银行那里获得大量业务……一定是有一些涉及客户拥有的商业模式的东西"，使其在经济低迷时能够如此有韧性的"主要的解释因素"是：金融合作不仅仅与金融深化有关。与其他类型的合作社一样，它们是"以人为本"的企业，由其所服务的人拥有。

储蓄小组信息交换（SAVIX）[①]

储蓄小组信息交换（SAVIX）与乡村储蓄信贷协会（VSL Associates）联合报告由NGOs推动，并向金融自助团体（SHGs）报告，在国家网络中组织管理。[②]1991年，CARE国际公司首次在尼日尔采取了这一举措，该项目试图扩大普遍存在的循环和非循环储蓄以及信贷群体的本土模式。在银行和MFIs无法覆盖的农村地区，CARE推广了乡村储蓄信贷协会（VSLAs），简称储蓄组织（SGs）。这些团体往往有15~25名成员，通常每周会面一次，进行储蓄和信贷交易。越来越多的团体与银行建立联系，以获得存款设施和转贷资金。在众多NGOs的推动下，该模式被迅速地普及，到2013年年底，在70个国家中，拥有了近900万名成员，总计40万家促进组织（见表20），外加几乎相同数量的自发复制团体。SAVIX还追踪了由亚洲和非洲的33个项目建立的332个独立研究组的随机样本的长期表现。比尔和梅琳达·盖茨基金会和万事达基金会支持了这项运动。

[①] http://www.thesavix.org/home.

[②] http://savingsgroups.com/；http://www.vsla.net；cf. http://www.cgap.org/blog/savings-groups；cf. Seibel 2014.

表20　　　　　　　　　促进小组的VSLA成员资格（截至2013年10月）

地区	国家	成员	比重（%）
亚洲	15	612 427	7.1
中东	2	1 056	0.0
拉丁美洲	13	288 771	3.3
南太平洋	2	1 966	0.0
非洲	38	7 761 447	89.6
总计	70	8 665 667	100.0

数据来源：Allen Hugh on behalf of www.vsla.net，October 2013。vsla.net 提供的数据超过了SAVIX报告的机构数据，SAVIX报告的数据口径更大。

3.3　全球数据集

在2004年6月的会议上，八国集团（G8）批准了扶贫咨询组织（CGAP）的小微金融关键原则，这些原则是在CGAP新颁布普惠金融体系方法的背景下制定的。原则明确提出，"将小微金融纳入正规金融体系以确保大量贫困人口永久获得金融服务"（CGAP 2004），这将关注点从不受监管的小微金融和小微金融服务提供者转向作为最终服务提供者的正规金融部门。

在2009年的匹兹堡峰会上，20国集团领导人做出了更为郑重的承诺，即"改善穷人获得金融服务的机会……以小微金融为榜样……推广中小型企业（SME）融资的成功模式……与CGAP和IFC等机构共同发起G20中小企业融资挑战"[1]。在之后的每次会议上，对金融普惠性的承诺都被重申了。

在2010年的峰会上，全球普惠金融合作伙伴组织（GPFI）的建立是为了"制度化和实施G20财务行动计划"。其三个小组被分派的一项任务是，"确定现有的金融普惠性数据格局，评估数据差距，并制定关键绩效指标"。在 Ardic、Chen 和 Latortue（2012）代表CGAP和IFC准备的一项研究中，得出了第一批结果。他们报告称："对金融普惠的兴趣正处于历史最高水平。政策制定者和标准制定者，从地方中央银行到全球标准制定机构，越来越多地将稳定性和普惠性视为互补、相互促进的目标。"他们将获得正规金融服务作为普惠性的目标："金融普惠性是指，所有工作年龄的成年人都能获得有效的、正规服务机构的信贷、储蓄、支付和保险服务。"

衡量标准包括七项原则（Ardic等的研究）：

• 建立国家级数据容量。

---

① The G20 Pittsburgh Summit 2009，September 24 - 25，2009，Leaders' Statement.

- 使用统一的定义和标准化的方法。
- 主动从商业银行以外的一系列供应商处寻求数据。
- 更系统地使用用户的独特财务身份。
- 收集有关客户群的更详细数据。
- 包含更多企业数据，尤其是MSMEs数据。
- 促进对数据的开放访问。

金融普惠性是两个全球数据集的核心：IMF的FAS数据库拥有从监管机构收集的基本数据和实用指标的时间序列，同时世界银行全球普惠金融（Global Findex）数据库覆盖超过148个经济体总计15万人。在此背景下，普惠金融联盟（AFI）于2008年成立了，其目标是制定政策措施，为发展中国家的数百万人提供银行账户和金融服务。AFI是普惠金融政策制定者的全球知识共享网络，目前包括来自87个发展中国家的100多个机构（主要是中央银行）（www.afi-global.org；参见AFI，2013）。

IMF的FAS数据库是全球唯一可用的供应方数据来源，提供了可比较的，全球家庭和企业获取并使用基本消费金融服务的地理和人口数据。全球监管机构于2009年9月推出的第四次年度调查结果，于2012年9月上线供公众使用。[1]FAS编制了187个经济体的年度数据和元数据，由受监管金融机构向各自的监管机构报告。[2]截至2013年中期的数据集，涵盖了2004—2011年8年的数据。2012年，CGAP和IFC合作进行的强化调查中，增加了金融合作社和MFIs的准入指标的时间序列，包括中小企业、家庭、人寿保险和非寿险险种的数据。FAS数据显示，自2005年以来，普惠金融呈现积极趋势，商业银行的存款和贷款账户数量不断增加，但全球金融危机导致2009年和2010年的增长率极低，其中对信贷产生的影响比储蓄更大。

Ardic等（2013）注意到，除商业银行外，非银行金融机构（NBFIs）在很多市场上为未接受服务和服务不足的客户做出了重大的贡献。事实上，吸收存款的NBFIs在存款和贷款的普及方面发挥着越来越重要的作用，相对于商业银行而言，发展中的世界各地的非银行金融机构，贷款渗透率有所增加。与此同时，NBFIs"正在转型成为商业银行，同时当地商业银行对于金字塔底层表现出了新的兴趣"（Ardic等，2013）。总体而言，金融格局变得更加复杂，监管机构正努力在其报告中涵盖NBFIs（Latortue和Ardic，2013）。

世界银行的全球普惠金融调查（Global Findex）是一项全国代表性的民意调查，衡量全球人民如何通过受监管、无管制和非正规机构来进行储蓄、借贷、支付和管理风险。它还提供如下信息：有未偿还贷款的账户占受监管金融机构账户总数的比

---

① http://fas.imf.org.

② 有15个国家没有报告商业银行的数量；除了数量之外，还有一些其他国家没有报告商业银行的任何数据。有24个国家没有报告金融合作社的相关数据；40个国家没有报告MFIs的相关数据。

例——G20基础金融普惠性指标中的两项（2012年6月批准）。该项目于2011年推出，与盖洛普组织（Gallup Organization）合作，由比尔和梅琳达·盖茨基金会资助，覆盖140多个经济体的15万人左右。这两项调查分别于2012年和2015年上线，是需求方数据的最大来源。其重要结果是，世界上有一半成年人，即50亿人中约有25亿成年人（15岁以上），在2011年没有银行账户，在接下来的3年里，截至2014年，该数字下降了20%，降至20亿人（总人口52亿）。在全球范围内，62%的成年人（2011年为50%）拥有银行或其他类型金融机构的账户，如信用合作社、合作社或小微金融机构，或移动货币提供商，高于2011年51%的水平。[①]

账户渗透率存在很大的差距：在高收入经济合作与发展组织（OECD）中，94%的成年人在正规金融机构拥有账户（2011年为89%），而这一比例在发展中经济体仅为54%（2011年为41%）。如表21所示，2014年，中东和北非地区86%的成年人（2011年：82%）以及非洲撒哈拉以南地区71%的成年人（2011年：76%）没有正规金融机构账户，而这一数据在高收入经济体中为6%（2011年：11%），在南亚的比例为55%（2011年：67%），拉丁美洲和加勒比地区为49%（2011年：61%），东欧和中亚为49%（2011年：55%），东亚和太平洋地区为31%（2011年：45%）。

表21列出了2011年和2014年在正规金融机构拥有账户的人口（15岁以上）比例。该表还包括，在正规金融机构中拥有账户和贷款的正规中小企业的比例。

表21　　　　　　　　获得正规金融机构服务的比例（%）

	账户拥有者（15岁以上）占总人口的比例（%）		正规中小企业持有比例（5~99名员工，%）	
	2011	2014	账户	贷款
世界	50	62	82	37
高收入OECD	89	94	84	47
东亚和太平洋地区	55	69	88	36
东欧和中亚	45	51	88	42
拉丁美洲和加勒比地区	39	51	93	46
中东和北非	18	14	36	6
南亚	33	45	80	28
非洲撒哈拉以南地区	24	29	87	21

数据来源：人口数据来自Global Findex，2011年包含148个经济体和2014年包含143个经济体，小微企业数据来自World Bank的企业调查，2011年及之后是128个经济体（Demirgüç-Kunt和Klapper，2012；CGAP，2013，Demirgüç-Kunt等，2015）。

[①] 该部分主要参照了Demirgüç-Kunt和Klapper，2012以及Demirgüç-Kunt等，2015。

随着正规金融的扩大，以及它在发展中经济体中的增长，非正规金融机构并没有失去其活力；相反，它们的数量和多样性成倍增加（Seibel，2014）。Demirgüç-Kunt和Klapper（2012）以及Demirgüç-Kunt等（2015）的研究发现，许多人采用非正规储蓄和借贷，他们利用回转和非回转储蓄和信贷协会、社区机构、朋友和家人而非商业银行；这一现象在非洲撒哈拉以南地区最为明显。

随着移动货币的出现，普惠金融可能进入一个新的时代，不仅是有渠道获得正式金融服务，而且是真正开始使用正规的金融服务。从2004年的南非，以及2007年的肯尼亚开始，移动货币在非洲等地迅速蔓延。截至2014年，全球仅有2%的成年人拥有移动资金账户；但在非洲撒哈拉以南地区，有12%的人拥有了移动资金账户。移动资金账户的成人比例为10%或以上的国家，在全球共有13个，都在非洲撒哈拉以南地区。Demirgüç-Kunt等（2015：2-3）认为，数字化支付在普惠金融中发挥了重要的作用："将工资或政府转移支付从现金支付变为账户支付，可以增加成年人拥有账户的数量。通过数字化支付，例如，学费或公用事业账单，可以让已经拥有账户的人从普惠金融中获得更多收益——使他们能够以更方便、更实惠和更安全的方式进行支付。"

为发展中国家的中小企业而不仅仅是个人提供融资，一直是G20集团关注的主要问题之一。鉴于中小企业对经济增长和创造就业的重要性，全球普惠金融合作伙伴组织（GPFI）将中小企业作为其四大优先主题之一。2012年，IMF首次在其金融渠道调查中纳入中小企业贷款的数据，由187个国家中的37个国家提供。中小企业贷款占国内生产总值的比例，在肯尼亚、赞比亚和马达加斯加接近0，印度为7%，孟加拉国为10%，中国为15%，马来西亚和萨尔瓦多为18%，泰国和韩国分别高达33%和39%。

在最近的一项研究中，IFC根据世界银行的企业调查数据，在关于发展中国家2 500万个至5 000万个正规和非正规MSMEs[①]融资方面，得出了相似的结论。绝大多数的中小企业（员工人数为5~99人）拥有正规金融机构账户，但有贷款的中小企业比例要低得多，从中东和北非地区的6%到拉丁美洲和加勒比地区的46%不等。因此，估计约有1万亿美元的信贷缺口。

下面是对全球和世界不同地区小微金融可用数据的基本情况、数据来源及其可靠性的总结，具体是：

1. 就小微金融服务的供应和使用数据的可获得性而言，近年来情况明显好转。但是，由于大多数仅涵盖近几年的数据，因此无法对小微金融服务的提供随时间的变化进行合理评估。[②]

---

① 该研究将MSME定义为微型（1~4名员工），非常小（5~9名员工），小型（10~49名员工）和中型（50~250名员工）企业。

② Rozas和Erice（2014）在最近的一篇论文中指出，统计数据的另一个缺点是关于存款设施的可获得性和使用情况：多个来源报告的大量储蓄账户往往夸大了储蓄活动的真实程度，因为至少有50%的账户处于休眠状态，即一直未使用，或大部分时间都处于0金额状态。因此，每个储蓄账户的平均储蓄额往往是向下有偏的。

2. 就所涵盖的年份而言，两个最古老的数据来源，即 MIX 和 The Campaign 的数据库，更为全面。然而，由于统计方法的缘故，它们不如新数据库可靠，因此它们的数据也不适合随时间进行深入比较。

3. 尽管出现了一些总体改善的趋势，但这些数据库以及最近年代的数据库始终表明，当今小微金融的供给仍存在巨大的差距，因此，在发展中国家，一般人口中较贫困的人群以及中小微企业在获得服务方面仍然有所限制。

4. 因此，寄希望于小微金融解决或至少缓解的问题，目前仍然是一个挑战，而且仍值得高度重视。

5. 毫无疑问，各地区之间，甚至一个国家内不同地区之间的情况差异很大。

6. 从所有可获得的数据来看，人们可能倾向于认为，供给形势已发生了变化，并且许多国家的供给实际上已经扩大。然而，这是不是一个积极的发展仍有待商榷——此问题是下一节讨论的起点。

3.4 市场饱和度

改善穷人获得金融服务的机会是一项被广泛接受的政策目标，但过多的信贷也许是件坏事。显然，贷款人给予的信贷是借款人的债务，因为它意味着承担偿还借入资金外加费用和利息的法律义务，或者道德义务。如果承担的贷款数目很大，而且更重要的是，如果借来的资金不能改善借款人的收入和还款能力，那么还款义务更多的是负担。并非所有的信贷融资企业都会产生收益，也并非所有的小额贷款都用于创收目的。

因此，借款人即使是为了创收，贷款也可能存在风险，如果用于消费则更是如此。虽然消费贷对客户来说非常有价值，可以帮助他们弥补收入的临时缺口。例如，在收成不佳或临时失业时，消费贷款的价值是有待商榷的：用于消费支出的贷款被当地标准视为不必要的，甚至是奢侈的，超过了借款人的长久收入。它们对借款人的长期影响主要是，更高的债务负担以及其贷款违约的可能性，甚至是从各个贷款机构取得的多笔贷款，存在"过度借贷"和"多重借贷"的真正危险。

如果需求小于供给，市场就被称为饱和。在小微金融领域，市场饱和可能是"良好"需求下降的结果，即利润或收入支持的贷款需求，或面临给定的"良好"贷款需求时增加的贷款供给。后一种情况在实践中更为重要。在大多数国家，近年来小额贷款和超小额贷款的供应量大大增加，这种情况经常发生，而没有考虑有限制的贷款需求，这种限制会使借款人受益，而最终不会损害他们。受到 21 世纪初 MFIs 好运的影响，相当数量的新的信贷机构已进入市场，现有的大多数的供应商已扩大了其业务规模。

当然，如果"良好"的需求有限，进入市场和增加供应就很容易被认为是一种错误。鉴于未来的不确定性，这种错误很可能会发生。如果相关决策不是基于谨慎考虑，而是基于政治或官僚推理——如许多援助资助的 MFIs 的情况，或者过度乐观并希望扩大市场份额，如老牌银行突然意识到授予小额贷款可能是一项非常有利可图的业务而进入市场，这种错误就很可能发生。

如果用于创收目的的贷款市场已经饱和，小额贷款的提供者则倾向于通过放宽贷款标准并发放价值存疑的消费贷款来争取商业和市场份额。在这两种情况下，借款人违约的风险都高于几年前的小微金融市场，其中小额贷款的"良好"需求经常超过供给，精明的MFIs可以期望找到足够数量的"良好"、可信赖的借款人。[①]

降低贷款客户的贷款标准的危险是显而易见的：它可能诱使客户承担超过其承受能力的贷款。[②]同时，对贷款机构也是一种挑战：借款人违约的可能性更高，违约率更高会破坏整个机构的稳定性。较低的利率也是一种挑战：导致收入减少，也可能导致利润降低，也可能破坏MFIs的稳定性。这两种影响是显而易见的，但竞争加剧存在更多的危险：如果许多贷款方共同竞争，个人借款人更容易同时从多个贷款方获得贷款。这会增加其债务负担，降低其正常还贷的能力，并减少其对任何一个贷款机构的依赖——因为客户可以轻易地更换贷款机构——从而大大降低了还款动力。

在许多国家，新贷款机构的涌入和现有市场机构活动的扩张导致了严重的偿还问题，即"过度借贷"、"多重借贷"、高违约率。经历过这种现象的国家包括：波斯尼亚和黑塞哥维那、摩洛哥、尼加拉瓜，尤其是印度（安得拉邦）（Roodman，2012）。在其中一些国家，市场参与者是由国际捐助者和商业投资者提供资金的，其中有一些政治权力很快就能让沮丧的借款人联合在一起，鼓励他们干脆拒绝偿还贷款。

一个臭名昭著的例子是，尼加拉瓜的"no pago"运动；另一个是印度安得拉邦的例子（Oliver，2010）。报告此类事件只是当地小微金融危机的轶事证据，科学价值有限。然而，这些例子间接地支持了这些国家也存在市场饱和甚至供过于求的假设。但在某些情况下，例如，分别看一看波斯尼亚和黑塞哥维那以及印度的安得拉邦发生危机的细节，就会发现，不仅市场饱和，而且还有供应过剩的小额贷款和超消费贷款，因为没有足够的"良好"需求。

关于市场饱和、小额贷款供过于求导致当地小微金融危机的因果关系的讨论，不必完全依赖受影响国家的轶事证据和案例研究，还有关于市场饱和可能程度的统计证据。Javoy和Rozas（2013）在他们广泛构思的市场饱和度研究中正确地指出："了解供应上限对小微金融从业者至关重要。"

根据全球Findex数据库的统计，Javoy和Rozas计算了世界银行Findex样本中所有148个国家的市场渗透率；这包括人类发展指数低于80的109个较贫穷国家，他们使

---

① 本段旨在提醒读者，寻找信誉良好的借款人对小额贷款提供者来说从未如此简单。但在早期的市场条件下，它确实可能更容易。

② 重要的是不要忽视这样一个事实，即很难找到贷款的真正目的，因为金钱是可以替代的。

用了 MIX 数据作为补充。[1]在此基础上，他们构建了所谓的信用市场渗透计分卡，为国家分配了 1 到 5 的分数。第 1 类，由 26% 的较贫穷国家组成，表示零售信贷似乎远低于其潜在需求的国家。第 2 类和第 3 类分别占 29% 和 27% 的国家，被视为具有"正常运作的市场"，其区别在于其增长能力。第 4 类国家达到或高于饱和水平，建议对市场稳定性因素进行详细分析，包括过度负债。第 5 类国家的信贷利用率至少是三个分析变量预测值的两倍，可能达到或高于其长期可持续信贷承载能力。

有 20 个国家存在市场饱和的可能性很高，信用失败的风险相应也很高。其中有 7 个属于第 5 类：孟加拉国、玻利维亚、柬埔寨、塞浦路斯、吉尔吉斯共和国、老挝和蒙古国；属于第 4 类的有：亚美尼亚、阿塞拜疆、白俄罗斯、危地马拉、伊朗、马拉维、黑山、巴拉圭、秘鲁、斯里兰卡、泰国、乌拉圭和越南。[2]对于这些国家，作者建议重点关注防止过度负债，并确保外部资金流入不会推动市场越界。

---

[1]　完整的市场渗透率文件参见：MIMOSA v1 0 XL file Planet Rating 2013-03，available upon request from Daniel Rozas <daniel@rozas.com>（cf. Javoy 和 Rozas 2013）。

[2]　有趣的是，Javoy 和 Rozas 最近的研究中"问题国家"列表与 Roodman 2012 年的书中没有重叠。这可能表明，遭受市场饱和、供过于求和危机等相互关联问题的国家可能相当多。

第4章　小微金融的国际援助与合作领域

在过去40年中，小微金融在许多国家都被认为是一种非常明智的金融形式，是国际援助的核心；或用更现代、政治上更正确的说法，是国际发展合作的核心。[①]

> **快照44：关于小微金融机构资金来源的一些事实和数据**
>
> 自20世纪50年代以来，来自国外和国际公共资源的捐赠资金，成为各种发展融资项目的大量资金提供者。以前，这些资金大部分都捐给了受援国的大型国家开发银行，这些银行很少为小型和微型企业以及穷人提供资金。自20世纪70年代以来，开发银行逐渐不再受到国际捐助界的青睐，旨在支持小微金融的外国资金比例不断增加。其中最大份额的资金来自贷款，通常是条款非常"宽松"的贷款；有些是通过直接拨款提供；还有一些最新的融资方案以股权投资的形式出现，用于MFIs的创建或扩张。
>
> 虽然MFIs过去几乎完全从公共政府相关来源处获得资金，但最近的趋势表明，小微金融的融资环境从几个方面发生了很大的变化。首先，单纯从数额上来看，融资额大幅度增加。在不到十年的时间里，已经从20亿美元（2002年）增长到120亿美元以上（Lützenkirchen，2012）。此外，外国私人借贷者和投资者的重要性大大提高，几乎占总数的一半。然而，最重大的变化涉及存款的作用以及国家资金来源的作用。相关数据来源涵盖所有的MFIs，目前有一半以上的资金是本地存款。根据CGAP（2011）发布的一项研究，2007—2010年，对所有类型的MFIs，借款（主要来自国外）在总资金中的份额略低于30%；股权收益率接近20%，存款收益率接近50%。当然，对于有执照的小微银行而言，存款的作用更为明显，而对于以NGOs或非银行金融机构形式存在的小微金融，则存款的作用相对小得多。

本节将小微金融视为发展援助与合作的一个领域，主要从国际组织或发达国家决策者的角度来看待，决策者负责广义上的开发金融领域。回到第1章讨论的主题，开发金融学的演变，尤其是小微金融，可以视为一个国际援助领域，关注这一领域的各种形式的援助。本节再次回顾了近期的，使人们对小微金融作为预先发展政策工具的能力产生了怀疑的事件和争议。

4.1　开发金融的早期模式和小微金融的出现[2]

总体来说，开发金融和金融部门在发展政策中始终发挥着重要作用。尽管存在连

[①] 可惜的是，早期几十年的相关数据不可得，近期所有的出版物都使用同一份MIX提供的数据，这份数据相当不完整，正如我们在第3节中讨论过的那样，MIX仅涵盖21世纪以来的数据。

[②] 本节基于Krahnen 和 Schmidt（1994）的第二章。

续性，但多年来已发生了巨大的变化，政策制定者们曾考虑过以下问题：（1）在开发援助或发展合作的整体背景下，应给予发展资金多大的权重；（2）与发展融资的其他方面相比，应给予金融部门开发多大的权重；（3）什么构成了良好的金融部门，以及外援可以和应该做些什么来支持金融开发；（4）模糊的术语"金融"应该被理解成什么意思。随着时间的推移，问题的答案不断变化，最后导致了开发金融政策发生了变化，并最终导致现代小微金融的出现。

开发金融促进大规模资本转移

现代发展政策的起源，可以追溯到第二次世界大战后的十年。当时的国际援助主要包括美国对战后西欧国家经济和社会重建的支持。主要工具是马歇尔计划。美国提供的支持主要是，以大量实物资本的形式转移到欧洲国家，以便重建经济。一项补充性活动是由专业金融机构创建的，这些机构最初负责将资本货物销售所得资金引流到公共和私营组织，这些组织可将其用于大型投资项目。这些项目的实施反过来有助于推动基础广泛的增长和发展进程（Abelshauser，2005）。

这项政策非常成功，它激励了一些西方国家将马歇尔计划作为它们援助政策的模板，这些援助政策主要针对所谓的第三世界国家，我们将此称为开发金融的第一阶段。从20世纪50年代中期到20世纪70年代末，它持续了20多年。实质上，采取的方法包括：将大量资金引入受援国新成立的专业金融机构，这些机构采取政府所有的开发银行的形式。由于这些资金主要用于购买工业化国家的机械和运输设备等，捐助支持的经济实质相当于实物或实际资本的直接转移，而不是提供金融资本。

该政策的基础是，外国资助的大型项目将大力推动发展，制定动态流程，以积极的方式"感染"其他受援国的经济。[①]投资和增长应该在整个经济体中或多或少均匀地"逐渐减少"。因此，融资主要以优惠条件提供，这通常意味着以补贴利率贷款或获得大量长期资金以及外币贷款，这两者在当时的大多数贫穷国家都无法获得。

几年之后，在外国资金的资助下，以及工业发展银行帮助下，旨在支持大型工业和基础设施项目的短期目标开始扩大，并开始在更广泛、更全面的基础上实施。其他类型的开发银行也已成立，还得到了西方政府和世界银行等国际组织，以及区域开发银行的大量资金支持。农业发展银行是建立新型机构的一个例子。这些专业银行主要为大规模农业和现代农业企业提供融资，其中大多数都实施了大规模、高补贴和严格监管的贷款计划，旨在实现农业现代化，提高农业生产力和增加出口。在此期间建立的其他新型开发银行包括：住房银行（通常是为高收入人群提供服务，另一个是为社会住房融资而创建的），以及小企业发展银行，但是，在大多数情况下，不是微型企业。尽管第一阶段的重点明显放在大量资本的转移上，但一些金融部门的发展却作为

---

① 提倡"非平衡增长"这一基本概念的有影响力的作者之一是 Albert O. Hirschman；参见 Hirschman（1958）。

副产品而产生了。

在少数情况下，第一阶段的开发金融所开展的活动是成功的，但总的来说，基于此方法的措施，在经济和政治意义上均是失败的。预期的增长基本没有实现，相反经济二元论成了一个问题：少数人从实施的项目中受益，而大部分人却因项目的经济影响遭受损失。举一个典型的例子，一家外资鞋厂凭借其在成本和效率方面的巨大优势，使数百名手工制鞋商失业。此外，许多大型项目从未实现过。此后的研究表明，[1]该政策也导致了收入和财富从贫困人口到富人阶层的大规模重新分配。更重要的是，大多数开发银行都是臭名昭著的亏损企业，并最终以失败告终，但在许多情况下，由相同的工作人员重新开放，在同一个办公场所，用来自同一国际来源的新资金再次推行同样的、不健全的政策。捐助者和发展机构对此方法的支持最终兴趣索然，但从未完全放弃。

开发金融促进对穷人的资本转移

在受援国的政治困难时期，这种状况是不可接受的，尤其是考虑到，对大规模资本转移的关注，已经开始被视为扩大不平等的一个重要因素，这种不平等是政治不稳定的根本原因。因此，在20世纪70年代中期左右，捐助国和机构对政策有了重新定位，开始了第二阶段的开发金融。与以前一样，援助支持的开发金融包括：将外国捐助资金引入发展中国家——但不再适用于那些对假定的增长催化剂行使控制权的群体；相反，资金现在直接提供给当地社会的穷人，希望这些人能够从中受益。

实际上，与贫困人群接触并找到合适的渠道，为其经营活动提供信贷，并非易事。出于各种原因，银行没有兴趣为外国资金提供渠道，最重要的是，真正帮助贫困借款人需要很高的成本，而当地法规几乎不允许它们收取足够高的利率来覆盖成本。同时，人们深以为穷人会产生高风险和交易成本。银行根本不知道如何以更有效的方式向贫穷的借款人提供贷款。最后，社会偏见使银行经理和员工不愿意为底层客户提供服务。

如果银行无法参与，则需要新的捐助资金分配渠道，很快就出现了大量这样的渠道。至少在一段时间内，教会和其他慈善机构NGOs承担了这一角色。[2]NGOs里的工作人员富有同情心、善意和政治动机。他们中的许多人都是发展的志愿者，具有社会科学家的背景，有些甚至是神学家。他们想帮助穷人，但他们对银行业务或银行运作一无所知。鉴于他们自身的社会文化背景和生活经历，同样也无法理解和同情这些新

---

① 美国国际开发署（1973）赞助的21卷所谓的《小农信贷春季评论》中记载了对该政策主要部分的影响和有效性的广泛调查。摘要参见Donald（1976）。通过俄亥俄州立大学的一组研究人员的工作，春季评论的高度批判性发现成为金融和发展新思维的起点之一，它深刻地影响了现代小微金融的产生。参见Adams等（1984）。

② 小额资本企业投资计划（PISCES）研究（Farbman，1981）以及后来由美国国际开发署（USAID）发起和资助的类似研究都记录了许多相关案例。

形式开发金融下最重要的目标群体：当地的小企业主。这些人绝大多数都在艰难、充满敌意的环境中挣扎求生存，维持其业务，而不像一些年轻的外国人所希望的那样策划革命。

在很短的时间内，许多新的外资信贷授予组织再次消失。这些组织因没有资金、员工而就不得不关闭。[①]善意不足以确保组织产生影响力，并且生存下去。

一种不同类型的NGO似乎提供了更好的前景。对于新型的开发金融——小微企业贷款、业务经验和对借款人情况的了解都是不可或缺的。由外国志愿者组成的NGOs很快被当地NGOs所取代，组织由当地知名企业人士创建和资助——他们了解在不平等加剧的压力下，防止社会失去内在凝聚力的重要性，同时，由于自身企业的背景，他们了解小微企业的所有者需要什么、如何思考、行为动力是什么。这种转变背后的想法是绝对正确的，与周期的意识形态趋势相协调，罗纳德·里根（Ronald Reagan）和玛格丽特·撒切尔（Margaret Thatcher）的政治哲学就是例证：这些NGOs完全独立于地方政府，也似乎支持私营企业，是"小微企业家"的组合，现在被称为借款人。由企业支持的私营NGOs，成为发展政策领域的新型理想团队。[②]

许多国际金融机构也加入了这个行列，开始推动新型的、以经营为基础、以经营为导向的NGOs。其中，美洲开发银行（IDB）制定了一项支持当地信贷授予NGOs的计划。支持包括：向声称给当地小微企业发放贷款的NGOs提供资金：以非常规的条款获得500 000美元的贷款，作为实际补助金；还有50 000美元的直接技术援助补助金。这些资金被迅速地支付给选定的NGOs，其使用和资助贷款的影响没有受到监测。

一段时间后，IDB开始质疑，这是否确实是支持小微金融和小微企业的正确方法？IDB委托开展了一项研究，以了解受援NGOs的实际效果和效率。事实证明，这是一个难以回答的问题，因为许多由IDB资助的NGOs拒绝配合参与研究，同意参与研究的15家中，几乎没有一家有信息会计系统或内部记录。

IDB决定继续该项目，并按最初的构想进行研究。对于那些最初非常热衷于授信NGOs的人来说，这是毁灭性的（Schmidt和Zeitinger，1996b）。一个例外是，一个厄瓜多尔的基金会，通货膨胀调整后的年化利率达到了惊人的160%，IDB支持参与该

[①] 其中一个机构是格莱珉银行（Grameen Bank），但由于其创始人穆罕默德·尤努斯（Muhammad Yunus）惊人的领导力和融资手段，它几乎是唯一一个能够生存和发展的机构。但与大多数同行一样，格莱珉银行多年来也吸收了大量捐赠资金；见Morduch（1992，1999）。

[②] 本书的两位作者参加了1989年在华盛顿特区举行的"首届全球小微企业会议"，该会议为新发现的"梦之队"在开发金融专家中普及做出了巨大贡献。会议非常有趣，由Levitsky（1989）做了记录，参见Seibel（1989a）。ACCION几乎同时发表了对某些类型的NGOs（作为"穷人的炼金术士"）的热烈支持（Drake和Otero，1991）。

研究的 NGOs 甚至没有达到成本覆盖率。其他 6 家 NGOs 分部的情况也一样，即使明确承诺遵守商业政策可以覆盖成本。

该研究发现，贷款组合的规模非常小，很少超过 100 万美元。更令人惊讶的是，管理和贷款损失的综合成本（不包括融资成本）占 NGOs 平均未偿还贷款的百分比超过 50％。要想覆盖全部成本，利率必须是 NGOs 向其客户收取费用的两倍。[①] 对于 IDB 来说，这并不是一个好消息，于是 IDB 决定终止该项目。

很明显，小微金融的成本如此之高而效率又如此之低，是不会产生任何可观收益的。只有将成本降到更低的水平，才是经济合理且能被社会接受的，向客户收取信贷所包含的全部成本，才可以实现财务可持续性，并为客户创造价值。但是，对于那些在常见 NGOs 治理结构下运作的规模极小的小微金融机构而言，这几乎不可能。为了真正可行，并长期履行其预期的功能，小微金融机构必须提高效率，并且需采用传统银行的一些特征。

这一时期，复制格莱珉银行模式开始扩展到包括菲律宾在内的许多国家。"格莱珉复制者"指的是，在战略、组织和贷款方面模仿格莱珉银行的机构模式。复制格莱珉银行模式由几个捐助者慷慨资助，在 20 世纪 80 年代开始在许多国家实施。1993 年，菲律宾的一个政府机构——农业信贷政策委员会（ACPC），审查了 27 个"格莱珉复制者"的计划执行机构。其研究结果与 IDB 赞助的研究结果相似。"格莱珉复制者"的对外扩张活动可以忽略不计，整个复制者计划是捐助者驱动的；内部资源调动少；利率不高；政府与复制者之间平等分担的成本过高。一些复制者注意到了改变策略的建议，其中包括被称为农业与农村发展中心（CARD）互助机构（MRI）的菲律宾机构。[②] 其核心部门于 1997 年获得农村银行许可，自此之后，取得了惊人的积极成果。[③]

开发金融促进金融部门放松监管

在与第二阶段平行的时期，开发金融领域的另一重要趋势开始形成。尽管这一趋势出现时，第二阶段仍在进行中，但它所体现的思维方式的转变以及它所产生的方法，已经足够代表第三阶段的开启。这不是关于向发展中国家提供资金，而是关于改变其金融系统和部门的特征。Shaw 和 McKinnon 在 20 世纪 70 年代早期的两篇出版物，明确反映了当时的主流意识形态，[④] 政策制定者得出的结论是，旧的金融抑制政策是一个巨大的错误，为了使不同类型和不同财富水平的商人，甚至发展中国家大多数相

---

① 只有一个 NGO 有足够的收入来支付其全部成本——其通胀调整后收入高达其贷款组合的 200％。
② 该机构在德国储蓄银行国际合作基金会（SBFIC）和其他机构的技术援助下进行了重新调整。
③ http://cardbankph.com/? page_id=1411.
④ 见 Shaw（1973）和 McKinnon（1973）。这两项有影响力的研究是相互独立的，但得出的结论基本相似。当时的意识形态精神及其产生的政策假设后来被称为华盛顿共识。有关总结和评估，请参阅 Williams（1993）。

对贫困人群都能获得金融服务，最重要的是，要实现金融自由化，需要从根本上尽可能解除对金融的管控。在实践中，这意味着取消贷款和存款的利率上限，取消银行的最低准备金要求，取消银行业的准入门槛，允许银行自由参与它们希望进行的所有类型的金融业务，无论选择何种方式将国有银行私有化。

如果所有这些都完成了，人们就会认为有大量的存款流入银行，银行会发现，以成本覆盖的利率向微型和小型企业提供贷款具有了吸引力——解决小微金融试图解决的问题。

这些建议引起了多方注意，特别是美国政策制定者和发展机构。上述措施在拉丁美洲的大部分地区实施，最主要是在南锥体国家（Southern Cone countries）。其直接影响与放松管制的倡导者的预期一致：银行业务蓬勃发展，但只持续了很短的时间。很快，萧条出现了。银行家利用自由进行的、不可持续的高风险运营。因此，阿根廷、智利和乌拉圭的银行系统几乎同时崩溃。许多银行倒闭，一些大银行不得不通过国有化来拯救。经济学家 Carlos Diaz-Alejandro（1985）在一篇题为"再见金融抑制，你好金融崩溃"的文章中对此事进行了很好的描述。

繁荣至萧条的循环在印度尼西亚重演。1982 年，石油价格下跌，石油出口收入减少，印度尼西亚开创了一个自由化时代，从供给驱动型转变为以需求为导向的金融体系方式；市场力量取代政府成为发展的主要推动者。利率完全解除管制（1983年）；私人银行更容易建立（1988 年）；36 个主要补贴信贷项目中，有 32 个被淘汰（1990 年）。通货膨胀率下降；1982—1990 年间，金融深度（M2 / GDP）从 16% 上升至 43%；在 1979—1996 年 GDP 平均增长率为每年 7%。根据世界银行（1999）的数据，贫困率从 1970 年的 60% 下降到 1996 年的 11.5%。1990—1991 年，中央银行——印度尼西亚银行宣布为银行业引入审慎标准，但由于企业部门的强烈反对（维持现状能继续获益），以及迅速全面自由化的倡议，措施无法被执行；到目前为止，银行业部门几乎失控了。1997—1998 年的亚洲金融危机揭示了自由化政策的负面影响，迎来了它的消亡。印度尼西亚银行系统的崩溃既是危机的原因，也是其后果。

从这一经验中得出的关键教训是，没有审慎监管的激进自由化，不是解决穷人融资问题的灵丹妙药。正如约瑟夫·斯蒂格里茨（Joseph E. Stiglitz）[1]及多位经济学家多年来共同撰写的论文中所论述的那样，金融市场的运作与椅子或水泥市场是不同的。[2]对前金融压抑制度的批评的一个实际影响是，假定有必要关闭一些国家的众多

---

① 斯蒂格里茨是克林顿总统经济顾问委员会成员，1997—2000 年担任世界银行首席经济学家，并于 2001 年获得诺贝尔经济学奖。他的主要研究领域是金融市场如何良好运行，或为何无法运行，以及这与经济发展有何关系。

② 参见 Stiglitz 和 Weiss（1981）和 Hellmann，Murdock 和 Stiglitz（1997）。

发展银行，可能导致渠道问题更加严重。[①]但是，在自由化政策中，至少有一个要素仍然存在，并证明了小微金融进一步发展的决定性因素：逐步取消利率上限。这样做的原因很简单：只有银行能够自由决定它们向难以服务的客户群体收取的贷款利率和支付的存款利率，才会真正促进它去吸收足够的存款为贷款业务提供资金，且倾向于向这些客户提供贷款。只有解除对银行贷款利率解除的管制后，小微金融机构才能选择银行的法律和制度形式，而不是必须保持NGOs的形式，因为大多数国家不允许NGOs吸收存款。

总的来说，开发金融的前三个阶段提供了重要的经验教训。一是金融服务必须直接提供给那些应该从中受益的人。大规模资本转移时代的政策制定者所预期的因这些转移而实现的涓滴效应，是一种错觉；金融必须是"为所有人提供金融"。二是仅仅依靠善意并利用制度形式，虽然看起来特别适合向当地目标群体提供信贷的任务，但根本无法有效地执行该任务，是一个死胡同。三是第三阶段所获得的经验表明，对金融服务自由市场消除前两个阶段所出现的问题和限制的能力过度自信，那就太天真了。无论如何，完全的自由并没有使可行的、可持续的小微金融机构像蘑菇一样破土而出；自由化必须与监管相结合。但是，要想使小微金融变得有效并产生预期的影响，一定程度的自由是必不可少的。

4.2 转向现代小微金融

意见分歧

与任何其他金融机构一样，小微金融机构也必须具有商业可行性，但与此同时，它还必须具有社会或发展使命。确保实现这两个目标，并在两者之间取得适当的平衡，是第三阶段结束后开始引导开发金融的挑战。第四阶段开始于1990年前后，重点是将小微金融用于日益商业化的目标和机构建设，以创建在可持续的基础上实现其双重目标所需的结构（Krahnen和Schmidt，1994；Seibel，1996）。

从前三个阶段的金融发展历史中吸取的教训，得到了越来越多专家的认可和理解。其中一些人在国内和国际发展援助机构工作，如世界银行、美洲开发银行（IDB）、欧洲复兴开发银行（EBRD）、英国国际发展部（DFID）和德国复兴信贷银行（KfW），其他一些则在学术界以及发展中国家当地小微金融机构工作；基本共识开始在扶贫咨询组织（CGAP）和ACCION等小微金融支持组织的顾问和工作人员中传播。

---

① 对农业和农村发展银行在内的发展银行的不满显然是合理的。许多这类机构确实效率极低，主要是对某些"首选"目标群体和个人借款人的偏袒。这种现象主要是政府或央行旧有政策的结果，即对贷款和存款利率设定上限。然而，在许多国家，农业发展银行是唯一在许多地区拥有大型分支网络的金融机构，因此也有相当大的外部网络。如果这些银行彻底改革而不是关闭，这种优势本可以保留。在一些亚洲国家，例如印度尼西亚（见上文关于BRI的案例研究）、泰国和蒙古国，这类机构进行了改革，其影响显然是积极的。有关详细信息，请参阅Seibel（2009a）以及Seibel、Giehler和Karduck（2005）。

他们都认为，如果小微金融确实具有人们普遍认为的巨大潜力，那么应该有许多小微金融机构，它们必须是能够覆盖大量客户的大型机构，也应该能够长久有效地为客户服务。这就要求小微金融机构，除了有一定数量的启动资金外，还应该能够在没有持续补贴的情况下运营，因为提供补助和宽松贷款的资源有限。对于这种观点的拥护者而言，格莱珉银行当时依赖于大量补贴，并一直遭受重大损失，它不是良好的小微金融机构的典范；相反，它们从其他提供商那里获得灵感，例如 BancoSol 或 BRI 的小微银行部门。①

在所有这些组织和机构中，有一些专家仍然坚持旧有的观念，即小微金融是在全球范围内促进社会政策目标的工具。因此，在他们看来，它本质上是一种公共福利形式，因此，按照定义，这种活动永远不会在经济上自给自足，必须由富裕国家及其公民永久补贴。对于他们来说，格莱珉银行仍然是一个非常好的、有价值的小微金融机构的典范。一个颇具影响力的作者群体称，旧方法的倡导者（包括他们自己）是"福利主义者"，对立阵营的追随者是"制度主义者"。②

"制度主义者"会采用这种商业性方法。他们也一致认为，如果希望拥有一个在商业上可行的、独立于补贴的机构，那么这个机构设计、建立和运营的基础，必须是一个健全的、精心设计的理念。换句话说，他们也会采用金融机构建设的方法。这两个名称或标签——"商业性方法"和"机构建设方法"，直到 20 世纪 90 年代后期才被创造和推广，当时它们被用来描述上述两个阵营辩论过程中出现的战略。③"制度主义者"认为，下面的小微金融战略目标将更有意义：创建稳定的机构、为微型和小型企业提供融资、为新的社会阶层提供正规的金融服务。而"福利主义者"认为，小微金融主要的、最重要的目标群体应该被定义为当地真正贫穷的人，最重要的目标是让这些人摆脱贫困。从"制度主义者"的角度来看，"福利主义"的教条过于野心勃勃，一旦采纳只能导致以后的幻灭。

商业性方法

为了理解第四阶段开发金融的基本特征，首先要回顾核心概念的含义。"商业性

---

① Yaron 编制了补贴依赖指数（SDI），并将其应用于亚洲众多开发金融机构；比如参见 Yaron（1992）。BRI 得分非常低，表明其对补贴的依赖程度非常低，而当时格莱珉银行的依赖性得分很高。

② 参见 Hulme & Mosley（1996）和 Woller 等（1999 年）。在 20 世纪 90 年代，所有这些作者还担任开发金融领域备受推崇的期刊的共同编辑：《国际发展研究》（*Journal of International Development*）的 Hulme 和 Mosley，以及 Woller 和他在《小微金融研究》（*Journal of Microfinance*）的合作者。

③ 这些术语是由两个组织的成员创造的，这两个组织为了成为现代小额信贷发展的概念领导者而竞争，即 ACCION 和 IPC。它们不仅在概念和知识层面上竞争，而且在非常实际的条件下为它们的项目、员工以及在某种程度上为收入提供资金。尽管如此，就"福利主义者"（格莱珉银行方法的倡导者）和"制度主义者"所关注的总体辩论而言，两者显然是盟友——他们总是能意识到他们有多少共同点。从我们目前的角度来看，曾经激烈争论的两个战略中的哪一个——"商业性方法"或"制度建设方法"——更优越，这在很大程度上是一个历史问题；从实质上讲，它已不再具有实际意义。

方法"仅仅意味着创建和管理小微金融机构，使其能够从所获得的收入中支付全部运营成本。在建立机构的初始阶段（希望是短期阶段）达成，提供必要的资源，启动业务，并在市场中占有一席之地。

"全部成本"可以用不同的方式来定义：管理成本加上偿还贷款损失所需的金额；更广泛地说，这些费用加上从捐助者那里获得的有效资金成本；最广泛的定义是：这三类成本加上权益成本。[①]

毫无疑问，实现全面成本覆盖并通过MFI获得正的ROE并非易事。保持较低的运营成本、风险成本和融资成本需要付出巨大的努力。为实现这一目标，商业型小微金融机构将限制对客户服务的范围，更偏好风险较低、服务成本较低的借款人，希望能够将其基本固定的管理费用分摊到更大规模的贷款和存款上。金融机构必须尝试增加收入。最简单的方法是提高价格，收取高额贷款利率并支付较低的存款利率。

但是，任何类型的金融机构在努力保持低成本和高收入方面都有一定的限制。如果定价过高，那么客户可能会减少对其服务的需求，还必须了解竞争对手为其客户提供服务的情况。对于小微金融机构而言，一个额外的限制因素是：价格和产品或服务质量，必须符合机构承诺的隐含标准以及商业可行性。产品过于简单，无法真正满足客户的需求，利率太高，客户又负担不起，产品被排除在外。

因此，MFI的自主权非常有限。它实际上可以做的是使内部流程尽可能高效，对信贷客户的还款有严格要求，对其员工的绩效也有高标准的要求。因此，面对一些试图避免偿还贷款的借款人或者不努力工作的员工时，一些商业机构并不总是特别好或"善解人意"。但是，如果这对小微金融机构服务的可行性和持续性是必要的，就是值得付出的代价。

机构建设方法

金融机构建设方法意味着，设计一个满足以下两点的小微金融机构：第一，服务于指定的、此前长期无法获得正规部门贷款的目标人群；第二，作为一个稳定成长的机构，不断为客户提供良好的服务。第1章中，我们已经描述了实现这一目标所必需的内容：为所有客户、工作人员、管理人员或所有者创建一套连贯的、内部一致的激励措施和行为准则，这将帮助他们在各自的岗位为该机构的健康发展做出贡献。一旦机构启动并运行，必须以商业导向的方式进行管理。

机构建设方法的基本思想是很有野心的，引发了在实践中方法是否可行的问题。然而，20世纪90年代初的经验已经表明它确实可行。早期的机构建设项目经验表明，通过这种方法，建立一个稳定的、盈利的小微金融机构，可以减少捐助者的时间和资金消耗，同时以客户能够负担的成本提供大量的小型和微型贷款给相对贫困的客户，还可以使机构在短暂的启动期后，开始负担全部的成本。实际上，一些经验丰富的机

[①] 在实践中，债务成本假定在4%~7%之间，而权益成本在10%~15%之间，可能还有国家风险溢价。

构建设者能够在国际捐助界以极低的成本，在几乎所有的发展中国家建立这样的机构，国际捐助界似乎愿意为这项服务付费。[1]

机构建设方法的倡导者声称，在许多国家建立满足这些要求的小微金融机构是有可能的。这是一个大胆的主张，也是一个相当乐观的主张，因为它只基于少数几个国家的经验，当时，小微金融机构之间的竞争还没有如此激烈，小额贷款市场还没有达到饱和。但随后，更困难的环境经验表明，这一主张并不过分乐观。

仅仅几年后，2000年前后，竞争基本结束了。一些人坚持认为开发金融——特别是发展中国家的小微金融——不能也不应该实现成本覆盖（当然也没有盈利），必须依靠全球支持，主要来自西方国家的富裕国及其公民的道德和政治义务；另一些人则将商业导向、金融自给自足、创立稳定的MFI视为有价值、有前景的发展战略。"机构主义者"相较于"福利主义者"取得了明显的胜利，尽管在媒体和某些政策制定者眼中，开发金融专家的支持率比公众成员高出很多。[2]这一结果提出了一个有点技术性但非常重要的问题：如何创造与社会和发展方面相关的、可持续的机构？

4.3 创立有效且可持续的小微金融机构战略

在从金融抑制向日益包容的金融体系过渡的40年里，所有群体的融资渠道创造——包括，甚至专注于穷人和小型、微型企业——已成为压倒性的关注点。经过漫长的学习过程后，商业机构显然只有采用合理的运营程序和商业惯例，并动员自身资源、支付全部成本，才能应对快速增长的储蓄、信贷和可持续的其他金融服务需求。因此，金融机构建设是金融部门相关发展政策的核心。

可选方案

人们在早期就认识到，现有各种各样的机构都有可能成为小微金融的提供者，但必须经过重大修改才能发挥其作为低收入人群和MSMEs金融中介的作用。现有机构的范围涉及商业和发展银行，正规的本地银行，受监管的MFIs，私营、合作、社区或地方政府所有制下的半正规金融机构，授信NGOs和非正规金融机构。当然，也可以选择创建新机构，设计和运营必须能够以商业可行的方式有效履行其指定职能。自20世纪80年代后期以来，已经设计并实施了许多具有广泛应用领域的金融机构建设[3]的新方法。在此过程中，对机构改革和转型战略的分类出现了，区分了四种基本方

---

[1] 具体定量数据情况参见Schmidt和Zeitinger（1998）。

[2] 在Schmidt（2010）的研究中，关于"机构主义者"的立场胜过开发金融从业者的"福利主义者"和该领域其他专家的说法得到了支持，并提供了具体的数字和一个简单的影响衡量标准来展示新方法相对于旧方法的经济性和道德优越性。

[3] "机构建设"这个词的历史比较悠久，其含义随着时间的推移而发生了变化。以前它被用作金融发展项目中相对不重要的组成部分，如为咨询援助提供资金或捐赠更重要的渠道是资金转移。相比之下，新式的机构建设旨在构建一个全面的方法来设计整个机构。

法，其中使用的术语已被开发金融专家广泛采用。四种战略的相应术语如下：

•升级（upgrading），旨在将非正规或半正规机构（通常是非政府组织）转型为正规和受监管的小微银行或商业银行的战略。"向上"指的是形式化的假定层次结构。人们也可以在更广泛的意义上使用该术语，并将其应用于所有旨在令机构可以在更高的形式化的水平上发展运作的措施。

•缩小规模（downscaling），旨在使现有机构为更多较贫困的人、小型和非正规企业提供服务的项目。"向下"是指客户根据其经济状况进行的隐含排名。换句话说，目标是使该机构"向下探寻市场"并开始迎合更多"小规模"的目标群体。因此，"缩小规模"的机构已经开始积极招揽低收入客户的业务；从规模减小的意义上讲，它不是以任何方式"缩小"的。

•链接（linking），目的在于在正规和非正规金融机构之间或在贫困客户与不同类型的正规、半正规和非正规机构之间建立联系的项目。

•从头开始（starting from scratch），也称为"绿地投资（greenfielding）"，旨在创建一个全新的、从未有过的、面向社会的正规金融机构（参见Seibel，1985，1997）。

这些分类和相应的术语的区别来自发展援助实践。因此，它们反映了捐助者和顾问的观点，以及它们在不同时期、各种体制中、不同的社会和政治环境中所面临的挑战和选择。更具体地说，它们反映了一些专家的观点，这些专家长期以来仅专注于两类金融机构：NGOs（以协会或基金会的形式）和正规银行。[1]在后文中，我们主要采用这种狭义的视角，但为了使描述更加完整，还会涉及其他可以应用此术语的机构案例。

升级现有小微金融机构

在20世纪90年代上半期，当授信NGOs的热情开始减弱时，一些开发金融专家得出结论，至少从长远来看，在小微金融背景下利用银行[2]提供的技术和运营效益是有意义的。根据这种新观点，机构发展领域的首选长期目标是，至少将一部分小微金融机构，或者是将比较好的那部分小微金融机构转变为银行。它们需要获得银行执照，以便提供更广泛的服务并吸收存款；它们必须由适当的国家管理部门监督；必须在商业基础上运作，以目标群体为导向。存款是必要的，以便能够迅速扩大金融机构的信贷业务。在大多数国家，只有拥有许可并受当地银行管理部门监管的机构才可以从事吸收存款活动。与此同时，发展援助组织的大多数代表仍然深信不疑的是，与当地NGOs及其创始人和现有管理人员合作有好处。这是某种程度上政治正确性的问

---

① 激发大量术语产生的实践主要来自拉丁美洲的项目，这些地方的NGOs长期以来一直是小微金融最重要的参与者，也是最重要的捐助支持者。20世纪90年代的争论深受ACCION、IDB、CGAP、IPC和俄亥俄州立大学的影响，其中大多数人主要在拉丁美洲工作。

② 那时，国家规定的利率上限几乎在所有地方都被取消了，此前利率上限使得银行不可能发行小型和微型贷款。

题；也反映了一种真正的信念，即当地领导人会更好地了解当地情况，也能更好地了解客户的需求。因此，升级策略似乎是一种近乎理想的方式，可以实现创建银行的长期目标，同时与当地的首选项目合作伙伴保持密切关系。

升级项目包括两个阶段，在合适的组织（通常是授信 NGOs）被确定为项目合作伙伴之后开始。该组织的代表和发言人必须真正致力于为指定的目标群体服务，并且对采用商业导向的想法充分开放。他们还必须——或者至少看起来愿意进行影响深远的机构变革。在通常情况下，这样的 NGOs 一开始规模很小也不是很成功，对外发展产生的影响是有限的。

鉴于这是最初的情况，升级项目的第一阶段通常包括，提供咨询服务、必要的设备和大量转贷资金，来使现有机构（通常是一个 NGO）变得更强大和高效。一旦机构强化进程得以完成，第二阶段就可以开始，现下表现稳健的 NGO 将转变为正规银行。

第一阶段机构的加强和第二阶段机构的正规化都需要大量在机构建设方面具备丰富经验的顾问，机构建设通常必须由一个或多个发展援助组织提供必要的贷款资金。

鉴于其支持者对这种新项目寄予了厚望，也产生了一些成功升级的案例，但远不及人们想象得那么多。[1]

其中一个原因是，适合转变为银行和其创始人、高管或领导选择进行机构转型的 NGOs 的数量相对较少。另一个原因是，两阶段项目设计未能产生适当的激励措施，甚至可能产生不正当的激励措施。设想，一个 NGO 的规模相对较小且不成功，但在道德和发展政策方面有很大的野心。由当地个人创立——或领导、管理、代表，通常也具有远大的个人抱负并渴望获得更高的社会地位，尤其是通过组织的成功。这个 NGO 的领导者可能会接受邀请成为该项目的合作伙伴，因为这有利于组织的加强，并能间接使现有客户受益，他们会得到更好的服务，而 NGO 在第一阶段后能够服务的那些额外客户也会从中受益。[2]

一旦升级过程的第一阶段——机构强化成功完成，第二阶段就开始启动：机构转型。在这个阶段，银行监管人员以及捐助者和咨询人员会告知当地领导人，管理正规银行比领导一个 NGO 的要求要高得多，他们可能无法满足国家当局提出的资质要求。这将导致当地领导人重新考虑是否还要继续这个 NGO 正规化的承诺，法律形式的变化可能意味着其将失去对组织的控制权——同时失去了机构强化阶段成功所赋予的声望。他们可能倾向于秘密推迟或阻碍第二阶段的实施，甚至公开抵制机构

---

① Nair 和 Von Pischke（2007）使用当时的最新数据概述了成功升级项目的数量，并强调这个数字明显低于曾经预期的数字。

② Schmidt（2005）基于特定的现实案例，详细描述了这种情况。

的转型过程。他或她的努力很有可能成功，从而导致项目终止。对于捐助机构的工作人员来说，传统上负责NGO并指导其发展的领导者的态度是一个重要因素。发展机构的工作人员很难忽视这些人，这些与NGO外联和业绩改善密切相关的人，如果试图绕过，将很快造成整体项目的可行性被严重破坏。同样，过分纵容也可能导致机构变革难以执行。如果事实证明，担任传统上的NGO的领导者，并不完全支持机构转型及其后果，升级项目可能会过早结束——实际情况也经常如此。

即使这种情况没有发生，并且前NGO领导人或多或少地负责升级后的机构，也会成为新小微金融银行的负担，因为其对于NGO过去的运行方式过于认同。从业者表示，前NGO领导人对当地环境的熟悉程度被高估了。

在这种情况下，即第一阶段完成后终止项目升级，谁会受益，谁会受损呢？第一阶段的受益者是更强大的NGO的现在客户、项目阶段吸引的新客户以及NGO的牵头人和其他当地管理人员。因未能进入第二阶段而受到不利影响的群体，包括在机构转变为银行后进一步扩张中的潜在客户，以及小微金融机构在获批成为更大型持牌银行后需要额外雇用的员工。

升级项目意味着结构本质的另一个挑战：NGO转型并成为正规持牌银行，首先要求将其转变为公司，或建立新公司。在多数情况下，升级项目的第二阶段已经成功实施，除了最初的NGO，还需更多的股东来强化机构的股权基础。此后，股东们一并成为发展援助基金创建的机构的所有者，并在相当长的一段时间内，也将继续严重地依赖其捐助者。在商业方面，新的小微金融机构必须是成功的，否则它不能成为稳定的、不断发展的机构。它的最终任务是为国家的经济发展做出贡献，为社会中相对弱势的群体提供服务。由此产生的问题是，谁来控制以这种方式创建的小微金融机构？应该如何分配、由谁来分配所有权？

第一个将NGO升级到正规银行的成功案例是玻利维亚的BancoSol，该银行成立于1992年，由名为Prodem的一个NGO发展而来。[①]多年来，Prodem得到了ACCION的大力支持，ACCION是一家美国私有非营利性小微金融支持组织。由于这一大胆创新推动了该机构的迅速成功，ACCION很快开始在升级战略中扮演了重要角色，还与Prodem一道成为BancoSol的重要股东。后来，当BancoSol的持续发展因为上述问题受到威胁时，ACCION仍在维持银行运行方面发挥了重要的建设性作用。

拉丁美洲的其他一些前授信NGOs也遵循了同样的发展轨迹；在转型之前，有些机构也与ACCION[②]有联系，并在其指导下转变为银行，其他机构则创建为NGOs，由

---

① 参见Drake和Rhyne（2002），以及Otero和Rhyne（1994）。
② ACCION可能是全球最知名、广受好评且最成功的小微金融支持组织。有关与ACCION以某种形式关联的大型小额信贷机构网络的信息，请参阅其网站。

IPC担任顾问。①现在还有许多小微金融NGOs成功升级为农村或商业银行的例子，包括菲律宾的CARD农村银行/MRI，肯尼亚的权益银行（Equity Bank）和柬埔寨的ACLEDA。

在第二节的案例研究中，列出了几个至少从广义上可以被归为升级的例子。VS-LAs（乡村储蓄信贷协会）是本土的回转和非回转储蓄信贷协会的升级版本。另一个广义上升级的案例是加纳上门吸储系统的演变。BoG（加纳银行）一再反对储蓄收款人建立自己银行的提议；相反，BoG建立了小微金融监管框架，为储蓄收款人组建的公司设立了直接的审批程序，并通过其国家协会实施了个人储蓄收款人的审批程序，这反映了该国银行业立法的变化。

在老挝，升级当地的信贷基金网络是一个长期的过程，以建立一个正式的金融中介系统。大多数自发信托基金，作为当地注册的村庄"银行"运营，从储蓄和留存收益中调动自己的转贷资源。

在我们的案例研究中，最令人印象深刻的升级案例是乌干达的百年银行（Centenary Bank）。它起初是一个"信托基金"，一个NGO，通过提供金融服务帮助穷人。通过各种资金来源（包括德国SBFIC）以及IPC的咨询支持，百年银行转变为一个非常成功的小微企业（以及后来的MSME）银行。

缩小现有银行的规模

缩小规模包括，首先说服现有银行相信，向小微型企业提供小额贷款是一个有价值的新业务，然后利用发展援助资金支持该银行创建小型业务部门，作为一个独立的MFI。

几乎在每个发展中国家都有商业和开发银行，它们进行必要的制度调整，以满足小微企业家和穷人对银行服务的需求。但挖掘这一巨大潜力是一项重大挑战。关键的先决条件是，放松利率；必须允许银行向储户提供具有吸引力的利率，并对贷款收取足够高的利率。使银行服务于小微金融市场所需的机构改革包括：采用商业和社会目标相结合的企业文化，实施与绩效相关的治理和激励制度，建立分散化且专业化的交付结构以及简化程序；引入以需求为导向的储蓄、信贷和其他具有适当条款和条件的产品；风险管理更多地侧重于防止拖欠和及时还款的激励措施，而不是正式的抵押品；为借款人提供从微型贷款到中小型贷款的"毕业"机会；更加重视招聘并培训具有适当沟通技能和社交技能的工作人员。缩小规模可能还包括，与作为基层金融中介

---

① 由IPC指导转型的机构是萨尔瓦多的Calpiá和玻利维亚的Caja Los Andes。后一个机构特别有意思，因为它涉及一个"伪升级"过程：Caja Los Andes是由一群备受尊敬的玻利维亚公民创建的，这群公民是为此目的被咨询师召集到一起的。从一开始创始人就达成一致意见，该机构作为一个NGO的地位应该只是暂时的，并且应该尽快启动向银行转型的工作。NGO的临时状态是必要的，以获得由外国捐助机构提供的启动资金和补贴，因为在当时，让小微金融机构以除了NGO以外的其他法律形式存在是不可想象的（Schmidt 2005）。相比之下，由Prodem发展而来的BancoSol是一个"真正的NGO"。

机构的SHGs、作为服务提供商的专业小微金融机构和非NGOs的联系。关于机构适应过程的各个方面，BRI（一个我们案例研究的主体）可以作为范例：这是在亚洲金融危机中，由于小微银行部门被"缩小规模"而成功被拯救的银行。

在小微金融团体中，缩小规模——与升级类似——通常被视为拉丁美洲出现的项目类型，"缩小规模"一词与该地区的项目经验更为密切相关。捐助者，特别是美洲开发银行，对小微金融NGOs的缓慢"升级"过程感到沮丧。美洲开发银行正在寻找另一种更有效的方式，为相对贫困的人提供贷款。由于银行相较于NGOs有某些优势，其为小微型企业提供贷款的方法已经在20世纪90年代初经过了充分测试，缩小规模战略似乎很有前景。

缩小规模项目通常涉及（外国）捐助机构、具有小微金融和机构建设专业知识的顾问，以及一些与当地合作的银行。其职能如下：捐助机构委托顾问确定现有银行是否愿意且具备发展小微型商业贷款所需的能力。然后，顾问对银行员工进行培训，向他们展示如何成功提供微型、小型和中心贷款，帮助银行建立小型商业部门。作为参与的动力，开发机构为参与的银行提供有吸引力的信贷额度，以资助其小企业贷款，从而使它们能够在有限的自有资金投入和风险暴露的情况下，采用和测试新的贷款方法。

第一个缩小规模项目是在巴拉圭和哥斯达黎加实施的，得到了美洲开发银行的资助。随后，该方法也在俄罗斯实施，之后在中亚和东欧的其他国家实施。这些国家的许多相关项目都取得了惊人的成功。[1]欧洲复兴开发银行的俄罗斯小企业基金，可能是有史以来最大型的缩小规模项目，甚至在1998年俄罗斯金融危机中幸存下来并仍在继续经营。

但这种项目类型也存在一定的缺陷。其面临的一个挑战是，新客户——小企业的所有者，不会被参与项目的银行最高管理层视为特别重要的目标群体。银行的许多高级管理人员也很难接受这样的一种观点，即银行内部需要有一个具有相当大自主权的部门，这个部门会遵循与银行其他部门不同的规则和程序。因此，在许多情况下，作为缩小规模项目的一部分而创建的微型和小型业务部门尚未获得最高管理层的全力支持，它们需要以最佳方式执行这些业务，并最终落实为一个专业的MFI。最后，缩小规模项目的一个共同缺点是，它们专注于贷款业务，而目标群体的存款业务被忽略。[2]BRI的小微银行部门是一个明显的例外。

链接客户、自助团体和银行

联动银行业务是在20世纪80年代早期开发的，旨在成为一种中间过渡性机构建

---

① 参见Holtmann、Rühle和Winkler（2000）以及Terberger和Lepp（2004）中的有趣描述。

② 这个论点适用于过去实施的大多数缩小规模项目。然而，值得注意的是，由比尔和梅琳达·盖茨基金会支持的一项重要举措旨在克服这一缺陷，因为它侧重于储蓄动员，并支持现有银行努力为以前被忽视的目标群体提供更好的存款设施。

设战略，它同时结合了升级和缩小规模的要素。这一概念背后的思考源于三个因素的分析：开发银行和信贷NGOs的不良表现，基于储蓄的自助小组的普遍存在，以及个人储蓄的重新发现——这是小农和小微企业家自力更生的关键因素。这种想法基于一个前提，即第一个因素代表的问题可以利用其他两个因素的潜力来解决。

关于实施联动项目的初步讨论侧重于亚洲国家，现阶段提出了两种类型的机构联动：

• 间接联动，即在银行、NGOs、SHGs和这些团体成员之间建立关系；这是一种可以在银行对作为潜在商业伙伴的非正式SHGs缺乏信心的情况下采取的方法。

• 直接联动，即在银行、SHGs和SHG成员之间建立关系，NGOs仅仅作为能力建设者。

在一个联动项目中，SHGs期望将从其成员筹集的储蓄存入银行，作为贷款的部分抵押品。它们可以期望，随着时间的推移逐渐获得更大的重复贷款，即增加"贷存比"。SHGs将按照自己的条件向其成员提供贷款。所有的合作伙伴都将以边际利率支付其成本并产生盈余，从而使该安排具有可持续性。银行资源将成为可贷资金的主要来源，并由自助小组存入的储蓄作为补充。

联动银行业务并非旨在成为新兴金融体系的永久特征。如上所述，它是一个中间的过渡性发展阶段，随着时间的推移帮助个人或家庭直接获取银行的服务，或者获取由SHGs提供的银行服务；后一种选择预先假定，这些组织在某种程度上会升级并转变为持牌的地方金融机构，如农村银行或其成员所有的金融合作社。

联动银行业务的概念代表了学者之间的一种妥协，即主张非正规金融SHGs升级，这可以与信用社先转变为信贷合作社、最后转变为合作银行，以及双边和多边组织（GTZ，FAO）相媲美，其中由于各种原因，双边和多边组织只能与政府合作。妥协的最终产物是在中央银行和国有银行保护下的混合运作模式：正规和非正规金融机构的联合。虽然重点是将现有机构联系起来，但作为基本妥协的一部分，该方法还包括了两项互补战略，这些战略旨在促进新体制结构的发展：适用于非正规机构的升级措施和适用于正规金融机构的缩小规模。

1986年在中国南京，德国技术合作署（GTZ）在由APRACA（亚太地区农业和中央银行协会）举办的研讨会上首次提出了联动战略。包括以下要素：建立在现有的正规和非正规金融基础设施之上；通过金融SHGs动员储蓄并向个人会员发放贷款；由监管机构批准非正式团体在银行设立储蓄和信贷账户。在SHGs和银行之间以储蓄为基础的信贷联动模式中，NGOs——此时可被称为自助促进机构（SHPI），起到了促进者的作用，它最初也作为金融中介或担保人。

这是一个相当灵活的SHGs、NGOs和银行之间合作的模式，作为自主商业伙伴，各机构都用自己的存贷利差来覆盖交易成本。APRACA于1986年在该模式的基础上发起了一项计划；它是该协会发展活动的重点，并得到了GTZ部门项目十年的支持。从1988年开始，GTZ还支持了印度尼西亚、菲律宾、泰国和尼泊尔以及随后的非洲双边项目。在SHGs广泛存在的印度尼西亚，联动业务自1988年开始启动，与BRI和名为Bina Swadaya的NGO以及中央银行合作开展活动。该计划受益于有利的政策环境，特别是1983年的放松管制，以及1988年引入的小型地方性银行的法律框架，后者成为自助小组的主要联系伙伴。由于国家主导的合作社部门的反对，SHGs缺少一个适当的法律框架。截至1998年，约有800家农村银行和16 000名自助小组参与了联动。

早期，联合银行在发展政策圈中引起了关注。在1989年"世界发展报告"的前言中，当时的世界银行行长表示："非正规金融机构已被证明能够持续服务于家庭、农业和小微企业部门。将非正式机构与正规金融体系联系起来的措施，将提升这种服务并确保一个竞争的环境（世界银行，1989）。"

印度农业和农村发展国家银行（NABARD）通过参加1986年的APRACA会议，熟悉了联合银行模式；加上新方法吸引的国际关注，以及对印度尼西亚试点项目的访问，启发了NABARD与印度储备银行（RBI）合作，研究了联合银行向2.5亿至3亿的农村贫困人口提供基本金融服务渠道支持的可能性。在第2.4.3节关于印度的案例研究中，我们描述了印度的联合银行业务是如何发展的——一开始非常活跃，然后随着政府干预的增多，以及似乎有些过度发展，最后大量减少（参见Seibel，1985、1989a、1991、2001、2006、2010b、2012）。

从头开始或"绿地投资"

作为一个专业术语，"绿地投资"描述的是建立新型受监管的、可行的金融机构的战略，作为当时普遍存在的效率低下、不可持续的农业发展银行和信贷NGOs的替代。首次使用这一术语的作者（Krahnen和Schmidt，1994）受到其与IPC的合作的启发（IPC是一家成立于1981年的德国咨询公司，并且已经在金融机构建设方面获得了初步的经验），该项目旨在进行对秘鲁、乌干达和其他国家的亏损机构进行大规模改造。"从头开始"战略实质上是由IPC开发和测试的，后来由PCH在更大程度上运用（PCH是由IPC和一系列合作伙伴于1998年成立的，以建立和运营目标集团金融机构）（见第2.5.3节）。从那时起，该方法已经被许多来自不同工业化国家的其他发展咨询公司和小微金融支持组织[①]所采用，并在许多发展中国家得到实施，这在该背景下尤其重要。

想要了解这一战略的实质，需简要回顾一下咨询师和小微金融支持组织（这些组织引导了"绿地"战略的发展）先前的经验，且广泛吸取经验是很重要的。经验的前两个要素显然很积极：第一，向从前无法获得正规部门贷款的人提供贷款是可行方案，不会产生连续损失，如果仅限于被正确完成，不会连续产生损失。这是20世纪80年代后期已经出现的一个教训。第二，创建可行的、财务上可自我维持的MFIs，

---

① 采用"绿地战略"的是德国咨询公司LFS Financial Systems，该公司在阿塞拜疆创建了AccessBank。

不需要捐助者提供超出启动阶段所需资金的补贴，并且很快就能覆盖成本，甚至会获得些许盈利。这是下一个十年的教训。

先前经历的负面因素与当时最普遍的项目类型有关，主要因为是捐助者希望实施的项目类型。第一个负面因素涉及升级：人们认为，这需要花费太长时间，并且与现任 NGO 领导人发生了太多冲突，他们不愿意承诺并支持机构的彻底转型，即使是有助于创建真正有效的和普惠性的小微金融银行所需的转型。第二个负面因素是，某些降级项目的表现令人失望：参与银行的高层管理人员很少能够完全致力于机构的小微金融活动，他们并没有真正准备给予新成立的小微金融部门必要的自主权，以使这些单位能够实现既定的目标。

回想起来，为了改善"普通民众"获得金融服务的机会，可以大大简化为发展援助资源提供资金的过程。如果早些认识到这一点，也有直接的方式来创建正规的小微金融银行，那么整个事业将取得更大的成功。可以简单地建立一个新的正规银行，该银行从一开始就可以在覆盖成本的基础上为小型和微型企业的所有者以及其他的"普通民众"提供价格合理的贷款和其他金融服务，并且在"绿地"的基础上创建新银行。如果缺乏能够升级或缩小规模的机构，这将是一个可行的替代方案，也可以成为合适的项目合作伙伴。

1989 年后，有了实施"绿地"项目的机会。捐助者认识到，"从零开始"创建小微金融银行的选择是值得认真考虑的。东欧的早期努力都是成功的，包括捐助机构作为投资者，提供信贷额度和启动补贴，并使捐助者相信新战略的优点。

与升级项目中出现的重要问题相同，更加紧迫的问题也在"绿地"战略中出现：谁为新银行的创造付出了代价？谁应该是所需股权资本的投资者？谁管理和控制新银行？谁有责任确保它们在商业以及社会和发展方面取得成功？如何确保它们对原始目标群体的承诺？同时，是什么阻止它们向借款人收取过高的利率以提高利润？已建立的国际金融机构，即捐助界的成员，是其中几个角色的最佳候选机构，它们确实履行了职责，提供了股权资本和可贷资金，在动员足够的存款之前启动贷款，还有一些技术援助资金，如补贴。

最重要的问题是：谁应该成为在"绿地"基础上创建小微金融银行的"战略所有者"？"战略所有者"必须满足许多要求：他们必须是资金充足的投资者；他们必须准备好了遵循旨在相对较快实现盈利的商业战略，同时避免利润的最大化；他们必须长期致力于为"普通民众"创造信贷和其他金融服务，这将给社会带来积极影响，并促进经济的发展；他们必须了解小微金融银行通常采用的商业政策背后的原因，以及这类机构的财务需求；他们必须认识到，可能需要相当长的时间才能享受投资的财务成果。这种有能力、有耐心、有社会责任感的投资者是否存在？从表面上看，这个问题的答案可能似乎是"不"，但是在这个问题首次提出之后不久，当"绿化"战略开始被认真地作为一种实用的制度建设方案进行讨论时，事实也证明了克服这一障碍是可能的。

PCH 与一群公共和私营部门的合作伙伴密切合作，一再承担了战略所有者的角色，在东欧建立新银行，后来又在拉丁美洲和非洲的各个国家建立新银行。这些合作伙伴大多数投资于 PCH 的股权，同时还投资于 IPC 代表其设立的新银行的股权。[①]就 PCH 而言，后来出现并采用相同制度模式的其他几个组织，如 AccessHolding[②]，建立的是真正的公私合营模式（PPP）（Schmidt 和 Moisa，2005）。

4.4　商业性小微金融及其挑战

为什么商业性方法似乎更胜一筹

正如前文所述，在 20 世纪 90 年代末期，关于所谓的弱势道德基础和商业性方法的不稳定经济基础两者之间的冲突将小微金融团体分成了两个阵营。对于商业化小微金融的反对者来说，"福利主义者"甚至提议由"穷人"来承担向贷款的全部成本，从经济方面来说，这是天真的想法；从商业角度来看，这是存疑的想法，更不用说其道德含义了。商业性方法的拥护者（反对者称其为"制度主义者"）认为，这种批评不公平也不正确。理由是基于商业模式的小微金融机构的成功案例，其运作不会危及社会和发展使命。实际上，这些小微金融机构在商业和发展层面都取得了成功。能够在两套评价标准下都取得成功的原因是，金融与社会、金融与发展成功之间的关系是互补的，而非冲突的。

商业化的 MFIs 在商业层面取得的巨大成功，使小微金融机构能够更加容易筹集更大规模的资金，从而向目标人群提供更多的小额贷款。两种方式的支持者——"福利主义者"和"机构主义者"也存在服务意愿。反过来，在发展层面进行更大规模的贷款组合，带来了较低的单位成本运营，也有助于这种商业机构的成功。

在 20 世纪 90 年代的论战中，商业性方法显然是成功的。参与缩小规模项目的银行认为，商业性方法不证自明。在升级项目或"绿地"项目过程中创建的小微金融银行也坚持了这种方法。解决所有权问题是机构建立者面临的主要挑战之一：谁应是捐助机构的主要资金支持（包括权益资本）所有者？ Schmidt 和 Zeitinger（1998）在一篇论文中论述道，此类小微机构是"天生的所有者"吗？穷人和小微型企业家——最终要服务的人——应该被视为所有者吗？

谁应是商业导向性小微金融机构的"所有者"？

这一问题并不容易回答。捐助者——大多数是具有发展任务的大型国际金融机构，是帮助小微机构在创造方面发挥重要作用的 MFIs 所有者，在很多情况下还是长期的股东和共同所有者。但作为"战略所有者"（在商业和发展方面负责帮助小微金

---

①　ACCION 采用的策略大致相似，但在许多方面与 PCH 所遵循的方式不同，ACCION 采取了类似措施，并开始成为一个重要的——也可能是"战略的"——投资者小微金融机构。其他起源于咨询公司或捐赠机构的组织，如 LFS / AccessHolding，更加密切地遵循 IPC / PCH 模式，并采用了类似于 IPC / PCH 的组织结构。

②　http://www.accessholding.com.

融机构建立和持续成功），这超出了其职责和资源范围。认为捐助者可以担任战略所有者，是一个很天真的想法。作为公司制 MFIs 的战略所有者，"目标群体"的想法也是天真的。客户群体具有异质性；群体往往由无组织的个人组成，容易引起"搭便车"问题，并会导致某些人在没有承担任何真正责任的情况下担任领导者的角色。如果小微金融机构采用合作社的组织形式，客户作为机构的所有者是有效的，但只有在机构规模相当小且对外扩张有限的情况下才可行。从理论上讲，还有其他人也可以扮演主要或战略所有者的角色，即私人投资者。但如果私人所有者的主要目的是获得该机构和自身的利润最大化，这也不是一个特别好的主意。纯利润驱动的战略所有者可能会将 MFIs 转变为"正规"的银行——例如那些一直歧视穷人和小企业的银行，它们在向这部分目标群体提供贷款时收取的利率过高，或者找到需要小微金融服务的客户。下面我们会说明，这是非常危险的。

　　尽管在理论层面上确定谁应该成为 MFI 的战略所有者有些困难，但事实证明问题也有可行的解决方案：自 20 世纪 90 年代末以来，公司制小微金融机构集团已经形成，每个集团内的机构之间具有不同的关系，这些机构承担了战略所有者的角色。团体中的大多数支持来自咨询公司或小微金融组织。作为国际集团的优势是具有地域多样化的优势并有在国家间传播专业知识的机会，还可以受到小微金融或"普惠金融"促进与实践驱动力的推动。从某种意义上说，它们倾向于将自己视为符合目标人群最佳利益的受托人，也认为自身有责任并有义务根据出资人的利益行事，这些资金可以最先使得创建 MFIs 成为可能。

　　作为机构受托人，总体和长期目标是为客户服务，作为客户受托人，承担传统上的公共当局所扮演的角色——公共银行，包括公共储蓄银行。某种类型的公有制是 MFIs 的一种选择。然而其预先假定是，这些受托人愿意且能够使 MFI 在商业目标与发展目标之间取得良好的平衡。其商业目标是保持强大和稳定，发展目标是确保目标人群获得服务。这需要具备做出明智决策所需的专业知识，以及对所有者滥用权力施加约束——这是所有公共当局，尤其是在小微金融特别重要的国家，都不愿意看到的两个特征。[①]

　　关于如何定义商业 MFIs 的核心所有权以及权力分配问题，原则上存在三种可能的解决方案。第一种解决方案是，私人所有，或与公共所有者共同所有，但私人是战略所有者。第二种解决方案是，基于合作治理的要素，将客户作为所有者。该方案适用于小型机构，一旦嵌入更大的网络中，就必须创建一个包含其他元素的更复杂的治理结构。第三种解决方案是，建立在公有制的基础上，与德国公共储蓄银行的治理和所有制结构有一定的相似之处。

---

　　① 最近孟加拉国政府与穆罕默德·尤努斯之间的冲突是一个众所周知的例子，说明政府作为公共银行所有者在能力上存在问题。

在第四部分——本书的最后一部分，我们将更详细地讨论后两种解决方案。在此之前，我们将首先看一下第一个解决方案中的一些风险和限制，即私人所有权。

过度商业化的风险

MFI的定位、法律形式和所有权结构之间没有直接的关联。换句话说，商业性方法并不必然与公司制的法律形式相关。虽然是公司制，并且有很多人赞成这种法律形式，但基金会或协会法律形式的NGOs也可以遵循商业性方法，目前许多此类组织都这样做。公司制的法律形式允许私人所有权，但这并不意味着所有者都必须是私人或私营机构。事实上，许多公司制的MFIs是公私合营模式（PPP），私营和公共所有者是一同工作、平等参与的（Schmidt和Moisa，2005）。私人股东通常也是"战略投资者"。

PPP的标准逻辑（假设只由一个公共合作伙伴和一个私人合作伙伴组成）如下：私人所有权和私人合作伙伴的强大作用使得企业能够从私人合作伙伴的能力、灵活性、主动性和创造力中受益，也是确保企业盈利的强大动力。在典型的PPP中，公共合作伙伴的作用是监督服务质量，确保其处在所需的水平；就MFIs而言，这意味着保持原有的目标群体定位，保证价格对于客户而言是可以承受的，并且继续遵守机构关于其他类似问题的指导原则。[①]私人合作伙伴越致力于维持社会和发展方向（开发金融领域的情况往往如此），公共合作伙伴在塑造机构业务政策中的作用就越小。同时，后者的作用是监督战略所有者和管理层在履行各自任务和职责方面的表现。

然而，组织的相互作用比小微金融中的PPP大致框架更为复杂。在某些情况下，私人所有者对实现真正高利润的兴趣并没有被公共所有权或私人所有者强烈的"道德"倾向和动机所抵消。在这种情况下，私人"战略"所有权模式可能存在无法正常运作的风险，客户存在被剥削的风险，有关补贴、股权或贷款的公共资金被误用的风险，同时小微金融的目的存在被歪曲的风险。人们不能简单地依靠私有者的自我约束；如果财富巨额增加带来的前景良好，即使它伤害了客户的利益，自我约束也是不太可能的。在这种情况下，人们可以说MFI的商业定位已经变得过于强烈，即商业化是"过度的"。很难从广义上说明这个问题有多普遍，但近年来已经出现了过度商业化的例子，对小微金融曾经的声誉造成了很大的伤害。其中两个案例特别值得注意。

两家小微金融机构的首次公开募股（IPOs）

2007年，墨西哥的MFI Compartamos上市。在墨西哥证券交易所上市的30%股票被出售给美国和墨西哥投资者。在本次IPO过程中，没有发行新股，也没有为Compartamos募集新资金。出售的大部分股份来自该机构的创始人、管理层以及两个重要的发展导向机构——世界银行的私营部门机构IFC，以及ACCION——世界上规模最大、最受尊重的小微金融支持组织。

---

① 这是Otero和Chu（2002）对于ACCION这样的发展型机构作为商业MFIs股东的看法。

Compartamos 的 IPO 在财务方面非常成功，股票发行价格非常高。以此价格评估其所有股份，Compartamos 的市值约为 15 亿美元。一些观察人士，特别是 Comparta-mos 的创始股东，对 IPO 表示欢迎，这是一个重要的步骤，表明小微金融最终已经进入了"真正的金融市场"并且通过了市场的检验（ACCION，2007）。

其他人对此的看法则不同，并提出了批判性的评估，他们指出，较高的发行价只能反映出 Compartamos 企业在过去六年里的巨大盈利能力，即前 NGO 转变为公司，股东的预期是，在可预见的未来继续保持其盈利能力（Rosenberg，2007）。在 IPO 之前的几年里，Compartamos 有如此高的利润可图，股票买入者最有可能继续获利的一项政策是收取过高利率：通胀调整后，利率接近了 100%。IPO 存在一个特别令人担忧的特点，即大部分股票都被出售给美国对冲基金了，作为该公司的股东，这类投资者并不期望 Compartamos 停止其高利率政策；该机构目前仍在坚持这一政策。

2010 年，SKS 是印度规模最大、发展最快的 MFI，在 IPO 上取得了惊人的财务成功。SKS 的案例并不是拥有超高的利率，而是极高的增长率，这令投资者为购买股票付出了超高的代价。如此之高的发行价，只能通过一些假设来解释——SKS 所取得的飞速增长将会持续很长一段时间。这样的股票也是由纯粹以利润为导向的投资者（主要是私募股权公司）购买的，而高层管理人员也利用股票发行为自己赚取可观的利润。[①]

IPO 的主要问题在于，SKS 和印度其他少数大型 MFIs，一直奉行有关贷款授予和执行还款义务的政策，但与负责任的小额贷款没有任何共同之处。众所周知，一些从 SKS 及其同行获得超额贷款但最终却无法偿还的借款人自杀了，这导致了一场安得拉邦的小微金融危机。

这两则案例不仅对 MFIs 和受其直接影响的人很重要，还显示了成为 MFIs "战略所有者"想法的潜在风险和一般缺陷。从广义上说，"股票市场"对 MFIs 产生的影响——私人股东的利润动机，是很强烈的，个人甚至股东的其他意图或信念，都不足以阻止该机构采取有损其客户利益的政策。

无论如何，在 Compartamos 和 SKS 的案例中，出现了这样的情况：资本市场和私人利润的动机十分强烈，导致 Compartamos 采用了剥削性定价政策，而 SKS 采用了违反小微金融完备信贷发放程序和贷款回收方法。关键问题是：这是私人所有权不可避免的后果吗？可以认为问题的答案是肯定的。如此看来，使用公司法律形式的商业小微金融的前景可能并不好。然而，鉴于私人所有者能够签订具有约束力的承诺，并利用资本市场来筹集扩张所需的资本，并且赚得足够利润的压力使其能够继续追求社会

---

① 有关详细信息，请参阅 Chen 等（2010）、Schmidt & Noth（2013）提供的这两个 MFIs 在上市时的经济估值。

和发展目标，这个问题更谨慎的答案是"不"。[①]

4.5 为什么小微金融正在丧失影响力

近年来，小微金融发生了相当大的变化。现实情况一直与其公众形象有些不一致，传统上被认为是"小微金融"的共同点现在已经不再具有。关于小微金融争论的总体基调也已经发生了变化，甚至更为深刻。总的来说，这两个变化严重影响了小微金融在专家和公众心中的形象，使政治决策者和私人投资者更不容易为小微金融提供支持。他们是纯粹追求利润的投资者或所谓的社会投资者，希望通过小微金融投资来获得情感和财务上的盈利。本小节的其余部分着眼于小微金融的现实如何发生变化，并扩展了本书第一部分中简要介绍的一些想法。

小微金融现实的相关变化

令小微金融在全球范围内的声誉受到损害的重要事件是，Compartamos 和 SKS 这两家大型知名 MFIs 的 IPOs 事件，但这并不是唯一事件。另一个问题是，从 2005 年开始，许多纯商业银行积极进入了所谓的小微金融市场。但是并没有发放与客户收入挂钩的贷款，而是直接推动消费贷款。往往很少考虑到客户的实际还款能力，因此带来严重问题。某些国家的 MFIs 向贫困客户提供的小微贷款增长速度非常快，导致了借款人过度负债，同时贷款人的违约率上升。

最后但并非不重要的是，对于代表小微金融的积极方面——诺贝尔奖获得者穆罕默德·尤努斯的个人活动也存在争议。他的银行以及格莱珉集团中的其他公司运营，是媒体大量批判和评论的主题，媒体对该集团日益增长的业务范围、道德和发展价值产生了怀疑。部分原因可以归咎于以上的讨论，更多是政治行动者获取权力的举动。2011 年，孟加拉国政府迫使尤努斯放弃其作为格莱珉银行首席执行官（CEO）的职位，声称他有权选择未来的 CEO。尽管针对尤努斯的指控没有根据，但他是最受尊敬的小微金融代表人物，他受到的影响也导致小微金融本身的声誉受到了影响。也从两个方面影响了投资者、政策制定者和观察者对小微金融的理解。一方面，尽管尤努斯的辩护人提供的所有信息都可以证明他无罪，但指控背后可能存在一些问题，从而导致人们对小微金融产生了不信任感。另一方面，人们有理由担心政府会效仿孟加拉国政府，政治干预的风险要更大。这两种观念会使得个人和机构对支持小微金融的意愿产生负面影响。[②]

---

① Schmidt（2010）详细描述了如何践行这样的承诺。

② 应该注意的是，小微金融的另一个方面也变得更糟，即它对零售投资者的吸引力。直到过去十年中期，小微金融被认为对这类投资者特别具有吸引力，因为 MFIs 和 MIVs 的盈利能力在很大程度上与一般经济和股票市场的发展无关。因此，对该资产类别的投资被视为投资组合多元化的有价值工具（参见 Krauss 和 Walter 2009）。然而近年来，小微金融与一般金融体系的联系越来越紧密。因此，小微金融投资回报开始与一般市场发展高度相关，因此失去了对投资者的吸引力。相关经验证据请参阅 Wagner（2012）。

小微金融论述的相关变化

虽然 Compartamos 的 IPO 及其存在的问题并未被广泛报道，但随之而来的印度小微金融危机，围绕 SKS 的 IPO（Chen 等，2010），以及错误出现在"小微金融"名下的、积极推动消费贷款的纯商业贷款机构，成为头条新闻。被广泛阅读的美国商业杂志发表了几篇"小额贷款黑暗面"的文章；备受尊敬的德国报纸——《法兰克福汇报》（*Frankfurter Allgemeine Zeitung*）直截了当地宣称小微金融模式已经失败；其他报刊甚至断言，就其道德诉求而言，小微金融跟死亡没什么两样。[①]

更重要的是，专业文献对小微金融的态度也有所转变。为简洁起见，只评述最近三本，这些小微金融的书籍被广泛阅读和讨论，并举例说明了这种转变（但也参见 Dichter 和 Harper，2007）。

第一本是 Hugh Sinclair（2012）的《一个小微金融异教徒的自白》（*Confessions of a Microfinance Heretic*）。正如标题所暗示的那样，这本书的语气和内容充满挑衅。作者重新评估了他与多家 MFIs 和小微金融支持机构合作的负面经历，他提供的广泛证据表明，机构决策者和管理层是不负责任的，他们受到利润和权力的驱使，对促进社会和发展的目标并不感兴趣，并且投资 MFIs 的投资者似乎容忍了这一点。一些从事小微金融的机构和个人受到来自 Sinclair 的书、其他相关出版物和公开场合的批评是理所当然的。几年前证据确凿的"小微金融炒作"确实鼓励了一些阴暗角色进入小微金融"行业"。Sinclair 没有扩大化他记录的个别案例。或许结论是，在他的顾问职业生涯中曾多次遇到害群之马。尽管他对广义化这些内容保持谨慎态度，但没有明说这是小微金融领域的普遍情况，书中内容确实表明当今小微金融领域有许多害群之马。从这个意义上说，他为目前贬低小微金融的倾向提供了大量支持。

第二本书更重要，内容更丰富。在《为什么小微金融不起作用？》（*Why Doesn't Microfinance Work?*）一书中，Milford Bateman（2010）攻击了相对较新的 MFIs 的核心弱点。副标题是"地方新自由主义的破坏性崛起"，暗示了他书中的内容将回答标题中提出的问题。Bateman 对小微金融的批评可能比 Sinclair 更强烈，他抨击了受援助支持的 MFIs 和捐助者。因为在他看来，小微金融实际上令欠发达和贫困更长期地存在了，而不是有助于促进发展和减轻贫困——这与成千上万的小微金融拥护者的宣称相反。他的结论是，最好在发达国家的协助下暂停支持小微金融的政策。

在 Bateman 的书中，有两个主要的论点。第一个主要论点是，现代小微金融严重低估了政府干预在经济发展中可能或应该发挥的作用。许多现代小微金融确实受到了脱离政府规治和支持私营部门思想的启发。如果 Bateman 更熟悉开发金融和发展援助

---

① 这些严厉声明分别来自《商业周刊》（2005）、《法兰克福汇报》（2011）和《印度金融时报》（2012）。

政策的历史，他会注意到强烈主张政府干预存在多大问题。①换句话说，人们可以接受他的论断，但仍然不同意他的结论和建议。

第二个主要论点涉及许多"新型MFIs"试图用小额贷款支持的经济活动。正如他所说的那样，穷人的经济活动并没有产生足够的收入，以保证发展援助资金的使用。如果资金用于具有一定增长潜力的中小型公司而非非正规企业和其他小微企业活动，发展将得到加强，大部分人的经济状况也将得到进一步改善。Bateman并不是唯一主张第二个论点的小微金融专家。因持有类似的观点，小微金融中的一些重要参与者已经调整了他们的策略，以体现向小公司提供信贷会比支持非正规和微观经济活动产生更多的发展影响力，更不用说纯粹的消费贷款了。②此外，大部分以商业为导向的MFIs，甚至没有声明对改善穷人的处境感兴趣，或者至多只是勉强采纳了尤努斯及其追随者的扶贫言论。因此很难理解为什么Bateman得出的结论是"小微金融不起作用"。

第三本也是迄今为止最重要的一本书，David Roodman的《尽职调查》(Due Diligence)，发表于2012年，副标题是"对小微金融的不当调查"，这可能会导致人们认为，它是另一本对小微金融全面攻击的书。幸运的是，这种想法被证明是没有根据的。这本书提供了对现代小微金融一个非常严肃且深刻的思考，并详细评估了其优缺点。评判标准是，频繁被提到的小微金融可以实现预期的结果。根据这一衡量标准，Roodman认为小微金融的表现令人失望。有人声称小微金融是减轻甚至消除贫困的理想工具。Roodman着眼于事实和近期支持扶贫主张的计量经济学研究，得出的结论是，事实上没有证据表明一个MFI可以帮助人们摆脱贫困。然而，这一发现还是存疑的。Roodman及其团队研究的是直接的和非常短期的影响。③如果在超短期没有发现影响，这绝不意味着小微金融无助于提高大部分贫困人口的福利。例如，如果回看自19世纪创立以来的德国储蓄银行和合作银行的发展，人们很难质疑它们的确产生了积极影响。但这种影响需要数十年的时间才能实现，这些金融机构为社会群体提供融资渠道的机制比以前的计量经济学研究所能捕获的要复杂得多。④

Roodman主张的第二个观点是，小微金融创造了权力。对他的这一评估结果同样持怀疑态度，严谨的计量经济学研究无法立即发现赋权效应。然而，与扶贫效应的情况类似，作者提出的论点相对较弱，因为相关研究只能捕捉短期和易于观察到的

---

① Bateman提议的内容在很多方面与Adams等人（1984）以及20世纪80年代的其他出版物强烈批评的政策非常相似。

② 参见第1章的参考文献，以及2012年PCH年度报告。

③ 前沿研究人员将药物研究中已知的随机对照试验（RCT）方法应用于小微金融，以便合理地研究小微金融是否有助于人们摆脱贫困，同时还应用到Roodman等人广泛的成果，包括Abhijit Banerjee、Esther Duflo和Dean Karlan。

④ Terberger（2012）提出了其他论据，这些论证表明这些研究的结果应该给予相当大的可信度，尽管Terberger承认同意过去小微金融的减贫效果在过去几年中被大大高估了。

影响。

根据目前的讨论，小微金融"现实世界"的发展主旨和关于小微金融的流行以及学术辩论似乎都指向了同一方向：小微金融没有也无法遵守其承诺，因此失去了很多吸引力。评估也无视了 Roodman 的第三个主张，即主张将金融机构建设和金融部门发展作为创建更具普惠性的金融体系的手段。在这一点上，战略使金融更具普惠性，他的评估毫无疑问是积极的。不足之处在于，他没有从长远的角度深入讨论，也没有讨论"小微金融产业建设"在多大程度上对大部分发展中和转型中经济活跃人口产生了积极影响。将小微金融作为促进经济发展的一个整体因素，为金融与增长关系的文献提供了充分的理由，包括其对广大人群的福利影响（例如 Levine，2005）。

通过前面的讨论，我们可以对小微金融的现实状况、认知和评估方式加以总结：这确实是有用的——不仅仅为了评估小微金融，也为了评估"所有人的金融""普惠金融"——仔细研究小微金融的历史，正如我们在下面第 2 章中所做的那样。

第四部分 地方金融机构：向储蓄银行和合作银行取经，制定现在的发展政策

第1章 总结历史概况

由于150~200年前的工业化进程给社会经济带来了深刻的变化，欧洲的储蓄银行和合作银行逐渐演变为地方性金融机构。尽管它们的组织架构不同，但它们都遵循基本类似的商业模式。信用合作社一开始是"自下而上"的民主运动，最初更关注贷款；而储蓄银行则遵从更为保守的模式，更强调储蓄。然而，这两种类型的机构均从一开始就同时提供储蓄和贷款，因此它们能够迅速发展成为真正的金融中介机构，并最终发展成为商业化运营的全能银行。在工业化进程中，欧洲国家的低收入家庭不得不应对现金流的不确定性和波动性问题——这种情况与当今发展中经济体家庭面临的情况类似，超越了所有文化差异和历史差异。在这种环境下，贷款以及更大程度上的储蓄，在稳定消费方面发挥了至关重要的作用。储蓄银行和合作银行是第一批以公平的条款和条件向低收入人群提供透明信贷和其他金融服务的机构——现在所谓的"小微金融"，并且它们最终将这种模式拓展到了普通大众——现在所谓的"普惠金融"。

熟悉发展中国家银行业的读者可能会对这一积极评价感到惊讶，因为在许多国家，储蓄银行和合作银行是政府主导的国家机构，它们引导普通民众的存款进入政府官僚机构，而不是将其用于地方投资和发展。因此，必须从一开始就明确，德国储蓄和合作银行一直是为当地储户、借款人和投资者服务的地方性银行：是由人民发起的、为人民服务的机构，而不是像英国和法国那样由政府发起的、为政府服务的机构。

总结第2章详细讨论的成功因素：19世纪的德国储蓄银行和合作银行是由地方主导的。它们为储蓄支付标准的、正向的市场利率，并按公平透明的条款和条件发放贷款。尽管利差很小，但两种类型的机构都能够覆盖成本并在成立后不久开始盈利。与借款人支付能力相匹配的适度利率也有助于将信贷风险保持在较低水平，因为高利率往往会引发企业破产，而这反过来又会对贷款机构产生负面影响。在早期就能实现盈利还得益于有利的成本结构：许多储蓄银行和合作银行能够免费使用基础设施，并且早期的工作人员都是志愿者。

此外，在某些情况下个人和组织的慈善资本捐赠降低了资金成本。很大一部分利润用于再投资，帮助机构稳定发展，剩余部分用于地方消费（支出）。由于这些机构的主要目标是提升共同福利和支持会员商业活动而非追求利润最大化，它们的收入被用于建立储备基金，这些储备基金可以（在合作银行的情况下）或必须（在储蓄银行的情况下）用于支持地方经济，并且帮助机构应对危机。

这两类机构持续成功的另一个先决条件是，它们专注于机构成立地区的商业活动。专注于本地的机构并因为了解自己的客户而受益，它们必须避免追求规模大、看似有利可图，但因为不熟悉而存在风险的商业机会。大部分地方动员的储蓄，以及当地储蓄银行、合作银行的利润会回流到该地区，支持当地经济全面发展。在这些机构的早期阶段，由于交通和通信手段有限，不可避免地将重点放在局部地区。后来，法律法规正式引入了重点地方区域的规则，即所谓的"地域原则"。①该原则意味着，原则上某一区域的储蓄银行和合作银行不在同类型兄弟机构所在地区开展业务。这一区域性原则旨在防止当地银行与不熟悉的客户进行业务往来，这些客户对它们而言风险太大。同时，该原则还限制了群体内部竞争，为个别地方性银行提供了一定程度的保护。最后，该原则强化了自19世纪中叶就存在的国家和地区协会的作用，以及群体自身清算银行的作用②，因为它使得一个群体内的地方性银行将彼此视为合作伙伴而不是竞争对手。协会和清算银行通过以下方式使得两个群体实现规模经济：信息交流从而促进集体制度化学习；以成本效益较高的方式组织培训和游说政治机构；最后但同样重要的是机构内部和外部审计。此外，它们使得在群体内部留存资金成为可能。通过这些新兴的附属机构网络，各个地方机构能够在不影响效益的情况下实现大量的成本节约。区域清算银行的成立，最初的作用是汇集各个地方机构的流动性，这使得后者更加稳健，能够应对经济波动。当区域清算银行开始提供额外产品和服务时，它们帮助各个地方机构进一步实现规模经济和范围经济。当然，当地储蓄银行和当地合作银行之间存在竞争，这为其进一步开发业务模式以更好地满足客户需求提供了重要动力。

　　成功的另一个核心因素是19世纪大部分时间相对稳定的政策环境，以及对地方性小银行一定程度的管控和监督。德国大多数州的州政府当局是以支持性和建设性的方式，对小型、分散出现的金融机构进行监管。它们为当地银行创造了有利的法律和制度环境，同时在很大程度上避免了行政干预，从而使储蓄银行和合作银行的当地管理层有权按照自己的意愿管理银行业务。除了少数例外，储蓄没有被政府当局占用。此外，储蓄银行受到公共当局的管控和监督（后来也受到自身协会的管控和监督），而合作银行从早期就不仅受到成员的管控，还受到其各自协会及审计联合会的管控。这一精心设计的管控和监督系统极大地限制了欺诈和腐败的发生，同时也给银行管理层施压，要求他们按照预期履行职责。综上所述，这些因素促使储蓄银行和合作银行成为稳定和可持续的金融机构。

　　储蓄银行和合作银行在19世纪末最为成功，当时德国即将取代英国成为领先的工业国，德国的生活环境相较于50年前有了显著改善。储蓄银行和合作银行在这一转型和追赶过程中发挥了重要作用。金融、社会、经济和政治的融合伴随并加速了工业化——反之亦然。毫无疑问，这两类银行产生了巨大的影响，尽管这种影响需要很长时间才能具象化，在短时间内难以察觉。③

---

　　①　"地域原则"详见 Schepers（2003）。

　　②　这些清算银行后来被称为 Landesbanken（或州区域银行），因此它们拥有作为"内部银行"为德国联邦各州政府服务的附加职能。

　　③　近期有研究采用上文引用的 RCT 方法来衡量小微金融在两三年内的减贫效果，结论仍然存疑。

如今，储蓄银行和合作银行群体几乎占了德国银行业的一半。[①]这两类银行都经历了两次世界大战以及一系列经济和政治危机，包括一段恶性通货膨胀时期和几次货币改革。这种非凡的韧性一方面源于德国的联邦结构，这使得国家解决方案和强力干预比其他国家更加困难。另一方面是这两类银行都采取以本地为中心的业务模式：它们能够按照当地客户需求提供定制服务。

---

① 这包括各自的二级金融机构，就储蓄银行而言是区域银行（Landesbanken），合作银行是两个中央金融机构 DZ Bank AG 和 WGZ Bank AG。在不考虑中央银行的情况下，地方储蓄和合作银行在银行总资产中的总份额约为25%，在零售贷款和存款的总市场份额接近50%。

第2章　历史调查对开发项目设计的一般意义

从发展政策角度来看，以下核心问题启发了我们的研究：从德国储蓄银行和合作银行的历史是否可以得出某些经验性结论，为金融部门制定政策特别是发展援助政策提供参考，如果有，这些经验教训是什么？

在我们讨论细节之前，有三个一般性评论：

1. 从历史中汲取任何经验都必须非常谨慎地加以解释。自然，发展中国家不可能将德国机构的发展史作为可以简单复制的蓝图，因为简单复制通常都会导致失败。因此，从历史得出的任何经验充其量只能作为增量信息，为负责任的决策者提供参考。但在有限的层面，我们对德国的本地性和"大众性"银行业历史的研究，可能的确对识别成功和失败的重要因素有所帮助。

2. 我们的研究不仅分析了德国储蓄银行和合作银行的历史，并试图得出一些审慎结论，还考察了发展中国家的一些金融机构，回顾了它们的历史、成功和失败的案例以及导致成功或失败的因素。我们在调研中发现了许多惊人的相似之处。现如今发展中国家一些成功的金融机构是严格意义上的储蓄银行或合作金融机构，或者它们具有这类机构的许多特点，尤其是归地方所有、聚焦本地发展和由地方管理的金融机构。其中一些金融机构的设立是为了进行发展援助，另一些则不然。吸取的任何经验都必须充分结合德国社会导向的金融机构历史以及对发展中国家金融机构的认识。

3. 如果将从历史分析或其他实证材料中吸取的经验作为审慎建议，先要了解清楚这些建议是针对哪些人群或机构、针对哪些决策以及哪些问题是很重要的。"工业化国家X的政府当局是否应支持在某一发展中国家或转型国家Y建立储蓄银行或合作银行？"只是一个可能的政策问题。另一些问题可能是："发展中国家或转型期国家Y已经有储蓄银行或合作银行，或准备建立这样的机构，在何种意义上工业化国家X可以并且应该支持这些事业？"但从我们的角度来看，目前最相关的政策问题是："已有一个专门为小企业和公众服务的机构，或者正在考虑创建这样一个机构，在设计上可以参考德国储蓄银行和合作银行的哪些特点？"

以下是通过仔细观察历史得出的八个与政策相关的一般性结论：

1. 首先也是最重要的结论显然是肯定的：创建一个实现双重目标——与社会发展相关并且在金融和经济上稳定的金融机构，是有可能的，尽管这项工作可能很困难。纵观德国储蓄银行和合作银行的历史和现状，以及第3章详细介绍的发展中国家的一些金融机构，都证明这确实是可能的。

2. 尽管以下两个目标之一存在被忽略的风险——一个是对客户的长期影响或价值，另一个是作为机构在财务和组织上的成功，但在二者之间保持平衡是有可能实现的，这需要适应随时间不断变化的环境。随着时间的推移，不仅储蓄银行和合作银行适应了变化，近年来成功的小微金融机构和小型企业服务银行也采取了类似的措施。否则，它们很难生存至今。

3. 无论是在历史研究，还是在成功小微金融机构（MFI）和小企业服务银行的案例研究中，有一个因素非常重要：可持续的机构必须高度重视动员储蓄业务，因此它们充当狭义上的中介机构——将（本地）储蓄转化为（本地）贷款。这一点之所以重要，有几个原因：（1）客户，特别是那些财力有限的客户，需要存款便利的银行服务。（2）至少在某些条件下，客户存款可以作为金融机构的低成本资金来源，即使需要支付正常的存款利率。（3）调动和使用储蓄使机构更加强大和稳定，使其独立于外部资金，而外部资金可能不可靠，且在一定程度上往往与过度干预密切相关。（4）金融机构的贷款和存款业务之间存在一定的协同作用。例如，在一个业务领域获得的信息可用于另一领域。（5）金融机构吸收存款增强了借款人的还款意愿，因为其邻居和同辈会施加社会压力促使其偿还贷款。从消极的意义上看，这也意味着："仅提供信贷"或"仅提供存款"的机构更有可能倒闭，无论是作为一项业务，还是从发展的角度，或者两者兼而有之。

4. 德国和其他一些欧洲国家储蓄银行和合作银行的持久成功是以下因素共同作用的结果：

——初级机构牢牢扎根于当地发展；中央机构（central institutions，即协会和中央清算银行）创建较晚，并没有以牺牲地方成员机构利益为代价来"攫取控制力"。

——从一开始，它们就是"与社会相关的全能银行"，即它们专注于调动当地储蓄，向能力有限的信用良好的个人提供小额贷款。换言之，它们的业务既不限于存款，也不限于贷款。

——它们追求的是当今所谓的"小微金融的商业模式"，即渴望以对财务负责的方式运营（覆盖成本并获得适当利润），同时以对社会负责的方式行事（提供正规融资渠道，为相对贫困的人服务），提高社会凝聚力，促进地方经济发展。它们的组织和治理制度设计支持这种"双重底线导向"。利润留在它们所产生的地方。它们没有"掠夺穷人"，也没有导致资本外流。

——它们受益于社会的支持：起初，当地社区中善意的、受过良好教育的成员（包括私人银行家）自愿承担了各种重要职能（包括监督机构的运作）。

——它们从两方面受益于有利的政治环境：首先，有一个适当的法律框架，允许机构及其管理人员以他们认为合适的方式开展与社会相关的银行业务；其次，政客或其他有影响力的个人很少为了个人财务和政治目的而利用或滥用这些机构。

——一段时间后，德国储蓄银行和合作银行开始创建"超地方机构"（supra-local institutions），即协会和中央清算银行。这些"超地方机构"今天仍然存在，并作为网络（Verbünde）发挥着服务子公司等方面的作用，其中最重要的是机构互保和存款保险计划。在这一背景下，德语术语"Verbünde"在英文的近似描述可能是：

"独立但密切相关且相互合作的金融和非金融机构网络。"这些Verbünde使当地银行能够在某些业务中实现规模经济，在其成员银行中传播信息和知识，并更好地管理风险，它们为监测地方机构和管理机构做出了重要贡献。

5. 正是以上特点相结合，储蓄银行和合作银行才能够作为欧洲社会导向的地方性银行而蓬勃发展。在德国，它们基本以其最原始的形式生存至今。在大多数其他欧洲国家，储蓄银行和/或合作银行的特征和政策要么发生了根本性变化，要么完全消失。从某种程度上说，这种消失是由制度失灵造成的，这些失灵可能是因为上述储蓄银行和合作银行的一些核心特征——如地域原则或双重底线授权——被废除了[①]。在发展中国家，人们也曾多次尝试创建储蓄银行和合作银行，其中许多都没有实现创建者最初的期望。在大多数情况下，可以将机构创立失败或运转不佳归因于缺乏上述一项或多项基本特征。

6. 概括而言，很容易得出最后的结论：正如新制度经济学所述，任何制度都可以被描述为包括契约、激励和约束在内的一组特征。[②]一个机构要获得持久成功，最重要的是这些特征相辅相成——也就是说，它们很好地结合在一起，通过发挥各自的优势相互支持，并相互弥补各自的缺陷。但这还不够；这种复杂的特征还必须与机构的目标和宗旨以及机构运作的环境相一致。因此，德国储蓄银行和合作银行的持久成功可以在更抽象的层面上解释为，它们以各自的方式在制度特征的系统中进行了良好调整[③]。

第二部分末尾的表13全面总结了德国储蓄银行和合作银行的构成特征，同时也总结了德国地方性银行业的长期发展特征。这个总结表明，两种制度形式具有内在一致性，并且展示了储蓄银行与合作银行之间的异同。

7. 在德国，储蓄银行和合作银行对地方发展产生了三个重要影响：第一，实现了广义上的普惠金融，涵盖了社会自下而上的所有阶层，为企业从初创企业发展微型、小型、中型企业提供了无限的金融服务机会。第二，高度创新和具有国际竞争力的中小型企业（SME）部门创造的就业率极高，这些部门主要由两大地方性银行群体提供资金（尽管并非完全如此）。第三，正如最近的全球金融危机所揭示的，地方性银行在危机中展现出来的韧性。矛盾的是，这两类银行一直没有利润最大化目标，这既有助于提升中小企业部门的盈利能力，也有助于提升机构自身的危机抵御能力。这一悖论还有另一个方面：社会普惠始于关注穷人，而不排斥非穷人。正是这种非歧视性的关注使地方性银行成为创新和经济增长的驱动力。第2章介绍的

---

① 详见Bülbül等（2013）。

② 参见第一部分第3章。

③ 理解机构的各种特征之间的互补作用，不仅对于解释或理解机构成败的原因很重要，而且有助于了解制度设计的一般规则。这条规则可以并且必须适用于任何创建、改造和支持金融机构以促进经济发展和普惠金融活动，无论该金融机构自称是储蓄银行、合作银行或是小型商业银行。

这一历史经验和第3章案例研究的要点为本章末尾向开发机构提出的建议总结奠定了基础。

8.我们相信它可以而且确实应该在发展援助中发挥重要作用，以确保制度设计对（其旨在支持的）金融机构的创建、重新设计和支持，甚至在持续管理过程中得到适当的关注。

第3章 历史调查与开发项目设计的直接关联

虽然理解和解释社会导向型地方性银行强大的原因，并从历史和我们对当今成功小微金融机构的观察中得出一般性结论并非易事，但与下一阶段任务相比——在此分析基础上得出对实践的建议，这项任务似乎很容易。然而，这些实践经验的主旨也很简单，可以概括如下：

如果所有或至少大多数核心特征都存在或能够创建，那么建立具有德国早期储蓄银行和合作银行特征的机构，甚至对这些机构采取类似的法律和制度模式是非常可取的。

然而，我们需要认识到，在多数国家，能让储蓄银行和合作银行正常运作并长期存在的条件可能根本不存在。这就是为什么简单地复制德国模式似乎并不是好的发展（援助）政策。

但不太可能有人真正考虑采用历史研究作为复制的蓝图。至少对一些决策者来说，问题可能是支持或创建作为公共机构的银行是否有意义，如德国储蓄银行那样由市政托管，或者完全由公众所有；或成员所有的金融机构，如（德国）合作银行。我们的分析也为这一问题提供了答案：仅仅是公有制或会员制——在缺乏上述至少一些其他特征的情况下——不太可能产生造福普通民众、反对金融排斥、促进经济增长和社会发展的可行金融机构。①

我们之所以对公共银行持怀疑态度，是因为在许多国家，传统的权力结构是政府（或州，甚至市政）拥有所有权或托管权，这意味着当权者几乎无法抗拒将权力用于自己的政治目的和个人目的。确保"良好治理"确实是一项挑战。不当的政治干预或其他权力左右者的干预有多种形式，包括贷款豁免计划、向当权者亲信提供贷款的政治压力、彻底的腐败，甚至偷窃。制定针对此类滥用行为的防火墙是可能的，但很困难，因为那些可能从滥用行为中受益的人通常在如何构建防火墙方面有很大的发言权——而且他们倾向于选择可渗透的防火墙。②

同时，合作银行模式面临的主要挑战在于此类银行的组织控制问题。有许多例子表明，合作社成员固有的微弱治理作用（体现在一人一票规则中），可能导致无法有效监督当权者。尽管也有许多良性使用权力的例子，但金融合作社当权者的道德规范很难弥补成员控制不足的问题。一旦合作银行系统获得外部资金，无论是从国外还是

---

① 这也是Butzbach 和 von Mettenheim（2013）主编的新书中大多数文章的观点。公共储蓄银行和合作银行是本书编辑所称的"另类银行"中最重要的类别。

② 世界银行最近（2012年）发布了2013年版的《全球金融发展报告》。这份题为"重新思考国家在金融中的作用"的报告有两个惊人的特点：（1）它甚至没有提到储蓄银行；（2）它没有包含任何本文中提到的从业者熟悉的挑战。

从国家政府获得，当权者由于获得过多权力而逃避严格监督的风险都将更大。为了保持低成本，合作社组织必须有最小规模限制，这一要求意味着金融合作社很少是孤立的小实体，并仅仅根据"民主原则"就能成功运作。我们认为，合作金融机构及其网络，就像地方储蓄银行一样，只有在网络内部拥有或履行有效控制和监督职能时才可能获得成功，如基于各自协会执行审计职能（如德国审计协会的情况），并且这些机构作为一个群体，在财务上是自给自足的。

这并不意味着在发展中国家和转型期国家，无法建立包含储蓄银行或合作银行要素、能独立发展同时又能支持社会发展的金融机构。二者都有正面案例，我们在第三部分描述了其中一些例子。[①]

在这方面，第二部分所展现的历史实践更令人鼓舞。储蓄银行和合作银行已演变为两种类型的机构：

• 采纳并在很大程度上保留了双重目标，即实现财务可行性，同时产生社会和发展影响。

• 能够制定总体上有利于其双重底线导向的公司治理制度。

• 发展成为面向公众的全能银行，并能够产生持久的影响。

• 受益于明智的社会和政治支持以及有利的法律框架，防止剥削社会导向型金融机构及其客户。

• 加入对分散的地方性金融机构起到强化作用的网络。

• 在支持当时的小企业方面产生了巨大的积极影响，为公众提供了金融服务，并成功地成为强大而稳定的金融机构。

如果这些机构在过去能够建立起来，那么在21世纪就有机会在当前环境下利用最新技术和经济机遇（例如手机银行和信息技术的广泛使用）再次创建。这种尝试可能产生积极的影响，因此值得一试。毕竟，尽管新的小微金融在过去十年取得了长足进步，但许多国家的金融体系仍然迫切需要改进和加强，使其更具普惠性。一个成功的小微金融机构（MFI）所需要的要素，或者广义上普惠金融机构应具备的条件，现在已经被广泛理解。

因此，我们认为，如米尔福德·贝特曼（Milford Bateman，2012）所呼吁的那样，停止为面向社会和发展的银行业提供外国支持（这是国际发展合作的一部分）将是一个严重错误。[②]许多能够做出相关决策的人和我们一样，看到了与社会和发展相关的普惠金融的必要性和潜力。但关键问题依然存在：这应该通过何种体制和法律形式实现？

方针决策必须基于对要实现的目标以及目标实现手段的准确认识。无论出于何种

---

① 尤其参见关于政府主导的BRI、巴厘岛乡村银行（LPD）和越南金融合作社的部分。

② 另请参阅第三部分第4章4.5节中我们对Bateman的著作《为什么小微金融不起作用？》（2010）的讨论。

原因，如果政策制定者考虑在发展中国家创建或支持旨在以当地为重点、服务于公众尤其是小微企业和贫困人群的机构，那么他们有三种战略选择：(i) 公共银行，或者广义上的公共储蓄银行；(ii) 合作银行或会员银行；(iii) 公司法人形式的私人银行。这些备选方案中有更可取的吗？如果有，是哪一个？回顾过去十年有助于我们找到这些问题的答案。

大约十年前，现代小微金融迅速发展并产生了一定的影响力，在专家、决策者和公众中享有越来越高的声誉。小微金融机构被广泛视为消除贫困和促进社会经济公平发展的有力工具，甚至开始被视为对私人投资者有吸引力的投资机会。[①]当时，人们很容易产生这样的印象：成功组织和管理小微金融的模式只有一种，即由作为投资者的私人和公共机构共同所有。这些所有者或投资者包括国际和外国国家发展组织、具有社会意识的私人投资者，以及拥有主导性甚至专属性金融利益的本地和外国私人投资者。除了印度尼西亚的BRI、蒙古国的Khan银行、泰国的泰国农业和农业合作社银行（BAAC）、越南的合作银行和智利的Banco del Estado等典型例子外，公共银行和合作社很少被视为小微金融的良好模式，在许多关于小微金融或"全民金融"（finance for all）的一般性讨论中，这些法律形式几乎没有被作为替代方案而提及。

当时，私人小微金融公司确实是最有潜力实现发展融资目标的机构形式[②]，并且在过去十年里已经挖掘出了很大一部分潜力。鉴于对当时公认的三种基本体制模式的历史记录，大多数国际小微金融资助组织和捐助机构基本上赞成私人小微金融或公私合营模式（PPP）形式的小微金融机构理念，这并不令人奇怪。一些评论员认为，私人资本越占据主导地位，小微金融似乎就越有吸引力。当然，有一个强有力的论据支持私人资本模式：私人公司拥有真正的所有权，因此它们非常在意公司能够高效、稳定、可持续地经营，并且它们有很好的方式将经营效率要求施加给小微金融机构的管理层。因此，这会让管理层承受更大的压力，以确保机构以高效的方式运作并相应开展工作；这种治理优势最终可能也是符合机构客户利益的。

然而，在当时也很容易忽视主要或完全基于私人投资的小微金融模式的负面影响。印度和其他一些国家的私营和纯盈利小微金融机构、SKS小微金融有限公司及其同行的经验，说明了私营模式的弊端。如果私人资本在小微金融机构中发挥主导作用，那么始终存在着这样的风险，即商业导向将占据上风，而作为小微金融标志的发展和社会愿景将失去其重要性，并被纯粹的利润追求所取代。片面和过度的利润导向的后果之一，是最近发生的消费金融扩张。在一些小微金融机构中，消费贷款已开始在很大程度上取代之前对小微企业贷款的关注。当然，一般来说，消费贷款不能被认

---

① Dieckmann（2007）与Reille和Foster（2008）强调了小微金融对私人营利投资者的吸引力。

② 在众多对此进行讨论的著作中，Michael Chu（2007）的论述特别有说服力，他曾长期担任ACCION International的总裁和首席执行官。

为是负面的，对于那些借钱来弥补当前临时收支缺口的人来说，它可能是非常有价值的。但是，发放消费贷款常常因为最终只会让人们承担无法履行的还款义务而饱受诟病。过度借款和过度放贷是相关的社会不良现象，它们损害了小微金融原本打算惠及的人群。尽管说所有私人小微金融机构都倾向于不负责任地滥发贷款是不公平的，但重要的是意识到私人小微金融机构存在这种潜在的不良影响，这一不利因素可能会部分抵消私人资本模式在追求效率方面所具有的明显优势。

随着"小微金融（私人和营利性）的阴暗面"[1]日益被揭露，一些渴望提供"全民金融"服务（世界银行，2007）的小微金融组织或银行（并不采用公司形式）已经吸取了教训。它们采用了一些最初在私人机构中实施的积极特征，这些机构曾经被称为"小微企业融资的新世界"（Otero & Rhyne，1994），特别是像BancoSol这样主要依靠外国资本的公司。同时，许多为普通民众提供服务且非股东所有的金融机构也对其政策和流程进行了重塑和现代化，变得更加专业和高效。[2]这至少适用于一些类似储蓄银行或前国家开发银行的公共或半公共银行、合作银行，甚至一些非政府组织。最新的计量经济研究表明，无论是在金融稳定性方面，还是在外延服务方面，以外国股东为主的公司形式的小微金融机构，都不能被视为普遍优于以当地股东为主的公司或其他制度形式的小微金融机构。[3]Martins 和 Winkler（2013）最近有一项研究，从严格统计意义上区分小微金融机构成功与否的唯一因素，是它们是否以及在多大程度上调动了当地存款。这一发现似乎证实了我们历史分析的结果。

综上所述，过去十年的这两项发展让人对几年前关于（现代）小微金融争论中似乎还存在的教条产生了怀疑：新型小微金融机构采用的私人公司模式曾经是"现代的"、高效的，现在是过时的、低效或无效的制度形式，已不再适用。在曾经只有黑和白的画面中，我们现在看到了许多细微的差异。

这种模棱两可的状态对决策意味着什么？未来总是很难预测，小微金融和其他领域一样难以预测。正如我们在第二部分所做的，考察了18世纪末开始的德国储蓄银行和合作银行的悠久历史；正如我们在第三部分所做的，小微金融文献中很少详细讨论的非正规金融和特定小微金融机构；最后，正如本节所讨论的，该领域的最新发展在得出政策含义方面具有指导意义。综上所述，我们的经验材料表明，不能像某些言论认为的：从长远来看私营公司优于所有其他形式的小微金融。必须承认，我们并不知道也不能宣称知道什么样的制度形式最终会被证明是最好的。此外，法律和制度形式只是决定小微金融机构潜力的一条一般性标准。这在很大程度上取决于某一特定制

---

① 来自《商业周刊》（2005）。这里应该补充一点，这篇文章的确切标题是"小额信贷的阴暗面"，而不是小微金融。

② Butzbach 和 von Mettenheim（2013）编辑的书中有几章，特别是编辑的引言，强调了这些类型的银行近年来取得的巨大进步及其对普惠金融的重大贡献。

③ 参见 Hatarska & Nadolnyak（2007）、Mersland 和 Strom（2009）以及 Martins & Winkler（2013）。

度的设计、治理和管理细节，取决于所有者或其他高层决策者的身份，当然也取决于具体的时间和地点。

如果这一相当不可知论的评估是正确的，它表明最好不要把所有赌注都押在一匹马身上——换言之，最好不要放弃储蓄银行和合作银行模式，因为它们通常是实现普惠金融的合适模式，尽管这些法律和制度形式也存在一些弱点，特别是在治理方面。我们不应忽视这样一个事实，即它们也具有相当大的优势。因此，我们建议在国际发展合作范围内继续支持储蓄银行和合作银行。这将有可能进一步测试它们的潜力，并确定如何进一步发挥它们的优势和克服它们的弱点。当然，这要求作为捐助者和支持者的外国合作伙伴意识到，发展中国家公共银行和合作银行可能存在上述的局限性。这意味着需要一个要求严格的合作伙伴：如果认为建立惠及普通民众的金融机构战略是有意义的，它将严格坚持满足某些条件。

第4章 比较评论总结和银行结构多样性呼吁

为了阐明为何我们认为在发展中国家加强储蓄银行和合作银行与其他类型银行同等重要，我们最后想基于储蓄银行和合作银行的国际政治争论和学术争论背景，将我们的祖国——德国和其他欧洲国家的情况进行对比。

德国拥有由私人股东所有银行、公共储蓄银行和成员所有的合作银行组成的三大支柱银行体系。[①]几十年来，这三大银行群体一直是德国银行体系的重要组成部分，为德国经济提供了良好的服务。可以说，这三大支柱银行体系是德国经济强大的原因之一，也是德国比大多数邻国更快、更有效地应对金融危机的原因之一。在大金融危机爆发前的20年中，德国储蓄银行和合作银行的表现，以任何标准衡量都令人印象深刻。以ROA和ROE衡量，它们的效率并不低于那些拥有大型分支机构网络的银行，平均效率甚至更高。储蓄银行和合作银行同样资本充足，成本收入比也较低。它们不断扩大存贷业务，并一直在客户中享有非常良好的声誉。更重要的是，所有的绩效指标和贷款活动水平都比大型私人银行稳定得多。

在危机时期，绩效差异变得更加明显。可以说，整体而言德国合作银行比所有其他银行群体更好地化解了危机；如果不是因为它们与大型地区性银行（Landesbanken，其中一些银行受到危机的严重负面影响）的多方面关系，德国储蓄银行也会如此。仅就地方性储蓄银行而言，它们的表现可以说和合作银行一样好——而且比大股东所有的银行要好得多。储蓄银行和合作银行的稳定性及其向德国经济提供的大量可靠贷款，是过去几年德国能够比大多数类似国家更好地克服经济危机的主要原因之一。

所有这一切都清楚表明，这两类"非常规银行"是德国三支柱银行体系的重要组成部分。更一般地说，它也支持建立多元化的银行结构——我们认为，多元化对于发展中国家的小微金融系统是一件好事。

虽然德国几十年来一直保留其三大支柱银行体系，并从该体系中获益，但欧洲大多数其他国家银行结构的演变与德国有很大不同。仅在20年前，欧洲大陆多数国家的银行体系基本与德国类似，都设立了私人股东所有的银行、分散的公共（储蓄）银行和地方性合作银行组成这三大支柱体系。但现在情况有所变化，股东导向的银行已开始成为大多数国家银行系统的主导。储蓄银行被私有化、合并，甚至被完全废除。合作银行被合并、集中，或不再是会员所有。在改良后幸存下来的储蓄银行和合作银

---

① 将德国银行体系称为三大支柱体系并不完全正确，因为还有其他银行共同组成了第四类拥有大量总资产的银行群体。第四类银行非常多样化，其中包括国有推广银行（或开发银行），如大型的Kreditanstalt für Wiederaufbau（KfW）。尽管如此，德国银行体系通常使用的标签是三支柱体系。

行中，其早期核心优势，如地域原则或服务于当地社区的使命，已经荡然无存。

不仅是出于发展政策的考虑，更重要的是要理解为什么会发生这种情况，以及欧洲大多数其他国家发生变化的基础是什么。答案是这些改革背后有强大的政治和智库力量支持，即它们得到了 20 世纪最后 20 年主流观点的支持。这一观点值得仔细研究。其本质是，具有其他治理和所有权特征的银行——特别是包括公共储蓄银行在内的公共银行，以及合作银行（尽管程度较低）——在某种意义上不如大型的、股东所有的、纯粹以利润为导向的上市银行。

这一观点有着强有力的拥护者和悠久的历史。[①]最初在 20 世纪 80 年代，它受到了一种被称为"华盛顿共识"的政治学说的启发。此后，在 20 世纪 90 年代，它在很大程度上被 IMF 采纳作为其金融部门工作的基础。在大金融危机到来之前，它似乎也影响了欧盟委员会的金融政策。

此外，在 21 世纪初，它还获得了 La Porta、Lopez de Silanes、Shleifer 和 Vishny 这四位来自美国顶尖大学的教授的强力学术支持。[②]他们的工作以实证研究为基础，并发表在核心经济期刊上，因此显得更为可信并广为人知。根据他们的实证研究结果，这些研究人员对公共银行给出了毁灭性的结论，这一结论对决策者产生了巨大影响，而当时股东价值最大化主导了金融、经济和公司治理领域的辩论。

然而，这几位学者使用的实证数据在数量和质量上都非常有限，因此他们的研究结果的政策相关性也很有限。他们的数据主要是关于大型中央公共银行，使用的业绩数据主要涵盖 20 世纪 80 年代和 90 年代。对于接受调查的银行来说，作者的负面评估可能确实有效，但这并不证明他们的评估可以拓展到分散的、聚焦地方的公共银行，在这些银行中，我们看到了相当大的优势和潜力。

上述观点确实具有影响力，因此需要认真对待。但正如我们的研究清晰表明的那样，我们并不认同这一观点，尤其是我们既不同意它的结论，也不赞同它的推论。当然，我们也避免发表任何一般性声明，即并不是股东所有且不纯粹以利润为导向的银行更加可取。正如我们在本书前面的历史研究和案例研究表明的那样，任何认真的评估都取决于具体的时间和地点，以及各种形式的银行制度和组织设计，这意味着任何正面或负面的推论都是无效的。

最新的金融危机的经历让人们对早期所有公共银行的负面评估及其引发的改革产生了质疑。此外，这些改革对贫困人群尤其是小微企业，产生了负面影响，因为它们获得金融服务的机会由此恶化。事实证明，改革也降低了各自国家金融体系的稳定性。[③]

---

① 有关储蓄银行及其历史的政策辩论的详细说明，参见 Schmidt（2009）。
② 关于这些出版物的第一份和第二份，见 La Porta、Lopez de Silanes、Shleifer 和 Vishny（1998 年），关于国有银行，见 La Porta、Lopez de Silanes 和 Shleifer（2002）。
③ 有关支持这些评估的详细信息和其他来源，请参见 Schmidt 等人（2013）。

近十年在金融危机的影响下，人们普遍对以盈利为导向的大型银行有质疑。而此前普遍饱受诟病的"非常规"银行——储蓄银行和合作银行，逐渐得到政策制定者和国际机构更加积极的评价。欧洲某些国家正在展开激烈辩论，即重建具有德国储蓄银行特征的银行制度是否可取和可行。但这可能只是暂时的态度转变，之前的保守派和对某种形式银行的偏好有可能再次开始主导政治辩论。如果这种质疑被证明是合理的，那么欧洲和发展中国家的银行业多元化机构的前景都不尽如人意。

特别是对于那些认为以利润为导向的大型银行是银行业最佳组织方式的人来说，我们想提供更有力的论据来解释为什么多元化银行业结构是有价值的。[①]这一论点受到生命科学家关于保护生物多样性的论点的启发：大多数专家强烈主张保护所有物种，包括那些目前对生态系统的作用并不明显的物种。他们的主要论点是，我们今天不知道，事实上也不知道，哪种植物或动物有一天可能在治愈某些目前未知的疾病方面发挥关键作用。一旦一个物种灭绝，它就无法在未来发挥这种可能有益的作用——不论它的贡献有多大。

类似的论点适用于一般机构，因此也适用于发达国家和发展中国家的银行业组织形式。情况是这样的：尽管以只有私人持股的公司形式存在的银行，或者由私人股东和公共股东混合持股存在的银行，目前在某种意义上似乎比公共银行和合作银行"更好"（我们自己并不认同这一观点），不能排除的可能性是，由于我们当下未知的某些原因，现在对储蓄银行和合作银行持怀疑态度的个人在未来也可能会改变看法，从而更愿意拥有类似的公共储蓄银行、某种形式的合作银行，或是混合了不同组织类型的银行机构。因此，在一个国家银行体系内，银行组织类型可以相互转换是有意义的，但如果储蓄银行（以公共银行的形式）或合作银行不再存在，并且关于如何组织和管理这类银行的宝贵专业知识也"灭绝"，便永远失去了这种转换的可能性。

这是只由股东拥有的银行组成的"机构单一文化"的真正危险，因为了解什么是储蓄银行或合作银行，以及如何让这些机构为普通民众的利益运作，是国家社会资本的重要部分。毕竟，金融和社会目标之间的良好平衡很难长期维持，创建和维持对这类银行竞争力非常重要的系统网络也同样困难。因此，这是不太可能的：一旦这一认知（know-how）体现出价值，就不太可能被简单地重新改造。我们不应简单地追随德国以外政界长期盛行的并可能再次成为主流的趋势；相反，我们现在应该采取措施让各种类型的银行"存活"——就像对待濒危物种那样。

除了储蓄银行和合作银行能够为它们的服务对象提供实际利益之外，支持不同类型的银行，使它们能够蓬勃发展并不断适应变化的环境，从而保持竞争力，是一项保护各国及其居民免受银行组织模式僵化风险的战略。鉴于此，保护银行业的机构多元化是完全合理的，也是支持发展中国家各种形式的小微金融机构的有力论据。

---

① 这一论点首次由Ayadi等人（2009）提出。

第5章　总结：基于200年普惠金融和地方性银行历史，为国家和国际决策者提供建议

大多数人会非常审慎地分配他们的时间。这就是为什么他们通常只阅读书籍的第一部分和最后一部分，或者至少是在刚拿到一本书时从这些部分开始。作为学者，我们完全理解其中的合理性，毕竟我们自己也经常如此。因此，我们决定在本书结尾部分，总结我们认为对捐赠者和其他决策者最重要的18个研究见解。对于时间极其有限的读者来说，可以查阅加粗显示的核心要点。

战略性见解

•**地方性银行可以发挥作用。**只要采用健全有效的制度，地方性银行具有可以并且应该加以利用的巨大潜力，地方性银行的发展和正常运作应得到适当的地方性银行法律、监管框架以及国际援助的支持。

•**金融可以为广义的价值创造做出巨大贡献。**它促进经济增长、就业和社会发展。但它也会带来风险，并可能对财富和收入的分配以及社会凝聚力产生负面影响。

•**历史和当前的良好实践具有重要的积极意义：**小微金融或普惠金融或"全民金融"可以发挥作用。但能否成功是不确定的，仅有美好的意愿是不够的。

•**健全有效的地方金融机构具有以下明显特征：**普惠的、负责任的、可持续盈利的、聚焦当地的、有韧性的、基于价值的、可靠的、对客户公平的、透明的、以客户和社区为导向的、具有一致性的制度设计，并加入相关机构的网络中。

•**从经济和政治角度来看，对支持普惠金融保有耐心是有意义的，**因为所涉及的过程需要大量时间。因此，重要的是避免产生无法实现的期望——特别是任何对快速成效的期望。

•**地方和国际政策都应致力于从客户服务和金融产品供给两方面来促进普惠金融。**但普惠金融机构应该把为小微企业以及贫困人群服务放在首位。专门针对扶贫或任何其他单一目标的政策和机构的时代已经结束。

关乎金融机构建设和治理的见解

•**金融机构建设至关重要。**它包括建立和支持本地金融机构。好的地方性金融机构若要产生积极影响，就必须长期保持高效、稳定并在财务上独立。健全的治理和管理是任何稳定、具有发展价值的金融机构的基础。

•**优秀的小微金融或普惠金融机构必须采取适度的和负责任的商业模式，**即在盈利（其作为机构生存和发展的先决条件）与社会性影响之间实现良好平衡。这是一项复杂的任务，机构可能由于只追求了其中一个目标而导致自身的失败。

•**金融机构建设的成功取决于制度的设计以及员工、地点和项目的细节。**制度设计塑造了激励机制，而激励机制决定了一个制度的运作方式和成功程度。制度设计的一个核心问题是决策权和所有权的分配。在许多机构中，关键的设计特征没有得到适

当的协调，因此它们无法成为稳定的机构，也无法实现任何使命。

·促进建立合作机构以及相关机构的网络是金融机构建设的一个重要因素，因为这种网络可以将客户规模、业务范围和持续发展的好处结合起来。这一结论可以从德国储蓄银行和合作银行的历史以及当今成功的小微金融机构的案例研究中得出。

关乎发展政策方针的见解

·**支持小微金融或普惠金融的发展援助是良好的发展政策**。但它有可能过度干预并破坏地方活动，如果它遵循错误的模式，甚至可能弊大于利——比如，简单采用专家圈流行的方式，以及迎合捐助国选民的偏好。

·**发展援助政策应确定优先事项，但不应为开发金融机构指定治理和所有权模式**。只要符合发展目标和当地条件，就应支持各种不同的治理和所有权制度。作为一个测试和学习的过程，促进治理和所有权制度的多样性是有意义的。因此，应制定发展政策支持各种机构形式，从（公共）储蓄银行到合作金融机构，再到各种形式的公私合营模式（PPP），再到纯粹的私人小微金融机构。它们都有各自的优缺点。然而，主张多样性并不意味着"一切都会发生"。在某些情况下，某一制度形式的弱点将明显超过其优点。

·**这同样适用于不同的发展战略**。原则上，建议继续尝试不同类型的发展项目，从升级到缩小规模，再到链接到"绿地"（或创建一个前所未有的新机构）。这些项目都有各自的优缺点，必须根据具体情况选择项目类型。

·**捐助者和国际决策者必须认识到，金融关乎金钱、财富和权力**。因此，帮助地方普惠金融机构抵御掌权者的不当政治干预和职权滥用非常重要。捐助者并不能总是意识到，对于他们在外国帮助建立或支持的金融机构而言，他们就是金融机构治理制度的一部分。

·**捐助者以及国际公共、私人投资者必须做好长期利用债务、股权和专业知识支持地方金融机构的准备**。但在这样做的时候，他们应该考虑到外部支持的作用是有限的，大量资金涌入地方机构可能会削弱金融机构动员储蓄作为自力更生和自治的基础，以及维护金融机构稳定的动力。

·**捐助者和其他国际决策者还必须对地方金融机构与客户互动的方式承担责任**，即确保客户得到公平和尊重的对待，他们不会被过高的利率所剥削，也不会被诱导获取超过其偿还能力的贷款。

·**国际捐助者和支持者应确保其地方合作机构坚持双重目标**，一方面是保持盈利和稳定，另一方面是追求实现对社会和发展的积极影响。

·**最后，国际捐助者还必须确保地方合作机构受到国家主管当局的适当管理和监督**。